Macroeconomics

總體經濟學

蕭文宗　著

三民書局

國家圖書館出版品預行編目資料

總體經濟學 / 蕭文宗著.－－初版一刷.－－臺北
市: 三民，2009
　　面；　公分

ISBN 978–957–14–5137–4　（平裝）
1.總體經濟學

550　　　　　　　　　　　　　　97023650

ⓒ　總體經濟學

著 作 人	蕭文宗
責任編輯	楊朝孔
美術設計	陳宛琳
發 行 人	劉振強
著作財產權人	三民書局股份有限公司
發 行 所	三民書局股份有限公司
	地址　臺北市復興北路386號
	電話　(02)25006600
	郵撥帳號　0009998–5
門 市 部	(復北店)臺北市復興北路386號
	(重南店)臺北市重慶南路一段61號
出版日期	初版一刷　2009年8月
編 　 號	S 552290

行政院新聞局登記證局版臺業字第○二○○號

有著作權‧不准侵害

ISBN　978–957–14–5137–4　（平裝）

http://www.sanmin.com.tw　三民網路書店
※本書如有缺頁、破損或裝訂錯誤，請寄回本公司更換。

序

承三民書局的邀約，為其撰寫「總體經濟學」，答應時，內心一方面感覺榮幸，另方面則略為惶恐。感覺榮幸的原因是，藉著本書的撰寫，可嘗試將個人多年在總體經濟學以及相關課程的教學所得，作一整理；感覺惶恐的原因為，擔心是否能如期、有效的完成本書之撰寫。

為盡量達到以上所提的「有效性」，於撰寫本書之初，作者對本書的構想為：

㈠為說明總體經濟理論，可運用文字敘述、圖形說明或數學推演等方式。其中，作為一本書的主體，文字敘述為不可或缺的，另外，為讓讀者更易於瞭解理論之內涵，本書使用較多的圖形，以作為解說之輔助工具，此也成為本書的特點之一。

㈡如一般所知，總體經濟理論有不同的派別，而各派的理論，由於假設的不同，所得的結論，差異性頗大。以有限的篇幅，本書希望藉由寬廣而繁複的總體領域中，選取基本且相對重要的題材，將之作較詳細的說明。

㈢於有些章節，為因應讀者對理論的進一步探究之需，本書將其補充教材列於附錄。另外，本書之中，每一章的後面皆以「經濟話題」作為標題，其用以比較各學派（理論）之差異、說明一些理論的應用或由總體經濟學的觀點探討一些生活議題。

以下，接著對本書各章的架構與內容，作一簡略的說明。於本書第 1 章，說明總體經濟學中，基本而重要的概念，如國民所得與物價等總體經濟變數之衡量。

總體經濟學乃源自凱因斯，為瞭解凱因斯的理論，須對凱因斯思想的背景，亦即凱因斯之前，古典學派對總體經濟或政府政策的看法，予以說明。此為本書第 2 章的內容。

第 3 章至第 6 章探討凱因斯與凱因斯學派的理論。其中，第 3 章為簡單凱因斯理論，其只探討產品市場的均衡；接著，於 IS–LM 模型（第 4 章與第 5 章），則同時探討產品與貨幣市場的均衡；於第 6 章，更將 IS–LM 模型延伸，除了產品與貨幣市場，亦納入勞動市場以及總合生產函數，而以總合供給與總合需求之架構，探討各項政策或外在經濟因素之改變，對總體經濟的影響。由簡單的凱因斯模型、IS–LM 模型以至於總合需求與總合供給模型，所得、利率與物價水準漸次成為可由模型所決定的內生變數。第 7 章則進一步探討物價變動率的決定。藉由各種形

態的菲力普曲線，亦即，物價變動率與失業率的關係，以瞭解物價變動的產生。

第 8 章探討凱因斯與凱因斯學派（以及與其相對之貨幣學派）之後的發展，包含新興古典學派、實質景氣循環理論與新興凱因斯學派。對產品的總需求（總支出）之中，最重要的項目為消費與投資，於第 9 章，進一步探討此兩項目之理論基礎。第 10 章則說明貨幣供給的決定與貨幣需求的理論。臺灣為一小型開放經濟，因此，第 11 章提到，開放總體經濟之一些基本概念，例如，各種匯率之定義與其衡量，以及不同匯率制度的採行，對總體經濟的影響。第 12 章為由理論模型，探討開放經濟之總體經濟政策效果。

經濟成長率之高低影響各國人民之生活福祉。第 13 章以古典學派的成長理論及其後發展的內生成長理論說明經濟成長產生的原因，且比較兩種理論的內涵。

另外，本書之中，以※標示之內容或習題較具難度，讀者若省略之亦不影響整體之連貫性。本書之撰寫，除了表達對三民書局的謝意，亦應感謝家人的支持，尤其，內人的鼓勵，更是一股極大的動力。

作者希望能有效的撰寫本書，將總體經濟學的重要內容傳達予讀者。但如前述，總體經濟學的層面極為寬廣，因此，本書若有不周之處，亦希望各界先進不吝賜教。

蕭文宗

2009 年 8 月

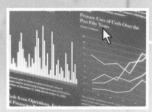

總體經濟學 目次

序

第 1 章　導論與總體經濟變數之衡量

第 2 章　古典學派之總體經濟理論

IS–LM 模型之財政政策與貨幣政策效果

總合需求與總合供給模型

物價膨脹與菲力普曲線

第 7 章

新興古典學派、實質景氣循環理論與
新興凱因斯學派

第 8 章

消費與投資

貨幣供給與需求

開放經濟體系之基本概念

第 11 章

開放經濟體系之總體經濟政策效果

第 12 章

經濟成長理論

第 13 章

導論與總體經濟變數之衡量

經濟學為一門同時重視理論與實證的科學。經濟學家發展出各種理論,試圖解釋各種經濟現象。但經濟現象會隨著時間或其他因素而改變。因此,理論亦須隨之作修正,或者以更創新的觀點,提出新的理論以解釋新的現象。

為對總體經濟現象有所瞭解,須定義一些總體經濟變數,以作為衡量總體經濟的指標。另外,亦建立總體經濟模型,以說明各總體經濟變數之關係。本章乃選擇一些重要的總體經濟變數,說明其定義以及衡量的方法,以作為後面各章的討論基礎。

導論與總體經濟變數之衡量

導論

總體經濟變數之衡量 ── 經濟活動的衡量方法

國民所得會計

其他總體經濟變數之衡量

經濟話題　有關 *GDP* 與 *GNP*

第 **1** 節

導　論

「總體經濟學」(Macroeconomics) 為經濟學的一個研究領域，經濟學的另一研究領域為「個體經濟學」(Microeconomics)。經濟學者馬夏爾 (Alfred Marshall) 曾將經濟學定義為「人類日常生活事務的研究」(the study of mankind in the ordinary business of life)❶。總體經濟學為將經濟視為一個整體，研究「總合的」(aggregate) 經濟行為。具體言之，**總體經濟學為探討整體經濟的總產出** (total output) **及其變動率**、**就業** (employment)、**失業** (unemployment)、**總合物價水準** (the aggregate price level)(**亦可稱為**一般物價水準 (the general price level))**及其變動率**、**利率** (interest rate)、**工資率** (wage rate)、**匯率** (foreign exchange rate) **以及其他相關總體經濟變數之決定。** 以上經濟變數的決定，涵蓋整個經濟各個市場，如產品市場 (product market)、勞動市場 (labor market)、可貸資金市場 (loanable funds market)、貨幣市場 (money market) 與外匯市場 (foreign exchange market) 等。

總體經濟學之產生，可以說是源自凱因斯 (John Maynard Keynes) 於 1936 年發表的著作，《就業、利息與貨幣的一般理論》(*the General Theory of Employment, Interest and Money*)，其又可簡稱為一般理論 (*the General Theory*)。

從經濟學的發展而言，由亞當斯密 (Adam Smith) 開始，以至於凱因斯發表「一般理論」之前，這一段期間，與凱因斯經濟理論的發展較為相關的為古典學派 (the Classical School) 與新古典學派 (the Neoclassical School)❷。於凱因斯之前，經濟學者認為經濟體系具有「自動調整機能」，失業只是短期而非長期現象，賽伊法則 (Say's Law) 可稱其代表性的學說。此法則可簡化表示為供給會創造其需求

---

❶　由 Marshall (1920)。

❷　「古典學派」時期之經濟學者，除了亞當斯密之外，另外如馬爾薩斯 (Thomas Robert Malthus)、李嘉圖 (David Ricardo)、彌爾 (John Stuart Mill) 等亦皆屬之。「新古典學派」時期，則如馬夏爾與皮古 (Pigou Arthur) 等。

(supply creates its own demand)。其認為，**在某產品的生產過程中，因參與生產的要素會獲得所得，此項所得會構成對其他產品的需求。**另一方面，某產品的需求決定於其他產品的生產（供給），因為在其他產品的生產過程中會產生所得，進而對某產品有所需求。因為各個產品的供給與需求為相互影響的，由整體經濟的觀點，所有產品的總合供給不會有過多或太少的問題。個別產品則於供需不一致時，可經由相對價格的調整而趨於均衡。

於 1929 年起，直至 1930 年代，歐美國家產生了「經濟大恐慌 (the great depression)」。傳統的理論並無法解決高度失業的問題。因此，凱因斯的「一般理論」乃將就業列為優先探討的項目。現今，總體經濟學可說是以「一般理論」為基礎而發展出來的。

由以上可知，總體經濟學根源於凱因斯的「一般理論」，因此可說是一門政策導向的學科。例如，政府的財政或貨幣政策對產出（所得）、就業以及各項總體經濟變數的影響，皆屬於總體經濟學所探討的重要內容。另外，凱因斯之後，各種學派的論說亦有差異，其彼此的論辯亦促成總體經濟學的發展。

第 2 節　總體經濟變數之衡量

 一、經濟活動的衡量方法

於本節，我們將探討國民所得會計 (national income accounting) 的各項國民所得科目❸，其作用在於測度一國之當期 (current period) 的經濟活動。

欲瞭解一國在一段期間內的經濟活動，通常可由三種途徑測度之，即：產品途徑 (the product approach)、所得途徑 (the income approach) 與支出途徑 (the expenditure approach)。由此三種途徑，皆同樣可求得經濟活動之總值。

---

❸　顧志耐 (Simon Kuznets) 為發展國民所得會計的先驅，可參閱 Kuznets (1941)。

在正式說明國民所得會計之前，我們先以一簡化的例子，運用上面三種途徑，以計算經濟活動的總值。假設整個經濟只有兩家廠商，包含一家麵粉廠與一家麵包廠。某一段時間內，兩家廠商的收支（經濟活動）可表示如表 1–1。由表 1–1，我們可依前述三種方法來計算整體經濟活動的總值。

表 1–1　兩家廠商的收支（經濟活動）

麵粉廠的收支	
支付予員工的工資	$(16,000)
出售麵粉的總收益	36,000
售予家庭部門（作為消費）的收益	10,000
售予麵包廠（作為原料）的收益	26,000
利潤（＝總收益 – 總成本（工資））	20,000 ❹
麵包廠的收支	
支付予員工的工資	$(10,000)
購買麵粉（作為原料）的支出	(26,000)
出售麵包的總收益	42,000
利潤（＝總收益 – 總成本（工資與原料成本））	6,000

(一)產品途徑

首先，由產品途徑 (the product approch) 來看，**整個經濟活動的總值並不包含生產過程中作為原料之用的中間產品 (intermediate goods) 之值，而須以其最終產品與勞務 (final goods and services) 的總值衡量之，最終產品與勞務乃作為消費之用**。表 1–1 包含兩個部分，亦即，麵粉廠與麵包廠的收支，其中，麵粉廠將麵粉售予家庭部門（作為消費）的 $10,000，以及麵包廠出售其麵包（作為消費）的總收益 $42,000，兩者合計為 $52,000，此即整體經濟活動的總值。除了由最終產品與勞務之值來衡量，於「產品途徑」之下，亦可經由各生產階段的附加價值 (value added) 之和而得。某個生產階段的**附加價值等於該階段的產出之值與投入之值的**

---

❹　為求簡化，假設只有兩家廠商：麵粉廠與麵包廠。除了表 1–1 所列之項目，實際上，麵粉廠須購買小麥作為原料，因此麵粉廠的總成本亦包含購買小麥的支出。另外，麵包廠的總成本也應包含廠房的租金成本以及購買機器的利息支出。

差，附加價值**亦可稱為該階段的生產貢獻**。以表 1–1 為例，於麵粉廠之生產階段，附加價值等於麵粉廠的總收益 $36,000❺；於麵包廠之生產階段，附加價值等於出售麵包的總收益 $42,000，扣除其投入成本（即購買麵粉作為原料的支出）$26,000，兩者之差為 $16,000。由以上可得，兩個生產階段的附加價值之和為 $52,000 (= $36,000 + $16,000)，此即整體經濟活動的總值。

 (二)所得途徑

其次，以所得途徑 (the income approach) 而言，表 1–1 中麵粉廠與麵包廠所產生的工資與利潤之和為 $52,000 (= $16,000 + $20,000 + $10,000 + $6,000)，此為整體經濟活動的總值。

 (三)支出途徑

接著由支出途徑 (the expenditure approach) 來看，表 1–1 中，如前述對最終產品與勞務的支出包含：家庭部門的麵粉消費支出以及整個社會的麵包消費支出，兩者之和亦等於 $52,000 (= $10,000 + $42,000)。

由表 1–1 之簡化例子可知，以「產品途徑」、「所得途徑」或「支出途徑」計算經濟活動的總值，其結果都是相同的。因此，在以下正式說明國內生產毛額 (gross domestic product, *GDP*) 時，我們亦可由此三種途徑測度之。

 ## 二、 國民所得會計 (national income accounting)

國民所得會計為用以衡量一國整體經濟活動之指標，以下將說明國民所得會計之各個會計科目的意義與衡量方法。

 (一)國內生產毛額 (*GDP*) 的衡量

為衡量一國國內的整體經濟活動，最為常用的國民所得會計科目就是「國內

---

❺ 由❹，如果麵粉廠須購買小麥作為中間產品（原料），則於麵粉廠之生產階段，附加價值等於其收益扣除小麥的購買支出。

生產毛額」，以下將說明其定義。由前述可知，*GDP* 的衡量可經由「產品途徑」、「所得途徑」或「支出途徑」為之。

1. 由「產品途徑」衡量 *GDP*

從「產品途徑」，*GDP* 可定義為：**於一固定期間（例如 1 年），在一國境內新生產的最終產品與勞務的市場價值之和。**由 *GDP* 的定義，以下我們可進一步說明 *GDP* 的特質，以及由「產品途徑」衡量 *GDP* 的方法。

(1)計入 *GDP* 的產品與勞務，須為經過市場交易者

其原因在於，經由市場交易後，價格才能呈現出來。而計算各項產品與勞務的價格與其數量的乘積，其總合即可表示整體經濟活動的總值。一些未經過市場交易的產品與勞務，例如家庭主婦所做的家務，或地下經濟 (underground economy) 的交易，均未列入 *GDP*。

(2)須為新生產的產品與勞務才納入 *GDP* 的計算

由於 *GDP* 為測度「當期經濟活動」的總值，因此以前各期所生產的產品與勞務的交易值並未納入 *GDP* 的計算。依此而言，以前各期所生產的車子、房屋或廠房之交易，並不列入當期 *GDP* 的計算。而舊有股票或債券的交易，因與當期生產無直接的關係，因此也未列入 *GDP* 的計算。

(3)須為「最終的產品與勞務」才計入 *GDP*

如前述，於一固定期間，所生產的產品與勞務包含中間產品與勞務以及最終產品與勞務。於前面表 1–1 的簡化例子中，依「產品途徑」計算經濟活動之總值時，麵粉廠售予麵包廠的麵粉 $26,000 並未列入其中，因其為中間產品（原料）而非最終產品。麵包廠所生產的最終產品麵包，其總收益 $42,000 之中已包含 $26,000 的麵粉原料成本在內，若將 $26,000 再計入，則會產生重複計算 (double counting) 的結果。如同前述之簡例，以「產品途徑」計算 *GDP* 時，可採取將各生產階段的附加價值相加的方法。以附加價值法計算 *GDP* 時，由於不需區分產品與勞務為最終或中間產品，因此可避免重複計算的問題。

2. 由「支出途徑」衡量 GDP

由支出途徑衡量 GDP，乃將 GDP 視為：**於一固定期間內，一國對其生產的最終產品與勞務的總支出**。而構成總支出的項目為：民間的消費支出、投資支出、政府對產品與勞務的支出以及產品與勞務的淨出口。以數學式表示，即：

$$Y \equiv C + I_r + G + (X - M)$$

(1.1)

(1.1) 式中，各符號的意義為：

Y：GDP

C：民間消費支出

I_r：實現的 (realized) 投資支出

G：政府支出，即政府對最終產品與勞務的購買支出

$X - M$：淨出口 (net export)，其中 X 與 M 各表示產品與勞務的出口與進口

(1.1) 式為一會計恆等式 (accounting identity)。此式之左邊表示產品與勞務之總產出，右邊各項之和則表示對產品與勞務的總支出。接著，右邊各項的內容，可進一步說明如下。

⑴民間消費支出 (C)

一般而言，相對於其他各項支出，民間消費支出占 GDP 的比率是最高的 ❻。民間的消費支出又可區分為：耐久性消費產品 (durable consumer good) 的支出，如電視機，汽車的購買支出；非耐久性消費產品 (nondurable consumption good) 的支出，如食物，衣服等；以及勞務 (service) 的支出，如教育，娛樂等支出。

⑵實現的投資支出 (I_r)

我們可將投資區分為計畫的 (planned) 投資 (I) 與實現的 (realized) 投資 (I_r)。在探討兩者的差異之前，先說明投資所包含的內容。欲瞭解投資，則須知道資本的意義。於經濟學，**資本意指：在某一時點，機器設備、建築物以及存貨的數量**，而投資則**為一段時間（如 1 年）內，資本的增加量**。因

---

❻　以臺灣的資料而言，近年來此項比率已超過 60%。

此，資本為存量 (stock) 變數而投資則為流量 (flow) 變數❼。由以上可知，投資包含機器設備與廠房的增加，此部分稱為固定投資 (fixed investment)，另外有住宅投資 (residential investment)，其為新建的房舍，以及存貨投資 (inventory investment)，其表示存貨的增加。

其次，存貨的變動包含「計畫的」存貨變動以及「非計畫的」存貨變動。前述之計畫的投資 (I) 只包含「計畫的」存貨變動，而實現的投資 (I_r) 則同時包含「計畫的」與「非計畫的」存貨變動。由以上的說明，我們可以知道 (1.1) 式為會計恆等式的原因。假設對產品的計畫性支出（需求），即消費 (C)、計畫的投資 (I)、政府支出 (G) 與淨出口 ($X - M$) 之和小於產品之產出 (Y)，表示產品市場的供給大於其需求❽，此造成廠商未預期的存貨增加；即「非計畫的」存貨增加（非計畫的存貨變動為正）。以數學式表示此種情況，即

$$Y - (C + I + G + X - M) = 非計畫的存貨增加$$

由以上對 I_r 的定義可知，於此例，

$$I_r = I + 非計畫的存貨增加$$

由此兩式，可得會計恆等式 (1.1) 式。

如果 $Y < C + I + G + (X - M)$，其結果與以上相反，即「非計畫的」存貨減少（非計畫的存貨變動為負），而 (1.1) 式之會計恆等式仍成立。

⑶政府支出 (G)

此項支出表示各級政府對當期生產的產品與勞務的購買，其中亦包含政府支付軍公教人員的薪水。但政府的移轉支出 (transfer payment)，例如失業救濟金等福利支出，並未計入 GDP 之內。其原因在於，移轉支出為前已產

---

❼　一個經濟變數須在某一個時間點衡量其數量，稱之為「存量」變數；若所衡量的為一段時間的累積量（增加量），則稱之「流量」變數。存量變數的例子，如：資本、貨幣數量、財富等；流量變數的例子，如：GDP 及其構成之因素（由 (1.1) 式），即消費 (C)、投資 (I)、政府支出 (G) 與淨出口 ($X - M$) 等。

❽　此為產品市場未達均衡的一種情況。詳細的說明可參閱本書第 3 章。

生之既有所得（非當期所產生的所得）的移轉，若將之計入 *GDP*，則會造成重複計算之結果。

⑷淨出口 (*X* – *M*)

出口 (*X*) 表示，於本國境內所生產而為外國所購買的產品與勞務。因此，出口構成 *GDP* 的一部分。而前述民間的消費支出、投資支出以及政府支出之中，有一部分為購買國外所生產的產品與勞務。三者購買國外產品與勞務之支出總額即為進口 (*M*)。進口的產品與勞務並非本國境內所生產的，因此須自 *GDP* 的計算中扣除。

我們可以 2002 年為例，依「支出途徑」計算臺灣的 *GDP*，其可表示如表 1–2。

表 1–2　2002 年臺灣的 *GDP*──依「支出途徑」計算

單位：新臺幣百萬元（依當期價格計算）

民間最終消費 (*C*)	6,149,507
政府最終消費 (*G*)	1,232,676
投資支出 (*I*_r)	1,644,168
淨出口 (*X* – *M*)	722,460
出口 (*X*)	5,245,948
進口 (*M*)	(4,523,488)
國內生產毛額 (*GDP*)	9,748,811

資料來源：行政院主計處，中華民國臺灣地區國民所得，2003 年 9 月。

3. 由「所得途徑」衡量 *GDP*

生產要素包含勞動、資本、土地與企業家能力等，其報酬各以工資、利息、租金與利潤表示。本國境內，由以上各項生產要素（包括本國籍與外國籍之要素）之所得的總合，經過一些調整，即可計算出 *GDP*。

於 2002 年，臺灣的 *GDP* 若依「所得途徑」計算，其結果可表示如表 1–3。

🥧 表 1–3　2002 年臺灣的 *GDP*——依「所得途徑」計算

單位: 新臺幣百萬元（依當期價格計算）

受僱人員報酬（工資）	4,765,265
營業盈餘（利息＋租金＋利潤）	3,321,091
固定資本消耗	997,948
間接稅	715,190
減: 補助金（政府對企業的補貼）	(50,683)
國內生產毛額（*GDP*）	9,748,811

資料來源: 行政院主計處，中華民國臺灣地區國民所得，2003 年 92 年 9 月。

由表 1–3 可看出 *GDP* 的產值與生產要素的所得並不一致。由 *GDP* 的產值轉換成要素所得，須扣除固定資本消耗 (consumption of fixed capital)，此即資本設備的折舊 (depreciation)；另外，亦須扣除「間接稅」（繳納予政府），再加上「補助金」（政府對企業的補貼，此部分不屬於當期的 *GDP*）。因此，依「所得途徑」，亦即由要素所得轉換成 *GDP* 時，以上三個項目的調整方向剛好相反。由本國境內的要素所得（表 1–3 中，「受僱人員報酬」與「營業盈餘」之和），加上「固定資本消耗」與「間接稅」，減掉「補助金」，即可得 *GDP*。

在運用「所得途徑」衡量 *GDP* 之後，我們另須說明**國民生產毛額** (gross national product, *GNP*) 與「國內生產毛額」(*GDP*) 的差異。*GDP* 的意義已如前述，而 *GNP* 為 *GDP* 之外，衡量整體經濟活動的國民所得會計科目，其定義為: **於一固定期間（例如 1 年），本國之生產要素新生產的最終產品與勞務的市場價值之和。**由此可知，兩者的差異在於: *GDP* 的計算以「國境」為準，如前述，*GDP* 為本國境內的生產要素（包括本國籍的生產要素與外國籍的生產要素）的產值（所得）；而 *GNP* 的計算以「國籍」為準，*GNP* 為本國籍的生產要素（在本國以及在外國）的產值（所得）。為說明 *GDP* 與 *GNP* 的關係，先定義國外要素所得淨額 (net factor income from the rest of the world, *NFI*) 為:**「本國的生產要素在國外的所得」與「外國的生產要素在本國的所得」之差。**由之，我們可表示 *GDP* 與 *GNP* 的關係為:

$$GNP = GDP + NFI \qquad (1.2) \; ❾$$

---

❾　以 2002 年為例，臺灣的 *GDP* 為 9,748,811（新臺幣百萬元），*NFI* 為 254,230（新臺幣百萬元），因此 *GNP* 為 10,003,041（新臺幣百萬元）。

近年來，由於各國較重視其國內的經濟活動，因此，*GDP* 的使用相對較為廣泛。

 (二)其他國民所得會計科目的衡量

國民所得會計科目除了前述的 *GDP* 與 *GNP* 之外，其他較常見的尚包含：國民生產淨額 (Net National Product, *NNP*)、國民所得 (National Income, *NI*)、個人所得 (Personal Income, *PI*) 以及個人可支配所得 (Personal Disposable Income, *PDI*) 等。

以上各項國民所得會計科目之相互關係可以表 1–4 表示之。

表 1–4　各項國民所得會計科目之關係

國內生產毛額 (*GDP*)
＋ 國外要素所得淨額 (*NFI*)
國民生產毛額 (*GNP*)
－ 固定資本消耗（折舊）
國民生產淨額 (*NNP*)
－ 間接稅
＋ 補助金（政府對企業的補貼）
國民所得 (*NI*)
－ 企業之營利事業所得稅
－ 未分配盈餘
－ 社會安全保險
＋ 移轉收入
個人所得 (*PI*)
－ 個人所得稅
－ 移轉支出
個人可支配所得 (*PDI*)

表 1–4 之中，我們已說明了 *GNP*、*GDP* 以及兩者之差距 *NFI* 的意義。而 *GNP* 扣掉「固定資本消耗」（折舊）的部分，稱為「國民生產淨額」(*NNP*)。為計算「國民所得」(*NI*)，*NNP* 須減去間接稅，此為繳納予政府的部分，如貨物稅；另須加上政府對企業的補貼[10]。

由「國民所得」(*NI*) 求算「個人所得」(*PI*) 的過程中，須扣除一些項目，其中「企業之營利事業所得稅」為企業繳納予政府的直接稅；「未分配盈餘」為企業的保留盈餘，此部分未分配予股東而成為企業的儲蓄；「社會安全保險」為個人須繳交的退休基金或保險金，另外，須加上「移轉收入」，此為個人（或家庭）獲得來自於國內外政府或企業的捐贈或救濟。此項不屬於當年的 *GDP*（或 *GNP*），但其仍構成「個人所得」的一部分，因此要加上之。

「個人可支配所得」(*PDI*) 為個人實際上可支用的所得，其等於「個人所得」扣除「個人所得稅」以及「移轉支出」之後的餘額，而「移轉支出」為個人（家庭）對國內外之捐贈。「個人可支配所得」不是用於消費 (*C*)，就是作為儲蓄 (*S*)。

(三)國民所得會計的另一恆等式

前面已提到 (1.1) 式為一個國民所得會計的恆等式，其表示，產品與勞務的總產出恆等於產品與勞務的總支出。

接著，我們要提出另一個國民所得會計的恆等式。在提出之前，須先作一些簡化的假設。對照表 1–4 來看，如果由 *GDP* 求算至 *PDI* 的過程中，除了政府的各項稅收（即間接稅、企業之營利事業所得稅以及個人所得稅）之外，其他項目皆假設為 0，且 *GDP* 以 *Y* 表示，各項稅收之和以 *T* 表示，*PDI* 以 Y_D 表示，則可得：

$$Y_D = Y - T \qquad (1.3)$$

另外，前面也提到，*PDI* 不是用於消費 (*C*) 就是用於儲蓄 (*S*)，即：

$$Y_D = C + S \qquad (1.4)$$

由 (1.3) 式與 (1.4) 式，可得國民所得會計的另一恆等式，即：

$$Y = C + S + T \qquad (1.5)$$

---

❿　除了從表 1–4，漸次由 *GDP*、*GNP*、*NNP* 而算出 *NI* 外，另一計算 *NI* 的方法可由表 1–3 算出，以 2002 年為例，如前述，臺灣境內的要素所得等於受僱人員報酬（工資）與營業盈餘（利息 + 租金 + 利潤）之和，由之再加上「國外要素所得淨額」(*NFI*)，則可求出 *NI* 等於 8,340,586（新臺幣百萬元）。

(1.5) 式表示,在前述的假設下,*GDP* (= *Y*) 剛好分配至消費 (*C*)、儲蓄 (*S*) 以及作為繳稅 (*T*) 之用。

三、其他總體經濟變數之衡量

(一)物價指數

前面所提到的 *GDP* 為依「當期」的市場價格所計算的生產總值,因此可稱之為名目的 *GDP* (nominal *GDP*)。其優點在於:經由市場價格,可以將各種形態的產品與勞務之價值相加,以衡量整體經濟活動的規模。但是如果比較兩個時期的名目 *GDP*,則較不具有經濟意義。其原因在於,每一時期的名目 *GDP* 各為當時的產品與勞務之價格與數量的乘積之和,因此,在比較兩個時期的名目 *GDP* 時,名目 *GDP* 的變動為同時反映產品與勞務的價格變動以及數量變動,但無法確知何者的變動比率較大。

以下首先運用一簡單的例子,以說明在何種方式下,兩個期間的 *GDP* 之比較才具有經濟意義。假設有兩個時期,可各稱之為基期 (base period) 與「當期」;且假設整個經濟在兩個時期均只生產 *A*, *B* 兩產品。基期的價格與數量以 "0" 標於其上標;當期的價格與數量則以 "1" 標示於上標,此可表示如表 1–5。

表 1–5　兩產品於兩個期間的價格與數量

	價　格	數　量
基期 (0)	$P_A^0 = \$5$	$Q_A^0 = 50{,}000$
	$P_B^0 = \$1$	$Q_B^0 = 40{,}000$
當期 (1)	$P_A^1 = \$6$	$Q_A^1 = 60{,}000$
	$P_B^1 = \$2$	$Q_B^1 = 60{,}000$

由表 1–5,我們可求算基期的名目 *GDP* 為:

$$P_A^0 Q_A^0 + P_B^0 Q_B^0 = (\$5)(50{,}000) + (\$1)(40{,}000) = \$290{,}000$$

當期的名目 *GDP* 為:

$$P_A^1 Q_A^1 + P_B^1 Q_B^1 = (\$6)(60{,}000) + (\$2)(60{,}000) = \$480{,}000$$

由以上可知，當期的名目 *GDP* 約為基期名目 *GDP* 的 1.66 倍 ($\frac{\$480,000}{\$290,000}$)。如上面的說明，由基期到當期，名目 *GDP* 的變動同時包含產品之物價變動的影響與數量變動的影響。於極端的情況，若兩個期間的產品數量維持不變，只是當期的價格提高了，這也會造成當期的名目 *GDP* 提高。此種因價格提高所導致的名目 *GDP* 提高顯然不具有實質的經濟意義。因此，為讓不同期間的 *GDP* 之比較更有意義，經濟學者另提出**實質** *GDP* (real *GDP*) 之概念。**任一時期的實質** *GDP* **為依此時期之數量以及基期的價格計算出來的**。亦即，計算任何時期的實質 *GDP* 時，均假設物價維持在基期的水準。依此定義，我們可由表 1–5 計算兩個時期的實質 *GDP*，其中，基期的實質 *GDP* 為：

$$P_A^0 Q_A^0 + P_B^0 Q_B^0 = (\$5)(50,000) + (\$1)(40,000) = \$290,000$$

當期的實質 *GDP* 為：

$$P_A^0 Q_A^1 + P_B^0 Q_B^1 = (\$5)(60,000) + (\$1)(60,000) = \$360,000$$

由以上可知，基期的實質 *GDP* 必然與基期的名目 *GDP* 相同；而當期的實質 *GDP* 與當期的名目 *GDP* 通常不會一致，以表 1–5 的例子，由基期至當期，價格為提高之狀態，當期的名目 *GDP* ($480,000) 大於當期的實質 *GDP* ($360,000)。

若比較兩個期間的實質 *GDP*，則當期的實質 *GDP* 約為基期的實質 *GDP* 的 1.24 倍 ($\frac{\$360,000}{\$290,000}$)。以實質 *GDP* 作比較，因其為在物價不變的假設下，衡量數量變動之效果，因而較具經濟意義。

由以上的說明，名目 *GDP* 同時反映價格與數量的變動，而實質 *GDP* 只反映數量的變動。因此，如果將**當期的名目** *GDP* **除以當期的實質** *GDP***，所得之數值**，稱為 *GDP* 平減指數 (*GDP* deflator)，其表示由基期至當期，物價的變動程度。以表 1–5 的例子來說，可知：

$$GDP\ 平減指數 = \frac{P_A^1 Q_A^1 + P_B^1 Q_B^1}{P_A^0 Q_A^1 + P_A^0 Q_B^1} = \frac{\$480,000}{\$360,000} = 1.33 = \frac{133}{100} \qquad (1.6)$$

由 (1.6) 式求出的「*GDP* 平減指數」為物價指數 (price index) 之一。亦即，其為總體經濟學中，用以衡量價格變動的一種方法。以表 1–5 為例，若以 *GDP* 平減

指數衡量物價，基期物價為 100 時，當期的物價為 133。(1.6) 式的分子由產品的當期價格 (P_A^1, P_B^1) 所組成，分母則由基期的價格 (P_A^0, P_B^0) 所構成，分子與分母的比值可反映：由基期至當期，價格的變動程度。且 (1.6) 式之中，分子與分母都以當期的數量 (Q_A^1, Q_B^1) 作為權數 (weights)。由此可知，「*GDP* 平減指數」為一種以當期數量作為權數的物價指數❶。

(1.6) 式為整個經濟只生產 *A* 與 *B* 產品之 *GDP* 平減指數。我們可將之一般化，若整個經濟有 *n* 種產品，其於基期之價格與數量各為 $(P_1^0, P_2^0, \cdots, P_n^0)$ 與 $(Q_1^0, Q_2^0, \cdots, Q_n^0)$；其當期之價格與數量各為 $(P_1^1, P_2^1, \cdots, P_n^1)$ 與 $(Q_1^1, Q_2^1, \cdots, Q_n^1)$。似同前述的方法，可由此計算「當期之名目 *GDP*」與「當期之實質 *GDP*」，以兩者相除，可得「*GDP* 平減指數」的一般式，即：

$$GDP \text{ 平減指數} = \frac{P_1^1 Q_1^1 + P_2^1 Q_2^1 + \cdots + P_n^1 Q_n^1}{P_1^0 Q_1^1 + P_2^0 Q_2^1 + \cdots + P_n^0 Q_n^1} = \frac{\sum_{i=1}^{n} P_i^1 Q_i^1}{\sum_{i=1}^{n} P_i^0 Q_i^1} \tag{1.7}$$

於計算「*GDP* 平減指數」時，所引用的產品與勞務為「本國境內」所生產的。依相同的方法，若引用的產品與勞務為「本國籍要素」所生產的，則可得「*GNP* 平減指數」。除了「*GDP* 平減指數」（或「*GNP* 平減指數」）之外，總體經濟學之中，用以衡量物價變動的指數還有消費者物價指數 (consumer price index, *CPI*) 以及薑售物價指數 (wholesale price index, *WPI*)，而「薑售物價指數」又可稱為生產者物價指數 (producer price index, *PPI*)。

由以上可知，「*GDP* 平減指數」（或「*GNP* 平減指數」）為使用「當期之數量」作為權數，即其權數會隨當期數量之改變而變動，因而又可稱為彈性權數 (flexible-weight) 的物價指數。相反地，*CPI* 以及 *WPI*（或 *PPI*）則使用「基期之數量」作為權數❷，故若當期數量改變，其權數仍維持不變（基期之數量為固定的），因而可稱為固定權數 (fixed-weight) 的物價指數。因此，*CPI* 以及 *WPI*（或 *PPI*）可表示為：

---

❶　統計學上，稱此種物價指數為一種「貝氏指數」(Paasche index)。

❷　統計學上，稱此種物價指數為一種「拉氏指數」(Laspeyres index)。

$$CPI（或\ WPI,\ PPI）= \frac{P_1^1 Q_1^0 + P_2^1 Q_2^0 + \cdots + P_n^1 Q_n^0}{P_1^0 Q_1^0 + P_2^0 Q_2^0 + \cdots + P_n^0 Q_n^0} = \frac{\sum\limits_{i=1}^{n} P_i^1 Q_i^0}{\sum\limits_{i=1}^{n} P_i^0 Q_i^0}$$

(1.8)

CPI 與 WPI（或 PPI）在計算方法上，皆為以「基期數量」作為權數；兩者的差異在於：CPI 所選取的為與消費者有關的產品與勞務，而 WPI（或 PPI）所選擇的，則包含原料或半成品。

表 1–6 以及圖 1–1 顯示 1970 年以來，臺灣的 GNP 平減指數、WPI 以及 CPI。其中，較為顯著者為，WPI 於 1970 年代與 1980 年代大幅提高。其大致可反映，在此兩個期間，因石油危機油價大幅提高對物價的影響。另外，由表 1–6 可知，1990 年代至 2000 年以後，CPI 與 WPI 均持續提高。其中，由於油價大幅提高，導致 WPI 提高的幅度較大。GNP 平減指數於 1990 年代亦呈現提高之現象，2002 年以後則略為降低。

表 1–6　臺灣的物價指數

	GNP 平減指數	WPI	CPI
1970	23.57	39.51	21.31
1971	24.28	39.51	21.90
1972	25.70	41.28	22.56
1973	29.56	50.71	24.40
1974	39.13	71.29	35.99
1975	40.00	67.68	37.87
1976	42.17	69.55	38.81
1977	44.84	71.47	41.55
1978	47.22	74.00	43.94
1979	52.63	84.23	48.23
1980	61.17	102.38	57.40
1981	68.55	110.18	66.77
1982	70.87	109.98	68.75
1983	72.23	108.69	69.68
1984	72.82	109.20	69.66
1985	73.22	106.37	69.55
1986	75.58	102.81	70.04
1987	76.04	99.47	70.40

1988	76.75	97.91	71.30
1989	79.35	97.55	74.45
1990	82.33	96.96	77.52
1991	85.49	97.12	80.33
1992	88.30	93.55	83.92
1993	91.48	95.90	86.39
1994	93.34	97.98	89.93
1995	95.28	105.21	93.23
1996	98.19	104.15	96.10
1997	99.84	103.68	96.96
1998	102.47	104.30	98.60
1999	101.13	99.55	98.77
2000	99.52	101.36	100.01
2001	100.00	100.00	100.00
2002	99.75	100.05	99.80
2003	98.52	102.53	99.52
2004	97.71	109.74	101.13
2005	97.14	110.41	103.46
2006	96.17	116.64	104.08
2007	96.38	123.46	105.80

資料來源：行政院主計處，國民經濟動向統計季報，2007 年 11 月（以 2001 年為基期）。

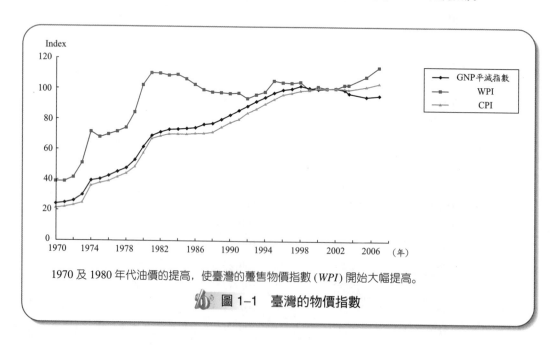

1970 及 1980 年代油價的提高，使臺灣的躉售物價指數（*WPI*）開始大幅提高。

圖 1–1　臺灣的物價指數

(二)失業與失業率

依經濟學的觀點，失業的形態有摩擦性失業 (frictional unemployment)、結構性失業 (structural unemployment) 以及循環性失業 (cyclical unemployment)。

其中，「摩擦性失業」表示，**勞動者於轉換工作之際所產生的失業**。一般認為，於動態的經濟社會，此種形態的失業為經常存在的。於任何時點，總是有廠商想僱用勞動者，同時有些勞動者在找工作而處於未就業的狀態。廠商想找到適合的勞動者，而勞動者想找到令其滿意的工作。「結構性失業」的可能原因如：**工作所須的技術改變或國外因素的影響**。當工作所須的技術提升時，勞動者須學習新的技術才得以就業。在愈來愈國際化的情況，廠商為節省工資與原料成本，可能將其工廠移至國外，造成本國勞動者的失業。「循環性失業」則為**景氣循環 (business cycle) 所造成的**。於經濟不景氣時，整個社會對產品與勞務的需求減少，廠商因而降低產量，且隨之減少勞動僱用量，而造成失業人數的增加。

以上說明了失業的各種形態。而為表示失業的程度，通常以失業率 (unemployment rate) 衡量之。失業率可定義如下：

$$失業率 = \frac{失業人口}{勞動力} \times 100\%$$ 　　(1.9)

欲瞭解 (1.9) 式的意義，須補充說明者為，總人口之中，15 歲以上者[13]又可區分為勞動力 (labor force)、非勞動力 (not in the labor force) 以及軍人與監管人口。其中「非勞動力」包含學生、未就業的婦女與退休者，以及其他因主觀或客觀因素而未找工作者。「勞動力」包含「就業人口」與「失業人口」。其中，前者為：找到工作，正在就業者；後者為：正在找工作而仍未找到工作者[14]。依 (1.9) 式的定義，1970 年以來，臺灣的「失業率」可表示如圖 1–2。

由資料顯示，於 1970–2000 年期間，臺灣的失業率均在 3% 以內。在此期間內，失業率在 2%～3% 者為 1975、1982–1986、1996–2000 年等期間，其餘時間的失業

---

[13]　美國為 16 歲以上。

[14]　若無工作且未找工作者，則列入「非勞動力」之中。

率均在 1%～2% 之範圍；2001 年提高為 4.57%，2002 年更提高為 5.17%，2003 年的失業率亦維持在接近 5% 的水準，2004 年至 2007 年則略降低為 4% 左右❶❺。

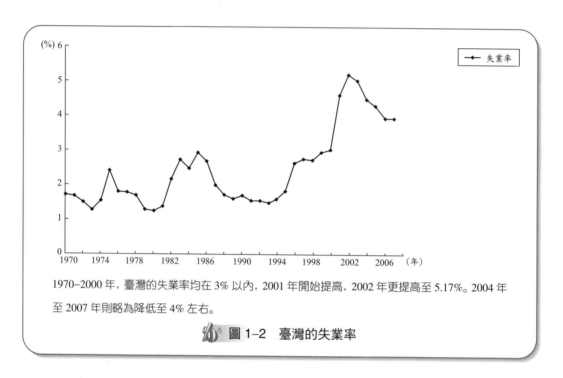

1970–2000 年，臺灣的失業率均在 3% 以內，2001 年開始提高，2002 年更提高至 5.17%。2004 年至 2007 年則略為降低至 4% 左右。

圖 1–2 臺灣的失業率

另外，以上提到的失業形態之中，一般認為，「摩擦性失業」與「結構性失業」的存在為經濟的常態。因此，若一個經濟只存在此兩種形態的失業，而無「循環性失業」，則可稱此經濟為充分就業 (full employment)。而充分就業狀態下的失業率稱為自然失業率 (the natural rate of unemployment)。因此，「自然失業率」可表示為：

$$自然失業率 = \frac{摩擦性失業人口 + 結構性失業人口}{勞動力} \tag{1.10}$$

---

❶❺ 資料顯示，2004 年的前三季之失業率均介於 4% 與 5% 之間。

 **有關 *GDP* 與 *GNP***

 ## 一、*GDP* 是否能用以衡量整個社會的經濟福利？

於本章前述，我們已瞭解 *GDP* 的意義。一般皆以每人實質 *GDP*（即實質 *GDP* 與人口數之比值）表示生活水準的高低（於本書第 13 章，我們將探討每人實質 *GDP* 之決定，且說明其成長的原因）。然而，以實質 *GDP*（以及每人實質 *GDP*）作為經濟福利的指標，並非十分恰當，以下列舉其幾項缺點說明之。

首先，一些未經過市場交易的經濟活動 (non-market economy) 並未列入 *GDP* 的計算。例如家庭主婦的家務工作，或志工的社區服務，均能提高經濟福利，但因其未經過市場交易，未列入 *GDP*，造成經濟福利的低估。

其次，*GDP* 的計算未考慮休閒，而休閒亦為經濟福利的指標之一。舉例來說，A 與 B 兩國，均有相同的 *GDP*，但兩國人民的休閒時間不同。假設 A 國具有較高的科技水準或較多資本財，其產品較為科技密集或資本密集（亦即，生產過程中，使用較多科技或資本，勞動的使用較少），B 國則因科技水準較低或資本較少，其產品為勞動密集（使用較多勞動）。因此，A 國人民所需的工作時間較少，休閒較多，B 國則反之。若只以 *GDP* 衡量經濟福利，則兩國並無不同；實際上，因 A 國人民的休閒較多，而享有較高的經濟福利。

另外，於經濟成長的過程中，*GDP* 固然成長了，但其可能造成環境的污染，而降低生活品質；亦可能造成所得分配 (income distribution) 的不均，影響社會公平。此種經濟成長的負面影響，於 *GDP* 之計算時均未加以考慮，因此，只以 *GDP* 表示經濟福利，亦可能有所高估。

 ## 二、*GDP* 與 *GNP* 之比較

由本章前述之說明，你是否能區分，以下各項應列入 *GDP* 或 *GNP* 之計算？

⒜本國棒球選手在外國的所得。

⒝外籍勞工在本國的工作所得。

⒞美國福特汽車公司於墨西哥設廠，所產生的利潤所得。

解說：

(a)此為本國國民在境外的所得，因此本國的 *GNP* 增加，*GDP* 則未增加。

(b)此為外國國民在本國境內的所得，因此，本國的 *GDP* 增加，*GNP* 則未增加。

(c)福特公司於墨西哥設廠所產生的利潤，將造成墨西哥的 *GDP* 增加。但若其中部分利潤屬於美國股東，則此導致墨西哥 *GNP* 增加的幅度將小於其造成墨西哥 *GDP* 增加的幅度。

 本章重要名詞與概念

賽伊法則	*GDP* 與 *GNP*
民間的消費支出	實現的投資與計畫的投資
政府支出	淨出口
國外要素所得淨額	國民所得 (*NI*)
個人所得 (*PI*)	個人可支配所得 (*PDI*)
名目的 *GDP* 與實質的 *GDP*	*GDP* 平減指數
消費者物價指數 (*CPI*)	蔓售物價指數 (*WPI*)
失業率與自然失業率	

 **習 題** ●●● 第 1 章 ●●●

1. 說明總體經濟學的內容與產生的背景。

2. 試由「產品途徑」說明 *GDP* 的衡量。

3. 試由「支出途徑」說明 *GDP* 的衡量。

4. 試由「所得途徑」說明 *GDP* 的衡量。

5. 試以表列說明，「國內生產毛額」(*GDP*)、「國民生產毛額」(*GNP*)、「國民生產淨額」(*NNP*)、「國民所得」(*NI*)、「個人所得」(*PI*) 與「個人可支配所得」(*PDI*) 等各項國民所得會計科目之關係。

6. 比較說明 *GDP* 平減指數，*CPI*、*WPI* 等物價指數的編製。

7. 說明摩擦性失業、結構性失業與循環性失業形態之意義且由之說明充分就業之意義。

古典學派之總體經濟理論

　　歐美經濟於 1929 年開始，出現經濟衰退，其延續至 1930 年代且程度加劇而成為「經濟大恐慌」，學者乃開始重視總體經濟問題之研究，其中可稱為總體經濟學最重要的經典著作之一，即 1936 年凱因斯發表的著作《就業、利息與貨幣的一般理論》。

　　凱因斯的一般理論可稱為對其之前的古典學派經濟學之革命❶。古典學派認為在市場經濟下，物價與工資等經濟變數可自由調整，因此，包括消費者與生產者等經濟個體均可作最適之選擇以決定其消費與生產之行為。整體而言，整個經濟可達均衡狀態，即勞動的就業量可達充分就業之水準，而產品的生產量亦可達均衡的產出水準（其對應於充分就業之產出）。本章以下的部分將探討於古典學派的理論架構下，總體經濟的各個變數，如就業、產量（所得）、工資、物價等之決定，同時也探討在古典學派經濟體系下，政府的財政與貨幣政策之效果。

---

❶　更精確的說法（如本書第 1 章）為：將凱因斯之前，自亞當斯密迄於馬夏爾之間的時期再區分為古典與新古典兩個時期，相較於凱因斯的理論，古典與新古典的理論較具同質性，因而本章將兩者合併，以古典學派稱之。

古典學派之總體經濟理論

- 古典學派的生產、就業與總合供給
  - 勞動需求
  - 勞動供給
  - 古典學派之總合供給

- 古典學派的貨幣理論、總合需求與物價之決定
  - 古典學派的貨幣理論
  - 古典學派的總合需求與物價水準之決定

- 古典學派的利率理論與財政政策之效果
  - 古典學派的利率理論
  - 古典學派的財政政策效果

- 經濟話題　古典學派的經濟學家

古典學派的生產、就業與總合供給

　　於古典學派的理論架構下，為瞭解生產與就業之決定，須先探討古典學派之總合供給。而總合供給之導出又決定於勞動市場之供需與總合生產函數 (aggregate production function)。

一、勞動需求 (labor demand)

　　我們先由個別廠商 i 的立場觀之，廠商 i 生產產品以供應市場需求，於生產過程中，須僱用各種生產要素，如勞動、資本、土地與自然資源等。於此，為簡化分析，我們不考慮勞動以外的生產要素 (或假設其他要素維持不變)，只討論廠商對勞動的需求。

(一)勞動僱用量之決定

　　依經濟理論，通常我們可假設，廠商依利潤極大化法則以決定其僱用勞動之數量，於產品市場與勞動市場均為完全競爭之情況❷，廠商 i 利潤極大化的條件為：

$$P = MC_i \tag{2.1}$$

式中，P 表示產品價格，以廠商 i 而言，MC_i **為增加 1 單位產出所須增加之成本，即邊際成本** (marginal cost, MC)，若以 y_i 表示實質產出水準，N_i 表示勞動僱用數量，則邊際成本可進一步表示如下：

$$MC_i = \frac{\Delta TC_i}{\Delta y_i} = \frac{\Delta TC_i / \Delta N_i}{\Delta y_i / \Delta N_i} = \frac{W}{MPN_i} \tag{2.2}$$

---

❷　於產品市場與勞動市場均為完全競爭之情況，由於廠商數眾多，因而廠商在這兩個市場均為價格接受者 (price taker)，即對個別廠商而言，產品市場的價格 (P) 與勞動市場的貨幣工資 (W) 均可視為固定值。

(2.2) 式中，依定義表示之 MC_i 可化為 $\dfrac{\Delta TC_i}{\Delta N_i}$ 與 $\dfrac{\Delta y_i}{\Delta N_i}$ 之比值（以任一變數 x 而言，Δx 表示其變動量），前者即廠商 i **增加僱用 1 單位勞動時所增加的總成本** (*TC*)，**亦即**貨幣工資 (W)；後者為廠商 i **增加 1 單位勞動所增加的實質產出，亦即勞動的邊際產量** (marginal product of labor, MPN_i)。以 (2.2) 式代入 (2.1) 式可得，$P = \dfrac{W}{MPN_i}$，此式亦可表示為：

$$\frac{W}{P} = MPN_i \qquad (2.3)$$

由 (2.3) 式可知，

求利潤極大化的廠商 i，其僱用勞動的數量決定於實質工資 ($\dfrac{W}{P}$) 等於勞動的邊際產量 (MPN_i) 之條件。

為運用圖形說明 (2.3) 式之意義，我們須先探討廠商 i 的生產函數 (production function)，且由之導出勞動的邊際生產力 (MPN_i) 線。

 (二)勞動邊際生產力

如本節前面的假設，我們所考慮的生產要素只有勞動，因而生產函數可表示為：

$$y_i = F(N_i) \qquad (2.4)$$

此生產函數具有一般所假設的性質，即

勞動的邊際生產力（或稱勞動的邊際產量）為正數，且隨著廠商對勞動僱用量的增加，勞動的邊際生產力有遞減的現象❸。

---

❸ 若省略下標 i，勞動的增量較大時，勞動的邊際生產力為 $MPN = \dfrac{\Delta y}{\Delta N}$，於勞動微量變動時，$MPN = \dfrac{dy}{dN}$。假設勞動的邊際生產力為正，即 $\dfrac{dy}{dN} > 0$，且勞動的邊際生產力遞減，即 $\dfrac{d^2 y}{dN^2} < 0$。

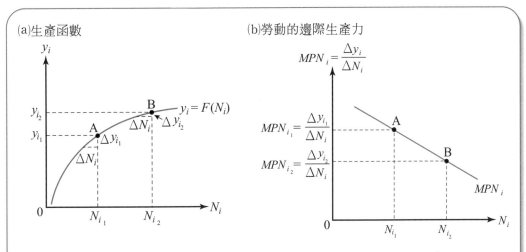

(a)生產函數　　　　　　　　　　　(b)勞動的邊際生產力

圖 2-1 (a)以勞動僱用量 N_{i_1} 與 N_{i_2} 為例，其邊際生產力為正，但隨著僱用量增加，其邊際生產力減少。圖 2-1 (b)為對應圖 2-1 (a)的勞動邊際生產力，當勞動僱用量增加，其邊際生產力將減少。

圖 2-1　廠商 i 之生產函數與勞動的邊際生產力

具有此性質的生產函數可以圖 2-1 (a)表示，與之對應的勞動邊際生產力線則以圖 2-1 (b)表示。由圖 2-1 (a)，若以勞動僱用量 N_{i_1} 與 N_{i_2} 為例，其邊際生產力均為正（即 $\frac{\Delta y_{i_1}}{\Delta N_i} > 0$, $\frac{\Delta y_{i_2}}{\Delta N_i} > 0$），而隨著勞動的僱用量增加，其邊際生產力則減少（$\frac{\Delta y_{i_2}}{\Delta N_i} < \frac{\Delta y_{i_1}}{\Delta N_i}$）。圖 2-1 (b)為由圖 2-1 (a)對應導出（兩圖之 A, B 點各自對應）。

在導出 MPN_i 線後，我們可以之說明 (2.3) 式。由圖 2-2，若廠商面對的實質工資為 $\frac{W_1}{P_1}$，由 (2.3) 式可知，廠商僱用的勞動數量必然為 N_{i_1}，因為 N_{i_1} 所對應的勞動邊際生產力 (MPN_{i_1}) 恰好等於 $\frac{W_1}{P_1}$，符合廠商利潤極大化之條件。同理，若實質工資由 $\frac{W_1}{P_1}$ 降為 $\frac{W_2}{P_1}$，則廠商 i 僱用的勞動量將由 N_{i_1} 增加至 N_{i_2}。由以上的推論可知，MPN_i 線可視為廠商 i 對勞動的需求線 (N_i^d)，因為 MPN_i 上的點（如圖 2-2 之 A, B 點）各表示對應於某一實質工資，廠商 i 有一所欲僱用的勞動量。由 N_i^d 所呈現的 ($\frac{W}{P}$) 與 N_i 之反方向關係，我們以數學式表示廠商 i 之勞動需求為：

$$N_i^d = f_i(\frac{W}{P}), \quad f_i' < 0 \tag{2.5}$$

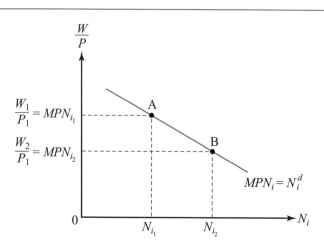

MPN_i 線可視為廠商的勞動需求線，當實質工資由 $\frac{W_1}{P_1}$ 降為 $\frac{W_2}{P_1}$，廠商的勞動僱用量將由 N_{i_1} 增加至 N_{i_2}。

圖 2-2　廠商 i 之勞動需求線 (N_i^d)

(三)總合勞動需求線

由全體廠商所構成之總合勞動需求線 (the aggregate demand curve for labor) 即為 (2.5) 式之水平相加 (horizontal summation)，數學上可表示為：

$$N^d = f(\frac{W}{P}), \quad f' < 0 \tag{2.6}$$

(2.6) 式所顯示的總合勞動需求，具有與個別廠商 i 之勞動需求（即 (2.5) 式）相同的性質，即總合勞動需求與實質工資呈現反方向之關係。總合勞動需求線可表示如圖 2-3。

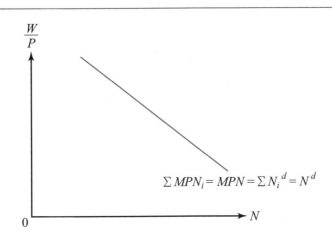

總合勞動需求線為個別廠商勞動需求線的「水平相加」所構成，總合勞動需求與實質工資呈現
反向關係。

圖 2–3　總合勞動需求線 (N^d)

二、勞動供給 (labor supply)

我們已討論了勞動需求，此乃廠商基於其利潤極大化之準則，而決定其所欲
僱用的勞動數量。相對應的，勞動供給則決定於在各種實質工資下，勞動者對於
實質工資所得 (real wage income) 與休閒 (leisure) 之最適選擇。我們亦可先由勞動
者 j 探討這種選擇，再由之導出整個社會的總合勞動供給線 (the aggregate labor
supply curve)。

(一)實質工資提高之替代效果與所得效果

由圖 2–4 (a)，縱軸表示實質工資所得 ($\frac{W}{P}N_j^s$)，其為實質工資與工作時數的乘
積。橫軸為休閒時數 (ℓ_j)，其又等於 24 小時（每日總時數 $= \overline{0A} = 24$）與工作時數
(N_j^s) 之差。無差異曲線 u_1 表示，能令勞動者 j 獲得相同總效用 (u_1) 之各實質工資
所得與休閒的組合。無差異曲線 u_2 則代表總效用高於 u_1 之組合。首先假設勞動者
j 面對的每小時實質工資為 $\frac{W_1}{P_1}$（其等於預算線 $\overline{AB}$ 的斜率之絕對值），此時均衡點

產生於 $\overline{AB}$ 線與 u_1 線之切點 D, 亦即在實質工資為 $\dfrac{W_1}{P_1}$ 時, 勞動者 j 將選擇 $\overline{0\ell_{j_1}}$ 之休閒 (即工作時數 $= \overline{A\ell_{j_1}}$), 而其所能獲得的實質工資所得為 $(\dfrac{W_1}{P_1})N_{j_1}^s$。 現若實質工資提高為 $\dfrac{W_2}{P_1}$ (即預算線 $\overline{AC}$ 的斜率之絕對值), 對勞動者 j 而言, 會產生所謂的替代效果 (substitution effect) 與所得效果 (income effect)。

> 就替代效果而言, 於實質工資提高後, 勞動者會提高工作時數 (以工作替代休閒) 以增加工資所得。

此可由圖 2–4 ⒜, 均衡點由 D 移至 E 所表示, 替代效果導致休閒時數由 $\overline{0\ell_{j_1}}$ 減少為 $\overline{0\ell_{j_3}}$, 相應地, 工作時數則由 $\overline{A\ell_{j_1}}$ 增為 $\overline{A\ell_{j_3}}$ ❹。

> 所得效果則表示, 於實質工資提高後, 勞動者在原先的工作時數下, 將可獲得較高的實質工資所得, 由於休閒為一種正常財 (normal good), 因而實質工資提高後, 休閒時數將隨之提高, 而工作時數則相應減少。

所得效果可表現於圖 2–4 ⒜之 E 點移至 F 點。 以實質工資提高, 替代效果產生後之均衡點 E 作為基準, 所得效果將導致休閒由 $\overline{0\ell_{j_3}}$ 增至 $\overline{0\ell_{j_2}}$, 亦即工作時數由 $\overline{A\ell_{j_3}}$ 減為 $\overline{A\ell_{j_2}}$。 整合以上的說明, 原先在實質工資為 $\dfrac{W_1}{P_1}$ 時, 均衡點為 D, 於實質工資提高為 $\dfrac{W_2}{P_1}$, 替代效果令均衡點由 D 移至 E, 所得效果則令均衡點由 E 移至

---

❹ 詳言之, 如前所言, 於實質工資為 $\dfrac{W_1}{P_1}$, 預算線為 $\overline{AB}$, 若實質工資提高為 $(\dfrac{W_2}{P_1})$, 預算線為 $\overline{AC}$ (實質工資為預算線斜率之絕對值)。 為討論實質工資提高之替代效果, 可另繪一與 $\overline{AC}$ 線平行且與 u_1 線相切之直線 $\overline{SP}$, 其切點為 E。 均衡點由 D 移至 E 表示於實質工資提高, 而效用維持於原先的水準 u_1 (為討論替代效果) 所導致的休閒 (工作) 時數之改變。

F。因而實質工資提高的總效果（替代效果與所得效果之和）造成均衡點由 D 移至 F。

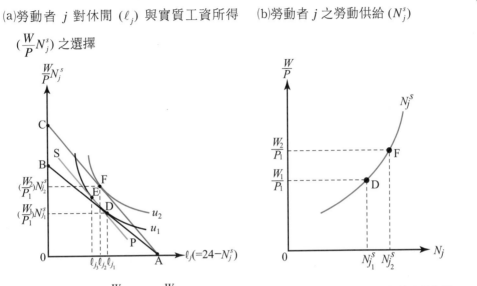

圖 2–4 (a)當實質工資由 $\frac{W_1}{P_1}$ 增加至 $\frac{W_2}{P_1}$，替代效果使均衡點由 D 點移動至 E 點，所得效果使均衡點由 E 點移至 F 點，因此實質工資增加的總效果造成均衡點由 D 點移動至 F 點；圖 2–4 (b)為對應圖 2–4 (a)在「替代效果大於所得效果」下所繪出正斜率的勞動供給線，即勞動供給為實質工資的增函數。

圖 2–4　勞動者 j 之勞動供給 (N_j^s) 的導出

(二)總合勞動供給線

由圖 2–4 (a)可導出圖 2–4 (b)之勞動供給線 (N_j^s)，圖 2–4 (b)之 D 點對應於圖 2–4 (a)的 D 點，其表示實質工資為 $\frac{W_1}{P_1}$ 時，勞動供給為 $\overline{0N_{j_1}^s}$ ($= \overline{A\ell_{j_1}}$)。同理，圖 2–4 (b)之 F 點對應於圖 2–4 (a)之 F 點，即實質工資為 $\frac{W_2}{P_1}$ 時，勞動供給為 $\overline{0N_{j_2}^s}$ ($= \overline{A\ell_{j_2}}$)。在替代效果大於所得效果 ($\overline{\ell_{j_1}\ell_{j_3}} > \overline{\ell_{j_3}\ell_{j_2}}$) 的假設下，我們可繪出正斜率的勞動供給線，即勞動供給為實質工資的增函數，如圖 2–4 (b)❺。以數學式表示，勞

動者 j 的勞動供給函數為:

$$N_j^s = g_j(\frac{W}{P}), \quad g_j' > 0$$

(2.7)

> 將所有勞動者的勞動供給作水平相加,可求得「總合勞動供給線」。

其數學式為:

$$N^s = g(\frac{W}{P}), \quad g' > 0$$

(2.8)

總合勞動供給線可表示如圖 2–5。

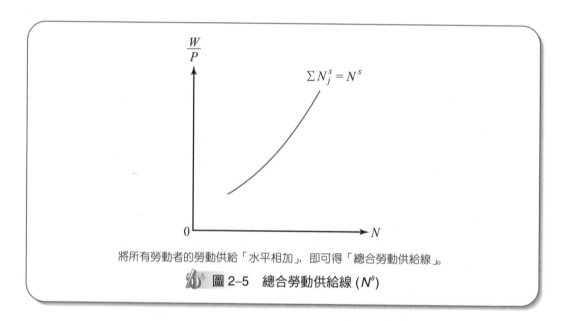

將所有勞動者的勞動供給「水平相加」,即可得「總合勞動供給線」。

圖 2–5　總合勞動供給線 (N^s)

三、古典學派之總合供給

在說明如何導出古典學派的總合供給 (aggregate supply,簡稱 y^s) 之前,我們也可將廠商 i 之勞動需求線 (圖 2–2) 與勞動者 j 之勞動供給線 (圖 2–4 (b)) 兩圖形作一改變。若將兩圖形原來的縱座標由實質工資 ($\frac{W}{P}$) 改為貨幣工資 (W),則

---

❺ 若所得效果大於替代效果,則於實質工資提高,勞動供給將減少,即勞動供給線為負斜率,此乃所謂的向後彎的勞動供給線 (a backward bending labor supply curve)。

圖 2–2 可改為圖 2–6 (a)，圖 2–4 (b)可改以圖 2–6 (b)表示。由以下的說明可知，以**貨幣工資作為縱軸時，於物價變動時，勞動需求線與勞動供給線將會整條線移動。**

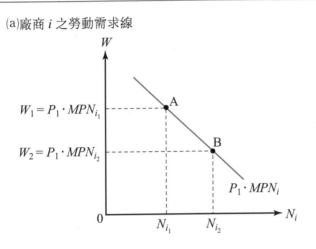

(a)廠商 i 之勞動需求線

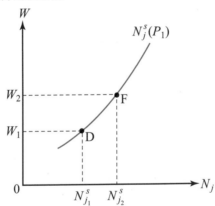

(b)勞動者 j 之勞動供給線

將圖 2–2 與圖 2–4 (b)縱軸由實質工資 $(\frac{W}{P})$ 改為貨幣工資 (W) 可得圖 2–6 (a)的勞動需求線與圖 2–6 (b)的勞動供給線。

圖 2–6　縱軸以貨幣工資 (W) 表示之勞動需求線與勞動供給線

(一)貨幣工資固定，物價提高對勞動需求之影響

假設貨幣工資固定，而物價提高時，我們可用圖 2–7 說明在兩種形態的勞動

需求線圖形（縱軸以 $\frac{W}{P}$ 或以 W 表示）下，各有何種不同的改變。由圖 2-7，於貨幣工資固定，物價提高（由 P_1 提高為 P_2）而造成實質工資降低，此有利於廠商，因而增加勞動的僱用（由 N_{i_1} 增加為 N_{i_2}）。若縱軸為 $\frac{W}{P}$，則物價提高造成同一條勞動需求線上點的移動 $(A \rightarrow B)$；若縱軸為 W，則物價提高造成 $P \cdot MPN_i$ 線右移 $(A' \rightarrow B')$，而 $P \cdot MPN_i$ 即所謂的勞動的邊際產值 (the value of the marginal product of labor)。

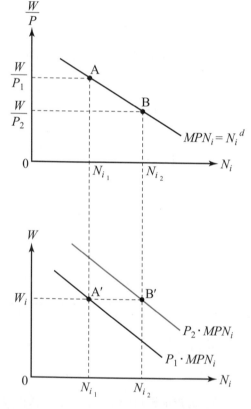

貨幣工資固定，當物價提高時 $(P_1 \rightarrow P_2)$，使實質工資降低，勞動僱用量增加。當縱軸為 $\frac{W}{P}$，將造成同一條勞動需求線上點的移動 $(A \rightarrow B)$；若縱軸為 W，將造成勞動需求線右移 $(P_1 \cdot MPN_i \rightarrow P_2 \cdot MPN_i, A' \rightarrow B')$。

圖 2-7 貨幣工資不變，物價提高對勞動需求之影響

◉ (二)貨幣工資固定，物價提高對勞動供給之影響

同理，於勞動供給線方面，可用圖 2-8 說明兩種形態的圖形在貨幣工資固定
而物價提高時有何改變。由於此將造成實質工資減少而不利於勞動者，因而勞動
者將減少其勞動供給（由 $N_{j_2}^s$ 減少為 $N_{j_1}^s$）。在縱軸為 $\dfrac{W}{P}$ 之情況，造成勞動供給線
上點的移動 $(A \to B)$；縱軸為 W 時，則造成整條勞動供給線之左移 $(A' \to B')$。

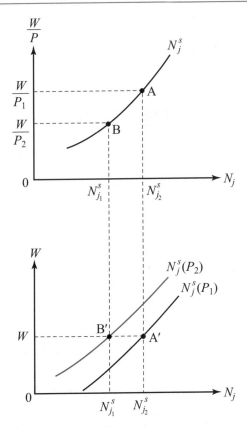

貨幣工資固定，當物價提高時 $(P_1 \to P_2)$，實質工資減少使勞動供給者減少勞動供給。當縱軸為
$\dfrac{W}{P}$，將造成同一條勞動供給線上點的移動 $(A \to B)$；若縱軸為 W，將造成勞動供給線左移 $(N_j^s$
$(P_1) \to N_j^s(P_2), A' \to B')$。

◉ 圖 2-8　貨幣工資不變，物價提高對勞動供給之影響

(三)古典學派總合供給線之導出

接著，我們可運用前述的生產函數與勞動供需以導出古典學派的總合供給。若將個別廠商的生產函數（即 (2.4) 式）相加，可得整體經濟的總合生產函數 (aggregate production function)，表示為：

$$y = F(N) \tag{2.4$'$}$$

(2.4)$'$ 式中，y 表示整體經濟實質總產出，N 表示總就業量。(2.4)$'$ 式可表示如圖 2–9 (c)。同理，由整體經濟的觀點，將個別廠商的勞動需求與個別勞動者的勞動供給相加，由圖 2–7 與圖 2–8 整體經濟加總之後的勞動需求與勞動供給亦可共同表示於圖 2–9 (a)與圖 2–9 (b)。

首先，假設貨幣工資為 W_1，物價為 P_1（實質工資為 $\frac{W_1}{P_1}$），勞動供需相等的均衡點可表示如圖 2–9 (a)與(b)之 A 點，此時對應之均衡勞動就業量為 N_1，以之代入總合生產函數（圖 2–9 (c)），可得實質產出 y_0。圖 2–9 (d)以 P 為縱軸，y 為橫軸，對應於圖 2–9 (a)、(b)與(c)之 A 點，我們可在圖 2–9 (d)上找到 A 點，其為 P_1 與 y_1 的組合點。其次，若貨幣工資維持在 W_1，而價格由 P_1 提高為 $2P_1$（實質工資由 $\frac{W_1}{P_1}$ 降低至 $\frac{W_1}{2P_1}$），如前述的說明，此將造成圖 2–9 (a)（以 $\frac{W}{P}$ 為縱軸）上點的移動，即勞動需求由 A 點移至 D 點，勞動供給由 A 點移至 C 點，因而工資為 $\frac{W_1}{2P_1}$，勞動需求大於勞動供給(即勞動超額需求為 $\overline{CD}$)，此時，貨幣工資會由 W_1 提高至 $2W_1$，實質工資回升至原來水準（$\frac{2W_1}{2P_1} = \frac{W_1}{P_1}$），而勞動市場在 B 點（即原先的 A 點）達成均衡❻。如果由圖 2–9 (b)（以 W 作為縱軸）來看，由前面的說明可知，於原先貨幣工資為 W_1，若物價由 P_1 提高至 $2P_1$，則勞動需求 $P_1 \cdot MPN$，將右移至 $2P_1 \cdot MPN$，

---

❻ 貨幣工資由 W_1 提高至 $2W_1$ 時，實質工資才回升至原水準（$\frac{2W_1}{2P_1} = \frac{W_1}{P_1}$），而勞動市場的超額需求乃完全消除，即勞動市場又達到均衡。

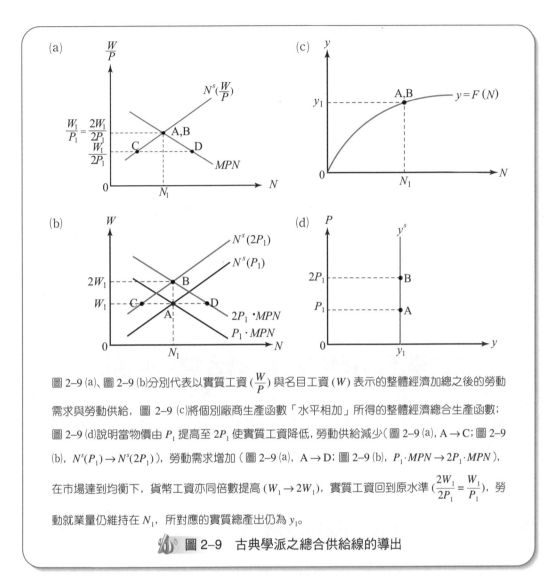

圖 2–9 (a)、圖 2–9 (b)分別代表以實質工資 $(\frac{W}{P})$ 與名目工資 (W) 表示的整體經濟加總之後的勞動需求與勞動供給，圖 2–9 (c)將個別廠商生產函數「水平相加」所得的整體經濟總合生產函數；圖 2–9 (d)說明當物價由 P_1 提高至 $2P_1$ 使實質工資降低，勞動供給減少（圖 2–9 (a)，A → C；圖 2–9 (b)，$N^s(P_1) \to N^s(2P_1)$），勞動需求增加（圖 2–9 (a)，A → D；圖 2–9 (b)，$P_1 \cdot MPN \to 2P_1 \cdot MPN$），在市場達到均衡下，貨幣工資亦同倍數提高（$W_1 \to 2W_1$），實質工資回到原水準（$\frac{2W_1}{2P_1} = \frac{W_1}{P_1}$），勞動就業量仍維持在 N_1，所對應的實質總產出仍為 y_1。

🔊 圖 2–9　古典學派之總合供給線的導出

而 $N^s(P_1)$ 將左移至 $N^s(2P_1)$，此時勞動市場亦將形成如圖 2–9 (a)所示的超額需求 $\overline{CD}$，為回復勞動市場均衡，貨幣工資勢必由 W_1 提升至 $2W_1$，而實質工資又恢復至原水準（$\frac{2W_1}{2P_1} = \frac{W_1}{P_1}$），即勞動市場在 B 點達到均衡。由以上之說明可知，於物價由 P_1 提高至 $2P_1$，因貨幣工資亦同倍數提高，因而均衡勞動就業量仍維持在 N_1，所對應的實質總產出仍為 $y_1$❼。對應於圖 2–9 (a)、(b)與(c)之 B 點，我們可在圖 2–9

---

❼　於本章，我們區分個別廠商的產出與整體經濟的總產出。為求簡化，以下對於整體經濟的實質總產出，概以實質產出稱之，且以 y 表示之。

(d)上找到 B 點，其為 $2P_1$ 與 y_1 的組合點。連接圖 2–9 (d)上的 A 與 B 之直線，亦即我們所要導出的古典學派之總合供給線 (y^s)。由圖 2–9 (d)可知，古典學派之總合供給線為對應於均衡實質產出 y_1 之垂直線❽。此表示，在古典學派的經濟體系，均衡實質產出 y_1 只由勞動供需與總合生產函數所構成的供給面決定 (supply-determined)。由總合供給線之導出，我們可給予它一個定義，即：

> 總合供給線為維持勞動市場均衡的各物價與所得（產出）組合點的連線（軌跡）。

第 2 節
古典學派的貨幣理論、總合需求與物價之決定

於本節，我們經由古典學派的貨幣理論說明古典學派的總合需求 (aggregate demand) 之導出，且以之配合前面所求出的總合供給，討論於古典學派之經濟體系下，整體經濟的物價水準如何決定。首先，探討古典學派之貨幣理論。

一、古典學派的貨幣理論

一般以貨幣的數量理論 (the Quantity Theory of Money) 表示古典學派的貨幣理論，其又可區分為交易方程式 (the Equation of Exchange) 與劍橋方程式 (the Cambridge Equation) 兩種學說。

---

❽ 勞動市場均衡就業量可稱為充分就業的就業水準 (the full-employment level of employment) 或自然就業水準 (the natural level of employment)。對應於均衡就業量 N_1 的均衡實質產出 y_1 可稱為充分就業產出 (the full-employment output)，或自然產出水準 (the natural level of output)。

(一)交易方程式 (the Equation of Exchange)

「交易方程式」為由美國的經濟學家費雪 (Irving Fisher) 所提出。其涵義為:

> 在單位時間內,整個社會的市場交易總值 (the market value of transactions) 等於貨幣存量 (the stock of money,以 M 表示) 與貨幣的交易流通速度 (the transaction velocity of money,以 V_T 表示) 之乘積。

交易方程式可以數學式表示為:

$$MV_T = P_T T \tag{2.9}$$

(2.9) 式右邊的整個社會的市場交易總值 ($P_T T$) 為一個流量 (flow) 的概念,左邊的貨幣存量 (M) 為一個存量 (stock) 的變數,經由 V_T (其表示於單位時間內平均 1 單位貨幣的使用次數) 轉換,MV_T 亦具有流量之概念。另外,人們持有貨幣,乃因貨幣具有多項功能❾,於交易方程式之學說,其著重於貨幣的交易媒介 (medium of exchange) 功能,因此 (2.9) 式左邊表示:於單位時間內,既有的貨幣存量所能融通的交易總值,其必然等於 (2.9) 式右邊之全社會市場交易總值,從而,(2.9) 式為一恆等式 (identity)。此外,(2.9) 式之交易量 (T) 為涵蓋當期新生產的產品與勞務 (newly produced goods and services) 以及前面各期生產的產品與資產 (previously produced goods and assets)。

交易方程式也可以另一種方式表示為:

$$MV \equiv Py \tag{2.10}$$

(2.9) 式與 (2.10) 式的差異在於前者使用「貨幣的交易流通速度」(V_T),而後者使用貨幣的所得流通速度 (the income velocity of money, V)。即 (2.10) 式之中,貨幣存量 (M) 所融通者為與當期實質產出 (y)❿有關的當期生產之產品與勞務,(2.10) 式右邊自然也以 y 代替原來 (2.9) 式的 T。同理,(2.10) 式的物價也以衡量

---

❾　關於貨幣功能之說明,可見第 4 章與第 10 章。

❿　y 亦可稱為實質所得 (real income),Py 則稱為名目所得 (nominal income)。

當期新生產的產品與勞務之物價指數 P 代替 (2.9) 式之 P_T，P_T 則表示當期與前面各期生產的財貨與勞務之物價指數。以變數的衡量而言，(2.10) 式之 y 相對於 (2.9) 式之 T，資料較易獲得，而具有操作上的便利，因而本書後面討論皆以 (2.10) 式表示交易方程式。

另外，(2.10) 式中之貨幣流通速度 (V) 乃決定於制度性因素 (institutional factor)，如支付習慣與支付方式。因此，在短期可將 V 視為固定。

(二)劍橋方程式 (the Cambridge Equation)

由以上的說明可知，交易方程式可視為一恆等式。由英國劍橋大學馬夏爾 (Alfred Marshall) 以及其他經濟學家所提出的劍橋方程式 (the Cambridge Equation) 則可稱為古典學派的貨幣需求理論。

馬夏爾等劍橋學派經濟學者認為人們會將其名目所得 (Py) 中一部分以貨幣的形態持有，以數學式表示，即：

$$M^d = kPy \tag{2.11}$$

(2.11) 式中，M^d 表示整個社會對貨幣的需求，其為名目所得 (Py) 的一個比率 (k)。如前所言，M^d 為一存量變數，Py 為流量變數，因而劍橋方程式表達一種存量與流量之關係，兩者之間經由 k 予以連繫。

將貨幣需求視為名目所得的一個比率之原因，首先，如同交易方程式之情況，以貨幣的交易媒介功能而言，人們將隨著交易之市場總值增加而增加貨幣之持有。於名目所得與市場交易值兩者有密切的相關下，劍橋方程式乃得以成立。另一方面，以貨幣的價值儲藏 (store of value) 功能[11]而言，若以所得作為財富的替代變數，劍橋方程式乃據以成立。

> 貨幣亦為一種資產 (asset)。人們將其財富 (wealth) 以各種資產方式持有，因而各種資產的持有與財富之間具有比率之關係。

---

[11] 同[9]。

此外，似同交易方程式之 V，在劍橋方程式中，表示貨幣需求與實質所得之比率 k，其亦決定於社會的交易習慣，而假設在短期是穩定的。

(三)交易方程式與劍橋方程式之關聯性

交易方程式與劍橋方程式均屬古典學派的貨幣數量學說，於貨幣市場達到均衡時，即可找出兩者之關聯性。於貨幣市場均衡，即貨幣供給 (M) 等於貨幣需求 (M^d)，因而劍橋方程式（(2.11) 式）可表示為：

$$M = kPy \qquad (2.12)$$

此亦可表為：

$$M(\frac{1}{k}) = Py \qquad (2.13)$$

以 (2.13) 式與交易方程式（(2.10) 式）比較，可得：

$$V = \frac{1}{k} \qquad (2.14)$$

由 (2.14) 式可知，V 與 k 互為倒數之關係。舉例來說，若人們的貨幣持有額為其名目所得的 $\frac{1}{6}$ $(k = \frac{1}{6})$，則貨幣作為所得交易的流通次數為 6 $(V = 6)$。

二、古典學派的總合需求與物價水準之決定

於古典學派之情況，經濟體系的總合需求 (y^d) 為隱含於古典的貨幣數量學說之中。我們首先由貨幣數量學說導出古典學派的總合需求，再以之配合前面導出的古典學派之總合供給，以探討古典學派之下，物價水準之決定。

(一)古典學派的總合需求

由前述的說明可知，於貨幣市場達到均衡時，劍橋方程式可表示為 (2.13) 式，若假設 k 為固定值 $(k = \bar{k})$，則 (2.13) 式可表示成：

$$Py = M(\frac{1}{k}) \qquad (2.15)$$

(2.15) 式即為古典學派的總合需求之數學式。其可以圖 2–10 說明之，以縱軸

表示變數 P，橫軸表示變數 y，於貨幣供給 (M_1) 固定之下，古典學派的總合需求為一條負斜率的曲線 ($y^d(M_1)$ 曲線)，即 P 與 y 具有反方向的關係。而於貨幣供給增加時（由 M_1 增至 M_2），整條總合需求線會往右移動（由 $y^d(M_1)$ 右移至 $y^{d'}(M_2)$) **⓬**。

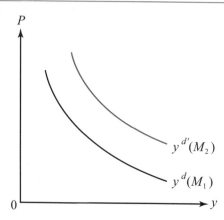

貨幣供給 (M_1) 固定下，古典學派的總合需求為負斜率的曲線，P 與 y 具有反方向的關係。當貨幣供給增加時（由 M_1 增至 M_2），整條總合需求線將右移，由 $y^d(M_1)$ 移至 $y^d(M_2)$。

◯ 圖 2–10　古典學派之總合需求

(二)古典經濟體系的物價水準與變動率之決定

已說明了古典學派的總合供給與總合需求，我們可將之整合，以討論於古典經濟體系物價水準之決定。將圖 2–9 (d)與圖 2–10 放在一起，即形成圖 2–11。

由圖 2–11，如本章第 1 節所得之結果：於**古典經濟體系，總合供給線為一垂直線**。亦即，在勞動供需與總合生產函數為既定之下，均衡實質產出已決定於 y_1。於貨幣供給為 M_1，則其對應的總合需求 $y^d(M_1)$ 便可與總合供給 y^s 共同決定經濟體系的物價水準 P_1。若貨幣供給由 M_1 增加為 M_2，相對應地，總合需求 $y^d(M_1)$ 將

⓬ 由 (2.15) 式，因方程式右邊為固定值（$M, \bar{k}$ 均為固定值）。(2.15) 式乃表示為直角雙曲線 (rectangular hyperbola)。依直角雙曲線之性質，於 (2.15) 式之 M 增加，整條曲線將往右移動。同理，若 M 不變，而 k 降低（即 V 提高）時，也會造成整條曲線往右移。

右移為 $y^{d'}(M_2)$，其與 y^s 決定的物價亦將提高為 P_2。由 (2.13) 式，假設 k 為固定值，且 y 值固定 $(y = y_1)$，則可求出以變動率表示的 M 與 P 之關係式，其可近似地表示如下：

$$\frac{\Delta M}{M} = \frac{\Delta P}{P}$$

(2.16)

　　此式中，ΔM 與 ΔP 各表示 M 與 P 之變動量，$\frac{\Delta M}{M}$ 與 $\frac{\Delta P}{P}$ 則各表示兩者之變動比率 (proportional change)。(2.16) 式表示：於古典經濟體系下，貨幣數量之變動率等於物價水準之變動率❸。

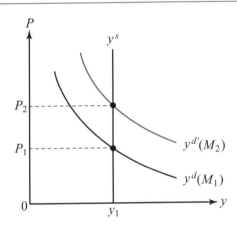

於古典經濟體系下，總合供給線為一條垂直線，即均衡實質產出已決定，貨幣供給增加不影響實質產出與就業量，只造成物價與貨幣工資等名目變數同比率變動。

🔊 圖 2–11　古典學派之物價水準決定

　　由以上，可知，

---

❸　為更精確地導出 M 與 P 之關係式，將 (2.13) 式兩端各取自然對數值，可得 $\ell n\, M + \ell n(\frac{1}{k}) = \ell n\, P + \ell n\, y$，對此式作全微分，即：$d\, \ell n\, M + d\, \ell n(\frac{1}{k}) = d\, \ell n\, P + d\, \ell n\, y$。假設 k, y 為固定值，可得：$\frac{dM}{M} = \frac{dP}{P}$，即 M 與 P 微量變動時，兩者的變動率相等。由 (2.16) 式，於 M 與 P 均為微量變動時（即 $\Delta M \to 0, \Delta P \to 0$），則 (2.16) 式乃趨近於 $\frac{dM}{M} = \frac{dP}{P}$。

> 於古典經濟體系，貨幣數量 (M) 的變動並不影響實質產出 (y) 與就業量 (N) 等實質變數，只是造成物價水準 (P) 與貨幣工資 (W) 等名目變數同比率變動。古典經濟學家乃稱之為貨幣的中立性 (the neutrality of money)。

此可以圖 2–12 予以說明，於原先若貨幣供給為 M_1，對應的總合需求為 y^d (M_1)，其與 y^s 決定的價格為 P_1，實質產出為 y_1，其他相應決定的變數：就業量為 N_1，貨幣工資為 W_1。當貨幣供給提高為 $2M_1$，只造成物價提高為 $2P_1$，貨幣工資提高為 $2W_1$，其餘之實質變數 y, N 與 $(\frac{W}{P})$ 均維持不變。

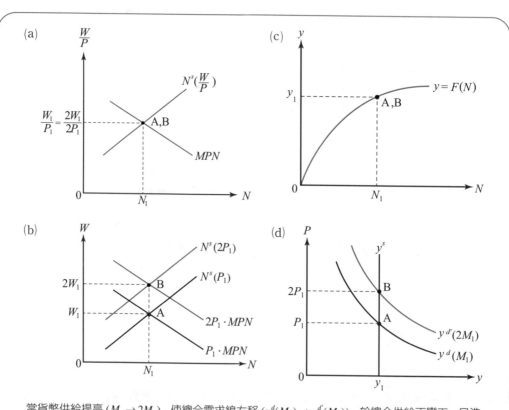

當貨幣供給提高 ($M_1 \rightarrow 2M_1$)，使總合需求線右移 ($y^d(M_1) \rightarrow y^{d'}(M_2)$)，於總合供給不變下，只造成物價提高為 $2P_1$，在市場達到均衡下，貨幣工資提高為 $2W_1$，均衡點由 A 點移至 B 點，其餘實質變數均維持不變。

🔊 圖 2–12 古典經濟體系之貨幣數量增加效果

第**3**節

古典學派的利率理論與財政政策之效果

於本章第 2 節，我們經由總合供給與總合需求之導出，說明貨幣數量的變動並不影響實質面的實質產出（實質所得）、就業與實質工資。本節則藉由古典學派的利率決定理論，以之探討於古典經濟體系下，財政政策是否具有效果。

一、古典學派的利率理論

於古典經濟體系，我們已由總合供給 (y^s) 與總合需求 (y^d) 探討實質產出 (y)、就業 (N)、實質工資 ($\frac{W}{P}$)、物價水準 (P) 以及貨幣工資 (W) 之決定。古典學派之利率 (r) 則單獨由信用市場 (credit market) 所決定[14]。

信用市場即可貸資金 (loanable fund) 市場。以下乃就可貸資金的供給與可貸資金的需求加以說明[15]。

(一)可貸資金的供給

可貸資金的供給為源自儲蓄[16]，而儲蓄可區分為家庭、企業與政府部門之儲蓄。其中，家庭的儲蓄來自可支配所得。企業的儲蓄源自其未分配之利潤（即保留盈餘）。政府儲蓄等於政府稅收 (T) 與政府支出 (G) 之差額，若此差額為正數，則稱政府預算盈餘 (government budget surplus)，其為可貸資金的供給來源之一。若政府支出大於政府稅收 ($G - T > 0$)，則稱政府預算赤字 (government budget

---

[14] 通常可將利率區分為名目利率 i (nominal interest rate) 與實質利率 r (real interest rate)，兩者之關係可約略表示為：$r \approx i - \pi^e$，其中 π^e 為預期的物價膨脹率 (expected inflation rate)。於 $\pi^e = 0$ 之情況，名目利率等於實質利率。

[15] 可貸資金市場與債券 (bond) 市場乃相對應的。可貸資金的供給對應於債券的需求，可貸資金的需求則對應於債券的供給。

[16] 於此所指的儲蓄為實質儲蓄 (real saving)。以下，構成可貸資金供需的其他因素（投資、政府支出與稅收）亦均為實質變數。

deficit)，其為可貸資金的需求之一。企業部門的儲蓄占可貸資金供給的比率相對較小，因而以下的分析將之省略。另外，大多數國家的政府財政均為預算赤字，因此可將政府部門的預算赤字 $(G-T)$ 列為可貸資金的需求因素之一。基於以上的理由，於可貸資金之供給，我們只討論家庭部門的儲蓄。於古典經濟體系，為討論儲蓄之行為，可由家庭部門多期間的消費行為說明之❶。

1. 家庭部門的跨期預算限制式

家庭部門的跨期預算限制 (the intertemporal budget constraint)（在此考慮的期間為 2 期：本期與未來，或期間 1 與期間 2）可表示為：

$$C_1 + \frac{1}{1+r}C_2 = W \tag{2.17}$$

(2.17) 式中，C_1 與 C_2 各表示本期與未來之消費；W 表示本期期初擁有之財富。此式限制家庭部門在兩個期間的消費現值（(2.17) 式左邊）須等於其現有之財富❶。(2.17) 式之中，$\frac{1}{1+r}$ 可視為家庭部門之未來消費與現在消費的相對價格。

2. 利率提高對本期及未來消費之影響

由圖 2–13，當利率為 r，對應於 (2.17) 式的預算限制式為以橫軸截距為 $\overline{0A}$（＝本期期初擁有之財富 W），縱軸截距為 $\overline{0B} (= W(1+r))$ 的直線 $\overline{AB}$ 所表示❶。由兩軸之截距可知預算線的斜率為 $-(1+r)$，預算線 $\overline{AB}$ 與無差異曲線 u_1 切於 D 點，而決定兩個期間的最適消費各為 C_1^* 與 C_2^*。此時家庭部門於本期（期間 1）之儲蓄為 $\overline{C_1^* A} = (\overline{0A} - \overline{0C_1^*})$。若利率由 r 提高為 r'，則預算線將由 $\overline{AB}$ 變為 $\overline{AB'}$（其斜率為 $-(1+r')$）。預算線 $\overline{AB'}$ 與無差異曲線 u_2 切於 F 點，而決定兩個期間的最

---

❶ 消費理論之詳細說明可見第 9 章。

❶ 因為家庭部門作消費決策的時間點為本期期初，因而未來的消費 (C_2) 須以 $\frac{1}{1+r}$ 將之貼現 (discount)（折現）為本期期初之值。

❶ 縱軸截距 $(= W(1+r))$ 表示家庭部門於本期無任何消費，而將 W 儲蓄，於利率為 r，則至未來（時間 2），其財富為 $W(1+r)$。

適消費各為 $C_1^{*\prime\prime}$ 與 $C_2^{*\prime\prime}$。由此可知，利率由 r 提高為 r' 造成本期之儲蓄由 $\overline{C_1^* A}$ 增

加為 $\overline{C_1^{*\prime\prime} A} = (\overline{0A} - \overline{0C_1^{*\prime\prime}})$。

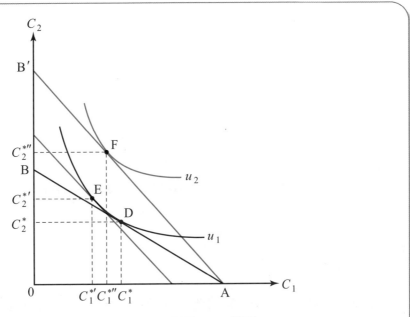

當利率提高，預算線將由 $\overline{AB}$ 變為 $\overline{AB'}$，本期儲蓄由 $\overline{C_1^* A}$ 增加為 $\overline{C_1^{*\prime\prime} A}$，假設替代效果 (D→E) 大

於所得效果 (E→F) 下，利率提高，本期消費將減少（本期儲蓄增加）。

　　圖 2–13　利率改變對家庭部門之本期與未來消費的影響

　　詳言之，利率提高後，家庭部門於本期（期間 1）若少消費（多儲蓄）則可

獲得較高的利息所得；相反地，家庭部門在本期的消費將導致其無法獲得較高利息

所得。亦即，**利率的提高將造成本期消費價格提高（未來消費的價格降低），因而**

家庭部門將減少本期消費，增加未來消費（以未來消費替代現在消費），此即所謂

的替代效果。利率提高的替代效果可由圖 2–13 的均衡點由 D→E 所示，其造成

本期消費由 C_1^* 減少為 $C_1^{*\prime}$，而未來的消費由 C_2^* 增加為 $C_2^{*\prime}$。另外，利率的提高亦

將產生所得效果，其可由圖 2–13 的均衡點由 E→F 所示。因假設本期消費與未來

消費皆為正常財，兩期消費均將因正的所得效果而增加。若假設替代效果大於所

得效果，我們即可得到：利率提高時，本期消費將減少（本期儲蓄將增加）。此種

利率與儲蓄的正向關係可表示如圖 2–14。其為可貸資金的供給。

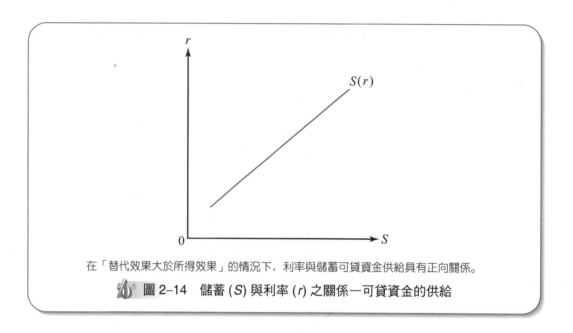

在「替代效果大於所得效果」的情況下，利率與儲蓄可貸資金供給具有正向關係。

圖 2-14　儲蓄 (S) 與利率 (r) 之關係—可貸資金的供給

(二)可貸資金的需求

　　似同可貸資金的供給，可貸資金的需求亦來自家庭、企業與政府部門。就社會整體而言，家庭部門的儲蓄通常大於其對可貸資金的需求。因此，家庭部門可稱為淨儲蓄者。而企業對可貸資金的需求總是大於其本身的儲蓄，企業乃成為可貸資金的主要需求者。企業對可貸資金有所需求，乃基於其投資支出。於投資的淨收益固定之情況，投資與利率具有反方向的關係[20]。即企業的投資可表示為：

$$I = I(r), \quad I' < 0 \tag{2.18}$$

(2.18) 式可表示如圖 2–15 (a)。

　　由前面的說明可知，通常政府的支出大於其稅收，因而政府的預算赤字 $(G - T)$ 乃成為可貸資金需求的構成因素之一。通常政府在決定其支出 (G) 與稅收 (T) 時，利率並非重要的考量因素，因而可假設政府預算赤字並不受利率影響，即 $(G - T)$ 為一垂直線，如圖 2–15 (b)所示。將圖 2–15 (a)的企業投資與圖 2–15 (b)的政府預算赤字水平相加，可得圖 2–15 (c)的 $I(r) + (G - T)$，此即可貸資金的需求。

---

[20]　有關投資理論的詳細說明可參見第 9 章。

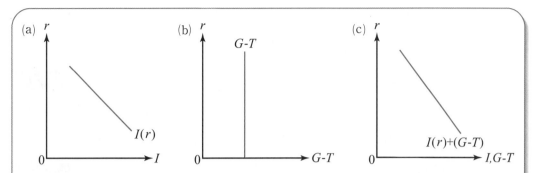

圖 2–15 (a)說明利率與企業的投資具有反向關係；(b)說明政府預算赤字不受利率的影響；(c)為將企業投資與政府預算赤字水平相加所得的可貸資金需求。

 圖 2–15　(a)投資與利率之關係　(b)政府的預算赤字與利率之關係　(c)可貸資金的需求

(三)均衡利率的決定

於古典經濟體系下，均衡利率為由可貸資金的供給與可貸資金需求共同決定。我們可將圖 2–14 與圖 2–15 (c)繪於同一圖，此即圖 2–16。

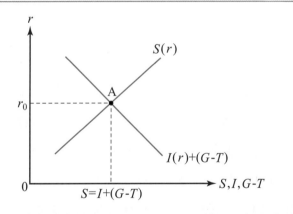

可貸資金供給 $S(r)$ 與可貸資金需求 $I(r) + (G - T)$ 之交點可決定均衡利率 r_0。

 圖 2–16　古典學派的均衡利率之決定

由圖 2–16，可貸資金的供給 $S(r)$ 與可貸資金的需求 $I(r) + (G - T)$ 之交點所決定之均衡利率為 r_0。以數學式表示，即：

$$I(r) + (G - T) = S(r) \tag{2.19}$$

(2.19) 式所表示的可貸資金市場均衡亦可轉換為另一形態，以說明其經濟涵義。由第 1 章可知，$S(r) = y - C(r) - T$ [21]，以之代入 (2.19) 式，可得：

$$y = C(r) + I(r) + G \tag{2.20}$$

由 (2.20) 式可知，於古典經濟體系，因 y 已決定於總合供給而為固定值；r 為調整變數，藉著 r 之調整可維持產品市場的供給等於產品市場的需求 [22]。

二、古典學派的財政政策效果

由本章第 2 節的說明，於古典經濟體系，貨幣供給的變動只影響名目變數而不影響實質變數。另一值得探究的問題為：於古典經濟體系，財政政策對各項總體經濟變數有何影響？首先，我們探討政府支出增加之影響，其次說明政府稅收政策之效果。

(一)政府支出增加之效果

由圖 2–17，在政府支出增加之前，由可貸資金市場之均衡，即 $S(r)$ 與 $I(r) + (G - T)$ 之交點 A 可決定均衡利率 r_0。若政府增加財政支出 ΔG，此將造成 $I(r) + (G - T)$ 往右水平移動至 $I(r) + (G - T) + \Delta G$，亦即可貸資金需求水平右移的幅度為 $\Delta G (= \overline{AB})$。此將造成均衡利率由 r_0 提高為 r_1。而利率的提高將造成儲蓄增加 $\overline{AD}$ 之幅度，亦即消費支出減少 $\overline{AD}$ 之幅度。另一方面，利率的提高亦造成投資支出減少 $\overline{DB}$ 之幅度。總而言之，於古典經濟體系下，因 y 已決定於總合供給而為固定值，於政府支出增加 $\Delta G (= \overline{AB})$，此導致利率提高，而減少民間的消

---

[21] 由第 1 章可知，$Y \equiv C + S + T$，若假設物價不變，令 $P = 1$，則 $Y = Py = y$，因此，$y \equiv C + S + T$。此外，於古典經濟體系，C 與 S 均為 r 之函數。

[22] 於古典學派，產品市場的均衡式（(2.20) 式）為用以決定均衡利率。於凱因斯學派，產品市場的均衡式則用以決定均衡所得。

費與投資支出，兩者減少的數額之和（$\overline{AD} + \overline{DB} = \overline{AB}$）恰等於政府支出增加之數額（$\overline{AB}$）。亦即，

> 於古典經濟體系下，政府支出的增加只造成同幅度的民間支出（包括消費與投資）減少，對其他總體經濟變數並無影響。此即所謂的政府支出之排擠效果 (crowdingout effect)。

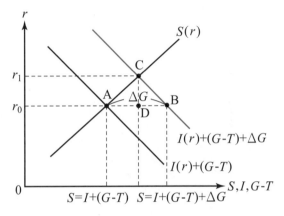

政府支出增加 ΔG，使可貸資金需求增加（右移 ΔG 幅度），導致利率增加，儲蓄增加 $\overline{AD}$（消費減少 $\overline{AD}$），投資亦減少 $\overline{DB}$，因此在古典經濟體系下，政府支出增加只造成同幅度民間支出減少（排擠投資與消費），對其他總體經濟變數無影響。

圖 2–17　古典學派的政府支出增加之效果

（二）租稅政策之效果

　　為討論政府租稅改變對總體經濟之影響，我們須將本章第 1 節的勞動供給略作改變。在第 1 節，並未考慮政府的租稅政策。於此，我們假設政府對實質工資（$\frac{W}{P}$）課以所得稅，其邊際所得稅率 (marginal income tax rate) 為 t，則 (2.8) 式所表示的勞動供給須改為：

$$N^s = g[\frac{W}{P}(1 - t)], \quad g' > 0 \tag{2.21}$$

(2.21) 式表示，於政府對實質工資課予所得稅時，勞動供給為稅後實質工資 (after-tax real wage) 之增函數。我們可以圖 2–18 說明 (2.21) 式。

1. 稅率降低對勞動供給之影響

圖 2–18 (a)為縱軸表示實質工資 ($\frac{W}{P}$) 之情況，假設原先工資所得稅率為 t_1，其對應的勞動供給線為 $N^s = g[\frac{W}{P}(1 - t_1)]$。於實質工資為 ($\frac{W_1}{P_1}$)，勞動者願意提供 N_1 之勞動。當政府將工資所得稅率降低為 t_2，實質工資雖仍為 ($\frac{W_1}{P_1}$)，但稅後的實

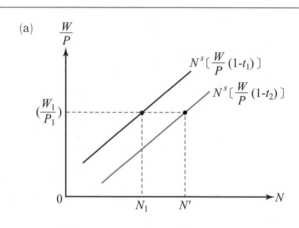

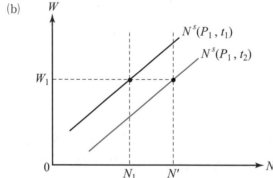

當貨幣工資與物價維持不變下（實質工資不變），工資所得稅率降低使稅後實質工資提高，勞動者願意提供更多勞力 ($N_1 \rightarrow N'$)，因稅率是外生變數，所以無論是以實質工資（圖 2–18 (a)）或名目工資（圖 2–18 (b)）為縱軸，都將造成勞動供給線右移。

圖 2–18　實質工資所得之稅率降低對勞動供給之影響

質工資將提高，因而勞動者願意提供的勞動量增加（由 N_1 增至 N'）。此時表示，於工資所得稅率降低為 t_2，勞動供給線將平行往右移至 $N^s[\dfrac{W}{P}(1-t_2)]$。圖 2–18 (b) 之縱軸為以貨幣工資 (W) 表示。當工資所得稅率為 t_1 且物價為 P_1 時，對應的勞動供給量為 $N^s(P_1, t_1)$。於貨幣工資維持於 W_1，對應的勞動供給量為 N_1。於貨幣工資與物價維持不變，而工資所得稅率降為 t_2，勞動供給量將增為 N'。因而似同圖 2–18 (a)，圖 2–18 (b) 表示，於貨幣工資與物價維持不變（即實質工資不變），工資所得稅率降低將造成勞動供給線之右移，由 $N^s(P_1, t_1)$ 右移至 $N^s(P_1, t_2)$。

2.所得稅率降低對總體經濟變數之影響

說明了工資所得稅率降低對勞動供給之影響，我們可進一步探討工資所得稅率降低對各項總體經濟變數之影響。由圖 2–19，假設原先工資所得稅率為 t_1，對應的總合供給 $y^s(t_1)$ 與總合需求 $y^d(M_1)$（貨幣供給 M_1 對應總合需求 $y^d(M_1)$）的交點 A 決定物價 P_1 與實質產出（實質所得）y_1，且經濟體系的均衡貨幣工資為 W_1，均衡實質工資為 $(\dfrac{W_1}{P_1})$，均衡就業量為 N_1。如果工資所得稅率降低為 t_2，因稅後實質工資提高，圖 2–19 (b) 之勞動供給將由 $N^s(P_1, t_1)$ 右移至 $N^s(P_1, t_2)$（由圖 2–18 (b) 之說明），其與勞動需求線 $P_1 \cdot MPN$ 之交點 B′ 決定勞動就業量 N_2。就業量 N_2 則決定實質產量 y_2。此表示，於工資所得稅率由 t_1 減少為 t_2，總合供給將由 $y^s(t_1)$ 右移至 $y^s(t_2)$。於原先的物價 P_1，$y^s(t_2) > y^d(M_1)$，此將導致物價由 P_1 降低為 P_2。由圖 2–19 (b)，當物價由 P_1 降低為 P_2，此將造成廠商的利潤降低，而勞動需求線由 $P_1 \cdot MPN$ 左移為 $P_2 \cdot MPN$。另一方面，物價由 P_1 降低為 P_2 則對勞動者有利，因而其勞動供給線由 $N^s(P_1, t_2)$ 右移為 $N^s(P_2, t_2)$。物價降低為 P_2 後，新的勞動供給線 $N^s(P_2, t_2)$ 與勞動需求線 $P_2 \cdot MPN$ 之交點 B 為一新的均衡點，B 點在 B′ 的垂直下方，因而對應的就業量仍為 $N_2$❷❸，均衡的實質產量亦為 y_2。由圖 2–19 (b) 可知，

❷❸　由圖 2–12 (b) 可知，於物價提高，則勞動需求將右移，勞動供給左移，兩者移動幅度相等而相互抵消，並不影響就業量。圖 2–19 (b) 則為圖 2–12 (b) 的反向操作，物價降低將造成勞動需求左移，勞動供給右移，兩者互相抵消而維持就業量不變（由物價降低前

於工資所得率由 t_1 降為 t_2，名目工資由 W_1 減少為 W_2，其減少幅度為 $\overline{W_1W_2}$；物價由 P_1 降低為 P_2，其減少幅度可以 $\overline{BB'}$ 衡量。因 $\overline{W_1W_2} > \overline{BB'}$，此表示，工資所得稅率降低後，名目工資減少的幅度大於物價降低之程度。亦即，稅率降低後的實質工資 ($\dfrac{W_2}{P_2}$) 低於稅率降低前的實質工資 ($\dfrac{W_1}{P_1}$)。另外，如同圖 2–18 (a)，圖 2–19 (a) 亦說明，稅率由 t_1 降為 t_2 後，勞動供給線將右移，此導致實質工資由 ($\dfrac{W_1}{P_1}$) 降為 ($\dfrac{W_2}{P_2}$)，此亦印證了以上對圖 2–19 (b)的說明。

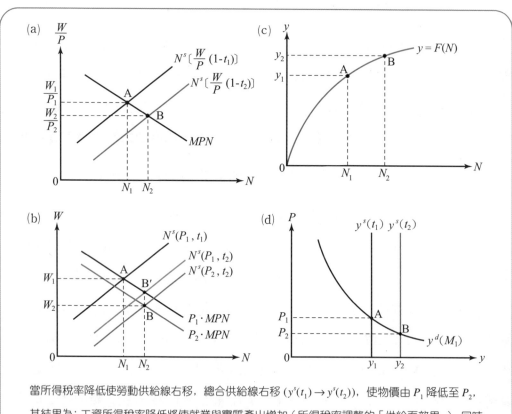

當所得稅率降低使勞動供給線右移，總合供給線右移 ($y^s(t_1) \rightarrow y^s(t_2)$)，使物價由 P_1 降低至 P_2，其結果為：工資所得稅率降低將使就業與實質產出增加（所得稅率調整的「供給面效果」），同時因名目工資降低幅度大於物價，實質工資將隨之降低。

🔊 **圖 2–19**　古典經濟體系下，實質工資的所得稅率降低對總體經濟變數之影響

後之勞動市場均衡點 B′ 與 B 之比較)。

　　總而言之，**工資所得稅率的降低將導致總體經濟變數的變動，其中就業與實質產出（實質所得）均增加**，此可稱為所得稅率調整之供給面效果 (supply-side effect)；另外，工資所得稅率的降低亦將造成名目工資與物價的降低，由於前者的降幅大於後者，實質工資因此隨之降低。

 **古典學派的經濟學家**

　　此處介紹一些凱因斯之前的經濟學家，即一般通稱的古典學派經濟學家。

一、亞當斯密 (Adam Smith)

　　於 1723 年出生於蘇格蘭的一個漁村小鎮克卡地 (Kirkcaldy)。14 歲進入格拉斯哥大學 (the University of Glasgow) 求學，1750 年，格拉斯哥大學請其擔任邏輯學 (Logic) 的教授。其後，以優厚的待遇，擔任蘇格蘭一富有公爵的私人教師，2 年期間，陪同其旅遊國外，得以增廣見識。此期間的年所得為當時平均所得的 10 倍，此項收入對於其日後的生活大有助益。

　　亞當斯密以 10 年之時間致力於寫作，於 1776 年發表其著作《國富之本質與原因的研究》(*An Inquiry into the Nature and Causes of the Wealth of Nations*)，一般簡稱之為《國富論》(*The Wealth of Nations*)。

　　亞當斯密認為增進國家財富之道為：「勞動的分工 (the division of labor)」以及「自由市場 (free market)」。在勞動分工的情況下，每個勞動可專精於其工作的項目，因此，技術得以提升，生產力提高。於生產力提高，總產出增加後，亦須「自由市場」的存在。於自由市場之下，前述的產出才可在國內各地或國際之間自由移動，獲得廣大的市場。

二、馬爾薩斯 (Thomas Robert Malthus)

　　於 1776 年出生於倫敦附近的薩里郡 (Surrey)。為一極具影響力的社會科學家。自亞當斯密的《國富論》刊行以來的數十年間，英國的工業革命快速進行，英國的經濟環境也發生巨大的變化，經濟問題及其爭論也多，此為馬爾薩斯與李嘉圖（本節後面說明之）的經濟理論之背景。

　　馬爾薩斯最有名的著作為《人口論》(*Essay on the Principle of Population*)，發表於

1798 年，其要旨為，若人口數將增加 1 倍，且以幾何級數增加，即 1, 2, 4, 8, 16, …。相對地，食物則每隔 25 年，以算術級數增加，即 1, 2, 3, 4, 5, …。由於人口增加的速率高於食物增加的速率，且食物為人類維持生存所必須者，因此，人口的增加率必然須受到規範。馬爾薩斯認為，宜以道德抑制人口的成長率，而非經由食物不足所產生的人口調整。即，於人口數太多，因食物不足，導致營養不足，將減緩人口的成長。

馬爾薩斯的人口論未必適用於今日的社會。於科技進步後，除部分地區外，各國的糧食較少有匱乏之現象，且人口的成長率亦未提高，實際上，許多國家有人口成長不足之問題（如本書第 6 章第 4 節或第 9 章第 3 節對現今人口問題之討論）。

若將馬爾薩斯《人口論》之中的糧食比擬作自然資源，則馬爾薩斯的理論仍具有其時代意義。因自然資源的數量有限，相對於需求的增加，須不斷的研發，產生替代性的資源 (substitute resources) 以因應之。

三、李嘉圖 (David Ricardo)

1772 年出生於倫敦。14 歲時受僱於他父親的證券交易行，開始經營證券買賣。後來，設立自己的證券交易行，於證券交易上，獲利頗豐。於經營證券業務之暇，他研讀亞當斯密的《國富論》，與當時一些經濟學者的討論，他寫成了著名的《政治經濟學與賦稅原理》(*On the Principles of Political Economy and Taxation*)。李嘉圖認為物品的交換價值決定於其稀少性與其所需的勞動投入量。由投入的勞動量決定物品的交換價值，即所謂的「勞動價值說」。

李嘉圖的地租論為其對經濟理論的貢獻之一。簡單的說，其論點為，穀物價格的提高為地租上漲之原因而非其結果。亦即，土地的耕種，首先使用最肥沃者，隨著經濟之繁榮與人口增加，對糧食需求增加，漸次使用到肥沃度較低的土地。例如，簡單而言，假設起初只使用最肥沃的土地 A，此時，土地 A 為邊際土地，其耕作者不須繳納地租，隨著糧食需求增加，糧價提高，土地 A 所生產的農作物數量已低於所需，因此開始耕種肥沃度稍低的土地 B。因土地 A 的肥沃度高於土地 B，土地 A 所生產的農作物數量 (Q_A) 大於土地 B 生產的數量 (Q_B)，在耕作者競爭的結果，土地 A 的耕作者必然須將 ($Q_A - Q_B$) 以地租的方式繳納予地主，而土地 B 的耕作者則不須繳納地租（土地 B 為邊際土地）。若糧食的需求更增加，糧食價格更提高，除了土地 A 與 B 之外，亦使用土地 C，三者的肥沃度為 A > B > C，因此，三者的產量大小依次為 $Q_A > Q_B > Q_C$。此時，土地 A 的耕作者需繳納的地租增加為 ($Q_A - Q_C$)，其大於原來的地租 ($Q_A - Q_B$)，土地 B 的耕作

者亦需要繳納地租 $(Q_B - Q_C)$（原先，土地 B 不須支付地租）。

由以上可知，農作物價格提高，導致次級土地的使用，才造成原先已使用較肥沃土地的地租提高。亦即，農作物價格的提高為因，地租提高為果。

此外，李嘉圖對經濟理論的另一重要貢獻為比較利益理論 (the theory of comparative advantage)，或可稱為比較成本理論 (the theory of comparative costs)，其為國際貿易之理論基礎。依「比較成本」（比較利益）理論，一國會出口「比較成本」較低（「比較利益」較高）的產品。以英國與葡萄牙為例，生產 1 單位布與 1 單位的酒，於英國，各需 100 小時與 120 小時的勞動投入，於葡萄牙，各需 90 小時與 80 小時。因葡萄牙生產兩種產品的成本（勞動投入）均較英國為低，即葡萄牙的兩種產品均具絕對利益 (absolute advantage)，但依比較成本（比較利益）理論，兩國仍會產生貿易，各自出口其比較成本較低的產品，進口其比較成本較高的產品。以前述英、葡兩國之例子，因為 $(\frac{100}{90}) < (\frac{120}{80})$，此表示，英國生產布的絕對不利程度相對較小（此稱英國的布具比較利益），因此，英國出口布；葡萄牙生產酒的絕對有利程度相對較大（此稱葡萄牙的酒具比較利益），葡萄牙因此出口酒。

四、馬夏爾 (Alfred Marshall)

1842 年生於倫敦。原本學習古典文學，因其興趣在數學，在其叔叔資助下，於劍橋大學主修數學，以優異成績畢業後，在劍橋大學的克利夫頓學院 (Clifton College) 擔任導師。其後，因關心倫理與社會改革問題，他的研究興趣亦轉為經濟學與道德哲學。

他曾在布利斯托 (Bristol) 與牛津大學教授經濟學，1884 年接任劍橋大學的經濟學講座，直到 1908 年退休，馬夏爾在劍橋形成一種學說，此即一般所稱的劍橋學派，於本章，用以說明古典學派貨幣理論之一的劍橋方程式即導源於此。馬夏爾的重要著作包含《經濟學原理》(*Principles of Economics*) 與《產業經濟學》(*Economics of Industry*) 等，其重要貢獻為，他融合古典學派經濟學家的理論，同時由需求與供給決定價格，其中，需求由效用面決定，供給則決定於成本面。另外，他也提出消費者剩餘 (consumer's surplus) 以及需求的價格彈性 (price elasticity of demand) 等概念。

馬夏爾的其他貢獻為，他提出「內部經濟」、「外部經濟」等成本遞減的原因。也探討，由供需所決定的市場均衡之安定性。

五、費雪 (Irving Fisher)

　　1867 年生於美國紐約州。原本於耶魯大學讀數學，寫博士論文時，他的老師建議他撰寫數理經濟學相關之論文，才開始提升他對經濟學的興趣。費雪的經濟論著頗多，對古典學派的經濟理論有許多貢獻。其中，於 1911 年出版的《貨幣的購買力》(*the Purchasing Power of Money*)，他提出古典貨幣數量學說之一的「交易方程式」(其意義可見本書本章)。

　　費雪認為，利率乃決定於可貸資金市場的需求與供給。以個人而言，若討論的期間為 2 期，即本年與次年，個人對本年所得與次年所得 (各表示於座標之橫軸與縱軸) 之間的無差異曲線，反映個人的時間偏好；投資機會線則表示投資的生產力。對應於某一特定利率，均衡時，個人的邊際時間偏好率、投資的邊際收益率與利率均相等；對應於該特定利率，可決定，個人借入 (borrow) 或貸出 (lend) 資金。於借入資金之情況，個人為可貸資金的需求者，反之，於貸出資金之情況，個人為可貸資金的供給者。如果利率改變，個人可能由資金的需求者 (供給者) 變為資金的供給者 (需求者)。由整個社會的觀點，資金的總需求與資金的總供給相等之點決定均衡利率。

　　費雪亦提出名目利率、預期物價膨脹率與實質利率之關係 (可參閱本書第 7 章)，說明預期物價膨脹率會造成名目利率調整之現象。

　　(為進一步瞭解本經濟話題之內容，讀者可參閱林鐘雄 (1979) 或 Parkin, M. (2008), *Economics*, 8th ed., Pearson Education, Inc. 以及其他相關文獻。)

本章重要名詞與概念

廠商利潤極大化之條件	總合勞動需求線
實質工資變動的「替代效果」	實質工資變動的「所得效果」
古典學派的總合供給線	交易方程式
劍橋方程式	貨幣的中立性
可貸資金的供給	可貸資金的需求
工資所得稅率降低之「供給面效果」	

 習 題　　　　　　　　　　　　　　　　　▸▸▸ 第 2 章 ◂◂◂

1. 試繪圖導出，且以數學式表示以下各項：

　(1)勞動需求線。

　(2)勞動供給線。

2. 繪圖說明，古典學派的總合供給之導出。

3. 以數學式說明以下各項：

　(1)交易方程式。

　(2)劍橋方程式。

　(3)以上兩者的關係。

4. 以數學式表示，且以圖形說明以下各項：

　(1)古典學派的總合需求。

　(2)古典學派的物價水準與其變動率之決定。

5. 繪圖說明以下各項：

　(1)可貸資金的供給。

　(2)可貸資金的需求。

　(3)均衡利率的決定。

6. 於古典學派之情況，繪圖說明以下各項政策之效果：

　(1)政府支出增加。

　(2)工資所得稅率降低。

3 CHAPTER

簡單的凱因斯所得決定理論

　　於本書第 1 章與第 2 章均提到，1936 年凱因斯發表的《就業、利息與貨幣的一般理論》可稱為總體經濟學的起源。在此之前盛行的古典學派，假設工資與物價均為有彈性 (flexible) 而可調整的。古典學派學者認為價格機能的運作已足以讓經濟體系免於失衡，因而政府無介入經濟活動的必要。然而由 1929 年開始以至於 1930 年代中，歐美社會呈現長期大量失業與不景氣的現象❶。面對此經濟大恐慌，凱因斯提出革命性的新理論以因應就業的問題；同時，他也探討政府的政策是否有助於解決當時的經濟困境。

　　為說明凱因斯的所得決定理論，首先，我們在本章探討簡單的凱因斯模型，於後面各章則漸次將之延伸為更大的模型。於本章之模型，所考慮的市場只有一個，即產品市場。由產品市場的均衡條件所求出的均衡所得（產出）即為此模型唯一的內生變數 (endogenous variable)。於此模型，所得以外的其他經濟變數，如利率以及物價水準皆為外生變數 (exogenous variable)，因此可假設利率與物價水準均為固定值❷。

---

❶ Temin (1976) 指出，於 1933 年經濟極為不景氣之際，美國的總產量約下降 $\frac{1}{3}$，而失業率約為 25%。

❷ 一個經濟模型內的經濟變數可區分為「內生變數」或「外生變數」。兩種變數之中，前者為由模型內的因素所決定；後者則由模型外因素所決定。隨著模型的擴大，內生變數的數目將增加，外生變數則減少。

簡單的凱因斯所得決定理論

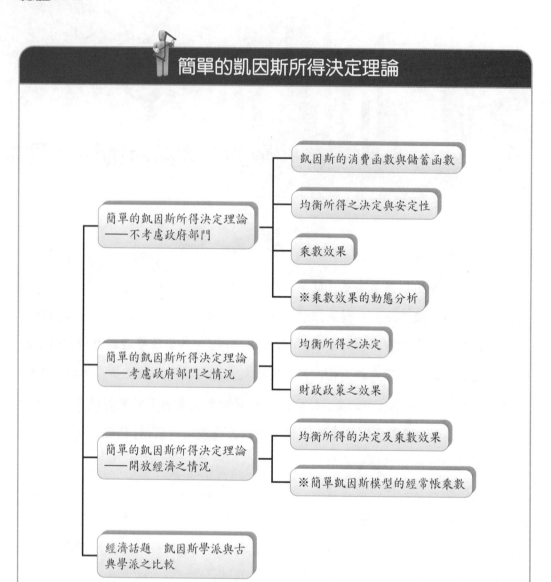

第 **1** 節

簡單的凱因斯所得決定理論──不考慮政府部門

如本章前述,簡單凱因斯模型為經由產品市場的均衡以決定均衡所得(產出)。而產品市場的均衡乃決定於產品之產出 (y) 等於產品之「計畫的 (planned)」需求 (E)。若未考慮國外部門,則產品的需求包含家庭部門的消費 (C)、企業的投資 (I) 與政府的支出 (G)。於本節,為簡化分析而省略政府部門,即不考慮政府的支出與稅收,所以產品市場的均衡可表示為:

$$y = E \equiv C + I \tag{3.1}$$

因本章之模型假設物價為固定值(例如假設物價等於 1),因而名目變數與實質變數相等。由之,以上的 y、C、I 以及本章所討論的其他變數均可視為實質變數。(3.1) 式為產品市場的均衡式,其中 C 與 I 各表示家庭部門「計畫的」消費與企業「計畫的」投資❸。

由第 1 章之國民所得會計恆等式 (1.5) 式與 (1.1) 式,若不考慮政府部門與國外部門,其可表示為:

$$y \equiv C + S \tag{1.5'}$$

以及

$$y \equiv C + I_r \tag{1.1'}$$

由第 1 章的說明可知,I_r 表示「實現的」投資。具體言之,I_r 包含企業的機器與設備之增加、廠房增加(以上合稱固定投資),另外亦包括家庭部門的房舍增加以及企業的存貨變動(其值可為正或為負)。I_r 與 I 的差異在於存貨變動這個項目,I 只包含廠商「計畫的」存貨變動;I_r 則同時包含廠商「計畫的」與「非計畫的 (unplanned)」存貨變動。由 (3.1) 式與 (1.1)′ 式,可得:

$$C + I_r \equiv y = C + I$$

---

❸　「計畫的」又可稱為意願的 (desired),兩者均具有事前的 (ex ante) 之概念。

此表示：

$$I_r = I \tag{3.2}$$

由以上可知，產品市場的均衡式可以 (3.1) 式，也可以 (3.2) 式表示。

(3.1) 式表示產品的供給等於產品的需求。

(3.2) 式則表示「實現的」投資等於「計畫的」投資。

依據 I_r 與 I 的定義，兩者相等時，即意謂「非計畫的」存貨變動等於零，此為產品市場均衡的一種表達方式。另外，由 (3.1) 式與 (1.5)′ 式，可得：

$$C + S \equiv y = C + I$$

由之可得：

$$S = I \tag{3.3}$$

(3.3) 式為產品市場均衡的第三種表示方式。亦即，當儲蓄等於「計畫的」投資時，產品市場達到均衡。

為說明簡單凱因斯模型的所得決定理論，我們須先說明凱因斯的消費函數以及由之衍生的儲蓄函數。

一、凱因斯的消費函數與儲蓄函數

(一)消費函數

在本書第 2 章，於古典經濟模型，影響消費與儲蓄的經濟變數為利率；於本章，在凱因斯的模型下，所得才是影響消費與儲蓄的重要經濟變數❹。

依基本心理法則 (the fundamental psychological law)，凱因斯認為，平均而言，隨著所得增加，人們將增加其消費，但消費的增加小於所得的增加❹。

---

❹ 由 Keynes (1936)。

此可以數學式表示如下：

$$C = \overline{C} + by, \quad \overline{C} > 0, \quad 0 < b < 1 \qquad (3.4)$$

(3.4) 式即為凱因斯的消費函數，其中 $\overline{C}$ 為一正數，它可稱為**自發性的消費支出** (autonomous consumption spending)；其**與所得無關，它是在所得為 0 時仍不可或缺的基本消費**。(3.4) 式中，by 則為受所得影響的消費支出，b 為邊際消費傾向 (marginal propensity to consume, *MPC*)，即**每增加 1 單位所得，將增加 b 單位的消費支出❺**。

 (二)儲蓄函數

自 (3.4) 式之消費函數，我們可導出儲蓄函數。由本章前述，於不考慮政府部門，$y \equiv C + S$，亦即 $S \equiv y - C$，此配合 (3.4) 式，可得：

$$S = -\overline{C} + (1 - b)y \qquad (3.5)$$

(3.5) 式為對應於 (3.4) 式之儲蓄函數。由 (3.5) 式可知，儲蓄也受所得的影響，$(1 - b)$ 為邊際儲蓄傾向 (marginal propensity to save, *MPS*)，即**每增加 1 單位所得，將增加 $(1 - b)$ 單位的儲蓄❻**。(3.4) 式之消費函數與 (3.5) 式之儲蓄函數可表示如圖 3–1，其中，邊際消費傾向 b 與邊際儲蓄傾向 $(1 - b)$ 各為兩者的斜率。於所得為 y_1 時，消費剛好等於所得，儲蓄等於 0。

---

❺　對 (3.4) 式求變動值，可得 $\Delta C = \Delta \overline{C} + b\Delta y$（$b$ 為固定值），若假設自發性的支出 $\overline{C}$ 為固定值（即 $\Delta \overline{C} = 0$），其可簡化為 $\Delta C = b\Delta y$。由之可得 $b = \dfrac{\Delta C}{\Delta y}$。

❻　由 (3.4) 式與 (3.5) 式可知，「邊際消費傾向」(b) 與「邊際儲蓄傾向」($1 - b$) 之和等於 1。其原因為：不考慮政府部門的情況下，所得的增加不是用以增加消費，就是增加儲蓄。

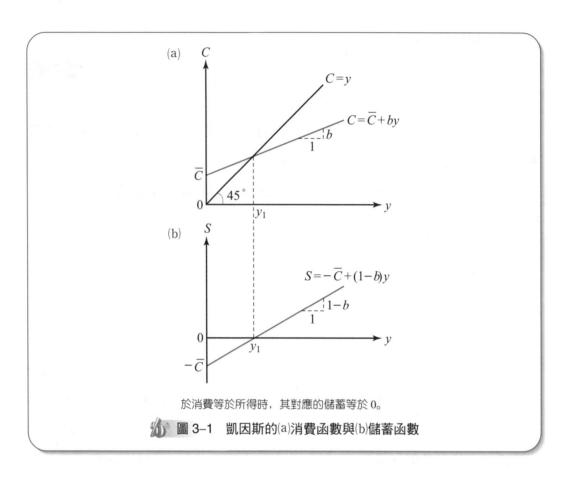

於消費等於所得時，其對應的儲蓄等於 0。

🔊 **圖 3–1　凱因斯的(a)消費函數與(b)儲蓄函數**

二、均衡所得之決定與安定性

(一)均衡所得之決定

　　由本章前面的說明可知，我們在本節並未考慮政府部門的支出與稅收。在經濟體系未達充分就業的簡單凱因斯體系下，假設工資與物價水準均為固定；另外，利率在此模型為外生決定的，因此受利率影響的投資也假設為外生決定的，可稱之為自發性的投資 (autonomous investment)，以 $\bar{I}$ 表示之。

　　為求解此模型之均衡所得，我們將消費函數 ((3.4) 式) 代入產品市場均衡式 ((3.1) 式)，且假設 $I = \bar{I}$，可得：

$$y = E = \bar{C} + by + \bar{I}$$

由之，可解出均衡所得（產出）y^* 為：

$$y^* = \frac{1}{1-b}(\overline{C} + \overline{I})$$

(3.6)

(3.6) 式表示，均衡的所得受到自發性的消費 ($\overline{C}$)，自發性投資 ($\overline{I}$) 與邊際消費傾向 (b) 的影響，此三者之任一項改變均將導致其變動。

　　均衡所得也可以圖形求解之。由圖 3–1 的消費函數與儲蓄函數，加上自發性的投資支出，再依 (3.1) 式或 (3.3) 式的所得均衡式，我們即可以圖 3–2 求出均衡所得 y^*。

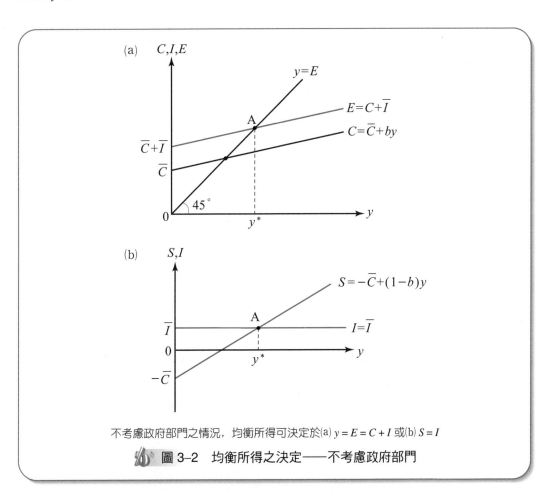

不考慮政府部門之情況，均衡所得可決定於(a) $y = E = C + I$ 或(b) $S = I$

　圖 3–2　均衡所得之決定──不考慮政府部門

(二)均衡所得之安定性

其次，我們可由圖 3–3（圖 3–2 (a) 之簡圖）說明所求出的均衡所得 y^* 為安定的 (stable)。若實際所得（產出）低於 y^*，假設它為 y''，此時實際所得（產出）小於產品需求，即 $y = y'' = \overline{y''G} < E = \overline{y''F}$。由 (3.1) 式與 (1.1)′ 式之比較，可知，$y < E$ 表示 $I_r < I$，意即：

當實際所得（產出）為 y'' 時，實現的投資 (I_r) 小於計畫的投資 (I)，因而企業的「非計畫的」存貨變動為負，即廠商的存貨非預期的減少了，廠商會在下個期間將產出由 y'' 增加到 y^*。「在實際產出為 y^* 時，因 $y = E$，『非計畫的』存貨變動為 0，即廠商存貨沒有非預期的變動，因此，廠商在下個期間不需調整其產量，而達到均衡。」

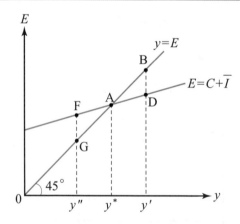

當實際所得 (y'') 低於均衡所得 (y^*)，廠商的存貨非預期減少，廠商會在下個期間增加產出，當實際所得 (y') 高於均衡所得 (y^*)，廠商的存貨非預期增加，廠商會在下個期間減少產出，直到產品市場達到均衡 y^*，廠商才不會調整其存貨。

圖 3–3　產品市場均衡之安定性

同理，若原先實際所得（產出）高於 y^* 而為 y'，此時實際所得（產出）大於產品需求，即 $y = y' = \overline{y'B} > E = \overline{y'D}$。$y > E$ 表示 $I_r > I$，即：

於實際所得（產出）為 y' 時，實現投資 (I_r) 大於計畫的投資 (I)，企業的「非計畫的」存貨變動為正。亦即，廠商的存貨非預期的增加了，廠商在下個期間會將產出由 y' 減少為 y^*。

由此可知，所求解的均衡所得 y^* 為安定的 ❼。

 ## 三、乘數效果

由 (3.6) 式，我們已求出均衡所得，它是自發性消費 $(\overline{C})$ 與自發性投資 $(\overline{I})$ 的函數；於圖 3–2，對應於 $\overline{C}$ 與 $\overline{I}$ 的均衡所得為 y^*。為討論乘數效果 (multiplier effect)，可設想廠商對經濟前景較趨樂觀，或新的能源、技術的發現，這些因素均可能讓廠商增加投資。由 (3.6) 式，假設自發性的投資原先為 $\overline{I}_1$，其對應的均衡所得為 y_1^*，即：

$$y_1^* = \frac{1}{1-b}(\overline{C} + \overline{I}_1)$$ (3.7)

於自發性的投資由 $\overline{I}_1$ 增至 $\overline{I}_2$，對應的均衡所得為 y_2^*，即：

$$y_2^* = \frac{1}{1-b}(\overline{C} + \overline{I}_2)$$ (3.8)

由 (3.7) 式與 (3.8) 式，可得：

$$\Delta y^* = \frac{1}{1-b}\Delta \overline{I}$$ (3.9)

(3.9) 式中，$\Delta y^* = y_2^* - y_1^*$，$\Delta \overline{I} = \overline{I}_2 - \overline{I}_1$，前述的「$\Delta$」表示變數的變動量。(3.9) 式亦

---

❼　我們得到均衡所得 y^* 為安定的結論，乃基於 $0 < b < 1$ 之假設。本章為簡單的凱因斯模型，於此模型下，如果 $b > 1$，則所求解的均衡所得為不安定的 (unstable)。此可由圖 3–3 說明之，如果 $b > 1$，則 $E = C + \overline{I}$ 線（其斜率等於 b）將比 $y = E$ 線（即 45° 線，其斜率為 1）為陡，此時若實際所得（產量）為 y''，實際所得（產出）大於產品需求，造成廠商「非計畫的」存貨變動為正，因而廠商將減產，而產出將比 y'' 更為減少。同理，若實際所得（產出）為 y'，則可得到產出將比 y' 更為增加之結論。此表示，於 $b > 1$ 之情況，均衡所得 y^* 為不安定的。隨著模型的增大，模型的安定條件會有改變。例如本書第 4 章為 *IS–LM* 模型，其安定條件與本章不同。

可表為：

$$\frac{\Delta y^*}{\Delta \bar{I}} = \frac{1}{1-b}$$

(3.10)

(3.10) 式表示：

> 1 單位的自發性投資增加，將造成 $\frac{1}{(1-b)}$ 單位的均衡所得增加；因假設 $0 < b < 1$，所以
>
> $\frac{1}{(1-b)} > 1$；$\frac{1}{(1-b)}$ 為自發性投資增加對均衡所得所造成的乘數 (multiplier)[8]。

　　以上是從數學的方法求出自發性投資增加的乘數效果，我們也可以用圖形的方法表示之。假設原先自發性投資為 $\bar{I}_1$，圖 3–4 (a)與(b)各以 (3.1) 式與 (3.3) 式的方法求解出均衡所得 y_1^*。如果 $\bar{I}_1$ 增加為 $\bar{I}_2$，則均衡所得將由 y_1^* 增至 y_2^*，而均衡所得增量為自發性投資增量的 $\frac{1}{(1-b)}$ 倍[9]。

　　已由數學式與圖解的方法求解自發性投資增加對均衡所得的乘數效果。為了更進一步瞭解乘數效果產生的原理，可假設原先的均衡所得為 y_1^*，由 (3.7) 式，y_1^* 對應的自發性消費與自發性投資各為 $\bar{C}$ 與 $\bar{I}_1$。由 (3.10) 式，當自發性投資增加 $\Delta \bar{I}$，經由乘數效果，將導致均衡所得增加，其增量為 $\Delta y^* = (\Delta \bar{I})(\frac{1}{1-b})$。

---

[8]　(3.10) 式表示自發性投資 ($\bar{I}$) 增加的乘數效果；同理依 (3.10) 式的求解方式，也可用以說明自發性消費 ($\bar{C}$) 增加的乘數效果，結果亦為 $\frac{1}{(1-b)}$，即 $\frac{\Delta y^*}{\Delta \bar{C}} = \frac{1}{(1-b)}$。

[9]　由圖 3–4 (a)，$\Delta \bar{I} = \overline{DA} = \overline{BG}$，$\Delta y^* = \overline{AF}$，假設 $\overline{AF} = 1$，則 $\overline{GF} = b$ (因產品需求 $E_1 = C + \bar{I}_1$ 線的斜率等於消費函數的斜率，其值等於 $\frac{\overline{GF}}{\overline{AF}} = b$)。另外，由 45° 線之性質可知，$\overline{BF} = \overline{AF} = 1$，所以 $\overline{BG} = 1 - b$，可得 $\frac{\Delta y^*}{\Delta \bar{I}} = \frac{\overline{AF}}{\overline{BG}} = \frac{1}{1-b}$。由圖 3–4 (b)更容易看出此種乘數效果，同樣地，令 $\Delta y^* = \overline{AF} = 1$，則 $\Delta \bar{I} = \overline{BF} = 1 - b$ (因儲蓄 $S = -\bar{C} + (1-b)y$ 線的斜率為 $\frac{\overline{BF}}{\overline{AF}} = 1 - b$)，所以 $\frac{\Delta y^*}{\Delta \bar{I}} = \frac{\overline{AF}}{\overline{BF}} = \frac{1}{(1-b)}$。

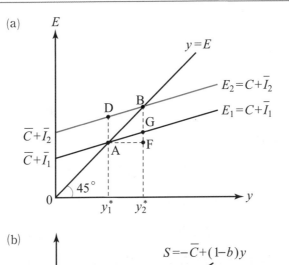

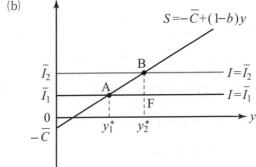

當自發性投資由 $\bar{I}_1$ 增加為 $\bar{I}_2$，則均衡所得由 y_1^* 增至 y_2^*，均衡所得的增量為自發性投資增量的 $\dfrac{1}{(1-b)}$ 倍。

 圖 3–4　自發性投資增加的乘數效果

※ 四、乘數效果的動態分析

(一)自發性投資在各個期間均增加 $\Delta\bar{I}$

　　以上的乘數效果之產生，實際上須於長期，經多次的調整，才得以達成。我們可以圖 3–5 說明乘數效果之產生的調整過程。假設原本均衡所得為 y_1^*，由期間 t_1 開始，每一個期間（即 $t_1, t_2, \cdots, t_\infty$）自發性投資均增加 $\Delta\bar{I}$❿，經過無限多期之

---

❿　相對於 t_1 以前之投資 $\bar{I}$，自 t_1 開始，自發性投資維持每一個期間均增為 $\bar{I}+\Delta\bar{I}$，此又可稱之為自發性投資永久性的增加 (permanent rise)，以 $\Delta\bar{I}$ 表示之。

調整（即於 t_∞），均衡所得的增量可達 $\Delta y^* = (\Delta\bar{I})(\frac{1}{1-b})$，而均衡所得為 $y_2^* = y_1^*$ $+ \Delta y^*$。以下將更具體的說明其調整的過程。

　　如前述，原先均衡所得為 y_1^*，於 t_1 時，自發性投資增加 $\Delta\bar{I}$，此造成第 1 次的所得增加，即 $\Delta y_1 = \Delta\bar{I}$。到了 t_2 時，於 t_1 時新增的所得之一部分會被用以增加消費，即 $\Delta C_2 = b\Delta y_1 = b\Delta\bar{I}$（因本節未考慮政府稅收，所得只用以消費或儲蓄，而邊際消費傾向為 b），再加上 t_2 時，自發性投資亦增加 $\Delta\bar{I}$，因而在 t_2 時，整個社會對產出的需求增加所造成的所得增加為：$\Delta y_2 = \Delta\bar{I} + \Delta C_2 = \Delta\bar{I} + b\Delta\bar{I}$。依相同道理，於 t_3 時，對產出需求的增加，包括：於 t_1 時，自發性投資的增加 $(\Delta\bar{I})$，其產生的所得增加 $(\Delta y_1 = \Delta\bar{I})$ 到了 t_2 時造成的消費（所得）的增加（即 $b\Delta y_1 = b\Delta\bar{I} = \Delta y_2$），此部分所得的增加到了 t_3 時，亦產生了消費（所得）的增加，即 $b\Delta y_2 = b(b\Delta\bar{I}) = b^2\Delta\bar{I}$ $= \Delta y_3$；另外，在 t_2 時，增加的自發性投資 $(\Delta\bar{I})$ 所造成的所得增加，於 t_3 時也造成消費的增加 $b\Delta\bar{I}$。因此，在 t_1 與 t_2 時的自發性投資增加（均為 $\Delta\bar{I}$），在 t_3 時產生的消費（所得）的增加，合計為 $\Delta C_3 = b\Delta\bar{I} + b^2\Delta\bar{I}$；此外，在 t_3 時對產出需求的增加還包括自發性的投資增加 $\Delta\bar{I}$。因此，於 t_3 時，產品需求（所得）的增加，總計為 $\Delta\bar{I} + \Delta C_3 = \Delta\bar{I} + b\Delta\bar{I} + b^2\Delta\bar{I} = \Delta y_3$，依同理推論之，經過無限多期間，在 t_∞ 時，可求出產品需求（所得）的增加為：

$$\Delta y^* = \Delta\bar{I} + b\Delta\bar{I} + b^2\Delta\bar{I} + b^3\Delta\bar{I} + \cdots \tag{3.11}$$

依無窮等比級數求和的數學原理，可得：

$$\Delta y^* = \frac{1}{1-b}\Delta\bar{I}$$

此即 (3.9) 式。由以上的說明可知：

長期之下，若於每個期間均增加自發性投資 $\Delta\bar{I}$，則最後可達到完整的乘數效果，而均衡所得的增量為 Δy^*，均衡的所得水準將由 y_1^* 提高至 y_2^*。

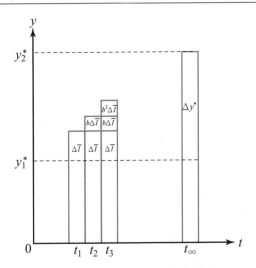

原均衡所得為 y^*，若每個期間均增加自發性投資 $\Delta\bar{I}$，第 2 期增加的所得為 $\Delta y_2 = \Delta\bar{I} + b\Delta\bar{I}$，第 3 期增加的所得為 $\Delta y_3 = \Delta\bar{I} + b\Delta\bar{I} + b^2\Delta\bar{I}$，長期之下，可達到完整的乘數效果，均衡所得增量為 Δy^* $= \dfrac{1}{1-b}\Delta\bar{I}$。

圖 3–5　乘數效果的產生之動態過程——自發性投資在 t_1 與以後各期均提高為 $\bar{I} + \Delta\bar{I}$

以上的乘數效果指：相較於原先的均衡所得 y_1^*（假設其對應的自發性投資為 $\bar{I}$），由 t_1 開始，每個期間的自發性投資均為 $\bar{I} + \Delta\bar{I}$ 時，所造成的均衡所得增加之效果。本書後面有關所得乘數的討論❶均屬這種性質的乘數。

(二)自發性投資只在 t_1 增加 $\Delta\bar{I}$

相反地，如果自發性的投資只在 t_1 時提高為 $\bar{I} + \Delta\bar{I}$，其後各期仍維持於 $\bar{I}$，則我們可用圖 3–6 說明其乘數效果。

由圖 3–6，自發性投資 ($\bar{I}$) 只在 t_1 時增加 $\Delta\bar{I}$，由以上對圖 3–5 的說明可知，其將造成 t_1 時所得的增加 ($\Delta y_1 = \Delta\bar{I}$)，此造成 t_2 時消費（所得）的增加 ($b\Delta y_1 = b\Delta\bar{I}$ $= \Delta y_2$)，此部分所得的增加 (Δy_2) 到了 t_3 時，又產生消費（所得）的增加，即 $b\Delta y_2$ $= b(b\Delta\bar{I}) = b^2\Delta\bar{I} = \Delta y_3$，於 t_3 及其以後各期，此種消費（所得）增加的動態過程仍

---

❶　如：政府支出、稅收、出口等改變造成所得變動之乘數效果。

將持續進行，但其效果則隨時間經過而減少。經過無限多期後（於 t_∞），所得將回復至原先的 y_1^*。

由以上的說明可知：

> 若自發性投資只在 t_1 時提高為 $\bar{I} + \Delta\bar{I}$，而其後各期仍維持於 $\bar{I}$，其結果為：在長期，均衡所得並未自 y_1^* 提高，但於時間過程中，其仍可產生所得的增加。

而所得的總增加 $(\Sigma\Delta y)$ 為：

$$\Sigma\Delta y = \Delta y_1 + \Delta y_2 + \Delta y_3 + \cdots$$
$$= \Delta\bar{I} + b\Delta\bar{I} + b^2\Delta\bar{I} + \cdots$$
$$= \frac{1}{1-b}(\Delta\bar{I})$$

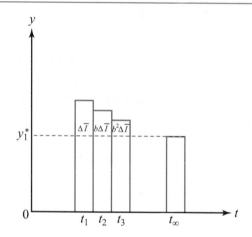

若自發性投資只在 t_1 期增加 $\Delta\bar{I}$，其後各期仍維持不變，於 t_1 期所得增加 $\Delta y_1 = \Delta\bar{I}$，$t_2$ 期所得增加為 $\Delta y_2 = b\Delta\bar{I}$，其效果將隨時間經過而減少，於長期下，均衡所得將回復至原先的 y^*，但於時間過程中，仍可產生所得的增加。

🔊 **圖 3–6　乘數效果的產生之動態過程——自發性投資只在 t_1 時提高為 $\bar{I} + \Delta\bar{I}$，其後各期仍維持於 $\bar{I}$**

圖 3–5 與圖 3–6 相比，兩者的差異為：於圖 3–5，由 t_1 開始，各期 $(t_1, t_2, \cdots, t_\infty)$ 均增加自發性投資 $\Delta\bar{I}$，至 t_∞ 時，所得可達到 $y_1^* + \Delta y^*$ 之水準 $(\Delta y^* = \frac{1}{1-b}\Delta\bar{I})$；

於圖 3–6，則只於 t_1 增加 $\Delta \bar{I}$，其結果為，至 t_∞ 時，所得仍為原先之 y_1^*，但於時間過程中 $(t_1, t_2, \cdots, t_\infty)$ 亦創造 $\dfrac{1}{1-b}\Delta \bar{I}$ 之所得。

第 **2** 節

簡單的凱因斯所得決定理論——考慮政府部門之情況

於本章第 1 節，為簡化分析，產品需求只考慮家庭部門的消費 (C) 與企業的投資 (I)。實際上，政府的支出 (G) 亦為構成產品需求 (E) 的重要因素之一；同時，政府的稅收會影響家庭部門可支配所得，進而影響消費。因此，我們在本節加入政府部門，以探討簡單凱因斯模型的所得決定與財政政策效果。

一、均衡所得之決定

於考慮政府支出，產品市場的均衡式可表示為：

$$y = E \equiv C + I + G \tag{3.12}$$

於此，我們仍然假設投資 (I) 為外生決定的，或稱之為「自發性的投資」。同樣地，亦假設政府支出 (G) 決定於政府部門，以本模型來說，它也是外生決定的一項政策變數 (policy variable)。

由國民所得會計恆等式 (1.5) 式與 (1.1) 式，如同本章第 1 節，假設物價為固定值 (假設為 1)，因此名目變數與實質變數相等，亦即 $Y = Py = y$。若考慮政府部門，未考慮國外部門，即：

$$Y = Py = y \equiv C + S + T \tag{1.5}$$

以及

$$y \equiv C + I_r + G \tag{1.1''}$$

(1.1)″ 式中之 I_r，亦如前述，表示「實現的」投資。由 (3.12) 式與 (1.1)″ 式，可得：

$$C + I_r + G \equiv y = C + I + G$$

由之可得:

$$I_r = I$$

此即前述之 (3.2) 式, 其亦為產品市場均衡式的一種形態。亦即:

> 若「實現的」投資 (I_r) 等於「計畫的」投資 (I), 其表示「非計畫的」存貨變動等於 0,
> 因此產品市場達到均衡。

另外, 由 (3.12) 式與 (1.5) 式, 可得:

$$C + S + T \equiv y = C + I + G$$

由之可得產品市場均衡式的第三種形態, 即:

$$S + T = I + G \tag{3.13}$$

(3.13) 式表示:

> 當儲蓄 (S) 與政府稅收 (T) 之和等於「計畫的」投資 (I) 與政府支出 (G) 之和, 則產品
> 市場達到均衡。

於本節, 政府部門存在之情況下, 政府的稅收會影響家庭部門的可支配所得, 進而影響其消費與儲蓄之行為。家庭部門的消費函數因而可表示為:

$$C = \overline{C} + b y_D \tag{3.14}$$

其中, 如第 1 章, y_D 為可支配所得, 即:

$$y_D = y - T \tag{3.15}$$

假設政府稅收 (T) 包含兩部分, 其中之一稱之為總額稅 (lump sum tax), 此稅額與所得水準無關; 另一種稅收稱為所得稅 (income tax), 此種稅收會隨所得的增加而提高。政府的稅收函數以數學式表示, 即:

$$T = \overline{T} + ty, \quad 0 < t < 1 \tag{3.16}$$

(3.16) 式中, $\overline{T}$ 為總額稅; ty 則為所得稅, t 為邊際稅率 (marginal tax rate),

亦即所得每增加 1 元，政府將多課予 t 元之稅❷。

由 (1.4) 式，即 $y_D = C + S$，(3.14) 式與 (3.15) 式，可求出，在政府課稅情況的儲蓄函數為：

$$S = -\overline{C} + (1 - b)y_D \tag{3.17}$$

(3.14) 式與 (3.17) 式表示，消費函數與儲蓄函數皆為可支配所得 (y_D) 的函數，以 (3.15) 式與 (3.16) 式代入 (3.14) 式與 (3.17) 式，可求出兩者為所得 (y) 的函數，即：

$$C = (\overline{C} - b\overline{T}) + b(1 - t)y \tag{3.14'}$$

與

$$S = -[\overline{C} + (1 - b)\overline{T}] + (1 - b)(1 - t)y \tag{3.17'}$$

為求解均衡所得，將 (3.14)′ 式代入 (3.12) 式，且假設 $I = \overline{I}$，可得：

$$y = (\overline{C} - b\overline{T}) + b(1 - t)y + \overline{I} + G$$

由之可解出均衡所得為：

$$y^* = \frac{1}{1 - b(1 - t)}(\overline{C} - b\overline{T} + \overline{I} + G) \tag{3.18}$$

由 (3.18) 式可知，

> 除了受到 b、$\overline{C}$ 與 $\overline{I}$ 的影響外，於包含政府部門之情況，均衡所得也受到政府支出 (G)，總額稅 ($\overline{T}$) 以及邊際稅率 (t) 的影響。

均衡所得亦可由圖 3–7 求解之。其中圖 3–7 (a)對應於 (3.12) 式；圖 3–7 (b)對應於 (3.13) 式，兩者均可求出均衡所得 y^*。

---

❷　對 (3.16) 式每一項變數求變動量，可得 $\Delta T = \Delta \overline{T} + t\Delta y$，若只考慮所得變動之影響（即令 $\Delta \overline{T} = 0$），則 $\Delta T = t\Delta y$，因此，$t = \dfrac{\Delta T}{\Delta y}$。(3.16) 式可稱為一直線的稅收函數 (linear tax function)，即稅收 (T) 為所得 (y) 的直線函數；實際上，於所得增加至較高水準時，政府將課以較高的稅率，即所得稅為累進的 (progressive)，或可稱稅收函數為非直線 (non-linear) 的。

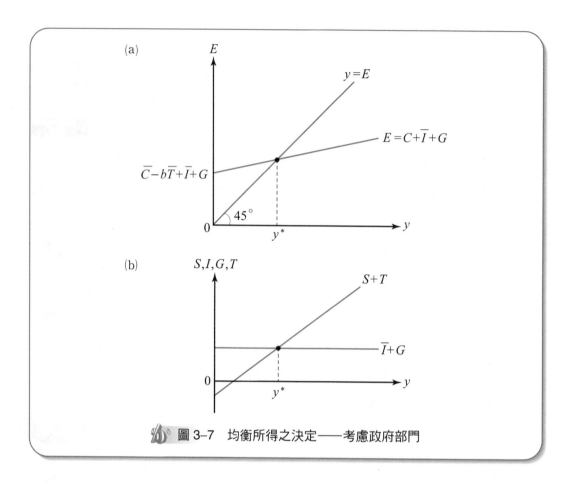

圖 3-7　均衡所得之決定——考慮政府部門

 **二、財政政策之效果**

　　由前述之說明，總體經濟學乃源於凱因斯為解決 1930 年代的失業問題而產生。而財政政策是凱因斯認為最有力的政策工具。接著，我們先探討政府支出變動對均衡所得之影響；其次，說明政府的稅收改變對均衡所得的影響，而稅收變動又區分為總額稅之變動以及所得稅率之改變。

(一)政府支出變動之乘數效果

　　為求解政府支出變動的乘數效果，由所得的均衡式 (3.18) 式，假設原先政府支出為 G_1，其所對應的均衡所得為 y_1^*，即：

$$y_1^* = \frac{1}{1-b(1-t)}(\overline{C} - b\overline{T} + \overline{I} + G_1)$$

(3.19)

於政府支出由 G_1 增加為 G_2，對應的均衡所得將增為 y_2^*，即：

$$y_2^* = \frac{1}{1 - b(1 - t)}(\overline{C} - b\overline{T} + \overline{I} + G_2)$$

(3.20)

由 (3.19) 式與 (3.20) 式，可知：

$$\Delta y^* = \frac{1}{1 - b(1 - t)}(\Delta G)，\text{ 其中，} \Delta y^* = y_2^* - y_1^*, \Delta G = G_2 - G_1$$

(3.21)

由 (3.21) 式，可得：

$$\frac{\Delta y^*}{\Delta G} = \frac{1}{1 - b(1 - t)}$$

(3.22)

(3.22) 式表示政府支出變動之乘數效果。因假設 $0 < b < 1$，且 $0 < t < 1$，即 $0 < (1 - t) < 1$，因而 $0 < b(1 - t) < 1$，所以 $\frac{\Delta y^*}{\Delta G} > 1$❸。由 (3.22) 式可知，當政府支出由 G_1 增加為 G_2 時，均衡所得由 y_1^* 提高為 y_2^*，此亦可由圖 3–8 ⒜或圖 3–8 ⒝表示之。其表示：

政府支出的乘數效果：增加 1 單位的政府支出，造成 $\frac{1}{1 - b(1 - t)}$ 單位的均衡所得增加。

---

❸　依 (3.22) 式的求解方式，由 (3.18) 式亦可求解在考慮政府部門的情況，自發性消費 ($\overline{C}$) 或自發性投資 ($\overline{I}$) 增加的乘數效果，兩者與政府支出增加的乘數效果相同，即 $\frac{\Delta y^*}{\Delta \overline{C}} = \frac{\Delta y^*}{\Delta \overline{I}} = \frac{1}{1 - b(1 - t)}$。在此，因政府課所得稅，$\overline{C}$ 增加或 $\overline{I}$ 增加的乘數效果變得較小（由本章第 1 節，未考慮政府部門時，$\frac{\Delta y^*}{\Delta \overline{C}} = \frac{\Delta y^*}{\Delta \overline{I}} = \frac{1}{1 - b} > \frac{1}{1 - b(1 - t)}$）。

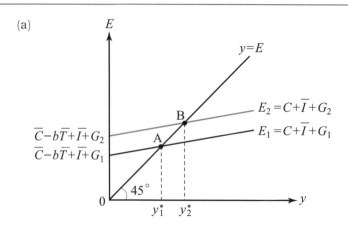

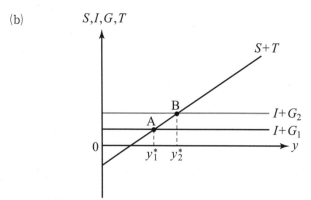

政府支出增加 $(G_1 \rightarrow G_2)$，使產品需求增加 $(E_1 \rightarrow E_2)$，均衡所得提高 $(y_1^* \rightarrow y_2^*)$；增加 1 單位的政府支出，造成 $\dfrac{1}{1-b(1-t)}$ 單位的均衡所得增加。

 圖 3–8　政府支出 (G) 增加的乘數效果

(二)政府稅收變動之乘數效果

1. 總額稅的乘數效果

我們首先探討總額稅 $(\overline{T})$ 改變之影響。由 (3.18) 式，若原先總額稅為 $\overline{T}_1$，其對應的均衡所得為 y_1^*，即：

$$y_1^* = \frac{1}{1-b(1-t)}(\overline{C} - b\overline{T}_1 + \overline{I} + G) \tag{3.23}$$

於政府將總額稅提高至 $\overline{T}_2$ 時，對應的均衡所得為 y_2^*，即：

$$y_2^* = \frac{1}{1 - b(1 - t)}(\overline{C} - b\overline{T}_2 + \overline{I} + G)$$

(3.24)

由 (3.23) 式與 (3.24) 式可得：

$$\Delta y^* = \frac{-b}{1 - b(1 - t)}(\Delta\overline{T}),\ 其中，\ \Delta\overline{T} = \overline{T}_2 - \overline{T}_1$$

(3.25)

由 (3.25) 式可得：

$$\frac{\Delta y^*}{\Delta\overline{T}} = \frac{-b}{1 - b(1 - t)} < 0$$

(3.26)

(3.26) 式顯示總額稅的乘數效果為負。當總額稅由 $\overline{T}_1$ 增加為 $\overline{T}_2$ 時，均衡所得由 y_1^* 減少為 y_2^*。此亦可由圖 3–9 (a)或圖 3–9 (b)表示之❶。

總額稅乘數效果為負，亦即當增加 1 單位總額稅，將使所得減少 $\dfrac{b}{1 - b(1 - t)}$ 單位。

---

2. 邊際稅率的乘數效果

其次，我們也可討論邊際稅率 (t) 的改變對均衡所得的影響。由數學的運算，當邊際稅率微量變動時，其乘數效果可表示為❶：

---

❶ 於其他變數維持不變，而總額稅由 $\overline{T}_1$ 增加為 $\overline{T}_2$，由 (3.12) 式與 (3.14)′ 式可知，圖 3–9 (a)的產品需求會由 E_1 平行下移為 E_2，其表示，總額稅提高造成可支配所得減少，此導致消費減少，其移動幅度為 $b(\overline{T}_2 - \overline{T}_1) = b\Delta\overline{T}$。於圖 3–9 (b)，由 (3.17)′ 式可知，儲蓄函數 (S) 會因 $\overline{T}_1$ 增加為 $\overline{T}_2$ 而平行下移 $(1 - b)\Delta\overline{T}$，另一方面，由 (3.16) 式，稅收函數 ($T$) 會上移 $\Delta\overline{T}$，兩者相抵，造成 $(S + T)$ 會平行上移 $b\Delta\overline{T}$ 之幅度。

❶ 由所得的均衡式，(3.18) 式，於 t 微量變動時，可求出：$\dfrac{dy^*}{dt} = \dfrac{-b(\overline{C} - b\overline{T} + \overline{I} + G)}{[1 - b(1 - t)]^2} = \dfrac{-b}{[1 - b(1 - t)]}\dfrac{(\overline{C} - b\overline{T} + \overline{I} + G)}{[1 - b(1 - t)]} = \dfrac{-b}{1 - b(1 - t)}(y^*)$。因此，於 t 微量變動時，$\dfrac{\Delta y^*}{\Delta t} = \dfrac{dy^*}{dt} = \left(\dfrac{-b}{1 - b(1 - t)}\right)(y^*)$。

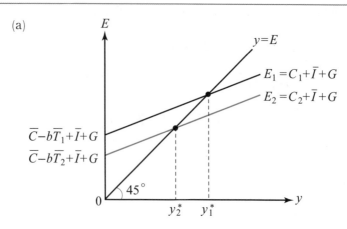

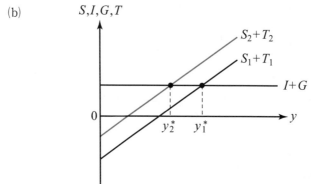

總額稅增加 ($\overline{T}_1 \to \overline{T}_2$)，使產品需求減少 ($E_1 \to E_2$)，均衡所得將減少 ($y_1^* \to y_2^*$)，增加 1 單位總額稅，將使所得減少 $\dfrac{b}{1-b(1-t)}$ 單位。

🎵 **圖 3-9　總額稅 ($\overline{T}$) 增加的乘數效果**

$$\frac{\Delta y^*}{\Delta t} = \frac{-b}{1-b(1-t)}(y^*) < 0 \qquad\qquad \boxed{(3.27)}$$

由 (3.27) 式可知：

於邊際稅率由 t_1 微增為 t_2 時 ($\Delta t = t_2 - t_1$)，均衡所得將會減少；且均衡所得減少的幅度亦受到稅率變動之前的均衡所得水準值 (y^*) 的影響，原先的 y^* 愈高時，稅率提高造成均衡所得減少的幅度也愈大。

(三)平衡預算之乘數效果

我們已各自說明了政府支出變動以及政府稅收變動，造成所得變動的乘數效果。實際上，政府想增加其支出時，須有其資金來源。假設政府擬以增加稅收的方式來融通其支出的增加，以維持預算平衡❶。我們可探討同時增加政府支出與稅收的政策對均衡所得的影響，此即一般所稱的平衡預算乘數 (the balanced budget multiplier)。

為求解「平衡預算乘數」，我們假設政府支出 (G) 維持等於稅收 (T)，即：

$$G = T \qquad\qquad (3.28)$$

由 (3.28) 式、(3.15) 式以及 (3.14) 式，可得：

$$C = \overline{C} + b(y - G) \qquad\qquad (3.29)$$

以 (3.29) 式代入 (3.12) 式，且假設 $I = \overline{I}$，可得：

$$y = E \equiv \overline{C} + b(y - G) + \overline{I} + G \qquad\qquad (3.30)$$

由 (3.30) 式，可解得預算維持平衡時之均衡所得為：

$$y^*_{G=T} = \frac{(\overline{C} + \overline{I})}{1 - b} + G \qquad\qquad (3.31)$$

依照前述之操作方式，我們可求出，在政府維持預算平衡時，政府支出增加的乘數效果為：

$$\frac{\Delta y^*_{G=T}}{\Delta G} = 1 \qquad\qquad (3.32)$$

由 (3.32) 式可知，於政府維持預算平衡❶，政府支出的增加將造成均衡所得同幅度的增加。

---

❶　於政府支出等於稅收時，稱為政府的預算平衡 (balanced budget)；於前者大於後者時，稱為預算赤字 (budget deficit)；相反地，於前者小於後者時，則稱預算盈餘 (budget surplus)。

❶　由稅收函數 (3.16) 式可知：要維持「預算平衡」((3.28) 式)，於政府支出 (G) 增加時，政府可以總額稅 ($\overline{T}$) 的增加，或稅率 (t) 的增加以達成之。

第**3**節

簡單的凱因斯所得決定理論──開放經濟之情況

本章的前兩節，我們並未考慮國外因素對本國的產品市場均衡之影響，本節則將此種封閉經濟 (closed economy) 的分析延伸為開放經濟 (open economy) 之情況。

 ## 一、均衡所得的決定及乘數效果

 ### (一)開放經濟之均衡所得

開放經濟的情況，產品市場的均衡可表示為：

$$y = E \equiv C + I + G + (X - M)$$ (3.33)

(3.33) 式中，一般而言，出口 (X) 為受到國外所得，本國物價，國外物價與匯率等因素的影響，但由於本章為簡單凱因斯模型，假設以上各項因素皆為固定的，出口因而可設定為外生決定的變數。進口 (M) 則可假設為所得的直線函數，其可表示為：

$$M = \overline{M} + my, \quad \overline{M} > 0, \quad 0 < m < 1$$ (3.34)

其中 $\overline{M}$ 為自發性的進口 (autonomous import)，它未受到所得水準的影響，m 為邊際進口傾向 (marginal propensity to import, MPM)，即每增加 1 單位所得，進口將增加 m 單位[18]。

似同本章前節的求解方式，由國民所得會計恆等式 (1.5) 式與 (1.1) 式，若考慮政府部門與國外部門，即：

$$y \equiv C + S + T$$ (1.5)

---

[18] 由 (3.34) 式求變動量，即 $\Delta M = \Delta \overline{M} + m\Delta y$，假設自發性進口不變（即 $\Delta \overline{M} = 0$），可得 $\Delta M = m\Delta y$，因此，$m = \dfrac{\Delta M}{\Delta y}$。

與

$$y \equiv C + I_r + G + (X - M) \tag{1.1}$$

由 (3.33) 式與 (1.1) 式，可得：

$$C + I_r + G + (X - M) \equiv y = C + I + G + (X - M)$$

即：

$$I_r = I$$

如同前述，此為產品市場均衡式的另一種表示方法。另外由 (3.33) 式與 (1.5) 式，可得：

$$C + S + T \equiv C + I + G + (X - M)$$

即：

$$S + T + M = I + G + X \tag{3.35}$$

(3.35) 式為開放經濟情況，產品市場均衡的第三種表示方法。將 (3.14)′ 式與 (3.34) 式代入 (3.33) 式，且假設投資為自發性的 $(I = \bar{I})$，可得：

$$y = (\bar{C} - b\bar{T} - \bar{M}) + b(1 - t)y + \bar{I} + G + X - my$$

由之可求出開放經濟情況的均衡所得為：

$$y^* = \frac{1}{1 - b(1 - t) + m}(\bar{C} - b\bar{T} - \bar{M} + \bar{I} + G + X) \tag{3.36}$$

開放經濟之均衡所得，也可以圖形的方式求解，如圖 3-10 所示。

(二)開放經濟之乘數效果

依照本章第 1、2 節的方法，由 (3.36) 式，我們可求出自發性消費 $(\bar{C})$、自發性投資 $(\bar{I})$，政府支出 (G) 以及出口 (X) 之變動所造成的乘數效果皆為正，且同為：

$$\frac{\Delta y^*}{\Delta \bar{C}} = \frac{\Delta y^*}{\Delta \bar{I}} = \frac{\Delta y^*}{\Delta G} = \frac{\Delta y^*}{\Delta X} = \frac{1}{1 - b(1 - t) + m} \tag{3.37}$$

以 (3.37) 式與本章第 1、2 節之乘數比較，可得：

$$\frac{1}{1 - b} > \frac{1}{1 - b(1 - t)} > \frac{1}{1 - b(1 - t) + m}$$

亦即：

以 $\bar{C}$（或 $\bar{I}$）增加（以方便比較），在封閉經濟且不考慮政府部門的情況（本章第 1 節），
乘數效果最大；在封閉經濟而考慮政府部門之情況（本章第 2 節），乘數效果次之；於
開放經濟之情況，乘數效果最小。

由 (3.36) 式，也可求得總額稅 $(\bar{T})$ 與自發性進口 $(\bar{M})$ 之變動所造成的乘數效
果皆為負，即：

$$\frac{\Delta y^*}{\Delta \bar{T}} = \frac{-b}{1 - b(1 - t) + m} < 0 \tag{3.38}$$

$$\frac{\Delta y^*}{\Delta \bar{M}} = \frac{-1}{1 - b(1 - t) + m} < 0 \tag{3.39}$$

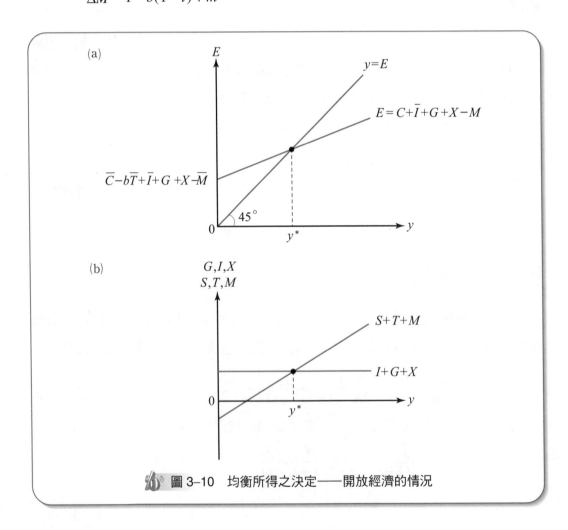

圖 3–10　均衡所得之決定——開放經濟的情況

※ 二、簡單凱因斯模型的經常帳乘數

由前述，我們已探討了政府支出 (G) 或出口 (X) 的增加（或其他自發性支出的增加），均對均衡所得造成正的乘數效果。於開放經濟情況的簡單凱因斯模型另一值得關切的政策目標為經常帳 (the current account, CA)❶。經常帳之中最重要的項目為貿易收支，為簡化分析，可定義：

$$CA = X - M \qquad\qquad (3.40)$$

(3.40) 式之中，如前述，出口為外生決定的變數，且由進口函數 ((3.34) 式) 可得：

$$CA = X - \overline{M} - my \qquad\qquad (3.41)$$

由 (3.41) 式，可求出對應於均衡所得 (y^*) 的經常帳 (CA^*)，即：

$$CA^* = X - \overline{M} - my^* \qquad\qquad (3.42)$$

其中 y^* 再以 (3.36) 式的均衡所得解代入，可得：

$$CA^* = X - \overline{M} - \frac{m}{1-b(1-t)+m}(\overline{C} - b\overline{T} - \overline{M} + \overline{I} + G + X) \qquad (3.43)$$

(3.43) 式可用以探討政府支出 (G) 或出口 (X) 的變動對經常帳的影響，可稱之為經常帳乘數 (the current account multiplier)。

(一)政府支出的經常帳乘數

首先，討論政府支出增加對經常帳的影響，假設原先政府支出為 G_1 時，所對應的經常帳為 CA_1^*，即：

$$CA_1^* = X - \overline{M} - \frac{m}{1-b(1-t)+m}(\overline{C} - b\overline{T} - \overline{M} + \overline{I} + G_1 + X) \qquad (3.44)$$

同理，於政府支出增加為 G_2 時，經常帳為 CA_2^*，即：

---

❶ 以理論分析而言，國際收支包括經常帳，資本帳 (capital account) 與金融帳 (financial account) 三大項目。由前面的說明可知，簡單凱因斯模型假設利率為固定的（利率為外生變數），而可不考慮資本帳與金融帳的變動，因此經常帳即等於國際收支。有關總體經濟學的國外部門分析，可參閱本書第 11 章與第 12 章。

$$CA_2^* = X - \overline{M} - \frac{m}{1 - b(1 - t) + m}(\overline{C} - b\overline{T} - \overline{M} + \overline{I} + G_2 + X) \tag{3.45}$$

由 (3.44) 式與 (3.45) 式可得:

$$\Delta CA^* = \frac{-m}{1 - b(1 - t) + m}(\Delta G) \tag{3.46}$$

(3.46) 式中, $\Delta CA^* = CA_2^* - CA_1^*$, $\Delta G = G_2 - G_1$, 由 (3.46) 式可求出政府支出增加所造成的「經常帳乘數」為:

$$\frac{\Delta CA^*}{\Delta G} = \frac{-m}{1 - b(1 - t) + m} < 0 \tag{3.47}$$

(3.47) 式顯示:

> 政府支出增加將造成經常帳餘額減少。其原因為: 當政府支出增加, 其造成均衡所得增加, 因而進口增加, 在出口維持不變的情況下, 此將造成經常帳之減少。

 (二)出口增加的經常帳乘數

依相同的求解方法, 可由 (3.43) 式求得出口增加所導致的經常帳變動為:

$$\Delta CA^* = \Delta X - \frac{m}{1 - b(1 - t) + m}(\Delta X)$$

$$= (1 - \frac{m}{1 - b(1 - t) + m})(\Delta X)$$

$$= \frac{1 - b(1 - t)}{1 - b(1 - t) + m}(\Delta X)$$

由之, 可求得出口增加所造成的「經常帳乘數」為:

$$\frac{\Delta CA^*}{\Delta X} = \frac{1 - b(1 - t)}{1 - b(1 - t) + m} \tag{3.48}$$

(3.48) 式顯示: $0 < \frac{\Delta CA^*}{\Delta X} < 1$。亦即, 出口增加將造成經常帳餘額增加, 但後者增加的幅度小於前者。其原因為:

> 出口增加固然直接提高經常帳餘額, 但出口增加會造成均衡所得增加, 進口因而增加, 此將部分抵消了出口增加對經常帳的效果。

由以上的說明可知：

政府支出 (G) 或出口 (X) 的增加均將造成均衡所得 (y^*) 的增加；但兩者的變動對經常帳的影響方向為相反的，前者的增加造成經常帳餘額的減少，而後者的增加則造成經常帳餘額增加。

我們可以圖 3–11 與圖 3–12 說明政府支出增加與出口增加對均衡所得與經常帳的影響。兩圖皆假設原先均衡所得為 y_1^* 時，經常帳達到均衡，即出口等於進口，而經常帳餘額為 0。由前述的數學分析可知，圖 3–11 中政府支出增加導致經常帳在新的均衡所得 (y_2^*) 之下為負值，即 $CA = -\overline{ab} = \overline{y_2^*d}$；圖 3–12 中，出口增加造成經常帳在新的均衡所得 (y_2^*) 之下為正值，即 $CA = \overline{ab} = \overline{y_2^*d}$。但同等的政府支出增加或出口增加造成均衡所得同幅度的增加（由 y_1^* 增至 y_2^*）。

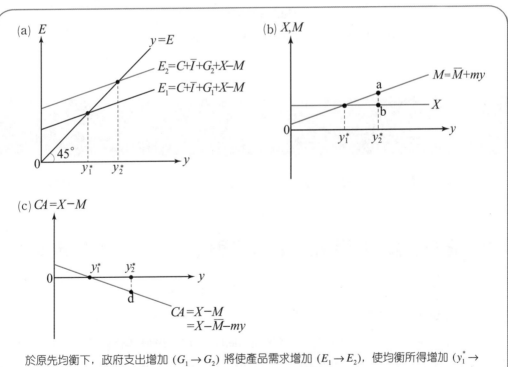

於原先均衡下，政府支出增加 ($G_1 \rightarrow G_2$) 將使產品需求增加 ($E_1 \rightarrow E_2$)，使均衡所得增加 ($y_1^* \rightarrow y_2^*$)，進一步造成進口增加，導致經常帳赤字 ($CA = -\overline{ab} = \overline{y_2^*d}$)。

圖 3–11　政府支出增加對均衡所得與經常帳 (CA) 之影響

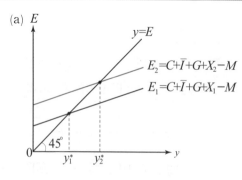
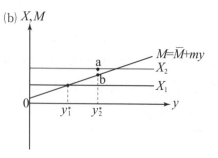
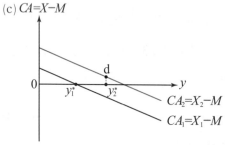

於原先均衡下，出口增加 $(X_1 \rightarrow X_2)$ 使產品需求增加 $(E_1 \rightarrow E_2)$，均衡所得增加 $(y_1^* \rightarrow y_2^*)$，導致進口增加抵銷部分出口增加對經常帳增加的效果 $(CA = \overline{ab} = \overline{y_2^*d})$。

 圖 3-12　出口增加對均衡所得與經常帳之影響

經濟話題　凱因斯學派與古典學派之比較

　　本書第 2 章說明古典學派的理論，第 3 章至第 5 章則探討凱因斯學派的理論。以下則由幾方面，比較兩者的差異性。

 一、總體經濟的需求面與供給面，何者較重要？

　　由本書第 2 章可知，於古典經濟體系，實質產出（所得）乃決定於總合供給，總合需求的改變只會影響物價等名目變數。凱因斯學派則較重視總合需求，其原因在於，凱因斯學派所探討對象為大量失業且物價緊縮 (deflation) 的 1930 年代經濟，於當時的經濟情況，凱因斯認為，於短期惟有政府支出的增加，才能增加總合需求，進而將低於充分就業的所得（就業）提升至充分就業的水準。

二、於長期失業現象存在時，是否以工資調降的方式改善之？

依古典學派的觀點，勞動市場有失業現象時，表示實質工資太高，因此，須調降貨幣工資，以減少實質工資，進而增加勞動需求，減少勞動供給。也就是，於貨幣工資降低，勞動市場的超額供給將減少。由此觀點，古典學派認為，應取消最低工資、工會組織以及長期契約，以增加勞動市場的彈性。

凱因斯則持相反的看法，他認為，一方面，勞動者會抵制名目工資的降低，另一方面，凱因斯也認為，於不景氣時物價降低，若要實質工資降低，則須貨幣工資降低的幅度大於物價降低的幅度，此種大幅度的貨幣工資降低將導致消費的減少，此又導致企業利潤的降低，且影響企業對未來的預期與投資，無益於景氣的提升。

三、於長期失業之情況，通常政府收支為赤字，政府應採取何種策略？

於長期失業的現象存在時，實際所得低於充分就業所得，政府的稅收亦因而較少，此導致政府收支為赤字。依古典學派的看法，為平衡政府預算，政府應採取的策略為：減少政府支出或提高稅收。

凱因斯則認為，於經濟為長期失業之狀態，稅收的提高會造成稅後貨幣工資降低，其會導致消費減少，投資與生產亦減少。其結果為：稅收未能增加，政府收支亦未改善，此外，造成失業的現象更加劇。如同前述，在長期失業之情況，凱因斯認為，政府應增加其支出。此固然在短期造成政府的預算赤字更加深，但因政府支出的增加，總合需求增加，所得（產出）得以提高，政府的稅收將隨之增加，如此，則政府的預算赤字得以改善。

另外，由古典學派的觀點，政府支出的增加可能造成民間投資的減少，但凱因斯學派認為，於經濟長期失業之情況，政府支出的增加，造成產品需求的增加，企業的利潤提高，若其對未來有樂觀的預期，則可能增加投資，因此，政府支出與民間投資，兩者可能相輔相成，而非相互替代。除此之外，政府的支出亦可提供如教育以及各項基本建設的資金來源，其有利於長期的經濟成長。

（本節內容取材自 Wikipedia, the free encyclopedia，有興趣的讀者可閱覽 http://en.wikipedia.org/wiki/Keynesian_economics）

本章重要名詞與概念

實現的投資	計畫的投資
凱因斯的消費函數	凱因斯的儲蓄函數
邊際消費傾向	邊際儲蓄傾向
自發性投資增加的乘數效果	乘數效果的動態分析
平衡預算之乘數效果	開放經濟之乘數效果
政府支出增加的經常帳乘數	出口增加的經常帳乘數

 習 題　　　•••第 3 章•••

1. 於未考慮政府部門與國外部門之簡單凱因斯模型，以數學式與圖形說明以下各項：

　⑴產品市場的均衡所得（產出）y^* 之決定。

　⑵由本題⑴所決定的 y^* 之安定性。

　⑶由本題⑴之 y^*，以之探討自發性投資 ($\bar{I}$) 增加，所造成的乘數效果。

2. 於考慮政府部門，而未考慮國外部門之簡單凱因斯模型，若消費函數（(3.14) 式）與稅收函數（(3.16) 式）各可表示為：$C = 200 + 0.8(y - T)$ 與 $T = 100 + 0.25y$，投資支出 $I = 90$，說明以下各項：

　⑴若政府支出 $G = 70$，試求解均衡所得 y^* 之值。

　⑵欲達到 $y^* = 1,200$，則政府支出 (G) 之值為何？

※⑶於本題⑴所求解的 y^*，政府的預算為盈餘或赤字？

3. 於考慮政府部門與國外部門之簡單凱因斯模型，試以數學式說明以下各項：

　⑴均衡所得 (y^*) 之決定。

　⑵政府支出增加之乘數效果。

⑶總額稅 (T) 與自發性進口 ($\overline{M}$) 之變動的乘數效果。

※ 4.於開放經濟之簡單凱因斯模型，說明以下各項：

⑴政府支出增加對經常帳的影響。

⑵出口增加對經常帳的影響。

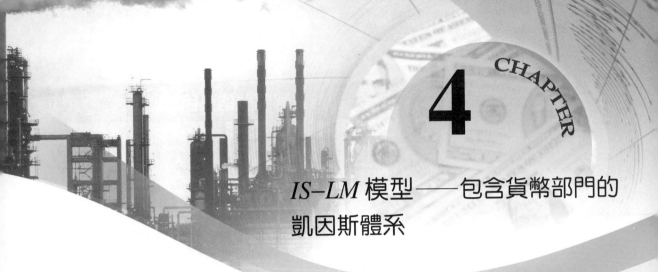

IS–LM 模型——包含貨幣部門的 凱因斯體系

　　於第 3 章，我們說明了 在簡單凱因斯模型的架構下，亦即，只 考慮產品市場均衡時，均衡所得水準之決定，以及影響均衡所得變動的各項乘數 效果。第 3 章曾提及，簡單凱因斯模型乃假設利率與物價水準均維持固定，即兩 者均假設為外生決定的變數。本章為將簡單凱因斯模型擴大；亦即，除了產品市場 之外，還納入貨幣部門，因而利率與所得均為模型的內生變數；而物價水準在本模 型則仍假設為外生變數。本章與第 3 章的差異在於：利率為模型之內生變數，投資 成為受到利率影響的變數，而非如第 3 章假設的外生變數（第 3 章假設投資為外 在決定的自發性投資）。

　　另外，本章之模型包含貨幣部門，因此我們可以之探討凱因斯體系下，貨幣 政策之效果；此外，於利率為內生變數，第 3 章（簡單凱因斯模型）所得的財政政 策效果是否會有改變，亦為本章所欲討論的要點。

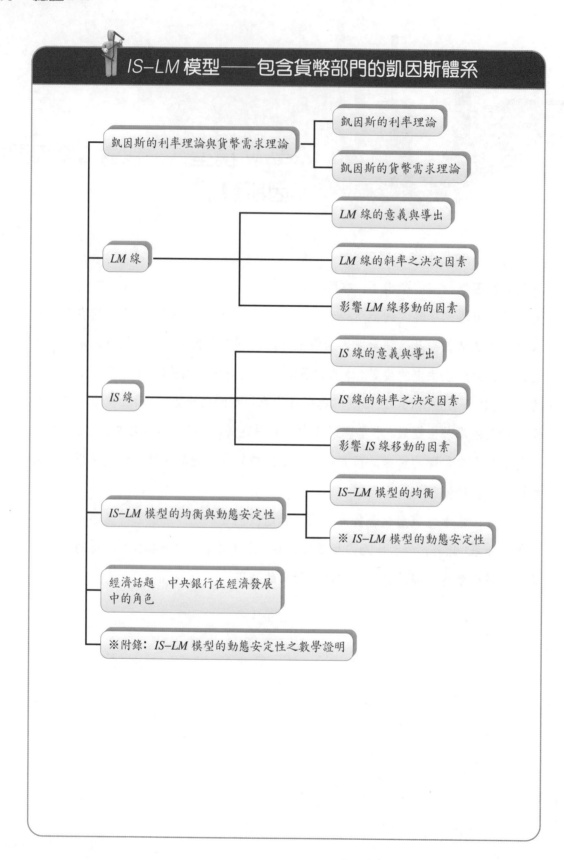

IS–LM 模型──包含貨幣部門的凱因斯體系

凱因斯的利率理論與貨幣需求理論
- 凱因斯的利率理論
- 凱因斯的貨幣需求理論

LM 線
- LM 線的意義與導出
- LM 線的斜率之決定因素
- 影響 LM 線移動的因素

IS 線
- IS 線的意義與導出
- IS 線的斜率之決定因素
- 影響 IS 線移動的因素

IS–LM 模型的均衡與動態安定性
- IS–LM 模型的均衡
- ※ IS–LM 模型的動態安定性

經濟話題　中央銀行在經濟發展中的角色

※附錄：IS–LM 模型的動態安定性之數學證明

凱因斯的利率理論與貨幣需求理論

一、凱因斯的利率理論

在第 2 章，我們討論古典學派的利率理論時，曾提到，古典學派認為利率決定於信用市場，亦即，利率決定於可貸資金的供給與需求。古典學派的利率理論因而也可稱為可貸資金的利率理論 (the loanable funds theory of the interest rate)。由另一個角度來看，可貸資金的需求者（包含企業與政府）若以發行債券的方式來獲得資金，可貸資金的需求即形成債券的供給。相反地，可貸資金的供給者（如家庭部門）則因購買債券而形成債券的需求。因此，**在古典學派看來，利率也可說是決定於債券的供給與需求。**

與古典學派的觀點不同，**凱因斯認為利率乃決定於貨幣市場。**由第 2 章，於**古典學派之架構下，貨幣市場的作用在決定物價水準。**凱因斯則以貨幣的供給與需求為決定利率的因素，亦即，可由貨幣供需求出維持貨幣市場均衡的利率水準。凱因斯的利率理論因而稱為流動性偏好的利率理論 (the liquidity-preference theory of interest rate)[1]。

由以上，**古典學派由債券市場（其對應於可貸資金市場）決定利率，凱因斯則由貨幣市場決定利率。**由表面觀之，兩者似乎不同，實際上，兩種理論所決定的利率為一致的。茲說明其原因如下。

依照凱因斯的假設，可將金融財富 (financial wealth, *FW*) 區分為兩種，其中之一為貨幣 (*M*)；另外，將其他非貨幣資產統稱為債券 (*B*)。在任一時點，整個社會的金融性財富等於貨幣與債券之和，即：

$$FW = B + M \tag{4.1}$$

同樣地，由需求面而言，整個社會對金融財富的需求 (FW^d) 等於貨幣需求

---

[1]　流動性 (liquidity) 表示：將資產轉換為現金的容易程度，而貨幣是流動性最高的資產。

(M^d) 與債券需求 (B^d) 之和，即：

$$FW^d = B^d + M^d \qquad \text{(4.2)}$$

以整個社會而言，金融財富的需求 (FW^d) 等於金融財富的數量 (FW)。因此，由 (4.1) 式與 (4.2) 式，可得：

$$B + M = B^d + M^d \qquad \text{(4.3)}$$

由 (4.3) 式可知：

> 若債券市場達到均衡（即 $B = B^d$），則貨幣市場也必然同時達到均衡 $(M = M^d)$。就此而言，古典學派主張的「可貸資金的利率理論」與凱因斯提出的「流動性偏好理論」，兩者所決定的利率為一致的。

二、凱因斯的貨幣需求理論

凱因斯認為人們持有貨幣的動機有三種，即交易動機 (transaction motive)，預防動機 (precautionary motive)，以及投機動機 (speculative motive)。以下依次說明其內容。

(一)交易動機與預防動機的貨幣需求

在第 2 章說明古典學派的貨幣理論時，曾提到貨幣作為「交易媒介」的功能。凱因斯的「交易動機」之貨幣需求即著重於此種功能。人們持有貨幣，以便支付其支出，一般而言，所得愈高者，其交易支出愈大，因此作為交易的貨幣需求也愈大。此表示，**交易動機的貨幣需求與所得有正的關係**。除了受到所得的影響外，交易動機的貨幣需求也會受到利率的影響。人們通常會將其預備作為交易用的貨幣之一部分，先購買貨幣以外的其他資產（如短期債券），以獲得利息收益，再逐步將所購的資產轉為貨幣，以應交易之需要。於利率提高時，此種先持有資產，再轉換為貨幣的現象將更為顯著，而造成交易動機的貨幣需求之減少❷。為簡化

---

❷ 有關利率對於交易動機的貨幣需求之影響，可見第 10 章。

分析，凱因斯假設利率的影響效果較小，即交易動機的貨幣需求只受到所得的影響。

> 凱因斯假設交易動機的貨幣需求受利率影響的效果很小，因此其貨幣需求只受所得的影響，所得越高，交易動機的貨幣需求越高。

　　「交易動機」的貨幣需求是人們為其計畫的支出 (planned expenditure) **所持有的貨幣，「預防動機」的貨幣需求則是因應**非計畫的支出 (unplanned expenditures) **所持有的貨幣**，人們考慮非預期的支出或交易的可能性而持有此部分的貨幣。同樣地，**預防動機的貨幣需求也受到其所得正的影響**，所得愈高者，所持有的此部分貨幣也愈多。另外，**預防動機的貨幣需求亦隨利率提高而減少**，但仍可假設此種利率效果較小而省略之。

> 預防動機的貨幣需求是為了「非計畫的支出」所保有的貨幣，其也假設利率的影響很小而忽略，因此與交易動機相同，所得越高，預防動機的貨幣需求越高。

　　由以上的說明可知，若不考慮利率的影響，「交易動機」與「預防動機」的貨幣需求都只受到個人所得的影響，以個人 i 而言，這兩部分的貨幣需求之和可以 $M_i^{d_1}$ 表示，它是個人 i 之所得 (y_i) 的增函數，即：

$$M_i^{d_1} = M_i^{d_1}(y_i) \tag{4.4}$$

 (二)投機動機的貨幣需求

　　除了「交易動機」與「預防動機」的貨幣需求，人們也會將貨幣視為一種資產而持有之。如本章前面的說明，為簡化起見，假設金融財富只包含貨幣與債券，而個人 i 將其金融財富 (FW_i) 分配於此兩種資產，即：

$$M_i^d + B_i^d = FW_i \tag{4.5}$$

其中 M_i^d 表示個人 i 所持有的貨幣總額；M_i^d 之中，除了「交易動機」與「預

防動機」而持有的貨幣 ($M_i^{d_1}$)，亦包含因**資產選擇動機** (portfolio motive) 而持有的貨幣，後者乃凱因斯所稱的「投機動機」的貨幣需求 ($M_i^{d_2}$)，即：

$$M_i^d = M_i^{d_1} + M_i^{d_2}$$

(4.6)

　　理論上可假設貨幣不支付利息，而債券支付利息❸，但人們仍將貨幣視為債券以外可持有的資產，前面已假設「交易動機」與「預防動機」的貨幣需求不受利率影響，但以下討論的**「投機動機」的貨幣需求會受到利率 (r) 變動的影響**。為探究其原因，我們須先說明債券價格與利率之關係。

1. 債券價格與利率的關係

　　為簡化起見，假設所討論的債券為永久性債券 (perpetuity)，其價格為 P_B，購買此種債券後，各期均支付固定的報酬 R，而永不還本。例如英國即曾發行此形態的債券，稱為 consol。若不考慮風險與交易成本，永久性債券的價格 (P_B) 將等於其未來各期收益的現值（present value，簡稱 PV）❹，亦即：

$$P_B = \frac{R}{1+r} + \frac{R}{(1+r)^2} + \frac{R}{(1+r)^3} + \cdots$$

(4.7)

　　由 (4.7) 式，可求出債券價格 (P_B) 與利率 (r) 之關係式為❺：

$$P_B = \frac{R}{r}$$

(4.8)

---

❸　事實上有些貨幣支付利息，但其利率較債券為低，此可見第 10 章。

❹　若某一資產在 1 年後的收益為 R，其現值為 $\frac{R}{1+r}$；若該資產在 2 年後的收益為 R，則其現值為 $\frac{R}{(1+r)^2}$。依相同的道理推之，若資產在未來各年的收益均為 R，且期間無限長遠，則該資產的現值即可表示如 (4.7) 式。

❺　由 (4.7) 式，$P_B = \frac{R}{1+r} + \frac{R}{(1+r)^2} + \frac{R}{(1+r)^3} + \cdots = \frac{R}{1+r}[1 + \frac{1}{1+r} + \frac{1}{(1+r)^2} + \cdots]$。此式中，中括弧部分為一無窮等比級數的和，其第一項為 1，公比為 $\frac{1}{1+r}$，依數學原理，此部分的值為：$\frac{1}{1-[1/(1+r)]} = \frac{1}{[r/(1+r)]} = \frac{1+r}{r}$。以之代入上式，可求出：$P_B = \frac{R}{1+r}\frac{1+r}{r} = \frac{R}{r}$，此即 (4.8) 式。

(4.8) 式之中，因 *R* 為固定值，此乃表示**債券價格** (P_B) **與利率** (*r*) **具有反方向的關係**。例如，某一永久性債券，其每年固定支付的金額 (*R*) 等於 100 元，若於購買該債券時，市場利率 (*r*) 為 5%，由 (4.8) 式可知，債券價格為 2,000 元；於利率提高為 10%，債券價格則降低為 1,000 元❻，此即表示資本損失 (capital loss) 為 1,000 元（= 2,000 元 – 1,000 元），相反地，於利率降低為 2% 時，債券價格將提高為 5,000 元，而資本利得 (capital gain) 為 3,000 元（= 5,000 元 – 2,000 元）。

2. 個人的投機性貨幣需求

如前面的說明，若個人將其金融財富分配於貨幣與債券的持有 (如 (4.5) 式)，假設持有的貨幣並不支付利息，因而其報酬率為 0，保有債券時，每年可獲得固定的收益 (*R*)，此外，持有債券，也可能因利率變動而有「資本利得」或「資本損失」。以個人而言，須預期未來的利率水準，以計算持有債券的報酬率是否為正，從而決定持有投機動機的貨幣或債券。以下以數學式說明之。

由 (4.8) 式，假設購買債券時，利率為 r_0 (目前的利率)，因而債券的價格為：

$$P_{B_0} = \frac{R}{r_0} \tag{4.9}$$

若個人預期未來的利率為 r_n❼，則債券的預期未來價格為：

$$P_{B_1} = \frac{R}{r_n} \tag{4.10}$$

由 (4.9) 式與 (4.10) 式可求出「資本利得」或「資本損失」，亦即債券價格的變動為：

$$P_{B_1} - P_{B_0} = \frac{R}{r_n} - P_{B_0}$$

$$= \frac{r_0 P_{B_0}}{r_n} - P_{B_0} \tag{4.11}$$

(4.11) 式的「資本利得」(或「資本損失」) 若以百分率的方式表示，可得：

---

❻　若某一種存款的年利率為 10%，則存款額為 1,000 元時，每年的利息收益為 100 元；而永久性債券的年收益為 100 元；與 1,000 元的存款具同等價值，因而於利率為 10% 時，永久性債券的價格為 1,000 元。

❼　預期的未來利率亦稱為正常利率 (the normal interest rate)。

$$\frac{P_{B_1} - P_{B_0}}{P_{B_0}} = \frac{r_0}{r_n} - 1 \qquad \text{(4.12)}$$

由 (4.12) 式所表示的「資本利得」的比率（或「資本損失」的比率）與購買債券時的利率 (r_0) 相加，即：$r_0 + (\frac{r_0}{r_n} - 1)$，此為預期未來的利率為 r_n 時，個人持有債券的報酬率。以個人而言，其將比較此債券報酬率 $r_0 + (\frac{r_0}{r_n} - 1)$ 與貨幣的報酬率（由前述的說明，假設貨幣的報酬率為 0）而決定其金融財富應以債券或以貨幣的方式持有，其可能的情況為：

$$r_0 + (\frac{r_0}{r_n} - 1) > 0 \qquad \text{(4.13a)}$$

$$r_0 + (\frac{r_0}{r_n} - 1) = 0 \qquad \text{(4.13b)}$$

$$r_0 + (\frac{r_0}{r_n} - 1) < 0 \qquad \text{(4.13c)}$$

(4.13a) 式之情況表示個人 i 將其金融財富扣除交易與預防動機後的餘額，即 $(FW_i - M_i^{d_1})$，全部以債券方式持有；(4.13c) 式表示個人之 $(FW_i - M_i^{d_1})$ 將全部以投機動機貨幣方式持有；(4.13b) 式則表示：持有債券與持有貨幣的報酬率相等，因此個人對兩種資產為無差異的 (indifferent)，而以上兩種結果均為可能的。

於未來的利率已預測為 r_n 時，目前利率 (r_0) 之值可決定 (4.13a) 式至 (4.13c) 式三種情況之中，那一種情況會成立。我們可找出讓 (4.13b) 式成立的 r_0，稱此 r_0 為臨界利率 (the critical interest rate, r_c)，即以 $r_c = r_0$ 代入 (4.13b) 式，可得：

$$r_c + (\frac{r_c}{r_n} - 1) = 0 \qquad \text{(4.14)}$$

由 (4.14) 式，可解得：

$$r_c = \frac{r_n}{r_n + 1} \qquad \text{(4.15)}$$

由以上的說明可知，隨著 r_0 值的大小，有 (4.13a) 式～(4.13c) 式三個可能的情況會產生。如果 $r_0 = r_c$，則 (4.13b) 式會成立；由此可推知，$r_0 > r_c$ 對應於 (4.13a) 式❽；$r_0 < r_c$ 則對應於 (4.13c) 式。換言之，(4.13a) 式至 (4.13c) 式可依序轉換為：

---

❽ 由 (4.13a) 式：$r_0 + (\frac{r_0}{r_n} - 1) > 0$，由之可得：$r_0(1 + \frac{1}{r_n}) > 1$，其可表示為：$r_0 > \frac{r_n}{r_n + 1}$，

$$r_0 > r_c$$ (4.16a)

$$r_0 = r_c$$ (4.16b)

$$r_0 < r_c$$ (4.16c)

對照前面對 (4.13a) 式至 (4.13c) 式的說明，於 (4.16a) 式成立，即目前利率 (r_0) 高於臨界利率 (r_c) 時，個人 i 會將其扣除交易與預防動機後的餘額 ($FW_i - M_i^{d_1}$) 以債券方式持有 (貨幣持有量 0)；於 (4.16c) 式成立，即目前利率低於臨界利率時，個人的扣除交易與預防動機後的餘額 ($FW_i - M_i^{d_1}$) 將全以投機動機的貨幣方式持有 (債券持有量為 0)；於 (4.16b) 式成立時，個人對貨幣與債券則無差異，而以上兩種結果均屬可能。若以圖形來看，個人的投機性貨幣需求可表示如圖 4-1 (a)，此圖顯示於未來的利率已預測為 r_n 時，可求出一臨界利率 r_c，而 $r_c < r_n$❾。

若目前利率 (r_0) 高於 r_c，因個人的投機性貨幣需求為 0，投機性貨幣需求與縱軸重合；而於目前利率低於 r_c，個人的投機性貨幣需求等於 ($FW_i - M_i^{d_1}$)。

以個人而言，其投機性的貨幣需求有如圖 4-1 (a)所示之不連續的 (discontinuous) 狀態 ($M_i^{d_2}$)。以整個社會來看，因包含無數個人，每一個個人均可能對未來的利率 (r_n) 有不同的預期，因而每一個人都可能有不同的臨界利率 (r_c)，將所有個人的投機性貨幣需求相加，即可得到整個社會的投機性貨幣需求 (M^{d_2})，其為連續的且為負斜率的曲線，如圖 4-1 (b)所示。此外，凱因斯也認為，於**利率降低到一相當低的水準，而社會上每一個人均認為目前利率 (r_0) 低於其臨界利率 (r_c)，即每一個人均會將其扣除交易與預防動機後的餘額 ($FW_i - M_i^{d_1}$) 以投機性貨幣持有，此時 M^{d_2} 將呈水平狀態**，凱因斯稱之為**流動性陷阱** (the liquidity trap)。在此狀態下，央行發行再多的貨幣，人們均以投機動機的方式將之持有，而未能發揮貨幣政策應有的效果。

亦即：$r_0 > r_c$。

❾ 由 (4.15) 式可知：$r_c = \dfrac{r_n}{r_n + 1}$，因 $r_n + 1 > 1$，所以 $r_c < r_n$。

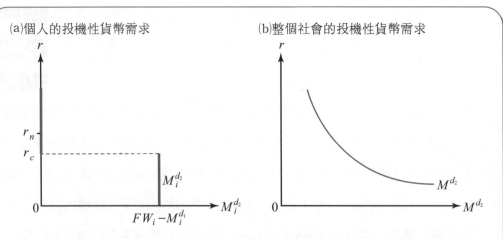

圖4–1 (a)說明若目前利率高於 r_c，個人投機性貨幣需求為 0；目前利率低於 r_c，個人投機性貨幣需求等於 $FW_i - M_i^{d_1}$；圖 4–1 (b)為將社會中每個人的投機性貨幣需求相加，所得的整個社會的投機性貨幣需求（連續且負斜率的曲線）。

圖 4–1　個人與整個社會的投機性貨幣需求

當利率低於一相當低的水準，則會陷入凱因斯所謂的「流動性陷阱」，此時政府的貨幣政策無效。

(三)凱因斯的貨幣需求

從以上的說明，我們將所有個人的交易性與預防性貨幣需求（即 (4.4) 式）相加，可得整個社會的交易性與預防性貨幣需求 (M^{d_1})，其為所得 (y) 的增加函數，即：

$$M^{d_1} = M^{d_1}(y) \tag{4.17}$$

而整個社會的投機性貨幣需求為利率的反函數，其可表示為：

$$M^{d_2} = M^{d_2}(r) \tag{4.18}$$

依凱因斯的觀點，如圖 4–2 所示，將整個社會的交易動機與預防動機的貨幣需求 (M^{d_1}) 以及投機動機的貨幣需求 (M^{d_2}) 相加，可得總合貨幣需求 (M^d)，即：

$$M^d = M^{d_1}(y) + M^{d_2}(r)$$

(4.19)

　　因交易動機與預防動機的貨幣需求 (M^{d_1}) 不受利率的影響，但隨所得的增加而增加。此表示，由圖 4–2 (a)，在 r–M^{d_1} 的座標下，M^{d_1} 為垂直線，而隨著所得由 y_1 增為 y_2，$M^{d_1}(y_1)$ 右移為 $M^{d_1}(y_2)$；而對應的總合貨幣需求也由 $M^d(y_1)$ 右移為 $M^d(y_2)$，如圖 4–2 (c)所示。

(a)交易與預防動機的貨幣需求

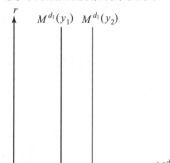

(b)投機動機的貨幣需求

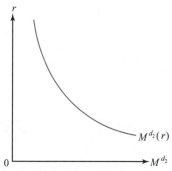

(c)總合貨幣需求

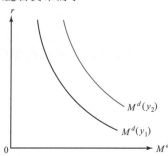

將整個社會的交易動機、預防動機的貨幣需求（圖 4–2 (a)）以及投機動機的貨幣需求（圖 4–2 (b)）水平相加，可得到一連續負斜率的總合貨幣需求線 $(M^d = M^{d_1}(y) + M^{d_2}(r))$；隨著所得增加 $(y_1 \rightarrow y_2)$，$M^{d_1}(y_1)$ 右移至 $M^{d_1}(y_2)$，對應的總合貨幣需求也由 $M^d(y_1)$ 右移至 $M^d(y_2)$。

🎵 圖 4–2　總合貨幣需求的導出

　　(4.19) 式表示貨幣需求為所得增函數，且為利率的反函數，其可表示為：

$$M^d = L(y, r), \quad L_y > 0, \quad L_r < 0$$

(4.20)

其中 $L_y > 0$ 與 $L_r < 0$ 各表示：貨幣需求與所得 (y) 為正向的關係，與利率 (r) 則為反向的關係。

若進一步假設貨幣需求為所得與利率的直線函數，(4.20) 式可表示成：

$$M^d = d_0 + ky - \ell r, \quad k > 0, \quad \ell > 0 \tag{4.21}$$

(4.20) 式中，d_0 表示所得與利率以外，影響貨幣需求的因素。

LM 線

一、*LM* 線的意義與導出

當貨幣市場均衡時，貨幣供給 (M^s) 等於貨幣需求 (M^d)，由 (4.20) 式可知，貨幣市場均衡的條件為：

$$M^s = L(y, r) \tag{4.22}$$

於貨幣需求為所得與利率的直線函數（即 (4.21) 式）時，貨幣市場的均衡式可表示為：

$$M^s = d_0 + ky - \ell r \tag{4.23} ❿$$

(4.23) 式也可表示為：

$$r = \frac{d_0}{\ell} - \frac{M^s}{\ell} + \frac{k}{\ell} y \tag{4.24}$$

因 d_0 與 ℓ 為固定值，若假設 M^s 亦維持於一固定值，(4.24) 式表示：於所得 (y) 為某一數值時必有一利率 (r) 水準值與之對應，以維持貨幣市場均衡。*LM* 線因而可定義為：「**於貨幣供給固定，維持貨幣市場均衡的各 (r, y) 組合點連線（軌跡）**」❶。(4.23) 式或 (4.24) 式皆可稱為 *LM* 的數學式。以上為以數學式說明 *LM* 的

---

❿ (4.23) 式之中，如前述，ky 與 ℓr 各表示貨幣需求受到 y 與 r 之影響的部分，d_0 則表示 y 與 r 以外的其他因素對貨幣需求的影響。

意義，以下則以圖解的方式導出 *LM* 線❶❷。

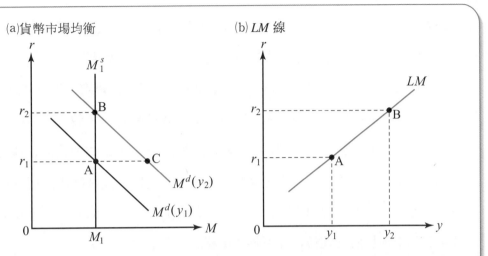

貨幣供給固定 (M_1^s) 時，所得增加 $(y_1 \to y_2)$ 將導致總合貨幣需求增加 $(M^d(y_1) \to M^d(y_2))$，此時貨幣需求大於貨幣供給，人們出售債券以獲得較多貨幣。債券供給增加，債券價格降低，利率提高 $(r_1 \to r_2)$，貨幣市場再次達到均衡；將兩個維持貨幣市場均衡的利率與所得組合點連接，轉換於以 *r–y* 為座標軸，即可得 *LM* 線，如圖 4–3 ⒝。

🎵ᔆ 圖 4–3　*LM* 線的導出

圖 4–3 ⒜表示貨幣市場的均衡。於 $y = y_1$，可求出總合貨幣需求為 $M^d(y_1)$，在貨幣供給為固定 $(M^s = M_1^s)$ 的假設下，亦即假設貨幣供給未受利率的影響，而為一垂直線❸，此時 M_1^s 與 $M^d(y_1)$ 的交點為 A，由之，可決定維持貨幣市場均衡的利

---

❶　由 (4.22) 式可知，M^s 與 L 各表示貨幣供給與貨幣需求，*LM* 線表示其上面各點均符合 $L = M^s$，亦即對應於貨幣市場均衡之曲線。此可參閱 Hicks (1937)。另外，於第 6 章物價 (P) 可變動之情況，(4.22) 式的 M^s 須改以 $(\frac{M^s}{P})$ 表示，即 *LM* 為 $\frac{M^s}{P} = L(y, r)$。同樣地，於 *LM* 為直線函數（(4.23) 式）之情況，*LM* 表示為：$\frac{M^s}{P} = d_0 + ky - \ell r$，此即 (6.3) 式。本章假設物價 (P) 為固定的，例如，令 $P = 1$，則 (6.3) 式與 (4.23) 式相同。

❷　為簡化分析，假設貨幣需求為所得與利率的直線函數（即 (4.23) 式或 (4.24) 式），因而所繪的 *LM* 呈直線形態。

❸　在第 10 章，我們放寬此種假設，探討貨幣供給受到利率以及其他因素的影響。

率 r_1。現若 y_1 提高為 y_2，此造成交易與預防動機的貨幣需求增加，因而總合貨幣需求由 $M^d(y_1)$ 右移為 $M^d(y_2)$；由圖 4–3 (a)可知，在利率為 r_1 之水準時，總合貨幣需求 ($\overline{r_1C}$) 大於貨幣供給 ($\overline{r_1A}$)，人們為獲取較多貨幣，乃減少債券持有，而將部分債券出售，此將造成債券供給增加，進而債券價格降低，利率提高 (由 (4.8) 式)，於利率由 r_1 增至 r_2 時，M_1^s 與 $M^d(y_2)$ 相等，兩者交於 B 點，貨幣市場再達到均衡。換言之，於貨幣供給固定為 M_1^s 時，當所得由 y_1 增加為 y_2 所導致的交易與預防動機的貨幣需求 (M^{d_1}) 增加，唯有藉著利率由 r_1 提高為 r_2 所造成的投機動機的貨幣需求 (M^{d_2}) 減少以抵消之，而維持貨幣市場均衡。若將圖 4–3 (a)中兩個維持貨幣市場均衡的利率與所得的組合點，A(r_1, y_1) 與 B(r_2, y_2)，轉換於以 $r-y$ 為座標軸的圖 4–3 (b)中，且將之連接，即可得 *LM* 線。

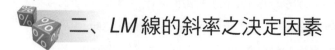 二、*LM* 線的斜率之決定因素

(一) *LM* 線的斜率

由 (4.24) 式，我們可以之說明 *LM* 線的斜率。於 ($\dfrac{d_0}{\ell}$) 與 ($\dfrac{M_1^s}{\ell}$) 為固定值，對 (4.24) 式求變動量，可得：

$$\Delta r = (\frac{k}{\ell})\Delta y$$

此表示 *LM* 的斜率為正值，即：

$$\left.\frac{\Delta r}{\Delta y}\right|_{LM} = \frac{k}{\ell} > 0 \tag{4.25}$$

(二)影響 *LM* 線之斜率的因素

由 (4.23) 式可知，1 單位的所得增加（減少）將造成 k 單位的貨幣需求增加（減少）；而 1 單位利率的提高（降低）將造成 ℓ 單位貨幣需求的減少（增加）。k 與 ℓ 之值的大小各反映貨幣需求對所得變動與貨幣需求對利率變動的敏感度。由

(4.25) 式可看出，k 值愈大（愈小）或 ℓ 值愈小（愈大），則 LM 的斜率愈大（愈小），亦即 LM 愈陡（愈平），或稱 LM 的彈性愈小（愈大）。以上的敘述若以圖形來說明，則更易於瞭解。

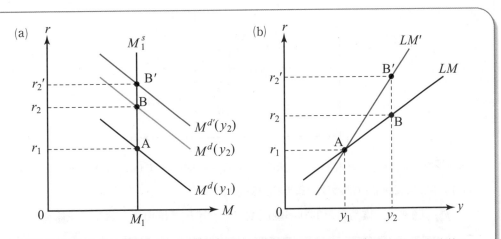

當所得增加 ($y_1 \to y_2$)，若 k 值較小，則貨幣需求增加幅度較小 ($M^d(y_1) \to M^d(y_2)$)，與 M_1^s 相交於 B 點決定利率為 r_2，對應畫出的為 LM 線；若 k 值較大，則貨幣需求增加幅度較大 ($M^d(y_1) \to M^{d'}(y_2)$)，與 M_1^s 相交於 B′ 點決定利率為 r_2'，對應畫出的為 LM' 線，因此 k 值愈大時，LM 的斜率愈大（LM 愈陡）。

🔊 圖 4–4　k 值（貨幣需求對所得的敏感度）大小對 LM 的斜率之影響——k 值愈大時，LM 的斜率愈大（LM 較陡）

　　首先說明 k 值大小對 LM 的斜率之影響。由圖 4–4 (a)，假設原先所得為 y_1 時，對應的總合貨幣需求 $M^d(y_1)$ 與貨幣供給 (M_1^s) 的交點決定均衡利率 r_1。於所得由 y_1 增加為 y_2 時，若 k 值較小，則貨幣需求只由 $M^d(y_1)$ 右移至 $M^d(y_2)$，其與 M_1^s 的交點 B 所決定的利率為 r_2；如果 k 值較大，則 $M^d(y_1)$ 右移的幅度較大，而右移至 $M^{d'}(y_2)$，均衡點 B′ 所決定的利率為 r_2'，其高於 $r_2$❶。由圖 4–4 (b)，可對應導出較平的 LM（k 值較小）以及較陡的 LM'（k 值較大）。

---

❶　圖 4–4 (a)中，$M^d(y_1)$ 右移至 $M^d(y_2)$（於 k 較小）或 $M^{d'}(y_2)$（於 k 較大）正反映圖 4–2 (a)中貨幣需求右移的程度隨 k 值增加而加大。

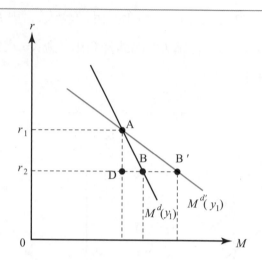

當利率減少 $(r_1 \rightarrow r_2)$，於 $M^d(y_1)$ 下，貨幣需求增加量為 $\overline{DB}$；於 $M^{d'}(y_1)$ 下，貨幣需求增加量為 $\overline{DB'}$，由此可知利率敏感度愈大，貨幣需求線愈平。

圖 4–5　貨幣需求的利率敏感度——利率敏感度愈大，貨幣需求線愈平

　　其次，ℓ 值反映貨幣需求對利率變動的敏感度，此可由圖 4–5 予以說明。圖 4–5 中，當利率由 r_1 減少為 r_2，於 $M^d(y_1)$（較陡）之情況，貨幣需求的增量為 $\overline{DB}$（較小）；於 $M^{d'}(y_1)$（較平）之情況，貨幣需求的增量為 $\overline{DB'}$（較大）❶。由此可知，貨幣需求線較陡（較平）者，於利率降低時，貨幣需求的增量較小（較大），因而貨幣需求的利率敏感度較小（較大）。亦即，ℓ 值較小（較大）者，貨幣需求線較陡（較平）。圖 4–6 說明，於貨幣需求的利率敏感度較大時（ℓ 值較大者），所導出的 LM 線亦較平。

---

❶　圖 4–5 中，總合貨幣需求線 $M^d(y_1)$ 較陡（較平）乃由於圖 4–2 ⒝之 $M^{d_2}(r)$ 較陡（較平）。

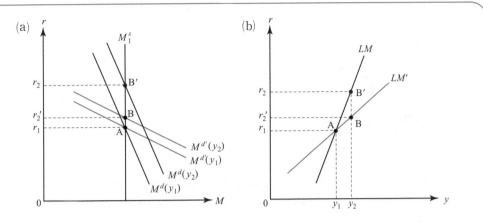

當所得增加 $(y_1 \to y_2)$，於利率敏感度較大者 $(M^{d'}(y_1))$，使貨幣需求由 $M^{d'}(y_1)$ 右移至 $M^{d'}(y_2)$，其與 M_1^s 相交於 B 點決定利率為 r_2'，其對應畫出為 *LM′* 線；於利率敏感度較小者 $(M^d(y_1))$，所得增加使貨幣需求由 $M^d(y_1)$ 右移至 $M^d(y_2)$，其與 M_1^s 相交於 B′ 點，其對應畫出為 *LM* 線，因此 ℓ 值愈大者，*LM* 的斜率愈小（*LM* 較平）。

圖 4–6 ℓ 值（貨幣需求的利率敏感度）大小對 *LM* 斜率之影響——ℓ 值愈大者，*LM* 的斜率愈小（*LM* 較平）

三、影響 *LM* 線移動的因素

由前述可知，*LM* 表示貨幣市場均衡，而導出 *LM* 時，須假設貨幣供給維持固定。接著，我們探討那些因素可能造成 *LM* 線的移動。為說明之，可將 *LM* 的數學式，即 (4.24) 式，改表示為：

$$y = \frac{-d_0}{k} + \frac{1}{k}M^s + \frac{\ell}{k}r \qquad (4.26)$$

假設利率維持不變（即 $\Delta r = 0$），對 (4.26) 式求變動量，可得下列二式以說明 *LM* 的移動。

假設 $\Delta d_0 = 0$，則：

$$\Delta y = \frac{1}{k}\Delta M^s \qquad (4.27)$$

以及假設 $\Delta M^s = 0$，則：

$$\Delta y = \frac{-1}{k}\Delta d_0 \qquad (4.28)$$

(4.27) 式表示：貨幣供給增加 $(\Delta M^s > 0)$，將造成 LM 線平行右移，而其移動幅度為 $(\frac{1}{k})(\Delta M^s)$。(4.28) 式則表示：代表所得與利率以外影響貨幣需求的 d_0，其變動亦可能造成 LM 的移動，例如，於 d_0 減少 $(\Delta d_0 < 0)$ ❻，LM 亦將平行右移，而其移動幅度為 $(\frac{-1}{k})(\Delta d_0)$。

當所得與利率以外的因素如 d_0 減少，或貨幣供給 (M^s) 增加，會造成 LM 線右移。

以上兩種情況所造成的 LM 移動 ❼ 也可以圖形說明如下。圖 4–7 說明貨幣供

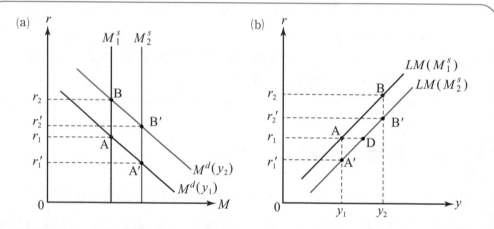

當貨幣供給為 M_1^s，所得增加 $(y_1 \rightarrow y_2)$ 使貨幣需求增加 $(M^d(y_1) \rightarrow M^d(y_2))$，貨幣市場均衡由 A 移至 B，可得對應圖 4–7 (b) 的 $LM(M_1^s)$；同理，當貨幣供給增加 $(M_1^s \rightarrow M_2^s)$，其可對應圖 4–7 (b) 的 $LM(M_2^s)$，由此可知，當貨幣供給增加，使 LM 右移 $(LM(M_1^s) \rightarrow LM(M_2^s))$，右移幅度為 $\overline{AD} = (\frac{1}{k})(\Delta M^s)$。

🔊 **圖 4–7　貨幣供給增加造成 LM 右移**

---

❻　由前述的說明，d_0 可反映 y 與 r 以外的因素對貨幣需求的影響。例如，隨著金融創新 (financial innovation) 的盛行，人們增加信用卡的使用而減少貨幣需求。

❼　本章仍假設物價維持不變（例如可假設物價 $P = 1$），於第 6 章，物價可變動時，物價的變動將影響實質貨幣供給（實質貨幣餘額），進而造成 LM 的移動，詳細的說明可參閱第 6 章。

給增加（由 M_1^s 增為 M_2^s，而 $\Delta M^s = M_2^s - M_1^s$）所造成的 *LM* 移動。如前述的說明，當貨幣供給為 M_1^s，所得由 y_1 提高為 y_2 時，圖 4–7 (a)的貨幣市場均衡點由 A 移動至 B，將圖 4–7 (a)的 A 與 B 轉換至圖 4–7 (b)，可求出對應的 $LM(M_1^s)$；同理，當貨幣供給增加為 M_2^s，可求出對應的 $LM(M_2^s)$，而 $LM(M_1^s)$ 右移至 $LM(M_2^s)$ 的水平距離，可以圖 4–7 (b)的 $\overline{AD}$ 表示，由 (4.27) 式可知，$\overline{AD} = (\frac{1}{k})(\Delta M^s)$。

由圖 4–8 可說明 y 與 r 以外因素之貨幣需求變動對 *LM* 的影響。圖 4–8 (a)之中，$M^d(y_1)$ 與 $M^d(y_2)$ 乃對應於 d_0，而所得為 y_1 與 y_2 時之貨幣需求；$M^{d'}(y_1)$ 與 $M^{d'}(y_2)$ 則為對應於 d_0'（$d_0' < d_0$），而所得為 y_1 與 y_2 時之貨幣需求。圖 4–8 (a)中，對應於 d_0 之貨幣市場均衡可繪出圖 4–8 (b)的 $LM(d_0)$；而對應於 d_0' 之貨幣市場均衡則可繪出圖 4–8 (b)的 $LM(d_0')$。由此可知，d_0 減少將造成 *LM* 往右移動，由 (4.28) 式可知，因 $\Delta d_0 < 0$，其水平右移的幅度為 $(\frac{-1}{k})(\Delta d_0)$。

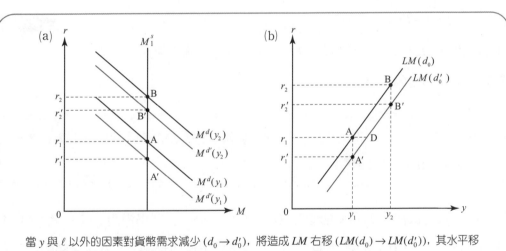

當 y 與 ℓ 以外的因素對貨幣需求減少（$d_0 \to d_0'$），將造成 *LM* 右移（$LM(d_0) \to LM(d_0')$），其水平移動幅度為 $(\frac{-1}{k})(\Delta d_0)$。

🔊 **圖 4–8**　y 與 r 以外的因素之貨幣需求減少造成 *LM* 右移

第 **3** 節

IS 線

一、*IS* 線的意義與導出

於第 3 章, 我們探討簡單凱因斯所得決定理論時, 曾提到在開放經濟的情況, 產品市場的均衡式可以 (3.33) 式表示。而在第 3 章一開始提到簡單凱因斯模型假設利率與物價水準為外生變數, 亦即, 假設利率與物價水準為固定值, 因而投資亦為外生決定的「自發性投資」。於本章之 *IS–LM* 模型架構下, 只假設物價水準為外生決定, 而利率為內生決定的變數; 利率既然為可變動的, 由第 2 章可知, 於投資的淨收益維持固定時, 投資為利率的反函數 ((2.18) 式)。為求簡化, 我們可假設投資為利率的直線函數, 即:

$$I = \bar{I} - hr \tag{4.29}$$

(4.29) 式中, $\bar{I}$ 表示自發性投資, hr 則表示投資受到利率影響的部分, h 可反映投資受到利率影響的敏感度。

> 簡單凱因斯模型假設利率與物價水準為外生變數, 而 *IS–LM* 模型中只假設物價水準為外生決定, 利率為內生變數。

除了投資改設定為利率的函數 ((4.29) 式) 外, 我們仍沿用 (3.33) 式、(3.14) 式、(3.15) 式、(3.16) 式與 (3.34) 式以求解產品市場的均衡式。為更清楚的顯示且便於說明, 以下仍列出上面各式,

$$y = E \equiv C + I + G + (X - M) \tag{3.33}$$

$$C = \bar{C} + by_D \tag{3.14}$$

$$y_D = y - T \tag{3.15}$$

$$T = \bar{T} + ty \tag{3.16}$$

$$M = \overline{M} + my \tag{3.34}$$

將 (3.14) 式、(3.15) 式、(3.16) 式、(3.34) 式以及 (4.29) 式代入 (3.33) 式，可求出產品市場的均衡方程式為：

$$y = \frac{1}{1 - b(1 - t) + m}(\overline{C} - b\overline{T} - \overline{M} + \overline{I} - hr + G + X) \tag{4.30}$$ [18]

(4.30) 式亦可表示為：

$$r = \frac{\overline{C} - b\overline{T} - \overline{M} + \overline{I} + G + X}{h} - [\frac{1 - b(1 - t) + m}{h}]y \tag{4.31}$$

於 $\overline{C}$、$\overline{T}$、$\overline{M}$、$\overline{I}$、G 與 X 維持固定時，(4.30) 式（或 (4.31) 式）表示，某一個 y 值（r 值）必有一個 r 值（y 值）與之對應，以維持產品市場均衡。(4.30) 式（或 (4.31) 式）即是 *IS* 的數學式。*IS* 線可定義為：**於 $\overline{C}$、$\overline{T}$、$\overline{M}$、$\overline{I}$、G 與 X 固定時，維持產品市場均衡的各 (r, y) 組合點的連線（軌跡）**[19]。

以下為以圖解的方式導出 *IS* 線。於 *IS–LM* 模型架構下，因 r 為內生決定可變動的，投資為利率的反函數之關係式（即 (4.29) 式），此關係式可以圖 4–9 (a) 表示。由之，於利率為 r_1 時，對應的投資為 I_1，當利率降低為 r_2，投資將增加為 I_2。於圖 4–9 (b)，由於利率降低而導致投資增加，將造成維持產品市場均衡的所得由 y_1 增加為 y_2。若將以上圖 4–9 (a) 與圖 4–9 (b) 合併，則可得到圖 4–9 (c) 的 *IS* 線，以其上的點 A(r_1, y_1) 與 B(r_2, y_2) 而言，它們正反映：維持產品市場均衡的利率與所得之關係。

---

[18]　於第 3 章簡單凱因斯模型，因為只探討產品市場一個市場，由產品市場的均衡即能解出均衡所得；在本章 *IS–LM* 模型，則須同時由產品市場均衡與貨幣市場均衡才能解出均衡的所得與利率。

[19]　Hicks (1937) 以 *IS* 線，即其上面各點均符合 $I = S$，表示產品市場均衡之曲線，此為不考慮政府部門與國外部門之情況；若考慮政府部門與國外部門，由 (3.35) 式可知，產品市場均衡式為：$S + T + M = I + G + X$，由之所導出者仍稱為 *IS* 線。(4.30) 式（或 (4.31) 式）為由 (3.33) 式導出，而 (3.33) 式乃等同於 (3.35) 式，因而由 (4.30) 式（或 (4.31) 式）所繪出者稱為 *IS* 線。

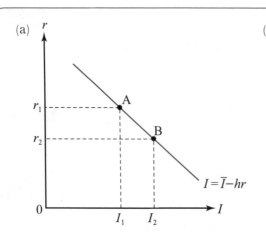

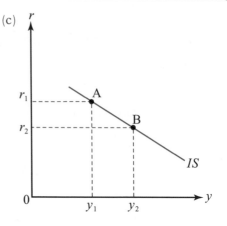

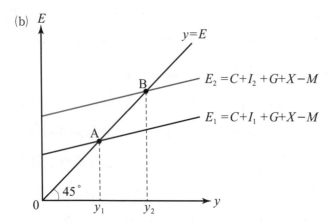

當利率降低 $(r_1 \rightarrow r_2)$ 使投資增加 $(I_1 \rightarrow I_2)$，產品需求增加 $(E_1 \rightarrow E_2)$，在維持市場均衡下，所得將增加 $(y_1 \rightarrow y_2)$，將兩組均衡點 (r_1, y_1)、(r_2, y_2) 相連可得一負斜率的 IS 線；IS 線反映維持市場均衡的利率與所得關係。

圖 4-9　IS 線的導出

 ## 二、IS 線的斜率之決定因素

 ### (一) IS 線的斜率

假設 $\overline{C}$、$\overline{T}$、$\overline{M}$、$\overline{I}$、G 與 X 為固定值，對 (4.31) 式求變動量，可得：

$$\Delta r = -\left[\frac{1 - b(1 - t) + m}{h}\right]\Delta y$$

由之，可得 *IS* 線的斜率為：

$$\frac{\Delta r}{\Delta y}\bigg|_{IS} = -[\frac{1 - b(1 - t) + m}{h}] < 0$$

(4.32)

 (二)影響 *IS* 線之斜率的因素

由 (4.32) 式可知，*IS* 線的斜率為負的❷，而其斜率值受 b, t, m 與 h 的影響。

由圖 4–10 (a)可知，當利率由 r_1 降低至 r_2，於投資函數為 I 時，投資由 I_1 增為 I_2；於投資函數為 I' 時，投資由 I_1 增為 I'_2，其增量大於前者。由此可知，較陡（平）的投資曲線 $I(I')$，其投資的利率敏感度較小（大）。對應於圖 4–10 (a)，在圖 4–10 (b)之中，產品市場的需求原本為 E_1（其對應於利率為 r_1 時的投資水準 I_1），產品市場之均衡所得為 y_1，當利率由 r_1 降低為 r_2，投資水準可能增為 I_2（對應於投資函數為 I 時），而產品需求提升為 E_2，均衡所得為 y_2；投資水準也可能增為 I'_2（對應於投資函數為 I' 時），而產品需求提升為 E'_2，均衡所得為 y'_2。

將圖 4–10 (a)與圖 4–10 (b)合併，即可導出由 (4.32) 式所得之結論：

若 b、t 與 m 維持固定，於投資的利率敏感度 (h) 較小（大），則投資曲線較陡（平），而導出的 *IS* 較陡（平），

此即圖 4–10 (c)所顯示者。

---

❷　通常我們假設 *IS* 的斜率為負的，即假設 $1 - b(1 - t) + m > 0$。

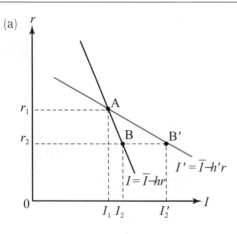
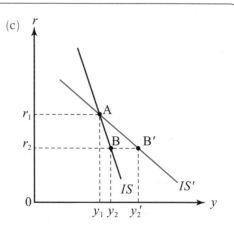

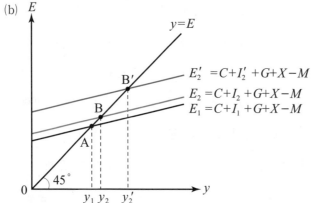

當投資的利率敏感度較小（h 較小）時，對應的投資需求線較陡（I），當利率降低時，投資由 I_1 增至 I_2，產品需求由 E_1 增至 E_2，所得由 y_1 增至 y_2，連接 (r_1, y_1) 與 (r_2, y_2) 軌跡可得較陡的 IS，反之，投資的利率敏感度較大，投資曲線愈平，導出的 IS 愈平。

 圖 4-10　投資的利率敏感度與 IS 線的斜率之關係

三、影響 IS 線移動的因素

由前述的說明可知，欲繪出 IS 線，須假設 $\overline{C}$、$\overline{T}$、$\overline{M}$、$\overline{I}$、G 與 X 維持固定；若這些項目變動，就會造成 IS 線的移動。由 (4.30) 式，求變動量，可求出，於利率維持不變（$\Delta r = 0$），造成 IS 線水平移動的原因與其幅度各為：

$$\Delta y = \frac{1}{1 - b(1 - t) + m} \Delta \overline{C}$$

(4.33)

$$\Delta y = \frac{-b}{1 - b(1 - t) + m}\Delta \overline{T}$$
(4.34)

$$\Delta y = \frac{-1}{1 - b(1 - t) + m}\Delta \overline{M}$$
(4.35)

$$\Delta y = \frac{1}{1 - b(1 - t) + m}\Delta \overline{I}$$
(4.36)

$$\Delta y = \frac{1}{1 - b(1 - t) + m}\Delta G$$
(4.37)

$$\Delta y = \frac{1}{1 - b(1 - t) + m}\Delta X$$
(4.38)

由 (4.33) 式至 (4.38) 式可知：於自發性消費 ($\overline{C}$)、總額稅 ($\overline{T}$)、自發性進口 ($\overline{M}$)、自發性投資 ($\overline{I}$)、政府支出 (G) 或出口 (X) 增加，其增量各為 $\Delta\overline{C}$、$\Delta\overline{T}$、$\Delta\overline{M}$、$\Delta\overline{I}$、ΔG 與 ΔX，將造成 *IS* 線的移動，其移動幅度如各式右邊所示。其中 $\overline{T}$ 或 $\overline{M}$ 增加，將造成 *IS* 線左移；其他項目之增加則將造成 *IS* 線右移。以下以政府支出 (G) 增加，以及總額稅 ($\overline{T}$) 增加為例說明之。

1. *G* 增加之影響

若以圖形說明，政府支出 (G) 的增加對 *IS* 的影響，可表示如圖 4–11。由圖 4–11 (a)可知，於政府支出由 G_1 增加為 G_2 ($\Delta G = G_2 - G_1$)，將造成產品需求由 E_1 增加至 E_2，而所得由 y_1 增至 y_2。此即 (4.37) 式所顯示者，亦即，利率不變之情況，政府支出增加時，為維持產品市場均衡，所得（產出）的增幅為 $(\frac{1}{1 - b(1 - t) + m})\Delta G$。由圖 4–11 (b)，此亦表示，政府支出增加將造成 *IS* 線往右移動（由 *IS* 右移為 *IS'*），其水平移動幅度為 $\overline{AB} = (\frac{1}{1 - b(1 - t) + m})\Delta G$。

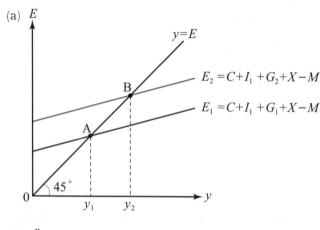

(a)

(b)

在利率不變的情況下，政府支出增加 $(G_1 \rightarrow G_2)$ 將導致計畫性的需求增加 $(E_1 \rightarrow E_2)$，均衡所得由 y_1 增加至 y_2，使 IS 線往右移動 $(IS \rightarrow IS')$，其水平移動幅度為 $\overline{AB} = (\dfrac{1}{1-b(1-t)+m})\Delta G$。

圖 4–11 政府支出 (G) 增加造成 IS 線右移

2. $\overline{T}$ 增加的影響

另一方面，總額稅 $(\overline{T})$ 的增加則造成 IS 線往左移動。由圖 4–12 (a)，總額稅原先為 $\overline{T}_1$，其對應的消費支出為 C_1（由 (3.14) 式至 (3.16) 式，$C_1 = \overline{C} - b\overline{T}_1 + b(1-t)y$），產品需求為 E_1，對應的所得為 y_1；於總額稅提高為 $\overline{T}_2$，對應的消費支出減少為 $C_2 (= \overline{C} - b\overline{T}_2 + b(1-t)y)$，產品需求減少為 E_2，對應的所得亦減少為 y_2。由 (4.34) 式可知，於利率不變之情況，總額稅增加 $(\Delta \overline{T} = \overline{T}_2 - \overline{T}_1)$，將造成 IS 線往

左移動，其水平移動幅度為 $\overline{AB} = (\dfrac{b}{1-b(1-t)+m})\Delta\overline{T}$，其可表示於圖 4–12 (b)。

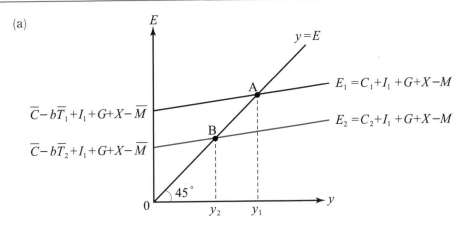

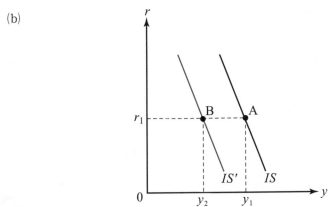

在利率不變的情況下，總額稅增加 $(T_1 \rightarrow T_2)$，將使消費減少 $(C_1 \rightarrow C_2)$，導致產品需求減少 $(E_1 \rightarrow E_2)$，使均衡所得由 y_1 減少至 y_2，造成 *IS* 線往左移動 $(IS \rightarrow IS')$，其水平移動幅度為 $\overline{AB} = (\dfrac{b}{1-b(1-t)+m})\Delta\overline{T}$。

🔊 **圖 4–12**　總額稅 $(\overline{T})$ 增加造成 *IS* 線左移

第 4 節

IS–LM 模型的均衡與動態安定性

一、*IS–LM* 模型的均衡

於本章第 2 節與第 3 節已各討論了 *LM* 與 *IS* 的意義及其導出的方法，若將兩者聯立求解，則可獲得同時維持產品市場均衡與貨幣市場均衡的所得與利率。由前述，產品市場均衡 (*IS*) 可以 (4.30) 式表示，即：

$$IS: y = \frac{1}{1 - b(1 - t) + m}(\overline{C} - b\overline{T} - \overline{M} + \overline{I} - hr + G + X) \tag{4.30}$$

而貨幣市場均衡 (*LM*) 可以 (4.24) 式表示，即：

$$LM: r = \frac{d_0}{\ell} - \frac{M^s}{\ell} + \frac{k}{\ell}y \tag{4.24}$$

以 (4.24) 式代入 (4.30) 式，且略加整理，可得同時維持產品市場均衡與貨幣市場均衡的所得為：

$$y^* = \frac{1}{1 - b(1 - t) + m + (hk/\ell)}(\overline{C} - b\overline{T} - \overline{M} + \overline{I} - \frac{hd_0}{\ell} + \frac{hM^s}{\ell} + G + X) \tag{4.39}$$

以 (4.39) 式代入 (4.24) 式則可解出同時維持產品市場均衡與貨幣市場均衡的利率 r^*。由 (4.39) 式可知，自發性的消費 ($\overline{C}$)、自發性的投資 ($\overline{I}$)、貨幣供給 (M^s)、政府支出 (G) 或出口 (X) 的增加均將造成 *IS–LM* 模型的均衡所得 (y^*) 增加；而總額稅 ($\overline{T}$)、所得稅率 (t)、自發性進口 ($\overline{M}$)，或 y 與 r 以外的因素所造成的貨幣需求 (d_0) 增加則將造成 y^* 減少。

IS–LM 模型的均衡求解亦可表示如圖 4–13。圖中，*IS* 線與 *LM* 線的交點 E 可決定均衡的所得 (y^*) 與均衡的利率 (r^*)。

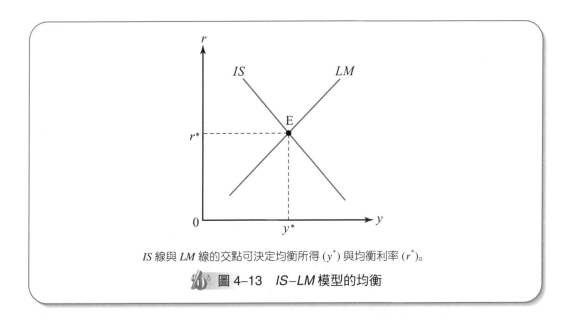

IS 線與 *LM* 線的交點可決定均衡所得 (y^*) 與均衡利率 (r^*)。

🔊 圖 4–13　*IS–LM* 模型的均衡

※🎲 二、*IS–LM* 模型的動態安定性

由前述圖 4–13 中，*IS* 線與 *LM* 線的交點 E 稱為 *IS–LM* 模型的均衡點。亦即，在 E 點時，產品市場與貨幣市場同時達到均衡。若不在 E 點上，則稱經濟體系處在不均衡 (disequilibrium) 的狀態。於**不均衡之狀態下，若藉由經濟體系的自動調整機能，即可將不均衡點調向均衡點**，則稱經濟體系為**動態安定** (dynamically stable)；反之，若**經濟體系的自動調整機能導致原先的不均衡點更偏離均衡點**，則稱經濟體系為**動態不安定** (dynamically unstable)。

為討論 *IS–LM* 模型的動態安定性，我們可依 (3.33) 式與 (4.22) 式設立產品市場與貨幣市場的動態調整式如下 ㉑：

$$\frac{dy}{dt} = k_1[C + I + G + (X - M) - y] \tag{4.40}$$

$$\frac{dr}{dt} = k_2[L - M^s] \tag{4.41}$$

以上兩式的 k_1 與 k_2 均為正值，其各反映產品市場與貨幣市場的調整速度 (speed of adjustment)。(4.40) 式表示，於產品市場的需求 ($C + I + G + (X - M)$) 大

㉑　以下對 *IS–LM* 模型動態安定性的討論可參見 Otto, Otto and Yoo (1975)。

於其供給 (y)，亦即產品市場有超額需求 (excess demand, ED_O)，由第 3 章可知，此將造成企業的「非計畫的」存貨變動為負，造成企業存貨非意願的減少，因而企業將增加其產量，即 $\frac{dy}{dt} > 0$；相反地，當產品需求小於產品供給，則企業之「非計畫的」存貨變動為正，此造成企業存貨非意願的增加，企業將減少其產量，即 $\frac{dy}{dt} < 0$。(4.41) 式說明貨幣市場的動態調整。於貨幣需求 (L) 大於貨幣供給 (M^s)，人們為補足其貨幣餘額，須出售債券以換取貨幣，此造成債券供給增加，因而債券價格降低，而利率提高（由本章第 1 節的說明可知，債券價格與利率呈反方向的變動），即 $\frac{dr}{dt} > 0$；反之，於貨幣需求小於貨幣供給，人們將以多餘的貨幣購買債券，此造成債券價格提高，而利率降低，即 $\frac{dr}{dt} < 0$。

(一)產品市場的動態調整

以上的動態調整也可以圖形說明。圖 4–14 說明產品市場不均衡時之動態調整。圖 4–14 (a)乃 *IS* 線為負斜率之情況。圖中，A、B 與 C 各點均對應相同的利率 (r_1)，而三者對應的所得不同，其中 A 點（其對應的利率與所得之組合為 (r_1, y_1)）在 *IS* 線上，因而 A 點符合產品市場均衡之條件，B 點在 A 點右方 $(y_2 > y_1)$，因而 B 點表示產品市場為超額供給 (ES_O)❷，由 (4.40) 式可知，此時企業將減少產出

---

❷ 於圖 4–14 (a)之情況，*IS* 線為負斜率。由 (4.32) 式可知，*IS* 的斜率為：$\left.\frac{\Delta r}{\Delta y}\right|_{IS} = -[\frac{1 - b(1 - t) + m}{h}]$。因 $h > 0$，所以 *IS* 線為負斜率表示 $1 - b(1 - t) + m > 0$，此可表示為 $b(1 - t) - m < 1$，再將此式兩邊各乘以 Δy，由之可得：$b(1 - t)\Delta y - m\Delta y < \Delta y$，此式可反映圖 4–14 (a) B 點之情況，由圖可知，B 點相對於 A 點（A 點表示產品市場均衡），所得（產出）由 y_1 增為 $y_2 (\Delta y = y_2 - y_1)$，而此所得之增加亦帶動產品需求的增加（所得增加造成消費之增加（即 $b(1 - t)\Delta y$），且以之扣除，所得增加造成進口之增加（即 $m\Delta y$）），由此不等式可知：B 點相對於 A 點而言，所得（產出）之增加大於因所得增加所帶動的產品需求之增加，因而 B 點表示產品市場為超額供給 (ES_O)。

（箭頭朝向左方）。

　　由相反的推論，因 C 點在 A 點的左方，C 點乃表示產品市場為超額需求 (ED_O)，此時企業將增加產出（箭頭朝向右方）。

　　圖 4–14 (b)則表示 *IS* 線為正斜率之情況，與 *IS* 線為負斜率時相反。由圖 4–14 (b)，此時在 *IS* 線右方的 B 點，產品市場為超額需求 (ED_O)[23]。由 (4.40) 式可知，此時企業將增加產量（箭頭朝向右方）。相反地，在 *IS* 線左方的 C 點，產品市場則為超額供給 (ES_O)，企業將減少產量（箭頭朝向左方）。

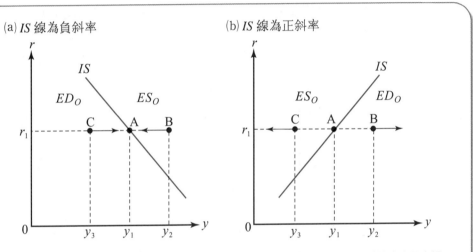

(a) *IS* 線為負斜率　　　　(b) *IS* 線為正斜率

圖 4–14 (a) *IS* 為負斜率下，B 點表示產品市場有超額供給，企業將減少產出；C 點代表產品市場有超額需求，企業將增加產出。圖 4–14 (b) *IS* 為正斜率下，B 點表示產品市場有超額需求，企業將增加產量；C 點代表市場有超額供給，企業將減少產量。

圖 4–14　產品市場不均衡之動態調整

[23]　由[22]可知，於 *IS* 斜率為正，$1 - b(1 - t) + m < 0$，此可表示為 $b(1 - t) - m > 1$，此式兩端各乘以 Δy，可得 $b(1 - t)\Delta y - m\Delta y > \Delta y$，此式可反映圖 4–14 (b) B 點之情況，由 A 點（產品市場均衡）右移為 B 點時，所得（產出）由 y_1 增為 y_2 $(\Delta y = y_2 - y_1)$，而所得的增加帶動產品需求的增加為 $b(1 - t)\Delta y - m\Delta y$（即所得增加造成消費的增加與進口的增加，而產品需求的增加等於前者與後者之差），由不等式可知：B 點相對於 A 點而言，所得（產量）之增加小於因所得增加所帶動的產品需求增加，因此 B 點表示產品市場為超額需求 (ED_O)。

(二)貨幣市場的動態調整

　　圖 4–15 說明貨幣市場的動態調整。圖中，A、B 與 C 各點均對應相同的所得 (y_1)，其中 A 點（其對應的利率與所得的組合為 (r_1, y_1)）在 LM 線上，因而 A 點符合貨幣市場均衡之條件；B 點在 A 點的上方，即 B 點對應的利率 (r_2) 高於 A 點對應的利率 (r_1)，因而 B 點表示貨幣市場為超額供給 (ES_M)❷❹，由 (4–41) 式可知，此時利率將降低（箭頭向下），即 $\dfrac{dr}{dt} < 0$。C 點在 A 點的下方，依相同的道理可推知，C 點表示貨幣市場為超額需求 (ED_M)，而利率將提高（箭頭向上），即 $\dfrac{dr}{dt} > 0$。

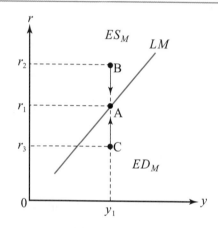

B 點表示貨幣市場有超額供給，此時利率將降低；C 點表示貨幣市場為超額需求，利率將提高。

📢 圖 4–15　貨幣市場不均衡之動態調整

---

❷❹　B 點與 A 點對應於相同的所得 (y_1)，此表示兩點所對應的交易動機與預防動機的貨幣需求相同（由本章第 1 節，此兩動機的貨幣需求為所得的增函數）。而 B 點對應的利率高於 A 點對應的利率，則表示 B 點對應的投機動機之貨幣需求小於 A 點所對應之此項貨幣需求（由本章第 1 節，投機動機的貨幣需求為利率的反函數）。因 A 點是貨幣市場的均衡點，由此可知，在 B 點，貨幣市場為超額供給 (ES_M)。

(三)產品市場與貨幣市場的動態調整

　　將以上產品市場的動態調整與貨幣市場的動態調整，亦即圖 4–14 與圖 4–15，同時考慮，可得 *IS–LM* 模型動態調整，此可表示如圖 4–16 (a)、圖 4–16 (b)與圖 4–16 (c)三種情況。其中，圖 4–16 (a)之 *IS* 為負斜率；而圖 4–16 (b)之 *IS* 為正斜率，但 *IS* 的斜率小於 *LM* 的斜率；圖 4–16 (c)之 *IS* 亦為正斜率，而 *IS* 的斜率大於 *LM* 的斜率。

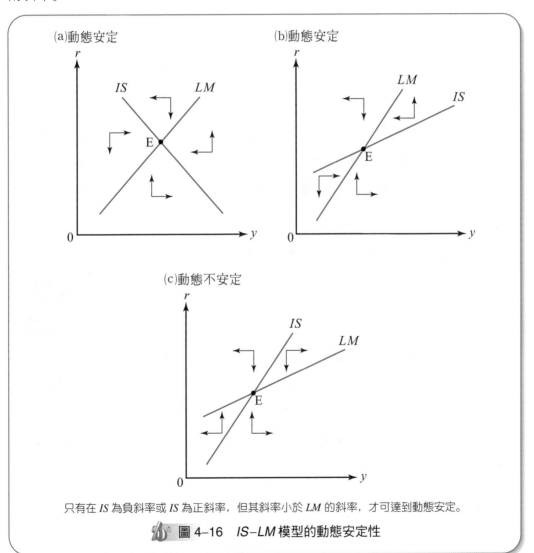

只有在 *IS* 為負斜率或 *IS* 為正斜率，但其斜率小於 *LM* 的斜率，才可達到動態安定。

圖 4–16　*IS–LM* 模型的動態安定性

　　由三個圖的動態調整，顯示 *IS–LM* 模型在圖 4–16 (a)與圖 4–16 (b)兩種情況為動態安定的，而圖 4–16 (c)之情況則為動態不安定。因此我們可得到動態安定的必要條件，即：

> 於 *IS* 為負斜率，或 *IS* 為正斜率，但其斜率小於 *LM* 之斜率。此一必要條件更可簡化為：
> *IS* 斜率的代數值小於 *LM* 斜率的代數值。

　　為更精確說明 *IS–LM* 模型的動態安定性，我們於本章的附錄，以數學式導出動態安定條件[25]。

　　以上對 *IS–LM* 模型動態安定性的討論，乃假設產品市場與貨幣市場的調整速度（即 (4.40) 式的 k_1 與 (4.41) 式的 k_2）皆為有限的 (finite) 的正數。實際上，資產市場的調整速度相對大於產品市場的調整速度，而貨幣市場為資產市場的一種，為顯示產品市場與貨幣市場之調整速度的差異性，理論上，可作一種極端的假設，即假設產品市場的調整速度 (k_1) 為「有限的」正數，而貨幣市場的調整速度 (k_2) 為無限大的 (infinite) 的正數。

　　在此假設下，*IS–LM* 模型的動態調整式可表示為：

$$\frac{dy}{dt} = k_1[C + I + G + (X - M) - y] \tag{4.40}$$

$$L = M^s \tag{4.42}[26]$$

　　(4.42) 式說明，貨幣市場的調整速度為無限大，於貨幣市場不均衡時，經濟體系將立即調整，而於瞬間，令其達到均衡。換言之，貨幣市場為始終維持均衡

---

[25]　由本章之附錄可知，經濟體系為動態安定時，除了「*IS* 線的斜率須小於 *LM* 線的斜率」之外，另外一個條件為：貨幣市場與產品市場的相對調整速度 ($\frac{k_2}{k_1}$) 須高於某一數值 ($\frac{b(1-t) - m - 1}{\ell}$)。

[26]　由貨幣市場動態調整式 ((4.41) 式) 可得：$\frac{dr/dt}{k_2} = L - M^s$。由之，於 $k_2 \to \infty$，則以上之式子可表示為 $L - M^s = 0$，即 $L = M^s$。

的。此一動態調整體系亦可以圖 4-17 說明之。

　　假設原先在 A 點，由圖 4-14(a)與圖 4-15 可知，於 A 點的情況，產品市場為超額供給 (ES_O)，而貨幣市場為超額需求 (ED_M)。因貨幣市場不均衡時，將立即調整至均衡點（貨幣市場的調整速度為無限大），超額需求的貨幣市場將造成利率提高，亦即，由圖 4-17 的 A 點瞬間提高至 F 點。於 F 點時，貨幣市場已達均衡，但產品市場仍為超額供給，此時產出（所得）將減少。隨著所得的減少，交易與預防動機的貨幣需求將減少，在貨幣供給固定下，為維持貨幣市場的均衡，利率須降低，以增加投機動機的貨幣需求，由此推論可知，經濟體系必然將由 F 點沿著 *LM* 線漸次調整至均衡點 E。若原先經濟體系位於其他的點（例如 B, C, D 等），亦可依相同的道理說明其調整過程。

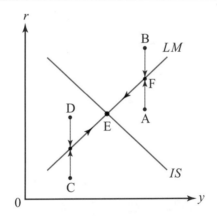

於 A 點時，產品市場為超額供給，貨幣市場處於超額需求，因貨幣市場的調整速度較快，因此 A 點會提高至 F 點先達到貨幣市場均衡但產品市場仍處於超額供給，產出（所得）將減少，在貨幣供給固定下，交易與預防動機的貨幣需求將減少，利率逐漸降低，F 點將會沿著 *LM* 線漸次調整至均衡點 E。

圖 4-17　貨幣市場的調整速度為無限大時之 *IS-LM* 模型的動態調整

 中央銀行在經濟發展中的角色

　　經濟發展是一個經濟活動不斷擴大，不斷變化的過程，也就是經由經濟活動的量變

與質變，全國國民的平均所得及生活水平不斷向上提升的過程。經濟成長必須在物價及金融穩定的環境下，才能綿延不輟，建構及維持這樣的環境正是中央銀行的職責，因此，中央銀行的經管目標為：「一、促進金融穩定，二、健全銀行業務，三、維護對內及對外幣值之穩定，四、於上列目標範圍內，協助經濟發展」。以下為 1960 年代到 1990 年代各階段央行所作的努力，以及 2000 年代的努力與展望。

一、1960 年代的央行

(一)管理信用、訂定利率

在利率政策方面，中央銀行採取直接管理的方式，各項存放款利率都由中央銀行訂定或核定，以使資金分配能符合國家經濟發展之所需。

(二)外匯收付、集中管理

由於外匯的稀少，因此採取嚴格的管制措施。廠商進、出口都需要取得許可證，以之才可以從事進出口，也才可以向中央銀行所指定的外匯銀行購買外匯以支付進口費用，而出口所得到的外匯收入也必須全數賣給指定銀行。

(三)協助推廣外銷

為了協助推廣外銷，中央銀行也建立了「外銷貸款轉融通制度」，銀行辦理外銷貸款時，可以再向中央銀行要求融通，而使得外銷產業有充裕的資金供給。

二、1970 年代的央行

(一)建立貨幣市場，啟動利率自由化

1973 年，中央銀行首次發行乙種國庫券，接著和財政部聯合推動銀行發行銀行承兌匯票，可轉讓定期存單，鼓勵企業發行商業本票，至 1976 年首家短期票券金融公司開業，逐步完成貨幣市場的建立。由於貨幣市場的成立，央行可進行公開市場操作，以買進、賣出票券方式，有效率地調節金融。

1980 年，央行首先讓銀行參酌貨幣市場利率，自行訂定可轉讓定期存單利率，逐步

展開銀行存放款利率的自由化。另於 1980 年，央行輔導銀行成立「同業拆款中心」，使銀行之間得以相互調節資金的短期盈絀。

 ㈡終止固定匯率制度，成立外匯市場

由於貿易出超擴大，外匯收入不斷增加，外匯收入兌成新臺幣後，國內資金增加，形成通貨膨脹的壓力。因此，央行逐漸放寬使用外匯的限制，且調整新臺幣匯率。1979 年 2 月，央行推動成立外匯市場，匯率不再由官方訂定，改由外匯市場供需決定。企業取得的外匯可先存在外匯存款戶，供日後進口時使用；指定銀行也可依央行規定，保有部分外匯。外匯收入不再由央行全部買進或賣出。

 ㈢設立中長期信用基金，協助國家建設

1971 年 2 月，央行利用郵匯局轉存在央行的存款，設立了「中長期信用特別基金」，以運用於開發電源、興建國宅、建設高速公路、機場及港口等基礎建設。

 ㈣因應石油危機

1973 年 10 月，石油輸出國家組織 (OPEC) 大幅提高油價，帶動國內油價及其他物價大幅上揚。為抑制通貨膨脹，央行提供大量外匯，透過指定銀行轉貸廠商，以進口民生日用品、重要原料與機器設備，用以充裕國內物資，平抑物價。另外，加強中小企業融資、展延生產企業進口機器外匯資金貸款的還款期限以及採取其他信用融通措施。

 # 三、1980 年代的央行

 ㈠靈活操作，抑制投機

由於貿易出超不斷累積，國內資金大幅增加，央行不斷透過發行國庫券，可轉讓定期存單及儲蓄券，及將郵政儲金轉存央行的比率提高等方式，吸收金融體系及民間過多的資金，以維持金融的穩定。

 ㈡大幅撤除外匯管制

為減少貨幣擴張的壓力，央行也利用放寬外匯管制、加強外匯交易的市場機制等措

施，從制度面疏解外匯收入累積的壓力。

1986 年 1 月，廢除外匯許可制，企業進出口結購或結售外匯不再須先行取得許可證，只要據實申報事後稽核。

1987 年 7 月，中央銀行大幅放寬外匯管理，凡是商品、勞務貿易經有關主管機關核准投資的資本交易所需外匯，均可自由結匯。

此外，公司及個人每年可自由結購外匯額度亦漸放寬，目前，兩者之額度各為 5,000 萬美元及 5,00 萬美元。

(三)匯率自由化

1979 年外匯市場成立後，匯率的產生係採議定方式，由央行及五家主要外匯銀行代表，以前一營業日的市場供需，議定當日的中心匯率及對顧客的買賣匯率。1980 年 3 月，央行退出匯率議定的工作。

至 1989 年 4 月，中心匯率廢除，每日匯率變動限制也取消。1990 年 12 月，小額結匯匯率也由各銀行自行訂定。此後，匯率決定完全自由化。

(四)利率自由化

1980 年代，中央銀行進一步完成 1970 年代末所展開的利率自由化。

1989 年 7 月，銀行法修正，中央銀行不再參與銀行存款、放款利率之訂定，利率完全自由化。

(五)推動金融國際化

1984 年境外金融中心成立。1989 年 7 月，央行首次核准國內企業至海外發行可轉換公司債。同年，臺北外幣拆款市場成立，央行提供外匯存底參與拆借。該年起，央行也提供外匯存底存入本國銀行的國外分行，以加強本國銀行在國外的競爭力，且對本國企業赴國外拓展業務時，給予外幣資金協助。1990 年，央行利用外匯存底設立融通辦法，協助企業進行海外投資購併。

四、1990 年代的央行

1990 年代，政府努力推動多年的高科技研發已開花結果。高科技產業是資本與技術密集的產業，需要更高效率及更開放的金融市場來支應。

1990 年代，中央銀行及財政部等相關單位推動金融自由化及國際化的步伐加快。1995 年 1 月，行政院通過「發展臺灣成為亞太金融中心計畫」，並指定央行為統籌單位。金融中心計畫的目的在改善我國的金融條件及金融法規，加速金融自由化及國際化。

 ㈠加速金融自由化及國際化

1990 年代我國財金單位完成了許多重要措施，包括金融機構設立的開放、公營機構民營化、放寬金融機構的業務範圍以及開放新種商品等。

在對外的金融往來方面，1990 年開放外國專業投資機構投資國內證券，開放之初規定投資總額為 25 億美元，1995 年 3 月取消總額度限制。

 ㈡因應亞洲金融風暴

1997 年 7 月，泰幣大幅貶值，引起鄰近國家股匯市持續重挫，形成亞洲金融風暴，我國也遭到波及。在亞洲金融風暴期間，中央銀行採取了以下因應措施：

1.彈性處理匯率的波動

中央銀行基於避免影響對外貿易及國內金融穩定，原則上採取適度的調節措施，盡量緩和新臺幣的波動幅度，亦適度視狀況放手由市場決定匯率，降低衝擊。

2.維護國內資金市場的穩定

在中央銀行賣出外匯買回新臺幣，以緩和匯率貶值的期間，為防止國內資金市場緊縮，央行透過降低存款準備率以及公開市場操作，釋出資金，使利率相對維持平穩。

3.加強市場紀律

中央銀行採取措施阻斷投機客取得資金的管道，並限制國內法人無本金交割遠期外匯 (NDF) 等投機性的交易，避免金融市場投機炒作加劇，以保障正當交易，維護社會正義。

 ## 五、展望 2000 年代的央行

進入 2000 年代，政府正著手重新檢討當前的經濟金融條件，中央銀行也積極參與

金融改革，並配合以寬鬆的貨幣政策及實施多項方案融資，提振景氣。因此，展望新世紀，中央銀行將繼續穩定物價及金融，一方面提升貨幣政策的有效性，一方面協同各財金單位，健全金融秩序及紀律，和國人再創經濟發展的高峰。

（此經濟話題為精簡自中央銀行的不定期出版品《中央銀行在經濟發展中的角色》，有興趣的讀者可參閱其全文。）

 本章重要名詞與概念

流動性偏好的利率理論　　　　　　交易動機的貨幣需求

預防動機的貨幣需求　　　　　　　投機動機的貨幣需求

債券價格與利率的關係　　　　　　臨界利率

流動性陷阱　　　　　　　　　　　*LM* 線

IS 線　　　　　　　　　　　　　 *IS–LM* 模型之均衡

※ *IS–LM* 模型的動態安定

※附錄：*IS–LM* 模型的動態安定性之數學證明

將 (3.14) 式、(3.15) 式、(3.16) 式、(3.34) 式與 (4.29) 式代入 (4.40) 式；另外，由 (4.20) 式、(4.21) 式與 (4.41) 式可得 *IS–LM* 模型的動態調整式：

$$\frac{dy}{dt} = k_1[\overline{C} + b(y - \overline{T} - ty) + \overline{I} - hr + G + X - \overline{M} - my - y]$$

$$\frac{dr}{dt} = k_2[d_0 + ky - \ell r - M^s]$$

產品市場的動態調整式經整理後，此兩式可表示為：

$$\frac{dy}{dt} = k_1[\overline{C} + \overline{I} + G + X - b\overline{T} - \overline{M} + (b(1 - t) - m - 1)y - hr] \quad \text{(4A.1)}$$

$$\frac{dr}{dt} = k_2[d_0 - M^s + ky - \ell r] \quad \text{(4A.2)}$$

於產品市場與貨幣市場均達到均衡時，$y = y^*$，$r = r^*$，所得與利率均不再變動，

即 $\dfrac{dy}{dt} = 0, \dfrac{dr}{dt} = 0$，以此代入 (4A.1) 式與 (4A.2) 式，可得：

$$0 = k_1[\overline{C} + \overline{I} + G + X - b\overline{T} - \overline{M} + (b(1-t) - m - 1)y^* - hr^*] \tag{4A.3}$$

$$0 = k_2[d_0 - M^s + ky^* - \ell r^*] \tag{4A.4}$$

再將 (4A.1) 式與 (4A.2) 式各減去 (4A.3) 式與 (4A.4) 式，可得：

$$\frac{dy}{dt} = k_1[(b(1-t) - m - 1)(y - y^*) - h(r - r^*)] \tag{4A.5}$$

$$\frac{dr}{dt} = k_2[k(y - y^*) - \ell(r - r^*)] \tag{4A.6}$$

(4A.5) 式與 (4A.6) 式為一個聯立的一階之微分方程式體系 (a simultaneous first-order differencial equation system)，為求解之，可令

$$y = y^* + ae^{\lambda t} \tag{4A.7}$$

$$r = r^* + be^{\lambda t} \tag{4A.8}$$

由 (4A.7) 式與 (4A.8) 式可求出 $y - y^* = ae^{\lambda t}$, $r - r^* = be^{\lambda t}$, $\dfrac{dy}{dt} = \lambda ae^{\lambda t}$ 以及 $\dfrac{dr}{dt} = \lambda be^{\lambda t}$，以之代入 (4A.5) 式與 (4A.6) 式，再加以整理，可得：

$$\begin{bmatrix} k_1(b(1-t) - m - 1) - \lambda & -k_1 h \\ k_2 k & -k_2 \ell - \lambda \end{bmatrix} \begin{bmatrix} ae^{\lambda t} \\ be^{\lambda t} \end{bmatrix} = \begin{bmatrix} 0 \\ 0 \end{bmatrix} \tag{4A.9}$$

若 a 與 b 非同時為 0，則 (4A.9) 式欲成立，須：

$$\begin{vmatrix} k_1(b(1-t) - m - 1) - \lambda & -k_1 h \\ k_2 k & -k_2 \ell - \lambda \end{vmatrix} = 0 \tag{4A.10}$$

將 (4A.10) 式展開，可得：

$$\lambda^2 - [k_1(b(1-t) - m - 1) - k_2 \ell]\lambda - k_1 k_2[(b(1-t) - m - 1)\ell - kh] = 0 \tag{4A.11}$$

(4A.11) 式即所謂的特性方程式 (the characteristic equation)，其為 λ 的一元二次方程式，由之，可求解 λ 的二個根，假設其為 λ_1 與 λ_2。由根與係數的關係可知：

$$\lambda_1 + \lambda_2 = k_1(b(1-t) - m - 1) - k_2 \ell \tag{4A.12}$$

$$\lambda_1 \lambda_2 = -k_1 k_2 [(b(1-t) - m - 1)\ell - kh] \tag{4A.13}$$

由 (4A.11) 式所求出 λ 的兩個根，λ_1 與 λ_2，可能為實根，亦可能為虛根。由 (4A.7) 式與 (4A.8) 式可知，*IS–LM* 體系具動態安定性有兩種情況：(a)於兩根為實根之情況，兩根須為負；(b)於兩根為虛根之情況，兩根必然為共軛虛根，而兩根的實數部分須為負的。於(a)之情況，經濟體系將漸進地 (asymptotically) 朝向均衡調整，於(b)之情況，則循環地 (cyclically) 朝向均衡調整。因而，在動態安定時，由 (4A.12) 式與 (4A.13) 式，可得：

$$\lambda_1 + \lambda_2 = k_1 (b(1-t) - m - 1) - k_2 \ell < 0 \tag{4A.14}$$

$$\lambda_1 \lambda_2 = -k_1 k_2 [(b(1-t) - m - 1)\ell - kh] > 0 \tag{4A.15}$$

由 (4A.14) 式與 (4A.15) 式，我們可得到動態安定的條件式為：

$$\frac{k_2}{k_1} > \frac{b(1-t) - m - 1}{\ell} \tag{4A.16}$$

$$\frac{-(1 - b(1-t) + m)}{h} < \frac{k}{\ell} \tag{4A.17}$$

由 (4A.16) 式可知，經濟體系欲為動態安定，則貨幣市場與產品市場的相對調整速度 ($\frac{k_2}{k_1}$) 須高於某一數值 ($\frac{b(1-t) - m - 1}{\ell}$)，此數值決定於兩個市場的參數值。由 (4.25) 式與 (4.32) 式可知，(4A.17) 式的左右兩邊各表示 *IS* 線與 *LM* 線的斜率，因而 (4A.17) 式表示，於經濟體系為動態安定時，*IS* 線的斜率之代數值須小於 *LM* 線的斜率之代數值。

習 題　　　　　●●● 第 4 章 ●●●

1. 說明 *IS–LM* 模型與簡單凱因斯模型的差異。

2. 說明凱因斯的利率理論。由之決定的利率，與古典學派的「可貸資金理論」所決定者，兩者是否相同？

3. 說明凱因斯的貨幣需求理論，且以數學式表示其貨幣需求函數。

4. 說明 *LM* 線的意義，且以數學式與圖形導出之。

5. 說明以下各項：

　(1) *LM* 線的斜率之決定因素。

　(2) 影響 *LM* 線移動之因素。

6. 說明 *IS* 線的意義，且以數學式與圖形導出之。

7. 說明以下各項：

　(1) *IS* 斜率之決定因素。

　(2) 影響 *IS* 線移動之因素。

8. 假設消費函數 ((3.14) 式)、投資函數 ((4.29) 式)、稅收函數 ((3.16) 式)、進口函數 ((3.34) 式) 與貨幣需求函數 ((4.20) 式) 各可表示如：$C = 50 + 0.8(y - T)$，$I = 200 - 10r$，$T = 50 + 0.1y$，$M = 20 + 0.22y$ 與 $M^d = 0.2y - 36r$。且政府支出 $(G) = 300$，出口 $(X) = 100$，貨幣供給 $(M^s) = 232$，試說明以下各項：

　(1) 以數學式表示 *IS* 線。

　(2) 以數學式表示 *LM* 線。

　(3) 由(1)與(2)，求解均衡的所得 (y) 與利率 (r)。

※ 9. 以數學式與圖形說明，*IS–LM* 的動態安定性。

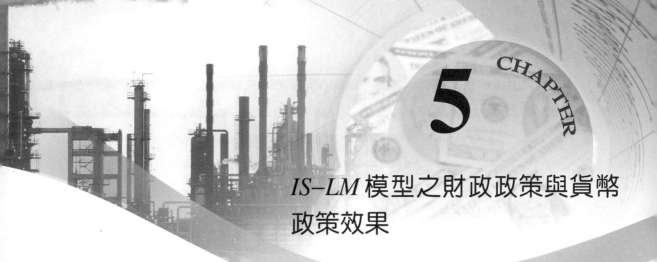

IS–LM 模型之財政政策與貨幣政策效果

CHAPTER 5

於第 4 章，我們導出各
代表產品市場與貨幣市場均衡之 *IS* 與
LM。於簡單凱因斯模型（第 3 章），只考慮產品市場的均衡，利率為外在決定的
變數，因此，只探討財政政策的效果。於 *IS–LM* 模型，利率為內在決定的變數，
財政政策之外，亦可探討貨幣政策的效果，在此模型之下，貨幣效果可影響利率，
進而影響投資與所得。

於 *IS–LM* 模型，均衡所得與利率決定於 *IS* 與 *LM* 的交點。因此，任何造成 *IS*
或 *LM* 移動的因素均會影響均衡的所得與利率。

本章討論各項財政政策以及貨幣政策對均衡所得與利率的影響，其中，財政
政策的影響為經由 *IS* 的移動，貨幣政策則經由 *LM* 的移動。

另外，相關的經濟參數之數值大小會影響 *IS* 或 *LM* 的斜率，進而影響財政與
貨幣政策的效果。例如，「投資對利率的敏感度」會影響 *IS* 的斜率；「貨幣需求對
所得的敏感度」與「貨幣需求對利率的敏感度」則影響 *LM* 的斜率。

IS–LM 模型之財政政策與貨幣政策效果

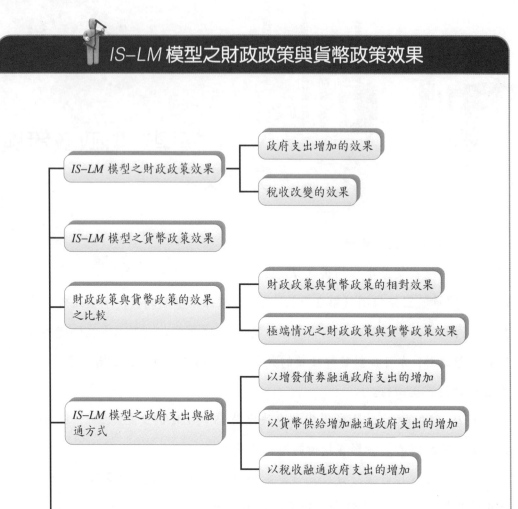

- IS–LM 模型之財政政策效果
  - 政府支出增加的效果
  - 稅收改變的效果
- IS–LM 模型之貨幣政策效果
- 財政政策與貨幣政策的效果之比較
  - 財政政策與貨幣政策的相對效果
  - 極端情況之財政政策與貨幣政策效果
- IS–LM 模型之政府支出與融通方式
  - 以增發債券融通政府支出的增加
  - 以貨幣供給增加融通政府支出的增加
  - 以稅收融通政府支出的增加
- 經濟話題　「最低工資率」的訂定對勞工是否有利?

IS–LM 模型之財政政策效果

在第 4 章，我們已說明了 *IS* 線與 *LM* 線的意義與導出，可知兩者各表示產品市場與貨幣市場的均衡。本章擬在 *IS–LM* 模型架構下，探討財政政策與貨幣政策的效果。為簡化分析，在導出 *IS* 時，不考慮國外部門，亦即省略 (3.33) 式的 $(X - M)$ 項以及 (3.34) 式，因而 (4.30) 式的 *IS* 數學式可改為：

$$y = \frac{1}{1 - b(1 - t)}(\overline{C} - b\overline{T} + \overline{I} - hr + G) \tag{5.1}$$

而 *LM* 的數學式則仍與前述（(4.24) 式或 (4.26) 式）相同，若以 (4.24) 式表示，即：

$$r = \frac{d_0}{\ell} - \frac{M^s}{\ell} + \frac{k}{\ell}y \tag{4.24}$$

由 (5.1) 式與 (4.24) 式，可解得同時維持產品市場與貨幣市場均衡之均衡所得為：

$$y^* = \frac{1}{1 - b(1 - t) + (hk/\ell)}(\overline{C} - b\overline{T} + \overline{I} - \frac{hd_0}{\ell} + \frac{hM^s}{\ell} + G) \tag{5.2}$$

以下，接著可探討 *IS–LM* 模型之財政政策與貨幣政策的效果，首先，說明財政政策的效果。

本節將財政政策區分為政府的支出政策以及稅收政策，而稅收政策則又分為總額稅的變動以及稅率變動兩種情況。

一、政府支出增加的效果

由 *IS–LM* 模型的均衡所得式（(5.2) 式），假設只有政府支出 (G) 增加，而貨幣供給 (M^s)、總額稅 ($\overline{T}$)、稅率 (t) 以及其他經濟變數均維持不變，可求得：

$$\Delta y = \frac{1}{1 - b(1 - t) + (hk/\ell)}(\Delta G) ❶$$

---

❶　為求簡化，均衡所得 y^* 或均衡所得的變動 (Δy^*) 均省略「 $*$ 」。以下討論其他各項乘數

由之，可得政府支出增加乘數效果為：

$$\frac{\Delta y}{\Delta G} = \frac{1}{1 - b(1-t) + (hk/\ell)} > 0$$

(5.3)

在 $0 < b < 1$ 且 $0 < t < 1$ 之假設下，由 (5.3) 式可知，於 *IS–LM* 模型，政府支出增加將導致均衡所得增加的乘數效果，但此乘數較簡單凱因斯模型的乘數（即 (3.22) 式）為小，由以下的說明，可瞭解其原因。政府支出增加的效果可以圖 5–1 配合說明之。原先政府支出為 G_1 時，所對應的 *IS* 為 $IS(G_1)$，其與 *LM* 的交點為 A，因而決定了均衡所得與利率各為 y_1 與 r_1。若政府支出由 G_1 增為 G_2（$\Delta G = G_2 - G_1$），此造成產品市場之需求增加，因而 $IS(G_1)$ 將水平右移至 $IS(G_2)$，在利率仍維持於原先水準 r_1 時，經濟狀態由 A 點移至 C 點，$(\overline{AC} = \left\{\frac{1}{[1-b(1-t)]}\right\}(\Delta G))$❷。

因政府支出增加導致產品需求增加，此造成廠商之存貨非預期的減少，廠商將增加其產出，而所得亦隨之提高。

在簡單凱因斯模型（第 3 章）中，因只探討產品市場而假設利率維持不變，$\overline{AC}$ 即為政府支出增加造成的所得增加，此造成廠商之存貨非預期的減少，廠商將增加其產出，而所得亦隨之提高。然而，在本章，除了產品均衡 (*IS*) 之外，亦考慮貨幣市場均衡 (*LM*)，因而須考慮政府支出增加對利率的影響。由前述，政府支出增加，將導致產出（所得）增加，而所得增加造成交易與預防動機的貨幣需求增加，因貨幣供給固定，人們將出售其持有之債券，此造成債券供給增加，債券價格降低，而利率提高。利率的提高則將導致投資減少，而此造成的所得減少將部分地抵銷了政府支出增加的所得效果。

由圖 5–1，於利率不變時，政府支出增加所得效果為 $\overline{AC}$，因政府支出增加，造成利率提高，而民間投資減少，此造成的所得減少可以 $\overline{DC}$ 表示。因而在 *IS–LM* 模型，政府支出增加造成均衡所得的淨增加為 $\overline{AD}$ ($= \overline{AC} - \overline{DC}$)，其小於簡單凱因

效果時亦同。

❷　由 (5.1) 式可知，於利率維持不變，政府支出變動時，$\Delta y = \left\{\frac{1}{[1-b(1-t)]}\right\}(\Delta G)$，即政府支出增加 ΔG 時，*IS* 將水平右移 $\left\{\frac{1}{[1-b(1-t)]}\right\}(\Delta G)$ 之幅度。

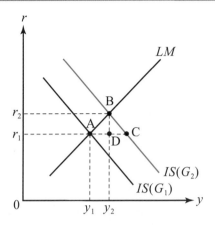

政府支出增加 $(G_1 \rightarrow G_2)$，使產品市場需求增加造成 *IS* 線右移 $(IS(G_1) \rightarrow IS(G_2))$，同時造成利率提高排擠民間投資與消費，使政府支出增加所造成之均衡所得的淨增加 ($\overline{AD}$) 小於簡單凱因斯型的所得增加 ($\overline{AC}$)。

🎵 **圖 5–1　*IS–LM* 模型之政府支出增加的效果**

斯模型的所得增加 $\overline{AC}$；即政府支出增加後，均衡點將由 A 點移至 B 點，此顯示，政府支出增加造成均衡所得增加（由 y_1 增至 y_2），均衡利率亦提高（由 r_1 提高至 r_2）。因**政府支出增加，利率提高，而導致民間投資減少的現象**，稱之為**排擠效果**（the crowding-out effect）。

> 在假設利率不變的簡單凱因斯模型中，政府支出增加的乘數效果比 *IS–LM* 模型大，因在 *IS–LM* 模型中考慮貨幣市場均衡利率變動影響，政府支出增加產生排擠效果，造成民間投資減少，因此其乘數效果小於簡單凱因斯模型之乘數效果。

二、稅收改變的效果

在導出 *IS* 的數學式（(5.1) 式）時，須用到稅收函數（(3.16) 式），即：

$$T = \overline{T} + ty, \quad 0 < t < 1 \tag{3.16}$$

似同簡單凱因斯模型之情況，於 *IS–LM* 模型，我們亦可探討總額稅 ($\overline{T}$) 或邊際稅率 (t) 變動之影響。

(一)總額稅增加的效果

總額稅變動而其他經濟變數維持固定時，由 (5.2) 式可得：

$$\Delta y = \frac{-b}{1 - b(1-t) + (hk/\ell)}(\Delta \overline{T})$$

由之，可求得總額稅變動之乘數效果為：

$$\frac{\Delta y}{\Delta \overline{T}} = \frac{-b}{1 - b(1-t) + (hk/\ell)} < 0$$

(5.4)

由 (5.4) 式可知，於 *IS–LM* 模型，總額稅增加將造成均衡所得減少，但其減少的幅度較簡單凱因斯模型的情況（(3.26) 式）為小，此可由圖 5–2 說明之。

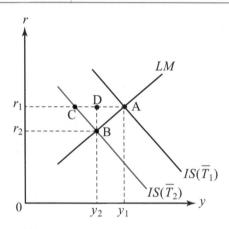

總額稅增加 $(\overline{T}_1 \to \overline{T}_2)$ 使 *IS* 線左移 $(IS(\overline{T}_1) \to IS(\overline{T}_2))$ 使均衡所得減少 $(y_1 \to y_2)$、利率降低 $(r_1 \to r_2)$，其所得減少的幅度小於簡單凱因斯模型所得減少的幅度。

圖 5–2　*IS–LM* 模型之總額稅增加的效果

　　假設原先總額稅為 $\overline{T}_1$，其對應的 $IS(\overline{T}_1)$ 與 *LM* 的交點 A 決定均衡所得 y_1 與均衡利率 r_1。於政府將總額稅由 $\overline{T}_1$ 增加為 $\overline{T}_2$ $(\Delta T = \overline{T}_2 - \overline{T}_1)$，可支配所得將減少，而導致消費的減少，經由乘數效果，進而造成所得的減少，若不考慮利率的變動，所導致的所得減少即為圖 5–2 的 $\overline{AC} = \left\{\dfrac{-b}{[1 - b(1-t)]}\right\}(\Delta T)$；亦即，$\overline{AC}$ 為對應於簡單凱因斯模型之總額稅效果❸。於 *IS–LM* 模型，所得的減少，將造成交易與預

防動機的貨幣需求減少，因而人們以之購買債券，此造成債券價格提高、利率降低。利率降低而投資增加所導致的所得增加（即圖 5-2 的 $\overline{CD}$）將抵銷部分總額稅增加所造成的所得減少。因而，在 *IS–LM* 模型，因其考慮利率降低的影響，總額稅提高所造成的所得減少為 $\overline{AD}$ $(= \overline{AC} - \overline{CD})$。於圖 5-2，總額稅由 $\overline{T}_1$ 增至 $\overline{T}_2$，均衡點將由 A 移至 B；亦即，均衡所得減少（由 y_1 減少為 y_2），利率亦降低（由 r_1 降低為 r_2）。由以上可知：

> *IS–LM* 模型中，總額稅增加將造成均衡所得減少，其減少幅度小於簡單凱因斯模型之情況，因當總額稅增加使所得減少，對交易及預防動機的貨幣需求減少，人們以之購買債券，促使利率降低使投資增加，而抵銷部分因總額稅增加所造成的所得減少。

(二)稅率增加的效果

為說明稅率 (t) 變動的影響，可將 *IS* 的數學式（(5.1) 式）表示為：

$$r = \frac{\overline{C} - b\overline{T} + \overline{I} + G}{h} - [\frac{1 - b(1-t)}{h}]y \qquad (5.5)$$

由之，可得 *IS* 線的斜率為：

$$\frac{\Delta r}{\Delta y}\bigg|_{IS} = -[\frac{1 - b(1-t)}{h}] < 0 \qquad (5.6)$$

由 (5.6) 式可知，*IS* 為負斜率，而政府提高稅率 (t) 時，*IS* 斜率的絕對值變得較大，亦即，*IS* 變得較陡。由圖 5-3，原先所得稅稅率為 t_1 時，其對應的 $IS(t_1)$ 與 *LM* 的交點決定均衡所得 y_1，均衡利率 r_1。於稅率增加為 t_2 時，其對應的 $IS(t_2)$ 與 *LM* 的交點決定的均衡所得為 y_2，均衡利率為 r_2。因而稅率提高亦造成均衡所得與利率的減少，而稅率乘數亦受原先的所得水準與稅率值之影響❹。簡言之，

---

❸　由 (5.1) 式，於利率維持不變，總額稅變動時，所得的變動為：$\Delta y = \left\{\dfrac{-b}{[1 - b(1-t)]}\right\}(\Delta T)$，即總額稅增加 ΔT 時，*IS* 將水平左移 $\left\{\dfrac{b}{[1 - b(1-t)]}\right\}(\Delta T)$ 之幅度（由 $IS(\overline{T}_1)$ 移至 $IS(\overline{T}_2)$）。

政府提高稅率 (t)，使 *IS* 變較陡，造成均衡所得與利率減少。

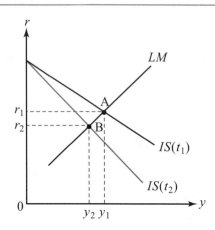

政府提高稅率 ($t_1 \to t_2$)，使 *IS* 線變陡 ($IS(t_1) \to IS(t_2)$)，造成均衡所得與利率減少 ($y_1 \to y_2$, $r_1 \to r_2$)。

 圖 5–3　*IS–LM* 模型之稅率增加的效果

第 2 節

IS–LM 模型之貨幣政策效果

　　為說明貨幣供給 (M^s) 增加的效果，同樣可由 *IS-LM* 模型的均衡所得式 ((5.2) 式)，假設只有貨幣供給增加，而其他經濟變數維持不變，由之可得：

---

❹　由 (5.2) 式，可求得稅率變動對均衡所得的影響為：

$$\frac{dy}{dt} = \frac{-(\overline{C} - b\overline{T} + \overline{I} - (hd_0/\ell) + (hM^s/\ell) + G)(b)}{[1 - b(1-t) + (hk/\ell)]^2}$$

$$= \frac{-b}{[1 - b(1-t) + (hk/\ell)]} \frac{(\overline{C} - b\overline{T} + \overline{I} - (hd_0/\ell) + (hM^S/\ell) + G)}{[1 - b(1-t) + (hk/\ell)]}$$

$$= \frac{-b}{[1 - b(1-t) + (hk/\ell)]}(y) < 0$$

由此可知，稅率乘數的大小受到原先所得水準與稅率值之影響。

$$\Delta y = \frac{(h/\ell)}{1 - b(1-t) + (hk/\ell)}(\Delta M^s)$$

由之可求出貨幣供給增加的乘數效果為：

$$\frac{\Delta y}{\Delta M^s} = \frac{(h/\ell)}{1 - b(1-t) + (hk/\ell)} > 0 \qquad \text{(5.7)}$$

由 (5.7) 式，貨幣供給增加將導致均衡所得增加。貨幣供給增加的影響亦可以圖 5–4 說明之。

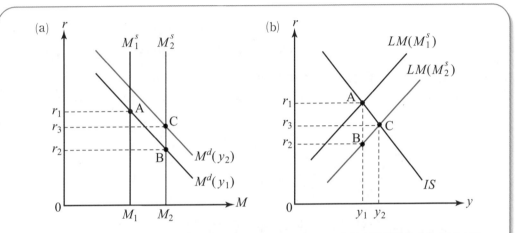

貨幣供給增加（$M_1^s \rightarrow M_2^s$）使 *LM* 右移（$LM(M_1^s) \rightarrow LM(M_2^s)$），因貨幣市場調整速度比產品市場快，因此利率先下降（$r_1 \rightarrow r_2$），短期均衡點由 A 移至 B，而後投資因利率降低而增加，使所得增加（$y_1 \rightarrow y_2$）造成交易與預防性貨幣需求增加（$M^d(y_1) \rightarrow M^d(y_2)$），使利率再由 r_2 增加至 r_3，最後達到新的均衡（C 點）。

圖 5–4　*IS–LM* 模型之貨幣政策效果

假設原先貨幣供給為 M_1^s，其對應的 $LM(M_1^s)$ 與 *IS* 的交點 A 決定了均衡所得 y_1 與均衡利率 r_1。於貨幣供給由 M_1^s 增加為 M_2^s，圖 5–4 (a) 之貨幣供給線隨之右移，圖 5–4 (b) 的 $LM(M_1^s)$ 亦右移為 $LM(M_2^s)$。但於貨幣供給增加，如果假設貨幣市場之調整速度大於產品市場（即貨幣供給增加後，利率先調整，所得還未調整），在原先 y_1 的所得水準下，貨幣供給將大於貨幣需求，人們會以多餘的貨幣購買債券，此造成債券價格提高，而利率降低（此對應於圖 5–4 (a) 與圖 5–4 (b)，由 A 點移至 B 點）；利率降低後，人們願意多持有投機性的貨幣，此亦解決了因貨幣供給增加

所造成的貨幣市場超額供給的問題。由圖 5–4 (b)，經濟體系不會停在 B 點，因利率降低會造成投資增加，由之，造成所得增加，此亦造成交易與預防動機之貨幣需求增加，因而人們轉而出售債券，以換取所須貨幣，債券價格因而降低，而利率提高，經濟體系將由 B 點再移向 C 點。於 C 點時，利率為 r_3，所得為 y_2，而達到均衡。與圖 5–4 (b)對應的圖 5–4 (a)亦顯示，於所得由 y_1 提高為 y_2 時，貨幣需求由 $M^d(y_1)$ 右移為 $M^d(y_2)$，而 M^s_2 與 $M^d(y_2)$ 所決定的均衡利率為 r_3。

由以上可知：

> 當貨幣供給增加，因貨幣市場調整速度比產品市場快，所以利率先下降，投資因利率降低而增加，所得也漸增加，而後漸趨於均衡。

第 3 節

財政政策與貨幣政策的效果之比較

一、財政政策與貨幣政策的相對效果

本章第 1 節與第 2 節已各自說明了 *IS–LM* 模型之財政政策與貨幣政策的效果，本節擬進一步將兩種政策之效果作一比較，探討經濟參數值的大小對其「相對有效性 (relative effectiveness)」的影響。若所選擇的經濟參數為 h, k 與 ℓ，由 (4.29) 式與 (4.23) 式可知，三者各反映「投資對利率的敏感度」、「貨幣需求對所得的敏感度」以及「貨幣需求對利率的敏感度」。以政府支出增加的所得乘數((5.3)式）而言：

> h 值或 k 值愈大，政府支出增加的乘數效果愈小；ℓ 值愈大，此乘數效果愈大。

由貨幣供給增加對所得乘數 ((5.7) 式) 觀之：

> h 值愈大，貨幣供給增加的乘數愈大，k 值愈大或 ℓ 值愈大，此乘數效果愈小。

　　如本章第 1 節的說明，於政府支出增加，因其造成所得增加，而交易與預防動機的貨幣需求（決定於 k 值）隨之增加，此時人們將出售債券以獲得貨幣，此造成債券價格降低而利率提高，利率提高後，人們將減少投機性貨幣的持有（決定於 ℓ 值），而減少貨幣市場上貨幣需求增加的壓力，利率提高所導致的投資（決定於 h 值）減少，則抵銷一部分政府支出增加的所得效果。在此調整過程中，所得增加，若 k 值愈小，則交易與預防動機的貨幣需求增加量愈小；ℓ 值愈大，則於政府支出增加而利率提高後，投機性貨幣需求減少的程度愈大，以此多出的貨幣，在 k 值較小時，可融通更多的交易（與預防）動機之貨幣需求；h 值愈小，則表示利率提高後，投資減少的幅度較小。因此，k 值愈小，或 ℓ 值愈大，或 h 值愈小均有助於提高政府支出增加的所得效果。

　　由本章第 2 節的說明，貨幣供給增加將造成貨幣市場超額供給，因而人們將買入債券，而造成債券價格提高，利率降低，投機性的貨幣需求因而增加，亦造成投資的增加與所得增加。在此調整過程中，若 ℓ 值較小，k 值較小，則貨幣供給增加所導致的投機動機的貨幣需求增加較小，交易性動機的貨幣則能融通較高的所得；而 h 值較大表示利率降低導致的投資增加較多。因此，k 值愈小，或 ℓ 值愈小，或 h 值愈大，均有助於提高貨幣供給增加的所得效果。以上的結果可以表 5–1 表示之[5]。

表 5–1　政府支出增加與貨幣供給增加之乘數效果

經濟參數值	政府支出增加的乘數	貨幣供給增加的乘數
h 愈大	愈小	愈大
k 愈大	愈小	愈小
ℓ 愈大	愈大	愈小

[5]　由 (5.4) 式與[4]，總額稅 (T) 或稅率 (t) 減少造成所得增加，這些乘數亦受到經濟參數 h、k 與 ℓ 的影響，其影響方向與表 5–1 政府支出增加的乘數相同。

二、極端情況之財政政策與貨幣政策效果

以上已討論了經濟參數 h、k 與 ℓ 之值的大小會影響政府支出增加的乘數與貨幣供給增加的乘數。在此，更進一步討論兩種極端情況的財政政策與貨幣政策效果，其一為假設 $h \to 0$ 與 $\ell \to \infty$ 之情況，亦即投資無利率敏感度（投資不受利率影響），以及貨幣需求的利率敏感度為無限大，因而形成所謂流動性陷阱 (the liquidity trap) 的情況 ❻。另一種極端的情況乃假設 $h \to \infty$ 與 $\ell \to 0$，亦即投資利率敏感度為無限大，而貨幣需求則無利率敏感度。以下各就此兩種情況探討之。

(一) $h \to 0$ 與 $\ell \to \infty$ 之情況

由 (5.3) 式可知，於 $h \to 0$ 時，政府支出增加的乘數效果為 $\dfrac{\Delta y}{\Delta G} = \dfrac{1}{[1 - b(1 - t)]}$，此時政府支出增加乘數效果達到最大 ❼。另一方面，於 $h \to 0$ 時，由 (5.7) 式可得 $\dfrac{\Delta y}{\Delta M^s} = 0$，此時貨幣供給增加並不影響所得。$h \to 0$ 時，財政政策與貨幣政策的效果可以圖 5–5 (a)與圖 5–5 (b)說明之。

---

❻ 由 (4.21) 式可知，於 y 固定，$\dfrac{dr}{dM^d} = -\dfrac{1}{\ell}$，即 ℓ 值可反映貨幣需求線的斜率，於 $\ell \to \infty$ 時，貨幣需求為水平線 ($\dfrac{dr}{dM^d} = 0$)，可稱之為「流動性陷阱」。

❼ 於 *IS–LM* 模型之下，$h \to 0$ 時，政府支出增加的乘數效果與簡單凱因斯模型之政府支出乘數效果相同（參見 (3.22) 式）。

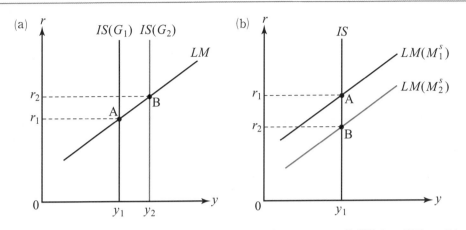

圖 5–5 ⒜ $h \rightarrow 0$，*IS* 為垂直線，政府支出增加使 *IS*(G_1) 右移至 *IS*(G_2)，均衡點由 A 移至 B，利率由 r_1 增加至 r_2，但因投資對利率的敏感度趨近於 0，其所產生的乘數效果與簡單凱因斯模型的乘數效果相同。圖 5–5 ⒝貨幣供給增加使 *LM*(M_1^s) 右移至 *LM*(M_2^s)，雖使利率降低 ($r_1 \rightarrow r_2$)，但因投資對利率敏感度趨近於 0，所以投資並未因利率降低而增加，所得亦未受影響，因此貨幣供給增加對所得無影響。

🐌 **圖 5–5　$h \rightarrow 0$ 時之政府支出增加與貨幣供給增加的效果**

由 (5.6) 式，於 $h \rightarrow 0$，*IS* 的斜率為 $-\infty$，亦即 *IS* 為垂直線。於圖 5–5 ⒜，政府支出增加時，*IS*(G_1) 右移為 *IS*(G_2)，均衡點由 A 移至 B，均衡利率雖然由 r_1 提高為 r_2，但因 $h \rightarrow 0$，投資並未因利率提高而減少，因而政府支出的增加可產生與簡單凱因斯模型相同之乘數效果。由圖 5–5 ⒝，貨幣供給增加時，利率固然由 r_1 降低為 r_2，投資未因利率降低而增加，所得亦未增加。

> 當 $h \rightarrow 0$ 時，*IS* 為垂直線，政府支出增加所產生的乘數效果最大（與簡單凱因斯模型的乘數效果相同），但在此情況下，貨幣供給增加，對所得無影響（貨幣政策無效）。

於 $\ell \rightarrow \infty$ 時，由 (5.3) 式可知，$\dfrac{\Delta y}{\Delta G} = \dfrac{1}{[1 - b(1 - t)]}$；由 (5.7) 式，$\dfrac{\Delta y}{\Delta M^s} = 0$。亦即 $\ell \rightarrow \infty$ 時，可得到與 $h \rightarrow 0$ 時相同之結論：政府支出增加的乘數效果達到最大，而貨幣供給增加則不影響所得。此可表示如圖 5–6 ⒜與圖 5–6 ⒝。

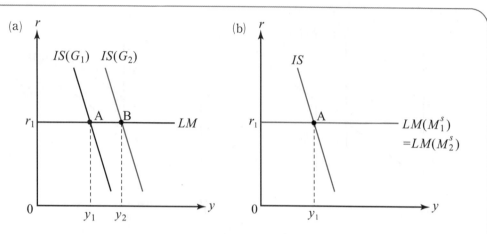

$\ell \to \infty$，*LM* 為水平線，當政府支出由 G_1 增加至 G_2，使 $IS(G_1)$ 右移至 $IS(G_2)$，利率不變，所得增加 $(y_1 \to y_2)$。當貨幣供給由 M_1^s 增加至 M_2^s，僅造成 *LM* 線向右水平延伸，此時存在「流動性陷阱」，對利率與所得均無影響，因此政府支出增加的乘數效果最大，貨幣政策無效果。

圖 5–6　$\ell \to \infty$ 時之政府支出增加與貨幣供給增加的效果

由 (4.25) 式，於 $\ell \to \infty$，*LM* 線的斜率為 0，即 *LM* 為水平線，因而政府支出增加時，利率仍維持於原先的 r_1，而發揮其最大的乘數效果。另一方面，$\ell \to \infty$，亦反映貨幣需求線的斜率為 0[8]，亦即，貨幣需求線為水平線。

> 在此「流動性陷阱」存在之情況，貨幣供給增加時，完全反映在投機性貨幣需求的增加，人們並未以之購買債券，因此債券價格並未提高，利率也未因而降低，所以投資並未增加，所得仍維持於原水準。

(二) $h \to \infty$ 與 $\ell \to 0$ 之情況

於 $h \to \infty$ 時，政府支出的乘數效果可由 (5.3) 式求得為 $\dfrac{\Delta y}{\Delta G} = 0$，而由 (5.7) 式，$\dfrac{\Delta y}{\Delta M^s} = \dfrac{1}{k}$[9]。此表示：$h \to \infty$ 時，政府支出增加並不影響所得，而貨幣供給

---

[8]　由[6]。

[9]　由 (5.7) 式：$\dfrac{\Delta y}{\Delta M^s} = \dfrac{(h/\ell)}{1 - b(1-t) + (hk/\ell)}$，將此式右邊之分子與分母各項均除以 h，可得：

增加的所得效果達到最大。此可以圖 5–7 (a)與圖 5–7 (b)表示之。

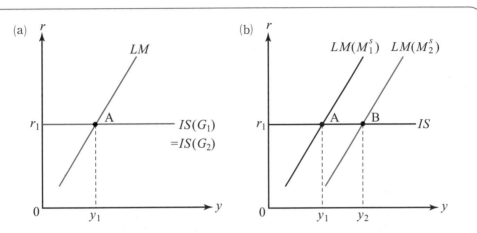

$h \to \infty$ 時，政府支出增加 $(G_1 \to G_2)$ 只造成 $IS(G_1)$ 水平向右延伸，因投資對利率敏感度趨近無限大，使投資能迅速反映，政府支出增加對所得無影響；貨幣供給增加 $(M_1^s \to M_2^s)$，使 $LM(M_1^s)$ 右移至 $LM(M_2^s)$，此時產生的所得效果最大，且利率維持不變。

🌶 **圖 5–7　$h \to \infty$ 時之政府支出增加與貨幣供給增加的效果**

　　由 (5.6) 式，$h \to \infty$ 時，*IS* 的斜率為 0，亦即 *IS* 為水平線。由圖 5–7 (a)，於 *IS* 為水平線時，政府支出增加將不影響所得，其原因為：當政府支出增加，而利率提高時，因投資的利率敏感度 (h) 為無限大，因此投資將迅速反映，而投資減少將完全抵銷政府支出的增加，產品市場的需求乃維持不變，均衡所得與利率均維持於原來的水準。圖 5–7 (b)則顯示於 $h \to \infty$ 而 *IS* 為水平線時，貨幣供給增加的所得效果達到最大，而利率維持不變。

　　由 (5.3) 式以及 (5.7) 式，$\ell \to 0$ 時，$\dfrac{\Delta y}{\Delta G} = 0$，$\dfrac{\Delta y}{\Delta M^s} = \dfrac{1}{k}$ ❿。(4.25) 式顯示，於 $\ell \to 0$，*LM* 的斜率為無限大，因而 *LM* 為垂直線。由圖 5–8 (a)，於貨幣需求的利

$\dfrac{\Delta y}{\Delta M^s} = \dfrac{(1/\ell)}{(1 - b(1-t))/h + (k/\ell)}$，於 $h \to \infty$ 時，可得：$\dfrac{\Delta y}{\Delta M^s} = \dfrac{1/\ell}{k/\ell} = \dfrac{1}{k}$。

❿　由 (5.7) 式，即：$\dfrac{\Delta y}{\Delta M^s} = \dfrac{(h/\ell)}{1 - b(1-t) + (hk/\ell)}$，將右邊之分子與分母各項均乘以 ℓ，可得：

$\dfrac{\Delta y}{\Delta M^s} = \dfrac{h}{\ell[1 - b(1-t)] + hk}$，於 $\ell \to 0$ 時，可得：$\dfrac{\Delta y}{\Delta M^s} = \dfrac{1}{k}$。

率敏感度 (ℓ) 為 0 而 *LM* 為垂直線時，政府支出增加造成利率提高，其導致的投資減少將完全抵銷政府支出增加。於圖 5-8 (b)，貨幣供給增加造成利率降低，投資增加，所得增加。由於貨幣需求未受利率的影響，因而在利率降低時，並未有投機性貨幣需求的增加,貨幣供給的增加可全額作為交易與預防動機的貨幣需求(其為所得的增函數) 之增加，因而貨幣供給增加的所得效果達到最大。

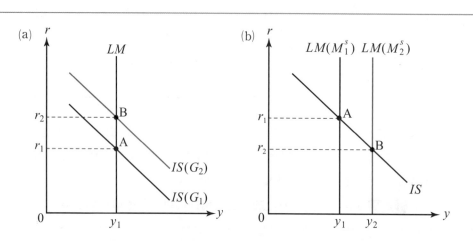

$\ell \rightarrow 0$ 時，*LM* 為垂直線，政府支出增加使 *IS* 右移 ($IS(G_1) \rightarrow IS(G_2)$)，導致利率提高 ($r_1 \rightarrow r_2$)，投資減少完全抵銷政府支出增加部分，因此財政政策無效。貨幣供給增加使 $LM(M_1^s)$ 右移至 $LM(M_2^s)$，因貨幣需求未受到利率的影響，使其所得效果達到最大。

圖 5-8 $\ell \rightarrow 0$ 時之政府支出增加與貨幣供給增加的效果

 ※ 第 **4** 節

IS-LM 模型之政府支出與融通方式

在本章第 1 節與第 2 節，我們各自說明了 *IS-LM* 模型之財政政策與貨幣政策效果。其中財政政策又包含政府支出增加或稅收（總額稅或所得稅率）改變的效果。於討論政府支出增加之效果時，並未說明融通政府支出增加的資金來源為何，以及不同的融通方式對政府支出增加的效果是否有所影響。本節擬對此作進一步

的探討。為說明之，須瞭解政府的預算限制式 (government budget constraint)，其可表示為：

$$G = \Delta B + \Delta M^s + \overline{T} + ty$$

(5.8)

(5.8) 式說明政府支出 (*G*) 除了經由稅收 (即 (3.16) 式，$T = \overline{T} + ty$) 融通之外，亦可經由增加發行政府債券 (government bonds, *B*)，或增加貨幣供給融通之，增發債券與增發貨幣各以 ΔB 與 ΔM^s 表示之。以下就各種融通方式，說明政府支出增加的效果[11]。

一、以增發債券融通政府支出的增加

政府以增發債券融通其支出的增加，此即表示政府在可貸資金市場借貸，而成為可貸資金的需求者[12]。此種融通方式的政府支出增加，實際上就是本章第 1 節所提到政府支出之政策，由圖 5–1 可知，政府支出增加造成 *IS* 線右移，所得增加，因政府發行債券的方式由可貸資金市場融通資金，造成可貸資金需求提高，利率亦隨之提高，民間投資乃因而減少，而部分抵銷了原先政府支出增加的效果，均衡點將由 A 移至 B，而所得由 y_1 增至 y_2。如本章第 3 節的說明，且由 (5.3) 式，投資對利率的敏感度 (*h*) 愈大，則以債券融通的政府支出乘數效果愈小。

接著，進一步討論政府支出以債券融通時，可能發生的「財富效果 (wealth effect)」。政府以發行債券的方式融通其支出的增加，則人們持有的債券數量亦必隨之增加。若人們將其持有的債券視為一種財富，且假設消費與貨幣需求的財富效果為正，則於其債券持有量增加時，將增加消費與貨幣需求。消費的增加造成產品需求的增加，進而導致 *IS* 線右移，貨幣需求的增加則造成 *LM* 線的左移[13]。

---

[11] 假設於原先均衡點，政府為預算平衡 (balanced budget) 之情況，即 $G = T = \overline{T} + ty$，由 (5.8) 式，於政府支出增加時，可採取以增發債券 ($\Delta B > 0$)、增加貨幣供給 ($\Delta M^s > 0$) 或增加稅收 ($\Delta T > 0$) 的方式融通之。

[12] 政府為債券的供給者，易言之，政府為可貸資金的需求者。債券市場與可貸資金市場的對應關係，可參見第 2 章。

[13] 關於 *IS* 線與 *LM* 線的移動，可參見本書第 4 章的說明。

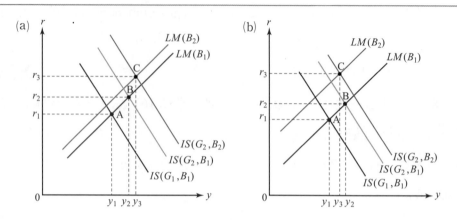

圖 5–9 (a)假設消費的財富效果大於貨幣需求的財富效果，IS 右移程度大於 LM 左移程度，C 點（考慮財富效果）與 B 點（未考慮財富效果）比較，政府支出增加造成的利率與所得提高的幅度較大。圖 5–9 (b)若消費的財富效果小於貨幣需求的財富效果，LM 左移程度大於 IS 右移程度，C 點與 B 點比較，考慮財富效果時，政府支出增加利率提高程度較大，所得提高程度較小。

　　圖 5–9　以債券融通的政府支出增加之效果：(a)消費的財富效果大於貨幣需求的財富效果　　(b)貨幣需求的財富效果大於消費的財富效果

　　由圖 5–9 (a)與圖 5–9 (b)，若不考慮債券增加的財富效果，政府支出增加後，均衡點將由 A 移至 B（此同圖 5–1），利率由 r_1 提高為 r_2，所得由 y_1 增為 y_2。若考慮債券增加（由 B_1 增為 B_2）的財富效果，則其造成 IS 線右移與 LM 線左移，而均衡點由 B 移至 C。圖 5–9 (a)假設消費的財富效果大於貨幣需求的財富效果，因而 IS 右移的程度大於 LM 左移的程度，以 C 點（考慮財富效果）與 B 點（未考慮財富效果）比較，考慮財富效果時，政府支出增加造成的利率提高程度較大，所得提高的幅度也較大。圖 5–9 (b)則假設貨幣需求的財富效果大於消費的財富效果，因而 LM 左移的程度大於 IS 右移的程度，由 C 點與 B 點的比較，考慮財富效果時，政府支出增加造成的利率提高程度較大，而所得提高的程度則較小。由以上可知：

> 考慮債券的財富效果後（相對於未考慮財富效果之情況），政府支出增加將必然導致利率更為提高，而其對所得的影響則不確定，須視消費與貨幣需求財富效果何者較大而定。

二、以貨幣供給增加融通政府支出的增加

如果政府支出增加以發行貨幣的方式來融通，此可以圖 5–10 說明之。

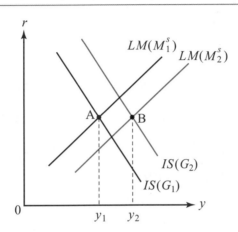

政府支出增加 ($G_1 \to G_2$)，*IS* 右移 ($IS\,(G_1) \to IS\,(G_2)$)，為融通政府支出，貨幣供給增加 ($M_1^s \to M_2^s$)，使 *LM* 右移 ($LM_1^s \to LM_2^s$)，均衡點由 A 點移至 B 點。

圖 5–10　以貨幣供給融通的政府支出增加之效果

假設於原先的均衡點 A，政府的預算為平衡狀態。若政府支出由原先的 G_1 增加為 G_2，*IS* 線將由 $IS(G_1)$ 右移為 $IS(G_2)$，為融通政府支出的增加，貨幣供給由原先的 M_1^s 增加為 M_2^s，因而 *LM* 線將由 $LM(M_1^s)$ 右移為 $LM(M_2^s)$，而均衡點將由 A 移至 B。Sheffrin 等 (Sheffrin, Wilton, and Prescott (1988)) 指出，「以貨幣供給融通」比「以債券融通」之政府支出增加效果為大，由前述可知，後者因造成利率提高而導致投資減少，抵銷了部分政府支出增加的效果；前者則由於所增加的貨幣供給可支應因政府支出增加而所得提高所導致的交易與預防動機的貨幣需求之增加，因而利率不會如後者般上漲，其所得效果因此較大。

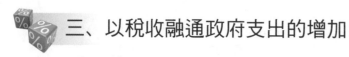

三、以稅收融通政府支出的增加

於 *IS–LM* 模型，政府支出的增加，若非以債券或貨幣供給的增加來融通，則須以稅收的增加來融通。以稅收融通維持政府預算的平衡，易言之，在任一時點，政府支出均等於稅收，即：

$$G = T = \bar{T} + ty \tag{5.9}$$

(5.9) 式表示，於政府支出 (G) 增加時，可以增加總額稅 $(\bar{T})$ 或提高所得稅率 (t) 的方式融通之。於政府維持平衡預算 (balanced budget)；且不考慮國外部門時，為導出 *IS–LM* 模型之均衡所得，可將 (5.9) 式代入可支配所得定義式 ((3.15) 式)，再以之代入消費函數 (3.14) 式，可得：

$$C = \bar{C} + b(y - G) \tag{5.10}$$

另外，由 *LM* 的數學式，

$$r = \frac{d_0}{\ell} - \frac{M^s}{\ell} + \frac{k}{\ell}y \tag{4.24}$$

以 (4.24) 式代入投資函數 ((4.29) 式)，可得：

$$I = \bar{I} - hr$$

$$= \bar{I} - h(\frac{d_0}{\ell} - \frac{M^s}{\ell} + \frac{k}{\ell}y) \tag{5.11}$$

因為不考慮國外部門，(5.10) 式與 (5.11) 式可代入 $y = C + I + G$，而求解均衡所得，即：

$$y = \bar{C} + b(y - G) + \bar{I} - h(\frac{d_0}{\ell} - \frac{M^s}{\ell} + \frac{k}{\ell}y) + G$$

由之，可得平衡預算下，*IS–LM* 模型之均衡所得為：

$$y = \frac{\bar{C} + (1 - b)G + \bar{I} - h((d_0/\ell) - (M^s/\ell))}{1 - b + (hk/\ell)} \tag{5.12}$$

由 (5.12) 式，可求出平衡預算下，政府支出增加的乘數為：

$$\frac{\Delta y}{\Delta G}\bigg|_{G=T} = \frac{(1 - b)}{1 - b + (hk/\ell)} < 1 \tag{5.13}$$

　　由 (5.13) 式可知，於 *IS–LM* 模型，平衡預算乘數小於 1，其小於簡單凱因斯模型之平衡預算乘數（由 (3.32) 式可知，其值 1）。*IS–LM* 模型之平衡預算乘數雖然小於 1，但其仍為正，即政府支出與稅收同額增加，仍將造成所得增加。此可由圖 5–11 說明之。

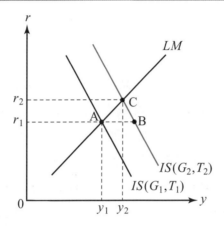

政府支出由 G_1 增加至 G_2，稅收由 T_1 增加至 $T_2 (G_2 - G_1 = T_2 - T_1)$，前者將造成 *IS* 右移（幅度較大），後者使 *IS* 左移（幅度較小），因此 $IS(G_1, T_1)$ 右移至 $IS(G_2, T_2)$，均衡點由 A 點移至 C 點，所得增加，利率提高。

圖 5–11　平衡預算之政府支出增加的效果

　　原先政府支出為 G_1 而稅收為 T_1 時，其對應之 $IS(G_1, T_1)$ 與 *LM* 之交點 A，決定均衡所得 y_1，均衡利率 r_1。於政府支出由 G_1 增加為 G_2，稅收由 T_1 增加為 $T_2 (G_2 - G_1 = T_2 - T_1)$ 時，前者將造成 *IS* 右移（幅度較大），而後者則造成 *IS* 左移（幅度較小），兩者相抵之結果，*IS* 將由 $IS(G_1, T_1)$ 右移至 $IS(G_2, T_2)$，均衡點由 A 移至 C，所得由 y_1 增至 y_2，利率由 r_1 提高為 r_2。

　　比較以上三種融通方式的政府支出增加之所得效果可知：

> 以貨幣融通之效果最大，以債券融通之效果次之，以稅收融通時，效果最小。

「最低工資率」的訂定對勞工是否有利?

經濟話題

勞動者提供勞動以獲取工資,工資的高低乃勞動者最為關心者。如果政府不干預,如本書第 2 章之古典學派之假設,均衡貨幣工資或均衡實質工資乃決定於勞動市場的均衡。亦即,均衡貨幣(實質)工資決定於勞動需求與勞動供給的交點。如前述,勞動需求決定於勞動的邊際生產力,勞動供給則反映勞動者本身對工資所得與休閒時間之選擇。

實際上,工資水準不全然由勞動市場的供需所決定。許多國家為保障勞工的基本生活之需,乃訂定「最低工資率」。其通常隨物價膨脹率調整,以維持勞動者的最低實質工資。最低工資的訂定,於月薪之情況,政府規定,企業對於員工,每月必須支付的最低薪給;於時薪之情況,規定企業每小時需支付勞工之最低工資。例如,美國國會於 1938 年即通過公平勞動標準法案 (the Fair Labor Standards Act),規定最低的每小時工資為 0.25 美元,其後,每隔若干年,最低工資率均有所調整,且擴大適用的勞工範圍。至 2002 年,聯邦所訂的最低每小時工資為 5.15 美元,有些州所訂的最低每小時工資更高於之。

以下接著說明,最低工資率的訂定對勞工的影響,尤其是以勞力維生的貧窮家庭。美國國會於 1999 年通過公平最低工資法案 (the Fair Minimum Wage Act),此法案欲藉最低工資的提高,以幫助低工資所得的勞工家庭。

研究顯示,自 1970 年代以來,美國的最低工資每提高 1%,將造成低技術勞動者的就業機會減少約 0.1% 至 0.2%,以經濟學的術語來說,此表示低技術勞動者之就業的最低工資彈性 (the elasticity of employment with respect to the minimum wage) 為 −0.1 至 −0.2 ⓮。由以上,最低工資的提高所造成的就業減少效果 (the disemployment effects of minimum wages) 雖然不是很大,但其對低工資所得勞工的影響程度,還須看因最低工資提高而造成失業的是那些人。以美國而言,每小時的最低工資提高,將造成低技術的勞工(其負擔家庭生活支出)以及青少年的就業減少。有些青少年為來自較富裕的家庭,因此,最低工資的提高所影響者若為這些青少年,則其對貧窮家庭的影響較小。相反地,如果最低工資的提高,所導致的失業者為負擔家庭生活的低技術勞工,則最低工資的提

⓮ 以數學式表示,「就業的最低工資彈性」$= (\dfrac{就業的變動率}{最低工資變動率})$,前述的彈性值 $= -0.1$ 或 -0.2,其計算為源自 $(\dfrac{-0.1\%}{1\%}) = -0.1$,以及 $(\dfrac{-0.2\%}{1\%}) = -0.2$。

高未必與其幫助貧窮勞工的目標相一致。(為進一步瞭解此議題，可參閱 Mankiw, N. G. (2004), *Principles of Economics*。Thomson 以及 Wascher, W. (1999), *"Will Increasing, the Minimum Wage Help the Poor?"* Economic Commentary (Cleveland), Date : 2/1/1999。)

 本章重要名詞與概念

IS–LM 模型之政府支出增加的所得效果

IS–LM 模型之貨幣供給增加的所得效果

流動性陷阱情況之財政與貨幣政策效果

投資無利率敏感度之情況的財政與貨幣政策效果

政府的預算限制式

IS–LM 模型之平衡預算乘數

 習 題　　　　　　　●●● 第 5 章 ●●●

1. 若未考慮國外部門，試配合圖形說明以下各項：

   (1)以數學式導出 *IS* 與 *LM*。

   (2)由(1)導出 *IS–LM* 模型之均衡所得。

   (3)由(2)說明政府支出增加之影響。

2. 由第 1 題的(2)，試配合圖形說明，於 *IS–LM* 模型：

   (1)總額稅增加的影響。

   (2)稅率增加的影響。

3. 由第 1 題的(2)，配合圖形說明，於 *IS–LM* 模型，貨幣供給增加之效果。

4. 於 *IS–LM* 模型，說明以下各項經濟參數數值之大小，對「政府支出增加的所得效果」(由第 1 題的(3)) 與「貨幣供給增加的所得效果」(由第 3 題) 之影響：

⑴「投資對利率的敏感度」(h)。

⑵「貨幣需求對所得的敏感度」(k)。

⑶「貨幣需求對利率的敏感度」(ℓ)。

5. 由 *IS–LM* 模型，說明於以下之各種極端情況，財政政策與貨幣政策之效果：

⑴$h \to 0$ 或 $\ell \to \infty$。

⑵$h \to \infty$ 或 $\ell \to 0$。

※ 6. 若考慮政府支出的融通方式，試說明以下各項政策的效果：

⑴以增發債券融通政府支出的增加。

⑵以貨幣供給增加融通政府支出的增加。

⑶以稅收融通政府支出的增加。

總合需求與總合供給模型

在第 3 章的簡單凱因斯模型,因其考慮一個市場,即產品市場的均衡,因而可求解的內生變數只有一個,即所得 (*y*),而其他變數如利率 (*r*) 與物價 (*P*),則視為外生變數❶。於第 4 章與第 5 章的 *IS–LM* 模型,則同時考慮產品市場與貨幣市場的均衡,因而由模型所決定的內生變數有二個,即所得 (*y*) 與利率 (*r*)。而物價 (*P*) 仍為外生變數❷。於本章,我們將模型更進一步擴大,以總合需求線 (aggregate demand curve,以 y^d 表示) 與總合供給線 (aggregate supply curve,以 y^s 表示) 共同決定經濟之均衡。在此模型下,所得、利率與物價均為內生變數,亦即,三者均由此模型所決定。我們在第 2 章中,曾說明古典學派的總合供給線為一垂直線,其為建立在名目工資與物價均可彈性調整 (flexible) 的假設,古典學派的總合需求表示貨幣市場的均衡;本章的總合供給與總合需求為依凱因斯學派的觀點所導出,此外,也說明其他學說所提出的總合供給線。以下將首先探討凱因斯學派的總合需求。

---

❶ 由第 3 章可知,產品市場的均衡可以 (3.12) 式,或 (3.13) 式,或 $I_r = I$ 表示 (數學上,三者為相等的),均衡的所得 (產出),可由三者之任何一式求得。

❷ 於第 4 章,*IS* 與 *LM* 各以 (4.30) 式與 (4.24) 式表示之。由此二個數學式,可求解二個變數 (*y* 與 *r*)。

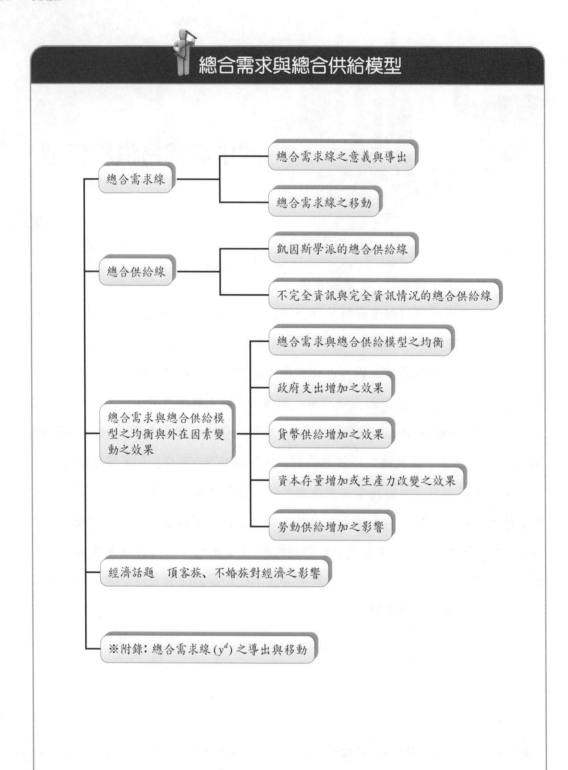

總合需求線

一、總合需求線之意義與導出

如前面提到的，在本章之前的凱因斯模型（第 3 章至第 5 章），並未考慮到物價的變動，因此我們在第 3 章、第 5 章均假設物價為固定值，因而名目變數與實質變數相等。於本章，物價已非固定不變，而為由模型所決定的內生變數，因此，以下擬說明在物價可變動的情況，表示產品市場均衡的 *IS* 以及表示貨幣市場均衡的 *LM* 是否有所改變。

(一)物價可變動之情況的 *IS*

首先須說明者為，在物價可變動時，*IS* 仍可由 (3.33) 式決定之，即：

$$y = E = C + I + G + (X - M)$$

(6.1)

其中 y、E、C、I、G、X 與 M 各表示實質所得（產出）、實質支出、實質消費、實質投資、實質政府支出、實質出口與實質進口[3]。

似同第 3 章之作法，由 (6.1) 式仍可求得與 (4.30) 式相同之 *IS* 的數學式，即：

$$y = \frac{1}{1 - b(1 - t) + m}(\overline{C} - b\overline{T} - \overline{M} + \overline{I} - hr + G + X)$$

(6.2)

(二)物價可變動之情況的 *LM*

其次，在物價可變動時，*LM* 的形態則有所改變。原本，在物價固定時，*LM* 可由 (4.23) 式求得，現因物價可變，名目貨幣供給 (M^s) 須以物價 (P) 平減，因而

---

❸ 由外觀上，(3.33) 式與 (6.1) 式完全相同。兩者的差異在於，(3.33) 式中，y, E, C, I, G, X 與 M 各表示這些變數的名目值除以固定的價格（於第 3 章曾說明，物價可假設為 1）；(6.1) 式中，y, E, C, I, G, X 與 M 則各表示這些變數的名目值除以可變動的價格，因而 (6.1) 式中，各變數均為實質變數，亦即，價格變動時並不影響 (6.1) 式。

(4.23) 式須改寫為:

$$\frac{M^s}{P} = d_0 + ky - \ell r$$

(6.3)

(6.3) 式中，$\frac{M^s}{P}$ 可稱為實質貨幣餘額，而 y, r 仍各表示實質所得（產出）與名目利率（因未考慮物價膨脹率，r 亦等於實質利率）。(6.3) 式即為物價可變情況之 *LM* 的數學式。

因物價可變情況之 *LM*（(6.3) 式）與物價固定情況之 *LM*（(4.23) 式或 (4.24) 式）不同，由 (4.24) 式，我們已說明名目貨幣供給 (M^s) 的增加將造成 *LM* 線的右移（圖 4–7）。在物價可變之情況，由 (6.3) 式可知，除了貨幣供給增加將造成 *LM* 右移外，物價 (P) 降低亦可造成 *LM* 的右移，此可由圖 6–1 與圖 6–2 說明之。圖 6–1 以及圖 6–2 兩者與圖 4–7 最大的差異在於後者以名目貨幣供給 (M^s)，而前者以實質貨幣供給 ($\frac{M^s}{P}$) 導出 *LM*。似同圖 4–7 之方法，由圖 6–1，於實質貨幣供給為 $\frac{M_1^s}{P_1}$ 時，可對應導出 $LM(\frac{M_1^s}{P_1})$；於物價 (P_1) 不變而名目貨幣供給由 M_1^s 增為 M_2^s 時，實質貨幣供給隨之由 $\frac{M_1^s}{P_1}$ 增為 $\frac{M_2^s}{P_1}$，此將造成 *LM* 右移為 $LM(\frac{M_2^s}{P_1})$。在此，名目貨幣供給增加導致 *LM* 右移的現象和圖 4–7 是相同的。另一方面，由圖 6–2，當名目貨幣供給 (M_1^s) 不變而物價降低（由 P_1 減少為 P_2）時，實質貨幣供給將由 $\frac{M_1^s}{P_1}$ 增加為 $\frac{M_1^s}{P_2}$，此亦造成 *LM* 由 $LM(\frac{M_1^s}{P_1})$ 右移為 $LM(\frac{M_1^s}{P_2})$。

(三)以 *IS* 與 *LM* 導出總合需求線

有了圖 6–2，我們就能以之配合 *IS* 來導出總合需求線，此可用圖 6–3 說明之。圖 6–3 (a)之中的 $LM(\frac{M_1^s}{P_1})$ 與 $LM(\frac{M_1^s}{P_2})$ 來自於圖 6–2 (b)，如同前面的說明，其反映，當名目貨幣供給 (M_1^s) 不變，而物價中 P_1 降低為 P_2 時，實質貨幣供給由 $\frac{M_1^s}{P_1}$，增

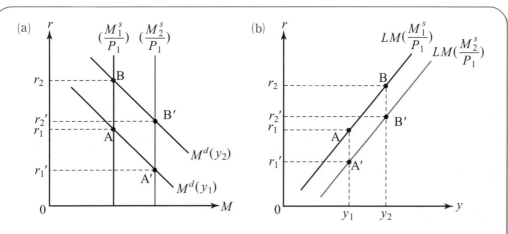

物價 (P_1) 不變，名目貨幣供給由 M_1^s 增為 M_2^s 時，實質貨幣供給由 $\dfrac{M_1^s}{P_1}$ 增為 $\dfrac{M_2^s}{P_1}$，將造成 LM 右移 $(LM(\dfrac{M_1^s}{P_1}) \rightarrow LM(\dfrac{M_2^s}{P_1}))$。

圖 6-1　名目貨幣供給增加而物價不變造成 LM 右移

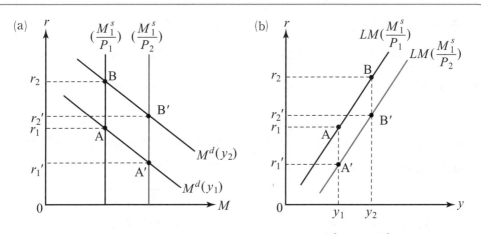

當名目貨幣 (M_1^s) 不變而物價降低 $(P_1 \rightarrow P_2)$，實質貨幣供給將由 $\dfrac{M_1^s}{P_1}$ 增加為 $\dfrac{M_1^s}{P_2}$，將造成 LM 右移 $(LM(\dfrac{M_1^s}{P_1}) \rightarrow LM(\dfrac{M_1^s}{P_2}))$。

圖 6-2　名目貨幣供給不變而物價降低造成 LM 右移

加為 $\frac{M_1^s}{P_2}$，此時造成 LM 由 $LM(\frac{M_1^s}{P_1})$ 右移為 $LM(\frac{M_1^s}{P_2})$。另一方面，由 (6.1) 式（或 (6.2) 式）可知，於物價可變的情況，IS 並未受到物價變動之影響❹。因此，由圖 6–3⒜，當物價為 P_1 時，所對應的 $LM(\frac{M_1^s}{P_1})$ 與 IS 的交點為 A，而 A 點對應的利率與所得為 r_1 與 y_1。換言之，於物價等於 P_1 時，同時維持產品市場與貨幣市場均衡的所得與利率的組合為 A 點所表示的 (r_1, y_1)。依相同的道理，於物價為 P_2 ($P_2 < P_1$) 時，所對應的 $LM(\frac{M_1^s}{P_2})$ 與 IS 的交點為 B，而 B 點所對應的利率與所得為 (r_2, y_2)；易言之，當物價為 P_2 時，同時維持產品市場與貨幣市場均衡的利率與所得的組合為 B 點所表示的 (r_2, y_2)。

圖 6–3⒜的縱座標與橫座標各為 r 與 y，而圖 6–3⒝之兩個座標則各為 P 與 y。接著可將圖 6–3⒜的 A 點與 B 點轉換到圖 6–3⒝。由圖 6–3⒝，其中 A 點乃對應於圖 6–3⒜中之 A 點，亦即物價為 P_1，所得為 y_1 時（且利率為 r_1），可同時維持產品與貨幣市場均衡；同理，圖 6–3⒝之 B 點為對應於圖 6–3⒜之 B 點，即物價為 P_2 時，若所得為 y_2（且利率為 r_2），則可同時維持產品與貨幣市場的均衡。將圖 6–3⒝中之 A 點與 B 點連接，就形成總合需求線 (y^d)❺。

> 依照以上的說明，可將凱因斯學派之總合需求線定義為：總合需求線乃同時維持產品市場與貨幣市場均衡之各物價與所得組合點的連線（軌跡）。

圖 6–3⒝顯示，總合需求線的斜率為負，亦即，物價與所得呈反方向之關係。以線上的 A 點與 B 點為例，由 A 點移動至 B 點時，物價水準由 P_1 降低為 P_2，所得則由 y_1 增為 y_2。進一步言之，於物價降低時，實質貨幣餘額增加，此將導致利率降低，而利率降低導致投資增加，所得亦隨之增加。因而，在同時維持產品市

---

❹　參見❸。

❺　為求簡化，我們假設所繪出的總合需求線 (y^d) 為直線形態；後面對於總合供給線 (y^s) 的導出，亦作相同的假設。

場與貨幣市場均衡時，物價與所得的變動方向相反。

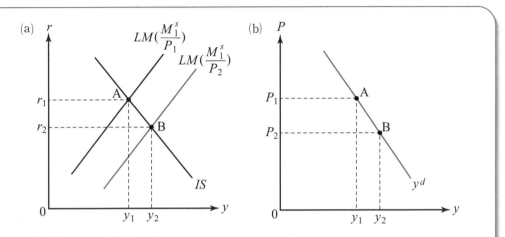

將圖 6-3 (a)的 A、B 點轉換至圖 6-3 (b)中，其中 A 點的物價、利率、所得分別為 P_1、r_1、y_1，B 點的物價、利率、所得分別為 P_2、r_2、y_2，連接 A、B 兩點可得圖 6-3 (b)的總合需求線。

 圖 6-3　總合需求線 (y^d) 之導出

二、總合需求線之移動

(一)政府支出增加對總合需求線的影響

政府支出 (G) 增加對總合需求線的影響，可由圖 6-4 說明之。於圖 6-4 (a)，假設名目貨幣供給與物價各固定於 M_1^s 與 P_1 之值，即實質貨幣供給固定於 ($\frac{M_1^s}{P_1}$)，LM 線因而固定於 $LM(\frac{M_1^s}{P_1})$。假設原先政府的支出水準為 G_1，其所對應的 $IS(G_1)$ 與 $LM(\frac{M_1^s}{P_1})$ 的交點 A 所決定的利率與所得為 r_1 與 y_1。若政府支出由 G_1 增為 G_2，由第 4 章可知，此將造成 IS 線右移（圖 4-11），亦即圖 6-4 (a)中，$IS(G_1)$ 右移為 $IS(G_2)$，而 $IS(G_2)$ 與 $LM(\frac{M_1^s}{P_1})$ 的交點 B 所決定的利率與所得為 r_2 與 y_2。將圖 6-4 (a)之 A 點與 B 點轉換至圖 6-4 (b)，可得到對應的 A 點與 B 點。由此可知：

政府支出增加將造成總合需求線由 $y^d(G_1)$ 右移為 $y^d(G_2)$ ❻。

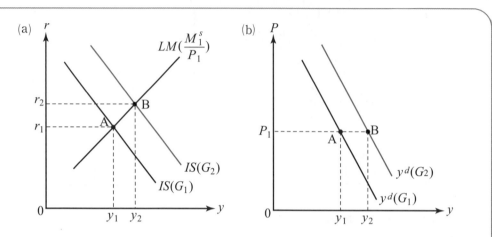

政府支出增加 $(G_1 \rightarrow G_2)$，使 IS 線右移 $(IS(G_1) \rightarrow IS(G_2))$，得到新的均衡利率 r_2 與所得 y_2，在維持產品與貨幣市場的均衡下，使總合需求線右移 $(y^d(G_1) \rightarrow y^d(G_2))$。

圖 6–4　政府支出 (G) 增加造成總合需求線 (y^d) 右移

(二)名目貨幣供給增加對總合需求線的影響

圖 6–5 說明名目貨幣供給的變動如何影響總合需求線。當物價水準固定於 P_1，由圖 6–5 (a)，名目貨幣供給為 M_1^s 時，所對應的 $LM(\frac{M_1^s}{P_1})$ 與 IS 的交點 A，其所決定的利率與所得為 r_1 與 y_1。似同前述的說明，圖 6–5 (a)的 A 點對應於圖 6–5 (b)的 A 點。依同樣的道理，當名目貨幣供給增加為 M_2^s 時，其所對應的 $LM(\frac{M_2^s}{P_1})$ 與 IS 的交點 B 所決定的利率與所得各為 r_2 與 y_2。同樣地，圖 6–5 (a)的 B 點亦可轉換為圖 6–5 (b)的 B 點。亦即名目貨幣供給增加時，總合需求線將由 $y^d(M_1^s)$ 右移為 $y^d(M_2^s)$ ❼。

---

❻　參見本章之附錄。

❼　參見本章之附錄。

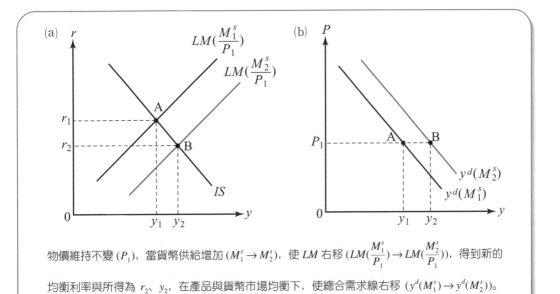

物價維持不變 (P_1)，當貨幣供給增加 $(M_1^s \to M_2^s)$，使 LM 右移 $(LM(\frac{M_1^s}{P_1}) \to LM(\frac{M_2^s}{P_1}))$，得到新的

均衡利率與所得為 r_2、y_2，在產品與貨幣市場均衡下，使總合需求線右移 $(y^d(M_1^s) \to y^d(M_2^s))$。

圖 6–5　名目貨幣供給 (M^s) 增加造成總合需求線 (y^d) 右移

由以上可知：

> 政府支出增加或名目貨幣供給增加均造成總合需求線往右移，但前者造成利率提高，
> 而後者則造成利率降低。

　　除了政府支出或名目貨幣供給外，其他外在變數，如：自發性消費 $(\overline{C})$、總額
稅 $(\overline{T})$、自發性進口 $(\overline{M})$、自發性投資 $(\overline{I})$、自發性貨幣需求 (d_0) 或出口 (X) 等變
數之改變均會造成總合需求線的移動[8]。

第 2 節
總合供給線

　　在本書第 2 章，我們探討古典學派的總體經濟理論時，已提到由於古典學派

---

[8]　參見本章之附錄。

假設名目貨幣工資與物價均具彈性，而能自由調整，因此得到一垂直的總合供給線。本章則由凱因斯學派的觀點，說明制度因素所造成的貨幣工資或價格僵固性存在時，總合供給線之導出。另外，也由其他學說之觀點說明總合供給線之導出。

一、凱因斯學派的總合供給線

(一)僵固的貨幣（名目）工資情況的總合供給線

由凱因斯學派的觀點，貨幣工資並非如古典學派所假設為自由調整的，相反地，貨幣工資可能因為以下因素而為短期僵固的 (sticky)。通常在工會存在的情況，工人與僱主訂立契約時，雙方會約定在一段期間內，將貨幣工資固定在某一水準。除了前述形諸文字的外顯的契約 (explicit contracts)，僱主與勞工之間也可能具有隱含的契約 (implicit contracts)，即僱主與勞工之間並未具有書面的契約，而基於維持較佳的兩者關係，在景氣較差時，僱主並不調降貨幣工資，於景氣較佳時，勞動者也不要求提高工資，此也成為貨幣工資在短期間為固定的一個原因。

於第 2 章古典學派的總體模型，已提到總合供給線為：**維持勞動市場均衡的各物價與所得（產出）組合點的連線（軌跡）。**於本章，此定義仍然相同。我們可以用圖 6–6 來說明，貨幣工資具有僵固性的情況，總合供給線如何導出。

如同圖 2–9 (b)，圖 6–6 (a)以貨幣工資 (W) 作為縱軸，以勞動就業量 (N) 作為橫軸，$P \cdot MPN$ 線（勞動的邊際產值線）反映整體廠商對勞動的需求。當貨幣工資固定，而物價提高時，$P \cdot MPN$ 線的右移將造成廠商願意僱用更多的勞動（因勞動的邊際產值增加）。在此，我們假設工資為短期僵固的，即 $W = \overline{W}$（$W = \overline{W}$ 為一固定的工資水準）。將 $W = \overline{W}$ 繪於圖 6–6 (a)，可得一水平直線，此表示，在 $W = \overline{W}$ 的貨幣工資水準下，勞動者可提供廠商所需要的勞動數量。由圖 6–6 (a)，當物價水準為 P_1 時，所對應之勞動的邊際產值線為 $P_1 \cdot MPN$，其與 $W = \overline{W}$ 線的交點 A，決定勞動的僱用量為 N_1，以之代入圖 6–6 (b)的生產函數，可得產出（所得）y_1；當物價水準提高為 P_2 時，勞動的邊際產值線右移為 $P_2 \cdot MPN$，其與 $W = \overline{W}$ 線的交點為 B，決定勞動的僱用量 N_2，所對應的產出（所得）為 y_2。將圖 6–6 (a)與圖 6–6

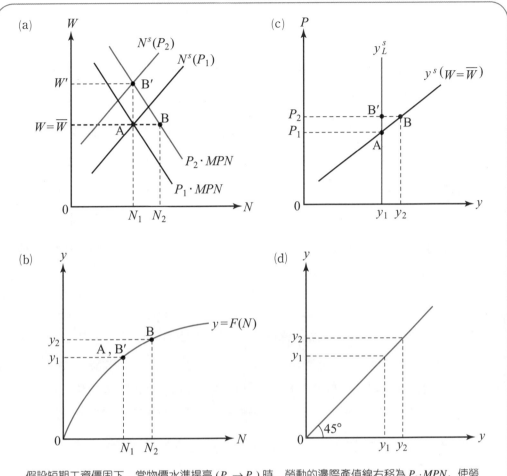

假設短期工資僵固下，當物價水準提高 $(P_1 \rightarrow P_2)$ 時，勞動的邊際產值線右移為 $P_2 \cdot MPN$，使勞動的僱用量增加 $(N_1 \rightarrow N_2)$、所得增加 $(y_1 \rightarrow y_2)$。將圖 6–6 (a)與圖 6–6 (b)的 A 點與 B 點轉換至以 P–y 表示兩軸的圖 6–6 (c)，可得到貨幣工資為短期僵固下之總合供給線 y^s，其斜率為正。在古典學派之情況，當物價提高 $(P_1 \rightarrow P_2)$，不僅勞動的邊際產值線右移，勞動供給線亦將左移 $(N^s(P_1) \rightarrow N^s(P_2))$。於長期，勞動者會要求提高貨幣工資，其幅度與物價的提高相等，以維持實質工資不變，因此均衡點由圖 6–6 (a)的 A 移至 B′，於可找到對應的 A 點與 B′ 點，將圖 6–6 (c)的 A 點與 B′ 點連接，即可得古典學派的總合供給線 y_L^s，其為一垂直線。

🔊 圖 6–6　貨幣工資為僵固情況的總合供給線導出

(b)的 A 點與 B 點轉換至以 P–y 表示兩軸的圖 6–6 (c)，可得到對應的 A 點與 B 點，連接之，即得貨幣工資為短期僵固下之總合供給線 y^s❾，其斜率為正。

---

❾　似同總合需求線之情況，為求簡化，我們亦假設總合供給線為直線之形態。

在此，我們也將前面所提到的古典學派的總合供給線之導出同時呈現於圖6–6。似同圖 2–9 (b)，由圖 6–6 (a)，於古典學派之情況，當物價由 P_1 提高為 P_2 時，不僅勞動的邊際產值線由 $P_1 \cdot MPN$ 右移為 $P_2 \cdot MPN$，另外，勞動供給線將由 $N^s(P_1)$ 左（上）移為 $N^s(P_2)$。勞動供給線隨著物價提高而往左（上）移，此表示，於短期，當物價提高而貨幣工資仍維持於原水準時，因實質工資減少，勞動供給量將減少（由圖 2–8 或圖 2–9 (b)）；於長期，勞動者會要求提高貨幣工資，其幅度與物價的提高相等，以維持實質工資不變。因此，由圖 6–6 (a)，於古典學派之情況，物價由 P_1 提高為 P_2 時，均衡點將由 A 移至 B′，在圖 6–6 (b) 與圖 6–6 (c) 可找到對應的 A 點與 B′ 點，將圖 6–6 (c) 的 A 點與 B′ 點連接，即可得古典學派的總合供給線 y_L^s，其為一垂直線。

> 由於 y_L^s 為在長期貨幣工資可調整之條件下所導出者，因而可稱 y_L^s 為長期的總合供給線，而其所對應的就業量 N_1 可稱為「充分就業的就業水準」或「自然就業水準」，y_L^s 所對應的產出可稱為「充分就業產出」或「自然產出水準」（由第 2 章註 ❽）。

相對的，圖 6–6 (c) 之中，y^s 為依貨幣工資的短期僵固性所繪出者，因而 y^s 可稱為短期的總合供給線。

(二)工資不對稱反映的總合供給線

在前述的分析中，我們探討貨幣工資為短期僵固情況的總合供給，即假設 $W = \overline{W}$，在物價提高時，貨幣工資不會隨之提高，在物價降低時，貨幣工資也不會隨之減少，在此假設下，可得到一正斜率的總合供給線。實際上，貨幣工資對物價的反映是不對稱的，此可由圖 6–7 說明之。

例如，在最低工資法 (minimum-wage laws) 存在之情況，由圖 6–7 (a)，若原先的工資水準等於法定的最低工資 $\overline{W}$，勞動市場的均衡點 A 為勞動的邊際產值線 $P_1 \cdot MPN$ 與勞動的供給線 $N^s(P_1)$ 的交點，其對應的就業量與產出（所得）各為 N_1 與 y_1。由 A 點出發，若物價自 P_1 提高為 P_2 時，勞動者會要求將貨幣工資提高，

即勞動供給線由 $N^s(P_1)$，左（上）移至 $N^s(P_2)$，同時勞動的邊際產值線右移至 $P_2 \cdot MPN$，其與 $N^s(P_2)$ 的交點為均衡點 B，其所對應的就業與產出（所得）仍為 N_1 與 y_1。另一方面，於 A 點，若物價由 P_1 降低為 P_3，勞動的邊際產值線由 $P_1 \cdot MPN$ 左移為 $P_3 \cdot MPN$，因最低工資法的存在，貨幣工資仍維持在 $\overline{W}$，勞動的邊際產值線 $P_3 \cdot MPN$ 與 $W = \overline{W}$ 的交點 C 所決定的就業與產出為 N_3 與 y_3。於圖 6–7 (b)，將

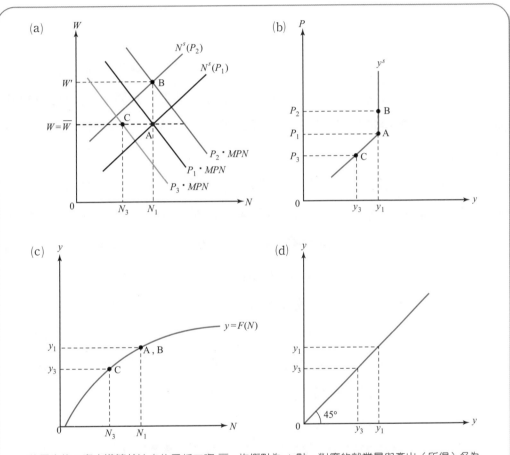

若原先的工資水準等於法定的最低工資 $\overline{W}$，均衡點為 A 點，對應的就業量與產出（所得）各為 N_1 與 y_1。當物價提高 $(P_1 \rightarrow P_2)$，勞動者會要求提高貨幣工資，即勞動供給線左移 $(N^s(P_1) \rightarrow N^s(P_2))$，勞動邊際產值線右移 $(P_1 \cdot MPN \rightarrow P_2 \cdot MPN)$，決定新均衡點 B，其所對應的就業與產出（所得）仍為 N_1 與 y_1。若物價由 P_1 降低為 P_3，勞動的邊際產值線左移 $(P_1 \cdot MPN \rightarrow P_3 \cdot MPN)$，因最低工資的存在，貨幣工資仍維持在 $\overline{W}$，新均衡點為 C 點。將 A、B 與 C 各點連接，可得工資不對稱反映的總合供給線，在 A 點以上的部分，其為垂直線，在 A 點以下的部分則為正斜率。

圖 6–7　工資不對稱反映的總合供給線

A、B 與 C 各點連接，可得工資不對稱反映的總合供給線，在 A 點以上的部分，其為垂直線，在 A 點以下的部分則為正斜率。

> 在工資不對稱的情況下，例如：存在最低工資時，在最低工資 ($\overline{W}$) 以上為垂直的總合供給線，在最低工資 ($\overline{W}$) 以下，總合供給線為正斜率。

 ## (三)極端情況的凱因斯總合供給線

前述對凱因斯學派總合供給線的討論，乃假設貨幣工資為僵固的而物價仍可調整。如果探討一種更極端的情況，即**不只假設貨幣工資為僵固的，另外也假設物價水準與勞動的邊際生產力均為固定不變的**，則此時總合供給線的導出可表示如圖 6–8。

由圖 6–8 (a)，因貨幣工資、物價與勞動的邊際生產力均為固定的，此時 $W = \overline{W}$ 線與勞動的邊際產值線 $\overline{P} \cdot \overline{MPN}$ 均為水平線，且兩者重合。圖 6–8 (c)的生產函數繪成直線形態，即表示勞動的邊際生產力 (*MPN*) 維持固定❿。在資本設備 (capacity) 有大量閒置的情況，如 1930 年代的經濟大恐慌時期，若勞動的就業量可增加，則原閒置的資本設備可提供配合使用，此為勞動的邊際生產力能維持固定的原因⓫。在圖 6–8 (a)與圖 6–8 (c)的假設下，於圖 6–8 (b)可繪出水平形態的總合供給線，由以上的說明可知，這種總合供給線較可能存在於 1930 年代的經濟情況，因而可稱之為極端情況的凱因斯總合供給線。

> 當貨幣工資、物價與勞動的邊際生產力均為固定時，總合供給線為水平線。

---

❿ 由圖 2–1 可知，當生產函數為直線時，勞動的邊際生產力維持固定。

⓫ 形成勞動的邊際生產力 (*MPN*) 遞減的原因為：當勞動的僱用量增加時，其他的生產要素（例如資本設備）並未能配合增加。

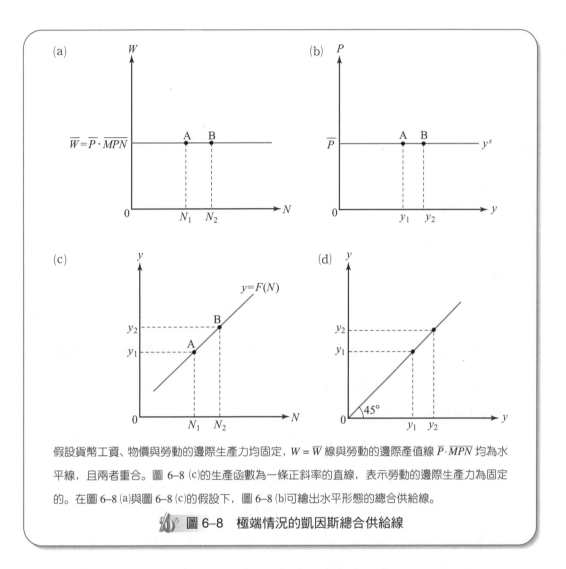

假設貨幣工資、物價與勞動的邊際生產力均固定，$W = \overline{W}$ 線與勞動的邊際產值線 $\overline{P} \cdot \overline{MPN}$ 均為水平線，且兩者重合。圖 6–8 (c)的生產函數為一條正斜率的直線，表示勞動的邊際生產力為固定的。在圖 6–8 (a)與圖 6–8 (c)的假設下，圖 6–8 (b)可繪出水平形態的總合供給線。

🎲 圖 6–8　極端情況的凱因斯總合供給線

🎲 二、不完全資訊與完全資訊情況的總合供給線

由前面的討論，於貨幣工資為短期僵固時（凱因斯學派之情況），總合供給線為正斜率的；於貨幣工資可彈性調整時（古典學派之情況），總合供給線則為垂直線。除了由貨幣工資的彈性調整與否以說明總合供給線的形態外，也可由資訊是否完整來說明其對總合供給線的影響。易言之，以下將探討，在不完全資訊與完全資訊情況的總合供給線之形態。

(一)不完全資訊情況的總合供給線

於實際的社會，勞動者對產品價格的資訊極可能是不完全的 (incomplete information)。其原因為，價格資訊的發布是有時差的，勞動者因而需要在一段時間後，才能獲得正確的價格資訊。相反的，廠商則相對具有較完整的價格資訊。我們可以用圖 6–9 來說明不完全資訊與完全資訊 (complete information) 情況的總合供給線。假設原先實際價格為 P_1，因此反映廠商對勞動需求的勞動邊際產值線為 $P_1 \cdot MPN$，若勞動者對價格的預期值也等於 P_1，即 $P^e = P_1$（P^e 表示勞動者對價格的預期值），因而對應的勞動供給線為 $N^s (P^e = P_1)$，更精確地說，$N^s (P^e = P_1)$ 應表示為 $N^s (\dfrac{W}{P^e} = P_1)$❷。亦即，於預期價格為 P_1 而維持不變時，當貨幣工資 (W) 愈高，預期的實質工資 ($\dfrac{W}{P^e}$) 亦愈高，在**實質工資變動的替代效果大於所得效果之假設下**，勞動供給將增加，因此貨幣工資與勞動供給為同方向變動，即 $N^s (P^e = P_1)$ 呈現正斜率的形態。於圖 6–9 (a)，由勞動的邊際產值線 $P_1 \cdot MPN$ 與勞動的供給線 $N^s (P^e = P_1)$ 的交點 A 可決定均衡的貨幣工資 W_1 與就業 N_1，以之代入生產函數（圖 6–9 (c)），可決定產出（所得）y_0。如果實際價格由 P_1 提高為 P_2，因假設廠商對價格有完全的資訊，勞動的邊際產值線將右移為 $P_2 \cdot MPN$，於短期間，勞動者對價格的資訊為不完全的，仍停留在 $P^e = P_1$，即對應的勞動供給線仍為 $N^s (P^e = P_1)$。於圖 6–9 (a)，$P_2 \cdot MPN$ 線與 $N^s (P^e = P_1)$ 的交點為 B，由其決定的均衡貨幣工資與就業量各為 W_2 與 N_2，N_2 對應的產出（所得）為 y_2。圖 6–9 (a)與(c) 的 A 點與 B 點可對應於圖 6–9 (b)的 A 點與 B 點，連接圖 6–9 (b)的 A 點與 B 點，可得當勞動者的資訊不完全，而預期價格維持於 P_1 時之總合供給線 $y^s (P^e = P_1)$。

---

❷ 由第 2 章（圖 2–4）可知，勞動供給決定於實質工資 ($\dfrac{W}{P}$)，即 $N^s = N^s (\dfrac{W}{P})$，即 $N^s = N^s (\dfrac{W}{P})$，若勞動者之價格資訊不完全，只能對價格作預期，因而勞動供給為 $N^s = N^s (\dfrac{W}{P^e})$。於短期 P^e 為固定的，假設 $P^e = P_1$，則勞動的供給線為 $N^s = N^s (\dfrac{W}{P^e} = P_1)$，可將之簡寫為 $N^s = N^s (P^e = P_1)$。

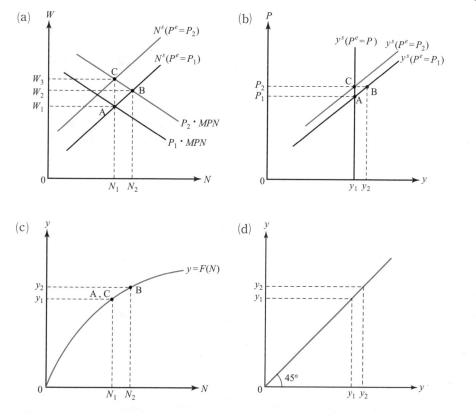

假設原均衡為 A 點（價格為 P_1，勞動邊際產值線為 $P_1 \cdot MPN$，勞動供給線為 $N^s(P^e = P_1)$，產出為 y_1）。當價格提高 $(P_1 \rightarrow P_2)$，在廠商對價格有完全的資訊下，勞動的邊際產值線將右移為 $P_2 \cdot MPN$，但短期勞動者對價格的資訊不完全，其對應的勞動供給線仍為 $N^s(P^e = P_1)$，新的交點為 B，新的均衡貨幣工資、就業量與產出分別為 W_2、N_2、y_2。於圖 6–9 (b)可找到對應的 A、B 點，連接此兩點可得資訊不完全時的總合供給線 $y^s(P^e = P_1)$。經過長時間的調整，勞動者為具有完全資訊的，即勞動的價格預期為 $P^e = P_2$，勞動供給線將左移 $(N^s(P^e = P_1) \rightarrow N^s(P^e = P_2))$，勞動市場的均衡點將移至 C 點，均衡的就業量仍維持在 N_1，貨幣工資則由 W_1 提高到 W_3，其變動的幅度與物價相同，連接圖 6–9 (b)的 A 點與 C 點，可得勞動者在資訊完全下之總合供給線 $y^s(P^e = P)$，此為一垂直的總合供給線。

圖 6–9 不完全資訊與完全資訊情況的總合供給線

 (二)完全資訊情況的總合供給線

當物價由 P_1 提高為 P_2，若經過的期間足夠長，勞動者亦體會到物價的變動，

此時稱勞動者為具有完全資訊的，亦即勞動的價格預期為 $P^e = P_2$。於圖 6–9 (a)，當勞動者將其價格預期由 P_1 提高至 P_2，對應的勞動供給線將由 $N^s(P^e = P_1)$ 左（上）移為 $N^s (P^e = P_2)$。$N^s (P^e = P_1)$ 移至 $N^s (P^e = P_2)$ 的經濟意義為，於貨幣工資維持不變，預期價格提高時，將導致勞動者的預期實質工資 ($\frac{W}{P^e}$) 降低，而減少勞動供給量（此即勞動供給線的左移）；另一種說法為，當預期價格提高時，欲使勞動者提供原有的勞動量，則貨幣工資亦應隨預期價格同幅度提高（此即勞動供給線的上移）。因此，由圖 6–9 (a)，於勞動者有完全資訊，當價格由 P_1 提高為 P_2，勞動市場的均衡點將由 A 點移至 C 點，均衡的就業量仍維持在 N_1，貨幣工資則由 W_1 提高到 W_3，其變動的幅度與物價相同❸。同樣地，我們也可以在圖 6–9 (c)與圖 6–9 (b)找到對應的 C 點，連接圖 6–9 (b)的 A 點與 C 點，可得勞動者在資訊完全，而其預期價格等於實際價格時之總合供給線 $y^s (P^e = P)$，此亦為一垂直的總合供給線。

由以上的說明可知：

在短期，造成總合供給線為正斜率的原因有二種，其中之一為，貨幣工資的僵固性，另一原因為，勞動者的價格資訊不完全；在長期，則貨幣工資可彈性調整，而且勞動者有完全的價格資訊，這也就是古典學派所述說的狀態，其總合供給線為垂直線的形態。

---

❸ 即 $\frac{P_2 - P_1}{P_1} = \frac{W_3 - W_1}{W_1}$，貨幣工資與物價同幅度變動，而維持實質工資不變。因此，勞動就業量維持不變。

第 3 節

總合需求與總合供給模型之均衡與外在因素變動之效果

一、總合需求與總合供給模型之均衡

於本章第 2 節中，已各自說明了總合需求線與總合供給線的導出。若將兩者配合，則可求得總合需求與總合供給模型之均衡，此可表示如圖 6–10。

似同圖 6–6，為導出總合供給，我們在圖 6–10 (a)中假設兩種情況，於短期，貨幣工資為固定的 $(W = \overline{W}_1)$，此即凱因斯學派之情況，由之可導出圖 6–10 (d)之正斜率的總合供給線 y^s $(W = \overline{W}_1)$；另一方面，於長期，貨幣工資為彈性調整的，此即古典學派的情況，由之可得圖 6–10 (d)之垂直的總合供給線 y_L^s。圖 6–10 (c)中，如前面的說明，IS 表示產品市場的均衡；$LM(\frac{M_1^s}{P_1})$ 表示：於名目貨幣供給為 M_1^s 而物價為 P_1 時，貨幣市場之均衡。由 IS 與 LM 可導出圖 6–10 (d)之總合需求 y^d。圖 6–10 (d)中，y^d 與 y^s $(W = \overline{W}_1)$ 以及 y_L^s 的交點為 A，此即總合需求與總合供給模型的均衡。A 點同時為短期與長期的均衡，由之可決定均衡的價格 P_1，均衡的所得（產出）y_1（如前述，y_1 可稱為「充分就業產出」或「自然產出水準」）。由圖 6–10 (a)可決定均衡就業量 N_1（其亦為長期均衡就業量，即「充分就業的就業水準」或「自然就業水準」）。另外，由圖 6–10 (c)可決定均衡利率 r_1。

二、政府支出增加之效果

圖 6–11 說明：在總合需求與總合供給模型下，政府支出增加對各項總體經濟變數的影響。由圖 6–11 (c)，假設原來政府支出，名目貨幣供給與物價各為 G_1, M_1^s 與 P_1，與之對應的 $IS(G_1)$ 與 $LM(\frac{M_1^s}{P_1})$ 之交點為 A，由之決定利率 r_1 與所得 y_1。於

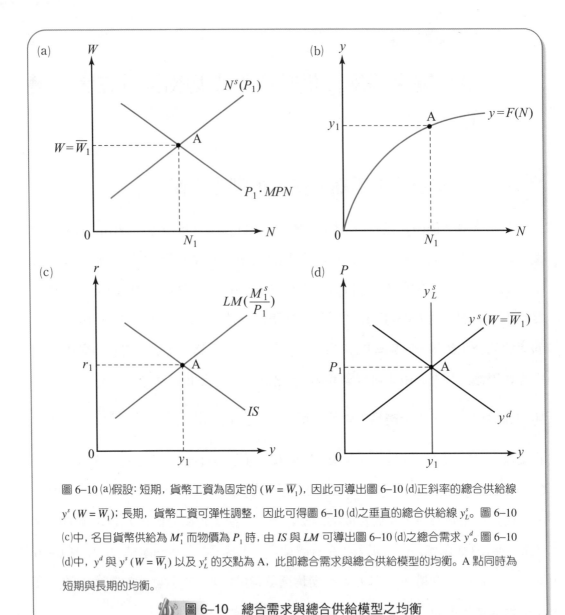

圖 6–10 (a)假設: 短期, 貨幣工資為固定的 $(W = \overline{W}_1)$, 因此可導出圖 6–10 (d)正斜率的總合供給線 $y^s (W = \overline{W}_1)$; 長期, 貨幣工資可彈性調整, 因此可得圖 6–10 (d)之垂直的總合供給線 y^s_L。圖 6–10 (c)中, 名目貨幣供給為 M^s_1 而物價為 P_1 時, 由 *IS* 與 *LM* 可導出圖 6–10 (d)之總合需求 y^d。圖 6–10 (d)中, y^d 與 $y^s (W = \overline{W}_1)$ 以及 y^s_L 的交點為 A, 此即總合需求與總合供給模型的均衡。A 點同時為短期與長期的均衡。

🔊 **圖 6–10　總合需求與總合供給模型之均衡**

圖 6–11 (d), $y^d(G_1)$ 表示: 當政府支出為 G_1 而貨幣供給為 M^s_1 時, 所對應導出的總合需求線。$y^s (W = \overline{W}_1)$ 表示: 當貨幣工資固定於 $\overline{W}_1$ 時, 所對應導出的短期總合供給線。由 $y^d(G_1)$ 與 $y^s (W = \overline{W}_1)$ 所決定的均衡點為 A, 其對應的均衡價格與所得(產出) 各為 P_1 與 y_1, 假設 y_1 為充分就業產出(自然產出水準), 如前述, y^s_L 為對應於貨幣工資可彈性調整的長期總合供給線。假設 A 點也在 y^s_L 上, 因此 A 點為一

短期與長期的均衡點。在圖 6–11 (a)與圖 6–11 (b)亦可找到對應的 A 點。亦即，原先的就業量為 N_1，而所得（產出）為 y_1。

 (一)政府支出增加之短期效果

如果政府支出水準由原先的 G_1 增加為 G_2，則圖 6–11 (c)中，$IS(G_1)$ 將右移為 $IS(G_2)$，在物價仍維持為 P_1 時，$IS(G_2)$ 與 $LM(\frac{M_1^s}{P_1})$ 之交點為 A′，其決定的所得為 y_1' $(y_1' > y_1)$ 利率為 r_1' $(r_1' > r_1)$。由前述（圖 6–4）可知，G_1 增為 G_2 將造成 $IS(G_1)$ 右移為 $IS(G_2)$，且對應地，$y^d(G_1)$ 也右移為 $y^d(G_2)$。

由圖 6–11 (d)，若價格仍維持於 P_1，則 $P = P_1$ 與 $y^d(G_2)$ 的交點 A′ 所決定的 y_1' 表示：當政府支出為 G_2 而價格為 P_1 時，產品的需求（總合需求）為 y_1'，但此時產品的供給（總合供給）仍為自然產出水準 y_1，因 $y_1' > y_1$，此將造成物價的提高。以下將說明物價提高後，新的短期與長期均衡。

於短期間，因工資契約的存在而貨幣工資固定於 $\overline{W}_1$，所對應的短期總合供給線 $y^s(W = \overline{W}_1)$ 與 $y^d(G_2)$ 的交點為 B，B 點即為新的短期均衡，其所決定的價格為 P_1' $(P_1' > P_1)$，而所得（產出）為 y_2。亦即，於政府支出增加，在短期將造成價格由 P_1 提高為 P_1'，此將導致圖 6–11 (c)的 $LM(\frac{M_1^s}{P_1})$ 左移為 $LM(\frac{M_1^s}{P_1'})$❶❹。$IS(G_2)$ 與 $LM(\frac{M_1^s}{P_1'})$ 的交點 B（與圖 6–11 (d)之 B 點對應）決定的利率與所得各為 r_2 與 y_2。於圖 6–11 (a)中，當價格由原先的 P_1 提高為 P_1'，勞動的邊際產值線由 $P_1 \cdot MPN$ 右移為 $P_1' \cdot MPN$，其與 $W = \overline{W}_1$ 的交點 B 所決定的就業量為 N_2，由之，決定的所得（產出）為 y_2。

(二)政府支出增加之長期效果

由以上的短期均衡，即 $y^d(G_2)$ 與 $y^s(W = \overline{W}_1)$ 的交點 B，其所決定的所得（產

---

❹　由圖 6–2 可知，於貨幣供給不變而物價提高，將造成 LM 左移。

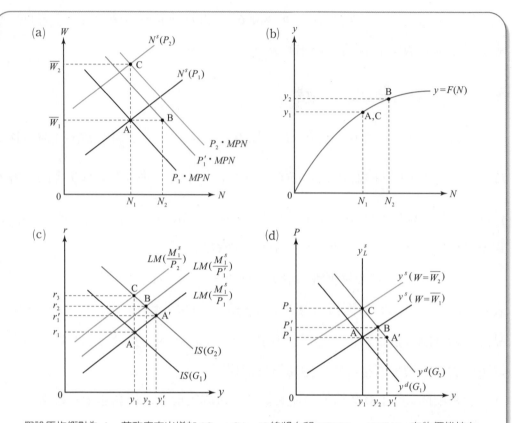

假設原均衡點為 A，若政府支出增加 $(G_1 \rightarrow G_2)$，IS 線將右移 $(IS(G_1) \rightarrow IS(G_2))$，在物價維持在 P_1 下，與 $LM(\frac{M_1^s}{P_1})$ 交於 A'。政府支出增加亦造成 $y^d(G_1)$ 右移至 $y^d(G_2)$，因為 $y' > y_1$ 將造成物價提高，短期由於貨幣工資固定，因此短期總合供給線 $y^s(W = \overline{W_1})$ 與 $y^d(G_2)$ 交於 B 點（新短期均衡）。短期物價增加 $(P_1 \rightarrow P_1')$，使 LM 左移 $(LM(\frac{M_1^s}{P_1}) \rightarrow LM(\frac{M_1^s}{P_1'}))$，勞動邊際產值線右移 $(P_1 \cdot MPN \rightarrow P_1' \cdot MPN)$。長期因 $y_2 > y_1$（自然產出水準），物價持續上揚，長期均衡下 $y^d(G_2)$ 必將與 y_L^s 交於 C 點。

圖 6–11　總合需求－總合供給模型之政府支出增加的效果

出）y_2 仍大於自然產出水準 y_1，因而物價仍將持續提高。由圖 6–11 (d)可知，長期均衡必然在 $y^d(G_2)$ 與長期的總合供給線 y_L^s 之交點 C。因此，物價將由短期均衡的 P_1' 繼續提高至長期均衡 P_2。圖 6–11 (a)之勞動的邊際產值線將由 $P_1' \cdot MPN$ 再右移為 $P_2 \cdot MPN$，圖 6–11 (c)的 $LM(\frac{M_1^s}{P_1'})$ 亦將再左移為 $LM(\frac{M_1^s}{P_2})$。

　　整體而言，當政府支出由 G_1 增加為 G_2，長期均衡點將由 A 移至 C，而物價水準將由 P_1 提高為 P_2。在長期貨幣工資可經由勞資雙方協議而調整，假設勞資雙方均認知物價將由 P_1 調高為 P_2，因而貨幣工資由原先的 $\overline{W}_1$ 提高為 $\overline{W}_2$，而貨幣工資的增加率等於物價增加率，維持實質工資的不變❶。於圖 6–11 (a)，重訂後的貨幣工資 $W = \overline{W}_2$ 與邊際產值線 $P_2 \cdot MPN$ 之交點為 C，因 C 點的實質工資與 A 點相同，所以兩者所對應的勞動就業量與所得（產出）也相同。

　　由以上可知，當政府支出由 G_1 增加為 G_2，在短期，因貨幣工資的僵固性，其均衡點由 A → B，就業與所得（產出）均增加，於長期均衡點由 A → B → C，因貨幣工資可彈性調整以反映物價的提高，就業與所得（產出）均回復到政府支出增加前的水準。另外，由圖 6–11 (a)，在古典學派的情況，因貨幣工資與物價均可彈性調整，當政府支出由 G_1 增加為 G_2 時，勞動的邊際產值線由 $P_1 \cdot MPN$ 右移為 $P_2 \cdot MPN$，而勞動的供給線由 $N^s(P_1)$ 左（上）移為 $N^s(P_2)$，$P_2 \cdot MPN$ 線與 $N^s(P_2)$ 線亦交於 C 點，而得到古典學派模型下，政府支出增加不影響就業與所得（產出）的結論（此與第 2 章的結果相同）。由此可知，當政府支出增加時，於長期的情況，凱因斯學派模型與古典學派模型之結果為一致的。

三、貨幣供給增加之效果

　　我們以圖 6–11 說明了政府支出增加的短期與長期效果，接著圖 6–12 探討貨幣供給增加的短期與長期效果。比較圖 6–11 與圖 6–12 可知，兩個圖在(a)與(b)這幾個部分相同，只是影響(d)圖的 y^d 移動之原因不同。兩個圖的差異在於(c)圖的部分。由於圖 6–12 與圖 6–11 有極大的相似性，因此對圖 6–12 的說明就可較為簡略，其中(a)、(b)與(d)圖之推論方式大抵與圖 6–11 的情況相同。

---

❶　即令 $\dfrac{\overline{W}_2 - \overline{W}_1}{\overline{W}_1} = \dfrac{P_2 - P_1}{P_1} = \alpha\%$，所以 $\dfrac{\overline{W}_1}{P_1} = \dfrac{\overline{W}_1(1+\alpha\%)}{P_1(1+\alpha\%)} = \dfrac{\overline{W}_2}{P_2}$。

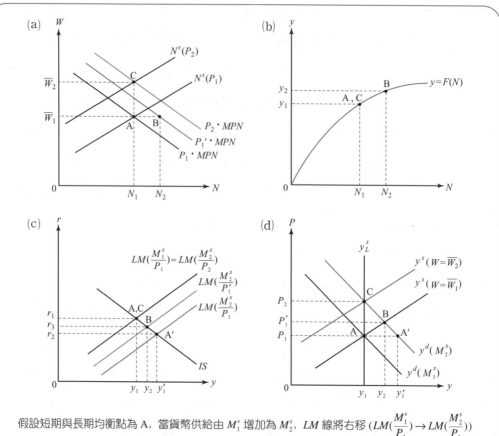

假設短期與長期均衡點為 A，當貨幣供給由 M_1^s 增加為 M_2^s，LM 線將右移 $(LM(\frac{M_1^s}{P_1}) \to LM(\frac{M_2^s}{P_1}))$

與 IS 線相交於 A′ 點，$y^d(M_1^s)$ 右移為 $y^d(M_2^s)$，因 $y_1' > y_1$，價格將會持續提高 $(P_1 \to P_1')$，短期均

衡點將移至 B 點，LM 線將左移 $(LM(\frac{M_2^s}{P_1}) \to LM(\frac{M_2^s}{P_1}))$，B 點為貨幣供給增加的短期均衡。長期

均衡必產生在 C 點，此時貨幣工資可由 $\overline{W}_1$ 調整至 $\overline{W}_2$，以充分反映物價長期調整的幅度。

圖 6–12　總合需求—總合供給模型之貨幣供給增加的效果

(一)貨幣供給增加之短期效果

由圖 6–12 (c)，假設原先名目貨幣供給、物價各為 M_1^s 與 P_1，由之可得 LM

$(\frac{M_1^s}{P_1})$，其與 IS 的交點 A，決定利率 r_1 與所得 y_0。以貨幣供給為 M_1^s 之 LM 配合 IS

可導出圖 6–12 (d)的 $y^d(M_1^s)$。假設於原先短期情況，貨幣工資固定於 $\overline{W}_1$，與之對

應的短期之總合供給線為 $y^s(W = \overline{W}_1)$。$y^d(M_1^s)$ 與短期的總合供給線 $y^s(W = \overline{W}_1)$

以及長期的總合供給線 y_L^s 之交點為 A，由之決定的價格與所得（產出）各為 P_1 與 y_1。y_1 為充分就業產出，因而圖 6–12 (d)的 A 點（以及圖 6–12 (a)、(b)、(c)與之對應 A 點）為原先的短期與長期均衡。若貨幣供給由 M_1^s 增加為 M_2^s，則圖 6–12 (c) 中，$LM(\dfrac{M_1^s}{P_1})$ 將右移為 $LM(\dfrac{M_2^s}{P_1})$，其與 IS 的交點為 A′，由之決定 r_2 與 y_1'。當貨幣供給由 M_1^s 增加為 M_2^s 時，圖 6–12 (d)之 $y^d(M_1^s)$ 將右移為 $y^d(M_2^s)$，$P = P_1$ 與 $y^d(M_2^s)$ 之交點為 A′，其所決定的 y_1' 表示產品的需求（總合需求）。在原先的物價水準仍維持於 P_1 時，產品的供給（總合供給）仍為 y_1，因為 $y_1' > y_1$，所以價格將會提高。

當貨幣供給增加後，於短期間，均衡點將由 A 點移至 $y^d(M_2^s)$ 與 $y^s(W = \overline{W}_1)$ 的交點 B，由之決定價格 P_1' 與所得（產量）y_2。於物價由 P_1 提高為 P_1' 後，圖 6–12 (c)的 $LM(\dfrac{M_2^s}{P_1})$ 將左移為 $LM(\dfrac{M_2^s}{P_1'})$，其與 IS 的交點為 B，由之決定 r_3 與 y_2。於 B 點，產品的需求與供給均為 y_2，因而 B 點為貨幣供給增加的短期均衡。

(二)貨幣供給增加之長期效果

似同圖 6–11 之情況，由圖 6–12，在長期間，均衡點必然產生於 C 點之處。此表示，於長期，貨幣工資可由 $\overline{W}_1$ 調整至 $\overline{W}_2$，以充分反映物價長期調整的幅度（由 P_1 提高為 P_2）。比較原來的均衡點 A 與新的長期均衡點 C 可知：

> 貨幣供給增加後，在長期，並不影響就業、所得（產出），而物價則提高了。

(三)政府支出增加與貨幣供給增加的效果之比較

另外，由圖 6–11 與圖 6–12 之比較可知，政府支出增加或貨幣供給增加，對就業、所得（產出）與物價的影響相同，即兩種政策均造成就業與所得（產出）在短期增加，在長期則回復原水準；由短期至長期，物價持續提高。兩種政策的差

異在於:

> 政府支出增加時,利率為持續提高的;貨幣供給增加時,利率在短期先降低,於長期則又回到原水準。

以上我們由總合需求與總合供給模型,探討政府支出增加或貨幣供給增加對總體經濟變數的影響,兩者皆經由總合需求線 (y^d) 的變動而影響經濟 ❶。

以下擬探討一些影響長期總合供給線 (y_L^s) 的因素,如資本存量,技術,能源價格或勞動供給之改變對總體經濟的影響。假設這些因素的改變需要較長時間,同時為簡化分析,因此以下的討論均假設長期的情況,在古典學派的假設下,貨幣工資與物價均可彈性調整,因而只須考慮長期的總合供給線而不考慮短期的總合供給線。同時,為便於說明,於勞動市場之探討,以 $(\frac{W}{P})-N$ 為座標之圖形 (如圖 2-9 (a)),而非以 $W-N$ 為座標之圖形 (如圖 2-9 (b)) 作說明。

四、資本存量增加或生產力改變之效果

圖 6-13 可用以說明資本存量 (K) 增加對總體經濟變數的影響。由圖 6-13 (d),原先長期的總合供給線 y_L^s 與總合需求線 y^d 的交點 A 為一長期均衡點,其所決定的均衡價格與所得 (產量) 各為 P_1 與 y_1,如前面提到的,y_1 可稱為原先的自然產出水準 (充分就業產出)。對應於圖 6-13 (d),於圖 6-13 (a),在 $(\frac{W}{P})-N$ 的座標下,資本存量增加前,反映勞動需求的 MPN 線與勞動供給線 $N^s(\frac{W}{P})$ 的交點為 A,由之可決定實質工資為 $(\frac{W}{P})_1$,就業量為 N_1。圖 6-13 (c)中,當名目貨幣供給為 M_1^s 而物價為 P_1 時,所對應的 LM 為 $LM(\frac{M_1^s}{P_1})$,其與 IS 的交點為 A,由之決定

---

❶ 由總合需求線之數學式 (6A.1) 可知,自發性的消費 ($\bar{C}$),自發性的投資 ($\bar{I}$) 或出口 (X) 等外生變數的增加 (減少),均會導致總合需求線 y^d 的右移 (左移),其結果和政府支出增加 (減少) 的效果完全相同。因而這些外生變數的改變,同樣也可用圖 6-11 來說明。

r_1 與 y_1，此處之 y_1 為對應於圖 6–13 (d) 之中，$P = P_1$ 與 y^d 的交點 A 所決定的 y_1，其表示對產品的需求。

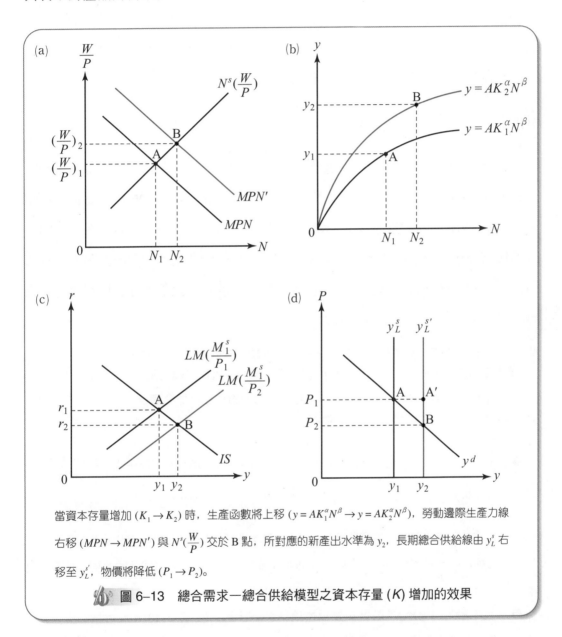

當資本存量增加 ($K_1 \to K_2$) 時，生產函數將上移 ($y = AK_1^\alpha N^\beta \to y = AK_2^\alpha N^\beta$)，勞動邊際生產力線右移 ($MPN \to MPN'$) 與 $N^s(\frac{W}{P})$ 交於 B 點，所對應的新產出水準為 y_2，長期總合供給線由 y_L^s 右移至 $y_L^{s'}$，物價將降低 ($P_1 \to P_2$)。

　　圖 6–13　總合需求─總合供給模型之資本存量 (K) 增加的效果

　　為說明資本存量增加或生產力 (productivity) 改變對總體經濟的影響，須將前面的生產函數作更一般化的決定。於此之前，我們將生產函數表示為 $y = F(N)$，即只以勞動 (N) 作為生產要素。若考慮資本存量與生產力亦為影響產出的因素，

舉例而言，生產函數可設為 $y = F(K, N) = AK^\alpha N^\beta$，此為——Cobb-Douglas 形態的生產函數，其中 A、α 與 β 均為正數，A 可表示生產力，α 與 β 則各表示資本與勞動的產量彈性❼。A 的提高，表示生產力提高，其原因可能由於技術進步，或資本與勞動以外的中間要素，如能源，當其價格降低時，亦會有助於生產力的提高。相反地，若能源價格提高時，則會經由 A 的降低而減少 y。

㈠資本存量增加之影響

經修改生產函數的設定後，我們可以圖 6–13 (b)來表示資本存量增加的影響。假設原來的資本存量為 K_1，與之對應的生產函數為 $y = AK_1^\alpha N^\beta$ ❽，配合前述圖 6–13 (a)的 N_1，可決定產出 y_1。於資本存量由 K_1 增加為 K_2 時，圖 6–13 (b)中的生產函數將由 $y = AK_1^\alpha N^\beta$ 上移為 $y = AK_2^\alpha N^\beta$，而且假設此生產函數的上移為一種非平行的上移，在此假設移動後的生產函數較原來的生產函數為陡。以經濟意義來說，此種非平行的生產函數移動表示：

> 資本增加後，由於每個勞動可支配的資本數量增加，因而勞動的生產力提高，不僅勞動的平均生產力 (APN) 提高，而且其邊際生產力 (MPN) 也提高❾。

---

❼ 如果對 $y = AK^\alpha N^\beta$ 自然對數化，可得：$\ln y = \ln A + \alpha \ln K + \beta \ln N$，由之可得：$\dfrac{\partial \ln y}{\partial \ln K} = \alpha$ 與 $\dfrac{\partial \ln y}{\partial \ln N} = \beta$。此二式可分別表示為 $\dfrac{\partial y / \partial K}{y / K} = \alpha$ 以及 $\dfrac{\partial y / \partial N}{y / N} = \beta$。由此二式可知，$\alpha$ 與 β 各表示資本與勞動的產量彈性，亦即，資本或勞動增加 1% 時，產出增加的百分率。另外，$y = AK^\alpha N^\beta$ 式中，若 K 與 N 維持不變，A 的改變仍會造成 y 的改變，而稱 A 為生產力。

❽ 生產函數 $y = AK^\alpha N^\beta$ 若以 y–N 為座標軸之圖形表示（如圖 6–13 (b)），在同一條生產函數上各點均假設 A 與 K 為固定值。

❾ 由圖 $y = AK^\alpha N^\beta$，可得勞動的平均生產力 (APN) 與勞動的邊際生產力 (MPN) 各為 $APN = \dfrac{y}{N} = AK^\alpha N^{\beta-1}$ 與 $MPN = \dfrac{\partial y}{\partial N} = A\beta K^\alpha N^{\beta-1}$。由此二式可知：於 A 與 N 固定（α, β 亦為固定值），K 增加時將造成 APN 與 MPN 提高。

　　以圖形來看，生產函數往上移的意義為：既定的勞動量所能生產的總產出增加，此亦即代表 APN 提高。另外，生產函數非平行上移，變得較陡，此表示：對應於相同的勞動量，移動後的生產函數之切線斜率（代表勞動的邊際生產力，即 MPN）比原來的生產函數之切線斜率大。因此，在資本存量增加後，勞動的邊際生產力線將由 MPN 右（上）移為 MPN'，由圖 6–13 (a)可知，MPN' 線與 $N^s(\frac{W}{P})$ 交於 B 點。B 點即為資本存量增加後之新的長期均衡點，由 B 點決定的就業量為 N_2，其所對應的所得（產出）為 y_2。y_2 即為資本存量增加後，新的自然產出水準（充分就業水準），圖 6–13 (d)中，長期的總合供給線乃由 y_L^s 右移至 $y_L^{s'}$。於圖 6–13 (d)之中，當 y_L^s 右移為 $y_L^{s'}$，而物價仍為 P_1 時，產品的供給會大於產品的需求（$\overline{P_1A'} > \overline{P_1A}$），因而物價會往下調整，直到 $P = P_2$ 時，才又達到新的長期均衡，即 y^d 與 $y_L^{s'}$ 的交點 B。

　　圖 6–13 (c)中，於物價由 P_1 降低為 P_2 時，$LM(\frac{M_1^s}{P_1})$ 將右移為 $LM(\frac{M_1^s}{P_2})$，其與 IS 的交點為 B，由之決定 r_2 與 y_2。

　　綜合以上之說明可知：

> 當資本存量增加，於長期，勞動的就業水準，所得（產出）均會提高，而利率與物價則會降低，實質工資會提高，而貨幣工資的變動方向則不確定[20]。

(二)技術進步之影響

　　以上，我們以圖 6–13 說明了資本存量增加，對各項總體經濟變數的影響。接著，只須略為改變，仍可以圖 6–13 來說明技術進步對總體經濟的長期影響。須改變的地方為：圖 6–13 (b)之中，將 $y = AK_1^\alpha N^\beta$ 與 $y = AK_2^\alpha N^\beta$ 各改為 $y = A\overline{K}^\alpha N^\beta$ 與

[20]　於資本存量增加後，由圖 6–13 (a)可知，實質工資 $(\frac{W}{P})$ 將提高，由圖 6–13 (d)可知，物價 (P) 將降低。因此，貨幣（名目）工資有可能提高，不變或降低，但於貨幣（名目）工資降低之情況，貨幣（名目）工資降低的幅度小於物價降低的幅度。

$y = A'\overline{K}^{\alpha}N^{\beta}$，且 $A' > A$。亦即，在圖 6–13 (b)中，假設資本存量維持於 $\overline{K}$，而探討技術進步（A 提高為 A' 時）對總體經濟的影響。似同 K 提高之作用，A 的提高亦造成 MPN 的提高**㉑**。因而，在本文假設之生產函數形態下，技術進步對總體經濟的影響和前述資本存量增加的影響是相同的，即：

於長期，技術進步將造成勞動的就業、所得（產出）以及實質工資的提高；利率與物價的降低，對貨幣工資的影響則不確定。

(三)能源價格提高之影響

其次，我們也可以探討能源價格提高對總體經濟的影響，此可由圖 6–14 說明之。比較圖 6–14 與圖 6–13 可知，兩個圖形看來相同，但變動的方向相反。

假設油價提高前的生產函數為 $y = A\overline{K}^{\alpha}N^{\beta}$，對應的勞動邊際生產力線為 MPN，其與勞動供給線 $N^s(\frac{W}{P})$ 交於 A 點，決定勞動就業量 N_1 與實質工資 $(\frac{W}{P})_1$。而由勞動就業量 N_1，可得產出 y_1，此為原來的自然產出水準（充分就業產出），圖 6–14 (d)之長期總合供給線 y_L^s 乃對應之。在油價提高前，總合需求線 y^d 與長期總合供給線 y_L^s 的交點為 A，其所決定的價格為 P_1，於價格為 P_1 時，所對應的 $LM(\frac{M_1^s}{P_1})$ 與 IS 的交點為 A，由之決定利率 r_1 與所得 y_1。現若油價提高，如前述，此將造成 A 值降低，進而造成勞動的邊際生產力減少，圖 6–14 (a)的 MPN 線往左（下）移為 MPN'。MPN' 線與 $N^s(\frac{W}{P})$ 交於 B 點，決定新的長期均衡實質工資 $(\frac{W}{P})_2$ 以及勞動的就業量 N_2，y_2 為對應於 N_2 之新的自然產出水準（充分就業產出）。因而圖 6–14 (d)的長期總合供給線將由 y_L^s 左移為 $y_L^{s'}$。$y_L^{s'}$ 與 y^d 之交點 B 所決定的價格為 P_2。在價格由 P_1 提高為 P_2 後，$LM(\frac{M_1^s}{P_1})$ 亦左移至 $LM(\frac{M_1^s}{P_2})$，其與 IS 的交點

㉑ 由**⑲**的 $APN = AK^{\alpha}N^{\beta-1}$ 與 $MPN = A\beta K^{\alpha}N^{\beta-1}$ 二式可知，於其他條件不變，A 的提高會造成 APN 與 MPN 的增加。

為 B，由之決定 r_2 與 y_2。由以上的說明:

> 能源價格提高的長期影響為: 所得（產出）、就業與實質工資均減少; 物價與利率均提高; 貨幣工資的變動方向則不確定。

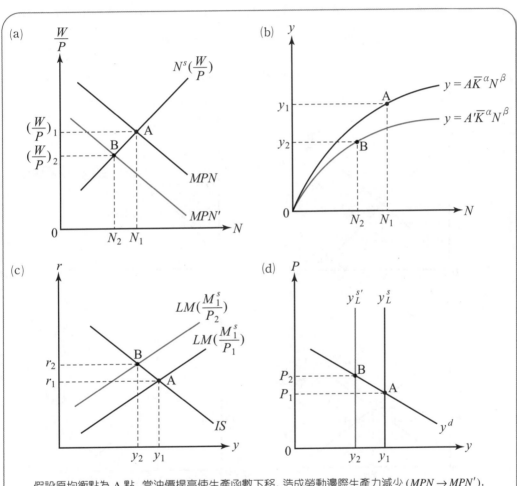

假設原均衡點為 A 點，當油價提高使生產函數下移，造成勞動邊際生產力減少 $(MPN \rightarrow MPN')$，MPN' 與 $N^s(\frac{W}{P})$ 相交於 B 點，決定新的長期均衡實質工資 $(\frac{W}{P})_2$ 以及勞動就業量 N_2，y_2 為對應 N_2 的新自然產出水準，因此長期總合供給線左移 $(y_L^s \rightarrow y_L^{s'})$，價格提高 $(P_1 \rightarrow P_2)$，LM 線往左移動 $(LM(\frac{M_1^s}{P_1}) \rightarrow LM(\frac{M_1^s}{P_2}))$，此造成利率提高。

圖 6-14　能源價格提高對總體經濟之影響

若能源價格不斷提高，造成持續性的所得（產出）減少而物價提高，經濟學者稱此種現象為停滯性膨脹 (stagflation)。

五、勞動供給增加之影響

由前述可知，資本存量的增加或生產力的改變均將影響勞動需求，進而影響就業、長期總合供給與其他總體經濟變數。以下，我們討論影響長期總合供給的另一因素，即勞動供給的變動。圖 6–15 可用以說明勞動供給增加的影響。

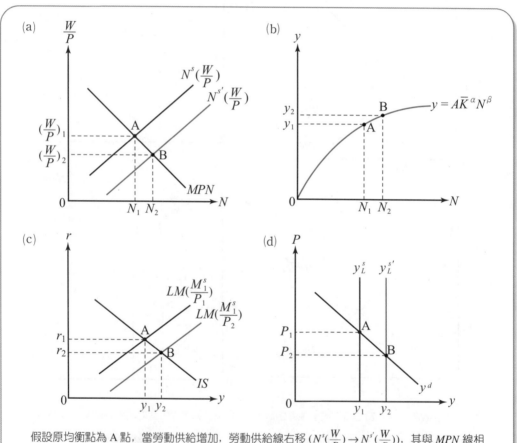

假設原均衡點為 A 點，當勞動供給增加，勞動供給線右移 ($N^s(\frac{W}{P}) \to N^{s'}(\frac{W}{P})$)，其與 MPN 線相交於 B 點決定新的就業量 (N_2) 與實質工資 (($\frac{W}{P}$)$_2$)，其對應新的自然產出水準 (y_2)，長期總合供給線將右移 ($y_L^s \to y_L^{s'}$)。

🔊 圖 6–15 勞動供給增加對總體經濟之影響

此之所謂勞動供給增加，意指在**實質工資固定時，勞動供給量增加**。因為此種勞動供給的增加並非實質工資提高所造成的，因而可稱之為外生的勞動供給增加。人口的增加即可能造成此種勞動供給的增加。

由圖 6–15，如同前述的說明，假設原來的均衡為圖(a)至(d)各圖的 A 點，所對應的所得（產出）、就業、實質工資、物價與利率各為 y_1、N_1、$(\frac{W}{P})_1$、P_1 與 r_1。

當外生的勞動供給增加，而勞動供給線由 $N^s(\frac{W}{P})$ 右移為 $N^{s'}(\frac{W}{P})$，其與 MPN 線的交點 B 所決定的就業量為 N_2，實質工資為 $(\frac{W}{P})_2$。由 N_2 可決定 y_2，此即新的自然產出水準（充分就業產出）。對應於新的自然產出水準 y_2，圖 6–15 (d)的長期總合供給線乃由 y_L^s 右移為 $y_L^{s'}$。$y_L^{s'}$ 與 y^d 決定的價格為 P_2，其低於原先的價格 P_1，因此，圖 6–15 (c)的 $LM(\frac{M_1^s}{P_1})$ 將右移為 $LM(\frac{M_1^s}{P_2})$。而 IS 與 $LM(\frac{M_1^s}{P_2})$ 的交點 B 所決定的利率為 r_2，其低於原先的利率 r_1。

綜合言之，外生的勞動供給增加對總體經濟的影響為：所得（產出）與就業將增加，而實質工資、物價與利率均將降低。由於實質工資與物價均降低，因而可推論貨幣工資亦必然降低，且其降低的幅度大於物價的降低。

經濟話題　頂客族、不婚族對經濟之影響

現今，許多人都覺得單身貴族比較好，此形成所謂「不婚族」；另外，新婚夫妻也以兩人的世界較佳，不想生育或延緩生育小孩，此即「頂客族」。隨著生育率逐漸降低，老年人口相對增加（人口老化議題可參見本書第 9 章經濟話題），臺灣的人口結構由「金字塔」形狀，轉變為「燈籠型」，若日後生育率未提高，則可能成為「倒金字塔」之形態。

生育率降低的現象，以全球觀點，幾乎是近年來已開發與開發中國家共同面臨的問題，一般認為，其原因可能包括以下各項：

首先，由於男女接受教育的機會均等，勞動市場上，女性的勞動參與率較前提高，女性的角色也從以往的家庭主婦改變為職業婦女，成為主要的經濟力之一。於女性的自主性提高，且為兼顧家庭與工作，往往會延緩或減少其生育。

其次，社會觀念的改變亦將影響生育率。例如，結婚後仍想維持結婚前之生活形態，而不急於生育小孩。

再者，經濟的情況亦將影響生育。現今，子女的教育費用較從前大幅提高。每個家庭為了讓孩子在未來更有競爭力，由學前的幼稚園，至小學、中學、大學或研究所各階段的學習，均須投入高額的費用。以上尚未包括昂貴的各項才藝學習支出。剛結婚的夫婦，若收入不高，思慮及各項教育費用，可能延緩其生育，此亦為生育率降低的重要原因之一。

因生育率降低，造成人口結構的改變，其影響是深遠的。如前述，生育率降低與老年人口的增加，將導致老年人相對於年輕人的比率提高，若老年人未從事生產活動，年輕人的負擔將增加。接著，人口成長率趨緩或負成長，其影響為：在生產方面，造成勞動數量的不足，進而影響生產力；於消費方面，則造成對產品的需求不足。以上，對生產與消費的影響，皆將影響長期的經濟成長。另外，生育率降低後，亦將影響教育體系，各級學校會出現供給大於需求的現象，而造成學校之間競爭加劇，經營不易之情況。

以上說明了生育率降低的原因及其可能的影響，接著，擬探討一些因應對策與思考方向。

首先，政府為鼓勵婦女生育，通常採取生育補助的方式，但其效果不大，因如前述，子女的龐大教育費用才是父母所關切者。因此，為同時鼓勵婦女進入勞動市場且提高其生育之意願，政府宜加強托育政策，補貼托育機構，鼓勵其經營；或直接補貼家庭，令職業婦女有能力將其子女托育。政府亦可對子女較多者提高其免稅額度，以減少其生活費用與教育支出的負擔。

其次，臺灣近年來已漸成為族群多元化的社會，為補勞動力的不足，由東南亞各國引進外勞。與外籍人士結婚者亦較前為多，如果能給外籍配偶及其子女較佳學習環境，方便其融入臺灣社會，則對勞動力的補足與勞動品質的提升，應極有助益。

此外，如前述，生育率的降低固然將造成各級學校學生人數的減少，於生產日趨資本密集與知識密集之際，政府可鼓勵產業升級。政府政策亦可因勢利導，充實學校設備及輔助各訓練機構，藉以提升學生素質與在職員工的職能。

如此，勞動品質的提高，亦可補足一些因生育率較低所造成的勞動力不足。

（本節取材自：徐明珠，《少子化時代教育應有的對策與行動》，國政研究報告，2006年4月30日，以及其他與本議題相關之文獻。）

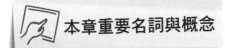

本章重要名詞與概念

總合需求線	僵固的貨幣工資情況的總合供給線
隱含的契約	工資不對稱反映的總合供給線
極端情況的凱因斯總合供給線	資訊不完全情況之總合供給線
資訊完全之總合供給線	停滯性膨脹

※附錄：總合需求線 (y^d) 之導出與移動

於本章，物價為可變動的，*IS* 與 *LM* 各以 (6.2) 式與 (6.3) 式表示，即：

$$y = \frac{1}{1 - b(1 - t) + m}(\overline{C} - b\overline{T} - \overline{M} + \overline{I} - hr + G + X)$$ (6.2)

$$\frac{M^s}{P} = d_0 + ky - \ell r$$ (6.3)

因總合需求線為由 *IS* 與 *LM* 共同導出，我們可由 (6.3) 式得到：

$$r = \frac{d_0}{\ell} + \frac{k}{\ell}y - \frac{1}{\ell}\frac{M^s}{P}$$

將上式代入 (6.2) 式，且整理之，可得：

$$y = \frac{1}{1 - b(1 - t) + m + (hk/\ell)}(\overline{C} - b\overline{T} - \overline{M} + \overline{I} - \frac{hd_0}{\ell} + \frac{h}{\ell}\frac{M^s}{P} + G + X)$$

(6A.1)

(6A.1) 式即總合需求線之數學式。假設只有 P 與 y 可變，其他變數為固定的，由 (6A.1) 式，可求出總合需求線之斜率為負，即：

$$\frac{\partial P}{\partial y} = \frac{1 - b(1 - t) + m + (hk/\ell)}{-(h/\ell)(M^s/P^2)} < 0$$ (6A.2)

另外，假設物價不變（例如，假設 $P = P_1$），由 (6A.1) 式亦可求出自發性消費（$\overline{C}$）、總額稅（$\overline{T}$）、自發性進口（$\overline{M}$）、自發性投資（$\overline{I}$）、自發性貨幣需求（d_0）、名目貨幣供給（M^s）、政府支出（G）與出口（X）等外在變數增加時，對 y^d 之影響，其

結果可表示如下：

$$\frac{\partial y}{\partial \overline{C}} = \frac{\partial y}{\partial \overline{I}} = \frac{\partial y}{\partial G} = \frac{\partial y}{\partial X} = \frac{1}{\Delta} > 0 \qquad \text{(6A.3)}$$

$$\frac{\partial y}{\partial \overline{T}} = \frac{-b}{\Delta} < 0 \qquad \text{(6A.4)}$$

$$\frac{\partial y}{\partial \overline{M}} = \frac{-1}{\Delta} < 0 \qquad \text{(6A.5)}$$

$$\frac{\partial y}{\partial d_0} = \frac{-(h/\ell)}{\Delta} < 0 \qquad \text{(6A.6)}$$

$$\frac{\partial y}{\partial M^s} = \frac{(h/\ell)(1/P)}{\Delta} > 0 \qquad \text{(6A.7)}$$

以上各式中，

$$\Delta = 1 - b(1-t) + m + (\frac{hk}{\ell}) > 0$$

由 (6A.3) 式至 (6A.7) 式可知，自發性消費 ($\overline{C}$)，自發性投資 ($\overline{I}$)，政府支出 (G) 或出口 (X) 的增加均造成 y^d 線右移，且移動幅度相等。名目貨幣 (M^s) 增加亦造成 y^d 線右移。總額稅 ($\overline{T}$)，自發性進口 ($\overline{M}$)，或自發性貨幣需求 (d_0) 的增加則造成 y^d 線左移。

我們亦可發現，在第 5 章 *IS–LM* 模型（物價為固定的）下，若不考慮國外部門，政府支出增加對所得的影響可表示如 (5.3) 式，即：

$$\frac{\Delta y}{\Delta G} = \frac{1}{1 - b(1-t) + (hk/\ell)} > 0 \qquad \text{(5.3)}$$

而由 (6A.3) 式，若不考慮國外部門（即假設 $m = 0$），因其亦假設物價不變，政府支出增加對所得的影響與 (5.3) 式相同❷。

---

❷ $\frac{\partial y}{\partial G}$ 表示政府支出之微量改變對所得的影響，本書視 $\frac{\partial y}{\partial G}$ 與 $\frac{\Delta y}{\Delta G}$ 相同，而交互使用之。

 習 題　　　　　　　　　　　　●●● 第 6 章 ●●●

1. 試說明：

   (1)總合需求之意義。

   (2)以數學式與圖形導出總合需求。

2. 繪圖說明，以下各項改變對總合需求線的影響：

   (1)政府支出增加。

   (2)名目貨幣供給增加。

3. 繪圖說明以下各種情況之凱因斯學派總合供給線：

   (1)僵固的貨幣工資。

   (2)工資不對稱反映。

   (3)貨幣工資、物價水準與勞動的邊際生產力均維持固定。

4. 由資訊是否完全，繪圖說明以下情況之總合供給線：

   (1)不完全資訊。

   (2)完全資訊。

5. 由總合需求 (y^d)—總合供給 (y^s) 模型，說明以下各項：

   (1) y^d–y^s 模型之均衡。

   (2)政府支出增加對均衡所得 (y)、就業 (N)、利率 (r)、物價 (P) 之影響。

   (3)貨幣供給增加對均衡 y、N、r 與 P 之影響。

6. 由 y^d–y^s 模型，說明以下各項改變對均衡 y、N、r、P、貨幣工資 (W) 與實質工資 ($\frac{W}{P}$) 之影響：

   (1)資本存量增加。

   (2)能源價格提高。

7. 由 y^d–y^s 模型，說明勞動供給增加對均衡 y、N、r、P、W 與 ($\frac{W}{P}$) 之影響。

物價膨脹與菲力普曲線

　　於本書第 6 章，總合需求或總合供給的變動均會影響到物價與其他總體經濟變數。其中以物價而言，只要總合需求線往右移或總合供給線往左移均會造成物價水準的提高。然而在第 6 章所提到的物價變動，只是 1 次而非持續提高的。如果**物價顯著而持續** (significant and sustained) **提高**，乃將此種現象稱為物價膨脹 (price inflation, inflation)❶。一般以物價膨脹率 (inflation rate) 來衡量物價膨脹的程度，例如，若 P_t 與 P_{t-1} 各表示 t 期與 $t-1$ 期的物價水準，則兩期之間的物價膨脹率為 π_t，而 $\pi_t = \dfrac{(P_t - P_{t-1})}{P_{t-1}}$。

　　以歐美社會而言，1950 年至 1965 年之間，物價膨脹率均維持在較低且穩定的狀態。由 1965 年開始，物價膨脹現象則較為顯著，尤其在 1970 年代，由石油輸出國家組織 (the Organization of Petroleum Exporting Countries, OPEC) 的油價提高行動 (較為顯著的兩次在 1973 年與 1979 年)，更是造成物價膨脹率提高的重要原因。自此以後，物價膨脹問題也開始為各國政府與民間所重視。

---

❶　如果物價為持續降低的，則稱之「物價緊縮 (deflation)」。

物價膨脹與菲力普曲線

物價膨脹 ─┬─ 物價膨脹的類型
　　　　　├─ 物價膨脹與利率
　　　　　└─ 物價膨脹對 *IS–LM* 模型的影響

菲力普曲線 ─┬─ 原來的菲力普曲線及其導出
　　　　　　├─ 附加預期的菲力普曲線與其變動
　　　　　　└─ 加速學派的理論

經濟話題　菲利普曲線對物價膨脹率與物價膨脹率之變動的預期能力

※附錄(一)：以適應性預期說明加速論者假說

※附錄(二)：理性預期與菲力普曲線

第1節

物價膨脹

一、物價膨脹的類型

如本章前面所提，總合需求往右移或總合供給往左移，均會造成物價的提高。為了由來源的不同以區分通貨膨脹，一般乃將**總合需求右移所造成的物價膨脹稱為**需求拉動的物價膨脹 (demand pull inflation)；而將**總合供給左移所帶動的物價膨脹稱為**成本推動的物價膨脹 (cost push inflation)。以下，我們依序探討此兩種形態的物價膨脹。

(一)需求拉動的物價膨脹

此種形態的物價膨脹乃因總合需求線的右移所引起的，由前述可知，造成總合需求線右移的原因包含：自發性消費 ($\overline{C}$)，自發性投資 ($\overline{I}$)，政府支出 (G)，出口 (X)，或貨幣供給 (M^s) 的增加；另外，政府稅收 ($\overline{T}$)，自發性進口 ($\overline{M}$) 或自發性貨幣需求 (d_0) 的減少，也是造成總合需求線右移的可能原因[2]。以下，我們運用第 6 章所提到的總合需求與總合供給模型，如圖 7–1，來說明需求拉動的物價膨脹。

圖 7–1 中，假設原來總合需求線為 y_1^d，短期的總合供給線為 y_1^s，兩者的交點 A 恰位於長期的總合供給線 y_L^s 上，由 A 點所決定的價格為 P_1，所得（產出）為 y_1，而 y_1 為自然產出水準（充分就業產出）。如果前述影響總合需求線的因素改變，而造成總合需求線自 y_1^d 右移至 y_2^d，由第 6 章的說明可知，在原先的價格 P_1 之下，總合需求大於總合供給，因此，物價在短期會由 P_1 提高至 P'（其決定於 y_2^d 與 y_1^s 的交點）。在長期，則因價格預期以及貨幣工資均可調整，y_1^s 將左（上）移為 y_2^s，而 y_2^d 與 y_2^s 的交點 C 所決定的價格與所得（產出）各為 P_2 與 y_1。此表示，相對於短期，在長期，物價將更進一步提高，而所得（產出）則回復為原先水準。

[2]　由第 6 章附錄的 (6A.1) 式。

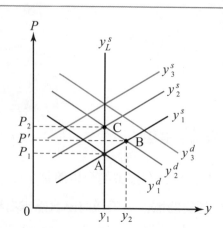

總合需求改變使需求線持續右移，長期下因物價可以預期及工資可以調整，使總合供給線也持續的調整（左移），使物價持續提高，但長期所得（產出）維持不變，即所謂「需求拉動」的物價膨脹。

🔊 圖 7-1　需求拉動的物價膨脹

由以上，影響總合需求的因素之改變，造成 y_1^d 移至 y_2^d，而調整過程為 A → B → C，在 C 點即調整完成，物價停在 P_2 之水準，不會繼續提高。此仍不符合物價膨脹乃物價持續提高之涵義。若總合需求線再持續右移（y_2^d 再右移為 y_3^d，……），以上的調整過程持續進行，則會造成物價持續提高，此即所謂的「需求拉動」的物價膨脹。

由前述可知，「需求拉動」的物價膨脹之產生，須總合需求的影響因素持續的改變。這些因素之中，如自發性消費 $(\bar{C})$，自發性投資 $(\bar{I})$，出口 (X)，政府稅收 $(\bar{T})$，或自發性進口 (M)，似乎均不易持續變動。

> 較有可能造成需求拉動的物價膨脹者應為：政府支出 (G) 或貨幣供給 (M^s) 的持續增加❸。

---

❸ 於長期，我們由本書第 2 章所提到之古典學派的交易方程式來看，即 $MV \equiv Py$，於長期，y 表示自然產出水準（充分就業產出），其為固定值。因此，由 $MV \equiv Py$ 可知，若 V（貨幣的流通速度）無法持續提高，則 P 的持續提高必然源自 M 的持續增加。

(二)成本推動的物價膨脹

　　一般認為，導致「成本推動」的物價膨脹之原因為：具有談判力的工會組織要求較高的貨幣工資；或者，具有獨占力的廠商為增加其利潤而提高產品價格。以圖 7–2 來看，假設原先的均衡為總合需求線 y_1^d，短期總合供給線 y_1^s 與長期總合供給線 y_L^s 的交點 A，其所對應的所得（產出）為自然產出水準 y_1，價格為 P_1。如果有工會組織的勞動者要求提高貨幣工資，由第 6 章（圖 6–11）可知，此將造成短期總合供給線由 y_1^s 左（上）移為 y_2^s。除此之外，有獨占力的廠商，因具有價格的決定能力，如果他們想增加利潤而將產品價格提高，此亦將造成短期的總合供給線左（上）移❹。由 y_1^s 左（上）移為 y_2^s，其與 y_1^d 的交點為 B，由之決定的價格為 P' （$P' > P_1$），而所得（產出）為 y_2 （$y_2 < y_1$）。由此可知，勞動者要求較高的工資（或廠商為增加利潤而提高的價格）會造成所得（產出）減少而物價提高的結果。而所得（產出）的減少 （$y_2 < y_1$）又隱含就業的減少（實際的就業量低於充分就業水準）。

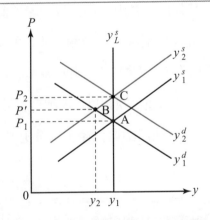

　　勞動供給者提高工資或具有價格決定力的廠商提高價格，使短期總合供給線左移 （$y_1^s \to y_2^s$），造成所得（產出）減少 （$y_1 \to y_2$）而物價提高 （$P_1 \to P'$），此時政府採行擴張性政策使總合需求線右移 （$y_1^d \to y_2^d$），使所得（產出）回到原自然產出水準，價格進一步提高。

🎵 圖 7–2　成本推動的物價膨脹

---

❹　短期的總合供給線往左（上）移，此表示：在相同的產量下，廠商要求較高的產品價格。

在此情況下，通常政府會採行擴張性的財政或貨幣政策，由前述可知，此將造成總合需求線由 y_1^d 右移為 y_2^d，其與短期總合供給線 y_2^s 與長期總合供給線 y_L^s 的交點為 C，即所得（產出）又回到原來的自然產出水準 y_1，而價格更進一步提高為 P_2。

如果，

> 勞動者再次要求提高貨幣工資，或廠商為增加利潤而提高價格，且政府為因應而採擴張性的政策，則以上的調整會再度產生，而物價更進一步提高。如果以上的過程持續進行，即會造成物價持續提高，亦即所謂成本推動的物價膨脹。

(三)能源價格提高所造成的物價膨脹

於本章一開始，我們曾提到，在 1970 年代，油價的提高為造成物價膨脹的重要原因。以下，似同第 6 章，擬在長期貨幣工資與物價均可調整之情況，探討能源價格（如油價）提高所導致的物價膨脹。以圖 7–3 來看，假設原先的均衡點為 A，其為長期的總合供給線 y_L^s 與總合需求曲線 y_1^d 的交點。A 點所決定的價格為 P_1，所得（產出）為 y_1，其為自然產出水準。現若能源價格（如油價）提高，由第 6 章（圖 6–14）可知，此將造成總合供給線左移，即 y_L^s 左移至 $y_L^{s'}$，其與 y_1^d 的交點為 B，由之決定的價格為 P_2，所得（產出）為 y_2。y_2 為油價提高後，新的自然產出水準，而 y_2 低於 y_1。若油價再次提高，則總合供給線再次左移，由 $y_L^{s'}$ 左移至 $y_L^{s''}$，造成物價更提高至 P_3，而新的自然產出水準更減少至 y_3。

由以上可知：

> 能源價格（如油價）持續提高時，會造成物價持續提高，而所得（產出）持續減少之現象，此即所謂停滯性膨脹 (stagflation)。

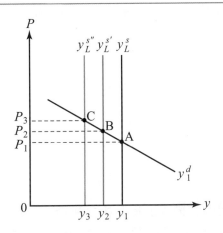

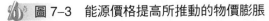

油價提高使長期供給線持續左移（$y_L^{s'}$ 持續向 $y_L^{s''}$ 方向移動），造成物價提高及失業率增加，此即
所謂的「停滯性膨脹」。

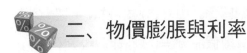 圖 7–3　能源價格提高所推動的物價膨脹

二、物價膨脹與利率

　　在本章之前，我們並未探討物價膨脹，亦即假設物價膨脹率為 0，在物價膨脹率不為 0 之情況，則利率可區分為名目利率 (nominal interest rate) 以及實質利率 (real interest rate)，前者以 i 而後者以 r 表示。兩種利率的差異在於，前者以貨幣單位表示，後者則以實物單位表示。更具體地說，以單期利率來看，名目利率表示：現在少消費 \$1，將之儲蓄，經過一個期間後，可得到 \$$i$ 的利息，亦即得到 \$$(1 + i)$ 以貨幣表示的本利和；實質利率則表示：現在少消費一個單位的產品，則經過一個期間後，可得到以 r 單位產品表示的利息，亦即得到 $(1 + r)$ 單位產品的本利和。名目利率較易於理解，而實質利率則須加說明如下。

　　如果現在少消費一個單位的產品，將之儲蓄，而預期在下一個期間有 $(1 + r)$ 單位的產品可消費❺。其方法：現在將此 1 單位的產品依該產品的價格 \$$P$ 出售，可獲得 \$$P$ 之資金，然後以之購買一個期間即到期的金融資產，該金融資產的名目利率為 i，因而一個期間後可得 \$$P(1 + i)$ 之本利和，若預期在一個期間後的產品價

----

❺　於此假設實質利率 r 為正數，由以下的分析可知，實質利率 r 可能為正數，0，或負數。

格為 $\$P^e_{+1}$ (e 表示預期)，則預期 $\$P(1+i)$ 之本利和在一個期間後可購得之產品單位數為 $\dfrac{P(1+i)}{P^e_{+1}}$，此為以實質利率表示的本利和，即：

$$(1+r) = \frac{P(1+i)}{P^e_{+1}} \qquad (7.1)$$

若定義：

$$\pi^e = \frac{P^e_{+1} - P}{P}$$

以上之 π^e 表示預期的物價膨脹率，由之可得：

$$P^e_{+1} = (1+\pi^e)P$$

再以之代入 (7.1) 式，可得：

$$(1+r) = \frac{(1+i)}{(1+\pi^e)} \qquad (7.2)$$

(7.2) 式乃反映實質利率 r 與名目利率 i 的關係。由 (7.2) 式可知，r 與 i 的不一致，乃由於 π^e 的存在。若未考慮物價膨脹，即假設 $\pi^e = 0$ (亦即假設 $P^e_{+1} = P$)，則 r 與 i 相同。為方便表示 i 與 r 的關係，通常將 (7.2) 式予以簡化。由 (7.2) 式可得 $(1+r)(1+\pi^e) = (1+i)$，展開之，即：

$$1 + \pi^e + r + r\pi^e = (1+i)$$

由於 $r\pi^e$ 通常為一較小的數字，若將之省略，可得：

$$r \approx i - \pi^e \qquad (7.3)$$

(7.3) 式可表示實質利率與名目利率之近似關係，亦即，實質利率等於名目利率與預期的物價膨脹率之差。由此可見：

$$r \gtreqless 0 \ \text{於} \ i \gtreqless \pi^e$$

實質利率可能為正，0 或負，其決定於名目利率與預期物價膨脹率的相對大小。

※ 三、物價膨脹對 *IS-LM* 模型的影響

　　我們在第 4 章以及第 5 章討論 *IS-LM* 模型時，並未考慮物價膨脹的存在，亦即假設預期的物價膨脹率 $\pi^e = 0$。在此情況下，名目利率 i 與實質利率 r 為相同的。因此，在第 4 章與第 5 章，只籠統的以 r 表示利率，而此利率同時適用於 *IS* 與 *LM*。在 $\pi^e \neq 0$ 的情況，名目利率與實質利率並不相同，因此，我們有需要再指出 *IS* 與 *LM* 的數學式中，所包含的利率是那一種利率。由第 4 章可知，*IS*（*LM*）線表示：維持產品（貨幣）市場均衡的所得與利率之組合點的連線（軌跡）。同樣地，由第 4 章，*IS* 的數學式中出現利率，此乃反映：投資是利率的反函數。

　　因為利率是廠商投資時的成本，在預期通貨膨脹存在的情況，廠商關心的是實質利率而非名目利率❻。另一方面，*LM* 的數學式之利率乃表示債券的報酬率，而債券為貨幣的替代性資產。由於債券與貨幣均為金融性的資產（financial assets），因此，人們在選擇債券或貨幣的持有時，會受到名目利率而非實質利率的影響❼。由以上可知，在 $\pi^e \neq 0$ 的情況，若假設物價（P）維持固定，可令 $P = 1$，則 *IS* 與 *LM* 的數學式可表示如下：

$$y = \frac{1}{1 - b(1 - t) + m}[\overline{C} - b\overline{T} - \overline{M} + \overline{I} - h(i - \pi^e) + G + X] \tag{7.4}$$

$$M^s = d_0 + ky - \ell i \tag{7.5}$$

　　表示 *IS* 的 (7.4) 式與 (4.30) 式的差異在於 (7.4) 式更能明確顯示 *IS* 為受實質利率 $(i - \pi^e)$ 的影響。相對於 (4.23) 式，(7.5) 式更能看出 *LM* 為受到名目利率 (i)

---

❻　有關投資理論的詳細說明，可見本書第 9 章。

❼　於第 4 章，未考慮物價膨脹率，即假設 $\pi^e = 0$。個人在選擇持有債券或貨幣時，須比較兩者之相對報酬率，其中債券的報酬率為（債券的名目利率 + 持有債券的資本利得（或損失）），持有貨幣的報酬率假設為 0。現若 $\pi^e \neq 0$，則債券的報酬率為（債券的名目利率 $- \pi^e$ + 持有債券的資本利得（或損失）），而持有貨幣的報酬率為 $(0 - \pi^e = -\pi^e)$。由以上可知，於 $\pi^e \neq 0$，持有債券與持有貨幣，兩者的報酬率之差距仍為債券的名目利率 + 持有債券的資本利得（或損失）因此，個人在選擇持有債券或貨幣時，受到名目利率而非實質利率的影響。

的影響。

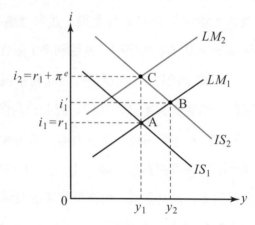

物價膨脹使 *IS* 線右移 ($IS_1 \rightarrow IS_2$),與 *LM*$_1$ 交於 B 點,短期名目利率提高、實質利率降低,實質利率降低造成投資增加,使 B 點產出 (y_2) 大於自然所得水準 (y_1),因此物價提高,使 *LM* 線左移 ($LM_1 \rightarrow LM_2$),得到新的長期均衡點,且名目利率提高的幅度等於物價膨脹的幅度。

圖 7–4 物價膨脹對 *IS–LM* 模型之影響

我們可以圖 7–4 說明在 *IS–LM* 模型下,物價膨脹所造成的影響。假設原先預期的物價膨脹率 $\pi^e = 0$,經濟體系為由 IS_1 與 LM_1 的交點 A 所表示,由 A 點所決定的利率同時為名目利率與實質利率 ($i_1 = r_1$),其所決定的所得(產出)為 y_1,假設 y_1 為自然產出水準(充分就業產出)。

(一)預期通貨膨脹下之 *IS*

現在若人們產生正的物價膨脹之預期,即 $\pi^e = 0$ 變為 $\pi^e > 0$,由 (7.4) 式可知,*IS* 將往上(右)移,即 IS_1 移至 IS_2,其垂直上移的幅度等於 π^e;而由 (7.5) 式可知,*LM* 不受 π^e 變動之影響❽。另外,由圖 7–4 來看,無論 $\pi^e = 0$ 或 $\pi^e > 0$,*IS* 皆表

---

❽ 由 (7.4) 式,我們可求出 $\left. \dfrac{\partial i}{\partial \pi^e} \right|_{\substack{IS \\ dy=0}} = 1$,此即表示:$\pi^e$ 之增加造成 *IS* 同幅度往上移動。

另外,由 (7.5) 式可知,π^e 之增加,不影響 *LM*,即:$\left. \dfrac{\partial i}{\partial \pi^e} \right|_{\substack{LM \\ dy=0}} = 0$。

示: 維持產品市場均衡的所得與實質利率之組合點的連線 (軌跡)。於 $\pi^e = 0$ 時, 若所得等於 y_1, 則維持產品市場均衡的實質利率為 r_1, 其名目利率亦同 $(i_1 = r_1)$, 此對應於 IS_1 線上的 A 點; 於 $\pi^e > 0$, 所得等於 y_1 時, 維持產品市場均衡的實質利率仍為 r_1, 而名目利率則為 $i_2 (= r_1 + \pi^e)$, 此對應於 IS_2 線上的 C 點。由此可知, 於所得固定, 當 $\pi^e = 0$ 變為 $\pi^e > 0$ 時, IS 將垂直往上移動 π^e 之幅度。

 (二)預期通貨膨脹下之 LM

以 LM 而言, 無論 $\pi^e = 0$ 或 $\pi^e > 0$, LM 皆表示: 維持貨幣市場均衡的所得與「名目」利率之組合點的連線 (軌跡)。因此, 在 i–y 之座標體系, 於 $\pi^e = 0$ 變為 $\pi^e > 0$ 時, LM_1 並未受到 π^e 變動的影響。

由以上的說明可知:

> 若人們對物價的預期改變, 由 $\pi^e = 0$ 變為 $\pi^e > 0$ 時, IS_1 將右 (上) 移為 IS_2, 其垂直往上移動的幅度等於 π^e, 而 LM_1 則維持不變。

 (三)預期物價膨脹產生時之調整

以上, 於 $\pi^e = 0$ 變為 $\pi^e > 0$, 而 IS_1 右 (上) 移為 IS_2, 由 IS_2 與 LM_1 的交點 B, 其所決定名目利率為 i_1', 所得為 y_2。由圖 7–4 可知, B 點的實質利率比 A 點的實質利率為低 ❾。此表示: 由 $\pi^e = 0$ 變為 $\pi^e > 0$, 其短期效果為: 圖 7–4 之 A 點移至 B 點。其影響為: 名目利率提高, 而實質利率降低。由前述可知, 實質利率降低將造成投資增加, 此導致 B 點所決定的所得 y_2 (其代表產品的需求) 大於自然產出水準 (充分就業產出) y_1, 因此物價將提高, 而造成 LM_1 向左移至 LM_2。IS_2 與 LM_2 的交點 C 表示 π^e 提高後, 新的長期均衡。由 A 點與 C 點之比較可知, 所得又回

---

❾　由圖 7–4 可知, A 點的名目利率等於實質利率, 即 $i_1 = r_1$。B 點的名目利率為 i_1', 假設 B 點的實質利率為 r_1', 則 $i_1' = r_1' + \pi^e$。由以上二式, 可得: $i_1' - i_1 = (r_1' - r_1) + \pi^e$, 由圖 7–4 可得 $0 < i_1' - i_1 < \pi^e (= i_2 - i_1)$。因此可知, $r_1' - r_1 < 0$, 亦即 $r_1' < r_1$。

到原先的 y_1，而名目利率提高，其幅度等於 π^e，實質利率亦等於原先的 r_1。

綜合以上的說明，可知 $\pi^e = 0$ 提高至 $\pi^e > 0$ 的影響為：

> 於短期，所得增加，名目利率增加，實質利率降低；於長期，所得與實質利率均回到原先的水準，而名目利率則更提高，以充分反映預期的物價膨脹率 π^e。

菲力普曲線

我們在本章第 1 節探討物價膨脹的形態與原因，以及其對利率的影響。且經由 *IS–LM* 模型說明預期物價膨脹對總體經濟的影響。除了物價膨脹之外，失業也是政府與社會大眾所重視的課題。本節擬將此二項課題聯結起來，而探討物價膨脹率與失業率的關係。討論兩者的關係時，首先說明菲力普曲線 (the Phillips curve) 的意義及其導出，其次探討附加預期之菲力普曲線 (the expectations-augmented Phillips curve)。

 ## 一、原來的菲力普曲線及其導出

 ### (一)菲力普曲線的意義

為瞭解貨幣工資變動與失業率的關係，菲力普 (Phillips A. w.) 於 1958 年發表實證研究之文章，說明英國在 1861–1957 年期間兩者的關係❿。其結果可表示如圖 7–5。由圖 7–5 可知，英國於該研究期間，

---

❿　可參閱 Phillips (1958)。

貨幣工資的增加率 $(\frac{\Delta W}{W})$ 與失業率 (u) 具有反方向的關係, 亦即, 失業率愈低, 則貨幣工資增加率愈高; 失業率愈高, 則貨幣工資增加率愈低。

低的失業率與低的貨幣工資增加率均為政府所希望者, 但似乎不易同時兼顧, 此即所謂的抵換 (trade-off) 關係。基於菲力普的發現, 這種如圖 7–5 所示, 反映貨幣工資增加率與失業率之反方向關係的線, 學者稱之為菲力普曲線。

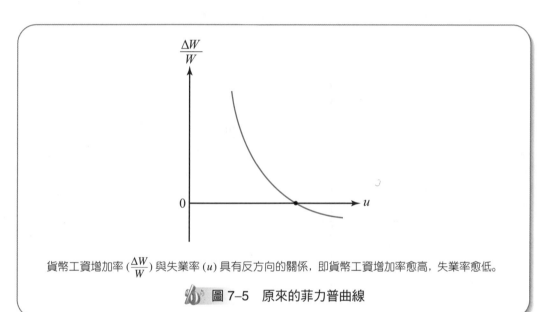

貨幣工資增加率 $(\frac{\Delta W}{W})$ 與失業率 (u) 具有反方向的關係, 即貨幣工資增加率愈高, 失業率愈低。

圖 7–5　原來的菲力普曲線

(二)菲力普曲線的導出

由前述可知, 菲力普提出者為一種實證研究, 對於貨幣工資增加率與失業率之反方向關係, 並未予以理論上的解釋。因此, 後來的學者乃嘗試由理論上來說明之。其中, 有學者[11]從勞動市場的不均衡, 來探討貨幣工資增加率與失業率的關係。此可簡略說明如下。

假設貨幣工資的調整方向決定於勞動需求 (N^d) 與勞動供給 (N^s)。即:

$$\Delta W \gtreqless 0 \qquad 於 N^d \gtreqless N^s \tag{7.6}$$

---

[11]　可參閱如 Lipsey (1960)。

(7.6) 式說明，當勞動需求大於（小於）勞動供給時，貨幣工資會提高（降低），即貨幣工資的變動 (ΔW) 為正（負）。於勞動需求等於勞動供給時，貨幣工資維持不變。若將貨幣工資的變動改以變動率表示，且以勞動的超額需求 ($N^d - N^s$) 表示勞動需求與供給的相對大小，則 (7.6) 式可改為：

$$\frac{\Delta W}{W} \gtreqless 0 \qquad 於 N^d - N^s \gtreqless 0 \qquad\qquad (7.7)$$

(7.7) 式可表示如圖 7–6。亦即，在勞動市場的超額需求為正時，貨幣工資增加率為正，超額需求為負（超額供給為正）時，貨幣工資增加率為負。

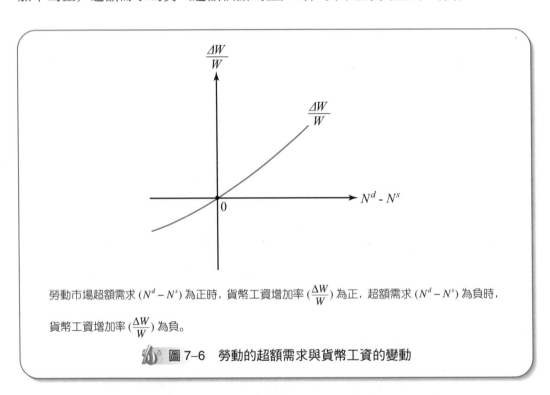

勞動市場超額需求 ($N^d - N^s$) 為正時，貨幣工資增加率 ($\frac{\Delta W}{W}$) 為正，超額需求 ($N^d - N^s$) 為負時，貨幣工資增加率 ($\frac{\Delta W}{W}$) 為負。

圖 7–6　勞動的超額需求與貨幣工資的變動

1. 貨幣工資增加率與失業率之關係

為說明貨幣工資增加率與失業率的關係，須將 N^d 與 N^s 作以下的定義，即：

$$N^d = N + V \qquad\qquad (7.8)$$

$$N^s = N + U \qquad\qquad (7.9)$$

(7.8) 式與 (7.9) 式之中，N 表示實際的就業人數，V 為工作的空缺數

(vacancies)，U 為失業人數。由 (7.8) 式與 (7.9) 式可知，$N^d - N^s = V - U$。另外，由 V 與 U 的相對大小，亦可將之與失業率連繫，亦即：

$$u \lesseqqgtr u_n \qquad 於 V \gtreqqless U \qquad\qquad (7.10)$$

(7.10) 式之重點在於，其定義：

> 於工作空缺數 (V) 等於失業人數 (U) 時，則實際的失業率 (u) 等於自然失業率 (u_n)。

由前述❷可知，自然失業率又可稱為充分就業的失業率。而充分就業意指，社會上仍有失業人口，其失業的成因包含「摩擦性失業」以及「結構性失業」。此兩種失業的形態乃表示，於正常的經濟狀態 (即經濟體系不存在「循環性失業」)，仍有勞動者正在找工作而未就業 (U)，同時存在工作的空缺 (V) 之現象。因此，若 $U = V$，則定義為充分就業，亦即實際的失業率 (u) 等於充分就業的失業率 (u_n)。同理，由 (7.10) 式可知，於工作空缺大於（小於）失業人數，則實際的失業率小於（大於）自然失業率。

由 (7.7) 式～(7.10) 式，可得：

$$\frac{\Delta W}{W} \gtreqqless 0 \qquad 於 u \lesseqqgtr u_n \qquad\qquad (7.11)$$

(7.11) 式表示：

> 於實際失業率等於自然失業率（充分就業失業率），則貨幣工資的增加率等於 0，即貨幣工資維持不變；於實際失業率低於（高於）自然失業率（充分就業失業率），則貨幣工資的增加率大於（小於）0，即貨幣工資提高（降低）。

(7.11) 式亦可表示如圖 7–7，此種由勞動市場不均衡所導出的菲力普曲線，可用以說明原來的菲力普曲線（圖 7–5）產生的原因。

---

❷　參閱本書第 1 章的說明。

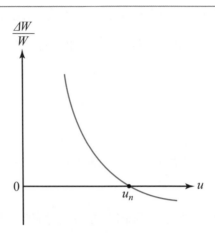

實際失業率等於自然失業率，則貨幣工資增加率等於 0，即貨幣工資維持不變；實際失業率低於（高於）自然失業率（充分就業失業率），則貨幣工資的增加率大於（小於）0，即貨幣工資提高（降低）。

圖 7–7　由勞動市場的不均衡導出的菲力普曲線

由以上可知，原來的菲力普曲線所表達的是：貨幣工資的增加率與失業率的關係。於本節一開始即提到，我們希望探討的是：物價增加率與失業率的關係。因此，以下可經由貨幣工資增加率與物價增加率的關係，將菲力普曲線轉換，以便反映物價增加率與失業率的關係。

2. 物價增加率與失業率之關係

為方便說明，用以表示原來的菲力普曲線之 (7.11) 式，可假設貨幣工資增加率與失業率具有直線的關係，即：

$$\frac{\Delta W}{W} = \alpha(u_n - u) \tag{7.12}$$

(7.12) 式中，α 為一正數，以之反映 u 與 u_n 不同時，對貨幣工資增加率的影響程度。

由第 2 章可知，在產品市場與勞動市場為完全競爭時，廠商利潤極大化的條件為：$\frac{W}{P} = MPN$，亦即實質工資 $(\frac{W}{P})$ 須等於勞動的邊際生產力 (MPN)。對此式求變動率，可得：

$$\frac{\Delta W}{W} - \frac{\Delta P}{P} = \frac{\Delta MPN}{MPN}$$

此式亦可表示為：

$$\frac{\Delta P}{P} = \frac{\Delta W}{W} - \frac{\Delta MPN}{MPN} \qquad (7.13)$$

以 (7.12) 式代入 (7.13) 式，可得：

$$\frac{\Delta P}{P} = \alpha(u_n - u) - \frac{\Delta MPN}{MPN} \qquad (7.14)$$

(7.14) 式乃反映物價增加率與失業率之關係的菲力普曲線，其亦可表示如圖 7–8。為方便比較，在圖 7–8 之中，縱軸可同時表示 $\frac{\Delta W}{W}$ 以及 $\frac{\Delta P}{P}$。如果縱軸為 $\frac{\Delta W}{W}$，則其原點為 O，菲力普曲線與橫軸的交點為 u_n。若縱軸為 $\frac{\Delta P}{P}$，其原點為 O′，菲力普曲線與橫軸的交點在 u_n 的左方❸。且由圖 7–8 可知，$\overline{OO'} = (\frac{\Delta MPN}{MPN})$。

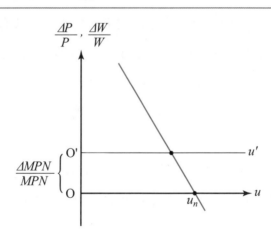

反映物價增加率 $(\frac{\Delta P}{P})$ 與失業率 (u) 之關係的菲力普曲線，物價增加率與失業率具有抵換（反方向）的關係。

圖 7–8　縱軸以 $\frac{\Delta W}{W}$ 或 $\frac{\Delta P}{P}$ 表示的菲力普曲線

---

❸　由 (7.12) 式，令 $\frac{\Delta W}{W} = 0$，可得橫軸的截距為 $u = u_n$。由 (7.14) 式，令 $\frac{\Delta P}{P} = 0$，可得橫軸的截距為 $u = u_n - (\frac{1}{\alpha})(\frac{\Delta MPN}{MPN})$，因 $u_n - (\frac{1}{\alpha})(\frac{\Delta MPN}{MPN}) < u_n$，此表示以 $\frac{\Delta P}{P} = 0$ 為縱軸時，其橫軸截距在 u_n 的左方。

於以下的討論，為求簡化，可假設 $(\frac{\Delta MPN}{MPN}) = 0$，因此圖 7–8 中之 O 與 O′ 合而為一。亦即，不論縱軸以 $(\frac{\Delta W}{W})$ 或 $(\frac{\Delta P}{P})$ 表示，菲力普曲線與橫軸的交點皆為 u_n。因此，(7.14) 式可簡化為：

$$\frac{\Delta P}{P} = \alpha(u_n - u)$$

(7.15)

二、附加預期的菲力普曲線與其變動

(一)附加預期的菲力普曲線

由實際的統計資料來看，以美國而言，於 1950 年代至 1960 年代，物價增加率與失業率兩變數的確呈現如 (7.15) 式所示的反方向關係。但於 1970 年代至 1990 年代，物價增加率與失業率的關係則不明顯，並無前述反方向的關係存在。亦即，在 1970 年代以後，原來表示物價增加率與失業率之抵換關係的菲力普曲線變得較不穩定。因此，在 1960 年代與 1970 年代，弗利德曼 (Friedman) 等學者❶ 嘗試由理論上探討菲力普曲線變得較不穩定的原因。弗利德曼為貨幣學派 (Monetaists) 的創立者，他認為原因在於，於長期間，人們會調整其對物價膨脹的預期。

由前述可知，若不考慮勞動的邊際生產力 (*MPN*) 之變動，則 (7.12) 式或 (7.15) 式均可表示菲力普曲線。現若進一步考慮對物價膨脹的預期，則兩式可表示為：

$$\frac{\Delta W}{W} = \alpha(u_n - u) + (\frac{\Delta P}{P})^e$$

(7.16)

以及

$$\frac{\Delta P}{P} = \alpha(u_n - u) + (\frac{\Delta P}{P})^e$$

(7.17)

以上兩式之中，$(\frac{\Delta P}{P})^e$ 表示預期的物價膨脹率。

以上兩式表示，若考慮對物價膨脹的預期，於長期，勞動者會將預期的物價

---

❶ 如 Friedman (1968) 以及 Phelps, ed. (1970) 等。

膨脹率完全反映於貨幣工資的提高。而廠商為維持其利潤,則於貨幣工資提高後,將之全數反映於物價的提高。(7.16) 式或 (7.17) 式可稱為「附加預期的菲力普曲線」。此為弗利德曼對原來(不包含預期)的菲力普曲線之修正,但弗利德曼假設預期為緩慢調整的(「適應性預期」即為一種緩慢調整的預期,本章後面將以「適應性預期」說明「附加預期的菲力普曲線」)。將 (7.17) 式表示於圖 7–9,我們可以之說明:

> 在短期間,菲力普曲線為負斜率,即物價增加率(貨幣工資增加率)與失業率有反方向的關係。在長期間,兩變數無此種關係,而菲力普曲線為一垂直線。

　　通過長期菲力普曲線與橫軸的交點之短期菲力普曲線,其對應的預期物價增加率為 0,即 $PC_{SR}\,((\frac{\Delta P}{P})^e = 0)$,而隨著預期物價增加率的提高,短期的菲力普曲線會往上移。

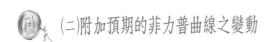(二)附加預期的菲力普曲線之變動

　　由圖 7–9,假設原先經濟位於 A 點,其為短期菲力普曲線 $PC_{SR}\,((\frac{\Delta P}{P})^e = 6\%)$ 與長期菲力普曲線 $PC_{LR}\,((\frac{\Delta P}{P})^e = (\frac{\Delta P}{P}))$ 之交點,此交點所決定的失業率為自然失業率(充分就業失業率)u_n,貨幣供給增加率等於 6%,而實際的物價增加率亦為 $(\frac{\Delta P}{P})_1 = 6\%$。此短期的菲力普曲線乃對應於勞動者之預期物價變動率為 $(\frac{\Delta P}{P})^e$ = 6% 而得到的。A 點為貨幣供給增加率等於 6% 時之長期均衡點,因於 A 點,貨幣供給增加率等於實際的物價增加率,其又等於預期的物價增加率 $((\frac{\Delta P}{P})^e = (\frac{\Delta P}{P})_1 = 6\%)$❶。如果貨幣成長率增加為 12%,而實際物價增加率由 $(\frac{\Delta P}{P})_1 = 6\%$ 變為 $(\frac{\Delta P}{P})_2 = 12\%$,但於短期間,勞動者對物價的預期增加率仍維持在 $(\frac{\Delta P}{P})^e =$

---

❶　若不考慮經濟成長,亦即,y 維持不變,由第 2 章可知,貨幣數量的增加率等於物價增加率,即 $\frac{\Delta M}{M} = \frac{\Delta P}{P}$。

$(\frac{\Delta P}{P})_1 = 6\%$，因此，在貨幣成長率增加後，整體經濟將由 A 點沿著 PC_{SR} $((\frac{\Delta P}{P})^e$ $= 6\%)$ 移至 B 點。B 點所對應的失業率為 u_1，而 u_1 低於原先的 u_n。於長期，由於期間較長，實際的物價膨脹將會被完全預期 (fully anticipated)。亦即，勞動者會將其對物價的預期由 6% 提高為 12%，因而，對應地，短期的菲力普曲線將上移為 $PC_{SR}((\frac{\Delta P}{P})^e = 12\%)$，其與長期的菲力普曲線 $PC_{LR}((\frac{\Delta P}{P})^e = (\frac{\Delta P}{P}))$ 之交點為 C，而 C 點所對應的失業率為原先的 u_n。C 點亦為一長期均衡點，因於 C 點，貨幣供給增加率、實際物價增加率與預期物價增加率，三者趨於一致，長期的菲力普曲線 $PC_{LR}((\frac{\Delta P}{P})^e = (\frac{\Delta P}{P}))$，即是由 A 點與 C 點等各個長期與均衡點連接而成。在長期均衡之情況，實際的物價膨脹被完全預期，亦即，$(\frac{\Delta P}{P})^e = (\frac{\Delta P}{P})$，以之代入 (7.17) 式，即可求出長期的菲力普曲線之數學式為：

$$u = u_n \tag{7.18}$$

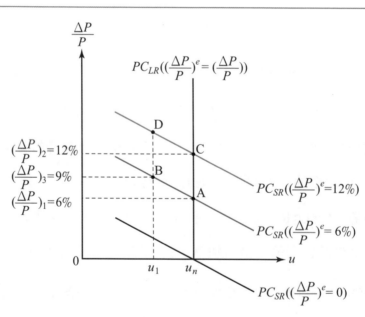

短期下，菲力普曲線為負斜率，物價增加率與失業率有反方向的關係；長期下，兩變數無此種關係，即菲力普曲線為一垂直線。

圖 7-9　短期與長期的菲力普曲線

由 (7.18) 式可知，長期的菲力普曲線如同圖 7–9 所示，為一垂直線，而其對應的失業率為自然失業率（充分就業失業率）u_n。

另外，圖 7–9 與圖 7–10 為相互對應的。由以下圖 7–10 的說明，可增進對圖 7–9 的瞭解。

㈢完全預期到的物價膨脹之影響

以上由圖 7–9 說明短期菲力普曲線與其移動，以及長期的菲力普曲線。現在，也可運用圖 7–10 探討非預期到的 (unanticipated) 以及完全預期到的 (fully anticipated) 物價膨脹之影響。經由圖 7–10，將有助於對圖 7–9 的瞭解。

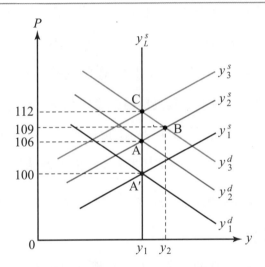

當政府貨幣供給增加 6%，總合需求線右移 ($y_1^d \to y_2^d$)，若勞動者完全預期到貨幣增加率為 6%，則會要求貨幣工資同比率增加，使短期總合供給線左移 ($y_1^s \to y_2^s$)，與 y_2^d 交於 A 點（完全預期下，貨幣成長率與預期物價增加率相同）。若貨幣供給增加 12%，在非完全預期物價膨脹下，短期均衡會交於 B 點（貨幣成長率大於預期物價增加率）。

圖 7–10　非預期到的與完全預期到的物價增加之影響

圖 7–10 中，假設原先總合需求 y_1^d，短期的總合供給 y_1^s，兩者與長期的總合供給 y_L^s 之交點為 A′，其所對應的物價水準 $P = 100$，產出（所得）$y = y_1$，而 y_1 為自然產出水準（充分就業產出）。現若政府採行 6% 的貨幣成長率，y_1^d 乃右移至 y_2^d，

而貨幣供給增加率為 6%，於長期，y 不變的假設下，隱含物價增加率為 6%，若勞動者完全預期到物價增加率為 6%，則其將要求貨幣工資作同比率的增加，因而短期的總合供給線 y_1^s 左（上）移至 y_2^s，其與 y_2^d 的交點 A 恰在長期的總合供給線 y_L^s 上。因此，圖 7–10 的 A 點（相對於 A′ 點而言）表示：貨幣成長率、實際的物價增加率 ($\frac{(106-100)}{100}$)，以及預期的物價增加率均為 6%。圖 7–10 的 A 點乃對應於圖 7–9 的 A 點，其為一個長期的均衡點。

(四)非預期到的物價膨脹之影響

同樣地，以圖 7–10 的 A′ 為出發點，如果貨幣供給增加率為 12%，於長期，y 不變之下，實際物價增加率為 12%，因而總合需求由 y_1^d 右移為 y_3^d (y_3^d 在 y_2^d 的右方)。但若勞動者預期物價的增加率仍為 6%，因而其將要求貨幣工資增加 6%。如同前述，此將造成 y_1^s 左（上）移至 y_2^s，其與 y_3^d 的交點為 B，其所對應的物價水準為 $P=109$，產出（所得）為 y_2，其高於自然產出水準（充分就業產出）y_1。由此可知，圖 7–10 的 B 點（相對於 A′）表示：於貨幣成長率為 12%（長期的物價增加率亦為 12%），但勞動者仍以貨幣增加率為 6% 而對價格的預期增加率亦為 6%，B 點即為此種情況之短期均衡，此時，造成實際物價增加率為 9%($\frac{(109-100)}{100}$)。圖 7–10 的 B 點為對應於圖 7–9 的 B 點。

依同理可推知，圖 7–10 的 C 點為對應於圖 7–9 的 C 點。由圖 7–10，當貨幣成長率為 12%（長期的物價增加率為 12%），因而 y_1^d 右移至 y_3^d，且勞動者的預期物價增加率亦為 12%，y_1^s 將往左（上）移為 y_3^s，其與 y_3^d 的交點為 C。與 C 點對應的物價水準 $P=112$，產出（所得）為自然產出水準。由以上可知，圖 7–10 中，A 點與 C 點均為反映預期到的 (anticipated) 物價增加之影響。以 A′ 點為基準點，A 點（C 點）反映：長期的物價增加率為 6% (12%)，而預期的物價增加率亦為 6% (12%) 之結果。

另外，B 點則表示「非預期到的」物價增加之影響。以 A′ 點為基準，B 點反

映: 長期的物價增加率為 12%, 而預期的物價增加率為 6% 之結果。

 (五)奧岡法則

另外, 以上已說明, 圖 7–9 與圖 7–10 之 A 點與 B 點為相互對應的且兩圖之點的移動亦為對應的。圖 7–10 中, 由 A 點移往 B 點造成產出 (所得) 由 y_1 增為 y_2。圖 7–9 中 A 點移至 B 點則造成失業率由 u_n 減少為 u_1。由此可得, 產出 (所得) 的變動與失業率的變動, 兩者具有反方向的關係。此即所謂奧岡法則 (Okun's law)[16], 其可表示為:

$$\frac{y_p - y}{y} = \alpha(u - u_n), \quad \alpha > 0 \tag{7.19}$$

(7.19) 式中, y_p 表示潛在產出 (potential output), 此即自然產出水準 (充分就業產出), 亦即本章圖 7–10 之 y_1。(7.19) 式表示:

實際失業率 (u) 每減少 (相對於充分就業的失業率 u_n) 1%, 則實際的產出 (所得) 會提高 (相對於 y_p) α%。

 ## 三、加速學派的理論

 (一)「加速論者假說」之意義

所謂加速論者假說 (the Accelerationist Hypothesis) 乃表示, 若政府希望將實際失業率維持在低於自然失業率 (充分就業失業率) 的水準, 則其將造成物價膨脹率持續提高。我們可由前述圖 7–9 與圖 7–10 來說明之。

由前面的說明, 現可將之作簡單的重述, 以瞭解此假說之意義。圖 7–9 中, 在原先的 A 點, 我們假設貨幣供給增加率、實際的物價增加率與預期的物價增加率均為 6%, 因而實際失業率等於自然失業率 (充分就業失業率) u_{n_0}。如果政府希望讓實際失業率維持在較低水準, 例如 $u_1 < u_n$, 因而將貨幣供給增加率提高為

---

[16]　可參閱 Okun (1962)。

12%。在短期間勞動者仍預期物價增加率為 6% 時，整體經濟將沿著 $PC_{SR}\left(\left(\frac{\Delta P}{P}\right)^e\right.$
$= 6\%)$，由 A 點移至 B 點，此時即可達到實際失業率 $u_1 < u_n$ 之目標。而 B 點所對
應的實際物價增加率為 9%，於長期，勞動者將認知，貨幣供給增加率已提高為
12%，而其對應的長期物價增加率亦為 12%。因此，在長期，勞動者將調整其預
期的物價增加率為 12%，此將造成 $PC_{SR}\left(\left(\frac{\Delta P}{P}\right)^e = 6\%\right)$ 上移至 $PC_{SR}\left(\left(\frac{\Delta P}{P}\right)^e = 12\%\right)$。
於 C 點，貨幣供給增加率、實際的物價增加率與預期的物價增加率均等於 12%，
而達到長期均衡，但實際的失業率又回復到 u_n。如果政府又想達到實際失業率 u_1
$< u_n$ 之目標，則前述的調整過程會再度進行。亦即，政府將貨幣供給增加率由 12%
調至更高的百分比，在勞動者仍預期物價增加率為 12% 時，整體經濟可由 C 點移
至 D 點。於 D 點，實際失業率 $u_1 < u_n$，但實際物價增加率則更提高。

由以上可知，政府經由持續的提高貨幣供給增加率，固然可達到實際失業率
低於自然失業率（充分就業失業率）之目標，但其將造成經濟由圖 7–9 之 B 點往
D 點，…… 移動，而實際的物價增加率持續提高。此即「加速論者假說」之涵義
（本章附錄㈠：以適應性預期說明加速論者假說）。

經濟話題 **菲力普曲線對物價膨脹率與物價膨脹率之
變動的預期能力**

如本章前述，菲力普曲線表示：失業率（或其他用以代表總體經濟活動的變數）與
物價膨脹率的關係。近年來，學者或政府機構曾嘗試，依菲力普曲線，以當期的失業率
來預測未來物價膨脹率的變動 **⓱**。Atkeson 與 Ohanian (2001) 依 1984–1999 年期間的美
國資料，運用幾種菲力普曲線的設定，探討失業率對物價膨脹率變動的預測能力。

Atkeson 與 Ohanian (2001) 用以作預測的菲力普曲線，為非加速物價膨脹失業率的
菲力普曲線 (the non-accelerating inflation rate of unemployment Phillips curve)，可簡稱為
NAIRU 菲力普曲線 (NAIRU Phillips curves)。其論點為：非加速物價膨脹失業率

⓱ 本節乃取材自 Atkeson 與 Ohanian (2001) (Atkeson, A., and Ohanian, L. E. (2001), *"Are
Phillips Curves Useful for Forecasting Inflation?"* Federal Reserve Bank of Minneapolis
Quarterly Review, vol. 25, no. 1, Winter, 2001, pp. 2–11)。

(NAIRU) 為一種基本失業率 (baseline rate of unemployment)，若實際的失業率等於 NAIRU，則物價膨脹率將維持不變，若實際的失業率大於（小於）NAIRU，則物價膨脹率將降低（提高）。

「NAIRU 菲力普曲線」已廣泛為學者或政府部門運用，以預測物價膨脹率的變動。為瞭解「NAIRU 菲力普曲線」的預測能力，Atkeson 與 Ohanian (2001) 運用三個形態的「NAIRU 菲力普曲線」，以其預測結果與簡單模型 (naïve model) 的預測結果作比較。本節後面將詳細說明其內容。

在比較各種形態之「NAIRU 菲力普曲線」的預測能力之前，先對其發展背景略作說明。如本章前述，原先，菲力普曲線為用以顯示失業率與貨幣工資增加率（或物價膨脹率）的反方向關係。於實證研究上，若想以失業率預測物價膨脹率，則：物價膨脹率與失業率的關係如何？若兩者之關係存在，其是否維持穩定？以上均為須要探討的問題。一般而言，如本章前面提到的，失業率與物價膨脹率的關係並非穩定的。其原因為，隨著經濟環境的改變，社會大眾會調整其對物價膨脹率的預測，而社會大眾對物價膨脹率預期的改變，會影響失業率與物價膨脹率的關係。簡言之，隨著研究時期的不同，因經濟環境改變，失業率與物價膨脹率的關係亦有差異。

Atkeson 與 Ohanian (2001) 以美國資料估計各種形態的菲力普曲線。首先，未考慮預期物價變動率的變動，其以物價膨脹率為縱軸，失業率為橫軸，對應於某季的失業率，找出其後第四季（即 1 年後）的物價膨脹率，如此可得到一個樣本點。依相同的方法可得各樣本點。以 1959–1969 年資料所估計的直線關係式，其圖形為一負斜率的直線，表示此段期間，失業率與未來的物價膨脹率有反方向的關係，以 1970–1999 年資料所估計的圖形，則是趨近水平的直線，亦即，於此段期間，失業率與未來的物價膨脹率並無明顯的關係。此印證了前述的說法，即，研究時期的改變，由於經濟環境的變動，失業率與物價膨脹率的關係亦隨之改變。依估計結果可知，1959–1969 年期間，若某季失業率較高（低），則其 1 年後的物價膨脹率較低（高）；1970–1999 年期間，某季失業率與其 1 年後的物價膨脹率則無明顯的關係。

其次，如同一些經濟學者，Atkeson 與 Ohanian (2001) 也運用「NAIRU 菲力普曲線」作預測。由前述，「NAIRU 菲力普曲線」以物價膨脹率之變動作為縱軸變數，以失業率為橫軸變數。藉「NAIRU 菲力普曲線」，某季的失業率，可用以預測其未來（例如，1 年後）物價膨脹率之變動。依 Atkeson 與 Ohanian (2001)，「NAIRU 菲力普曲線」的形態有多種（Atkeson 與 Ohanian (2001) 說明其中的三個形態），第一個形態可稱為「教科書版的 NAIRU 菲力普曲線 (the textbook NAIRU Phillips curve)」，其可表示如下：

$$E_t(\pi_{t+4} - \pi_t) = \beta(u_t - \bar{u}) \qquad \boxed{7.20}$$

其中:

π_t: 第 t 季相對於第 $t-4$ 季的物價膨脹率

π_{t+4}: 第 $t+4$ 季相對於第 t 季的物價膨脹率

u_t: 第 t 季的失業率

$\bar{u}$: 非加速物價膨脹失業率 (NAIRU)

E_t: 於第 t 季所作之預期 (expectation)

　　由 7.20 式, 如果 $\beta < 0$ (β 表示菲力普曲線的斜率), 若第 t 季的失業率 (u_t) 高於 (低於) $\bar{u}$, 則第 $t+4$ 季 (即第 t 季之 1 年後) 的物價膨脹率將相對第 t 季的物價膨脹率降低 (提高)。

　　Atkeson 與 Ohanian (2001) 以美國資料估計 7.20 式, 即「教科書版的 NAIRU 菲力普曲線」。依 1960–1983 年資料, 估計的圖形為較陡的負斜率直線; 以 1984–1999 年資料估計的圖形, 則為較平的負斜率直線。此顯示, 於 1960–1983 年以及 1984–1999 年兩個期間, 由於經濟環境的差異, 因此, 第 t 季失業率與其 1 年後的物價膨脹率之變動, 兩者的關係亦有所改變。

　　此外, Atkeson 與 Ohanian (2001) 亦探討三個形態的「NAIRU 菲力普曲線」的預測績效。其中, 如前述, 第一個形態為以上的 7.20 式, 即「教科書版的 NAIRU 菲力普曲線」。為比較其預測績效, Atkeson 與 Ohanian (2001) 設立與 7.20 式對應的簡單模型 (naïve model), 即:

$$E_t(\pi_{t+4} - \pi_t) = 0 \qquad \boxed{7.21}$$

　　7.21 式的左邊與 7.20 式相同, 其表示第 $t+4$ 季與第 t 季的物價膨脹率之差, 亦即, 以第 t 季為準, 其未來 1 年後的物價膨脹率之變動。於 7.20 式, 第 t 季的失業率 (u_t) 與非加速物價膨脹率 (NAIRU 即可) 之差被用以預測其後 1 年的物價膨脹率之變動。於 7.21 式, 則預測第 t 季之後, 未來 1 年的物價膨脹率之變動為 0, 亦即, 第 $t+4$ 季與第 t 季的物價膨脹率維持相等, 而 7.21 式亦可表示為 $E_t(\pi_{t+4}) = \pi_t$。(7.21) 式稱為「簡單模型」, 因其並未如 (7.20) 式以 $(u_t - \bar{u})$ 預測 $E_t(\pi_{t+4} - \pi_t)$。

　　Atkeson 與 Ohanian (2001) 以美國 1984–1999 年資料, 依 7.20 式與 7.21 式作預測, 其結果為, 由 7.20 式估計的預測誤差大於由 7.21 式所估計者。此表示, 於此資料期間, 簡單模型 (7.21 式) 的估計比「教科書版的 NAIRU 菲力普曲線」(7.20 式) 之估計結果為佳。

　　Atkeson 與 Ohanian (2001) 亦估計另外二個形態的「NAIRU 菲力普曲線」，以與其各自對應的「簡單模型」之估計結果比較。其結果仍顯示，「NAIRU 菲力普曲線」的預期結果並未比簡單模型預測者為佳。

　　由本節以上之說明可知，若依菲力普曲線，以失業率預測未來的物價膨脹率，則須考慮經濟環境是否改變，隨著經濟環境的改變，失業率與未來的物價膨脹率之關係亦將隨之改變。另外，欲由「NAIRU 菲力普曲線」，以失業率預測未來的物價膨脹率之變動，其效果未必比由「簡單模型」預測者為佳。

本章重要名詞與概念

物價膨脹	OPEC
需求拉動的物價膨脹	成本推動的物價膨脹
停滯性膨脹	名目利率
實質利率	菲力普曲線
附加預期的菲力普曲線	奧岡法則
加速論者假說	適應性預期
理性預期	

※附錄㈠：以適應性預期說明加速論者假說

　　由前述，我們探討了短期與長期的菲力普曲線。且提到，短期的菲力普曲線為負斜率，亦即，在短期，失業率與物價增加率有反方向的抵換關係。於政府提高貨幣供給增加率，其長期之物價增加率亦會同幅度提高，但於短期，勞動者對物價增加率的預期仍維持不變，因而產生了失業率與物價增加率之抵換關係，此即圖 7–9 所說明者。

　　實際上，由 (7.17) 式可知，只要勞動者對物價增加率的預期低於實際的物價增加率，則實際失業率就會低於自然失業率（充分就業失業率）。亦即，若 $(\frac{\Delta P}{P})^e$

$< (\frac{\Delta P}{P})$，則 $u < u_n$。為說明之，我們可找出一種價格預期的形態，其可呈現對實際物價增加率的低估 (underestimation)，此即適應性預期 (the adaptive expectations)。我們首先說明其意義，然後再以之說明「加速論者假說」。將適應性預期應用於對價格的預期，其可以下式表示：

$$(\frac{\Delta P}{P})_t^e = \lambda(\frac{\Delta P}{P})_{t-1} + (1-\lambda)(\frac{\Delta P}{P})_{t-1}^e, \quad 0 < \lambda < 1$$

(7.22)

(7.22) 式亦可表示為：

$$(\frac{\Delta P}{P})_t^e - (\frac{\Delta P}{P})_{t-1}^e = \lambda[(\frac{\Delta P}{P})_{t-1} - (\frac{\Delta P}{P})_{t-1}^e]$$

(7.23)

(7.22) 式的意義為：

> t 期的預期物價增加率等於 $t-1$ 期的實際物價增加率以及 $t-1$ 期的預期物價增加率之加權平均，其權數各為 λ 與 $(1-\lambda)$。

(7.23) 式的左邊表示，由 $t-1$ 期到 t 期，對預期物價增加率的調整，右邊的 $[(\frac{\Delta P}{P})_{t-1} - (\frac{\Delta P}{P})_{t-1}^e]$ 表示，對 $t-1$ 期物價增加率的預測誤差。因此，(7.23) 式的意義為：

> 在適應性預期下，對預期物價增加率的調整，只是前一期預測誤差的部分比率 (λ)。

一般認為適應預期為具有系統性低估或高估 (systematic underestimation or overestimation) 的性質，或簡稱系統性誤差 (systematic errors)，其原因即在於此。

其次，如同本章前面之定義，(7.17) 式中，可令 $\pi = (\frac{\Delta P}{P})$，表示實際物價增加率；$\pi^e = (\frac{\Delta P}{P})^e$，表示預期物價增加率。因此 (7.17) 式可表示為：

$$\pi = \alpha(u_n - u) + \pi^e$$

(7.17)′

若進一步令 $x = u_n - u$，則 (7.17)′ 式可表示為：

$$\pi = \alpha x + \pi^e$$

(7.17)″

由前述可知，若 $u_n - u > 0$，即 $u_n > u$，此可反映勞動市場有超額需求，亦可反映產出的超額需求 ❿。因此，$x > 0$ 可表示勞動（產出）的超額需求。對 (7.17)″ 式求變動量，可得 ❿：

$$\dot{\pi} = \alpha \dot{x} + \dot{\pi}^e \tag{7.24}$$

由前述的符號定義，(7.23) 式可表示為：

$$\pi_t^e - \pi_{t-1}^e = \lambda(\pi_{t-1} - \pi_{t-1}^e) \tag{7.23'}$$

(7.23)′ 式中，若省略時間之下標，可定義 $\pi_t^e - \pi_{t-1}^e = \dot{\pi}^e$，$\pi_{t-1} - \pi_{t-1}^e = \pi - \pi^e$，因而 (7.23)′ 式可表示為：

$$\dot{\pi}^e = \lambda(\pi - \pi^e) \tag{7.23''}$$

以 (7.23)″ 式代入 (7.24) 式，可得：

$$\dot{\pi} = \alpha \dot{x} + \lambda(\pi - \pi^e) \tag{7.25}$$

再以 (7.17)″ 式代入 (7.25) 式，即：

$$\dot{\pi} = \alpha \dot{x} + \lambda \alpha x \tag{7.26}$$

由前述可知，x 表示勞動市場或產出的超額需求，且由前述之設定：

$$x = u_n - u$$

於「加速論者假說」，假定政府欲維持在一固定的失業率 $u_1 < u_n$，亦即，$x = u_n - u_1 > 0$，且 x 為固定數，因而 $\dot{x} = 0$。在此情況下，(7.26) 式可表示為：

$$\dot{\pi} = \lambda \alpha x \tag{7.27}$$

(7.27) 式表示：於政府欲將失業率維持低於自然失業率（充分就業失業率）時，亦即 $x > 0$，則此將造成 $\dot{\pi} > 0$，亦即，物價增加率 (π) 將持續提高。此即「加速論者假說」之內涵。

---

❿　似同圖 7–10，於 $y^d - y^s$ 之架構，若原先 $y = y_1 =$ 自然產出水準（充分就業產出），於 y^d 右移，新的 y^d 與短期的總合供給線之交點所決定的產出（所得）將大於 y_1，而造成產出的超額需求。

❿　以 π 的變動為例，於時間為連續時，$\dot{\pi} = \dfrac{d\pi}{dt}$；於時間為間斷時，$\dot{\pi} = \pi_t - \pi_{t-1}$。

※附錄㈡：理性預期與菲力普曲線

我們以 (7.22) 式表示適應性預期，若以 $(\frac{\Delta P}{P}) = \pi$，則 (7.22) 式可表示為：

$$\pi_t^e = \lambda \pi_{t-1} + (1 - \lambda)\pi_{t-1}^e \qquad (7.28)$$

由 (7.28) 式，π_{t-1}^e 可依同理表示為：

$$\pi_{t-1}^e = \lambda \pi_{t-2} + (1 - \lambda)\pi_{t-2}^e \qquad (7.29)$$

以 (7.29) 式代入 (7.28) 式，可得：

$$\pi_t^e = \lambda \pi_{t-1} + \lambda(1 - \lambda)\pi_{t-2} + (1 - \lambda)^2 \pi_{t-2}^e \qquad (7.30)$$

(7.30) 式中的 π_{t-2}^e 亦可依前述之方法，繼續以 $\pi_{t-3}, \pi_{t-4}, \cdots, \pi_{t-i}, \cdots$ 之值代入。將之整理，則 (7.28) 式可表示為：

$$\pi_t^e = \lambda \sum_{i=1}^{\infty} (1 - \lambda)^{i-1} \pi_{t-i} \qquad (7.31)$$

由 (7.31) 式可知：

> 在適應性預期之下，t 期預期的物價膨脹率 (π_t^e) 只為其以往各期的物價膨脹率之加權平均，並未用到其他資訊作為預期之依據。

相對於適應性預期，理性預期 (the rational expectations) 則運用所有可用的資訊作預期。於理性預期之下，假設社會大眾知道經濟結構，且知道經濟體系的隨機干擾項 (random disturbances) 之機率分配。以理性預期作預測時，並未表示被預測的變數會精確地被預測到，而是指平均而言，其將被預測到[20]。

接著我們討論，在理性預期的情況下，前面對於菲力普曲線以及附加預期的菲力普曲線之結論，是否有所改變。

由附加預期的菲力普曲線，即 (7.17) 式，可得：

---

[20]　亦即，在理性預期之下，對某變數的預測值為該被預測變數的不偏估計值 (unbiased estimator)。有關理性預期的說明，可參閱 Muth (1961), Sargent and Wallace (1976)，以及其他相關之文獻。

$$u = u_n - \frac{1}{\alpha}\left[\left(\frac{\Delta P}{P}\right) - \left(\frac{\Delta P}{P}\right)^e\right]$$ (7.32)

若設定實際的物價增加率 $(\frac{\Delta P}{P})$ 為 ❷：

$$\frac{\Delta P}{P} = \frac{\Delta M}{M} - \varepsilon$$ (7.33)

(7.33) 式之中，ε 可表示影響貨幣需求之自發性因素的成長率 (the rate of increase in the autonomous component of the demand for money) ❷。(7.33) 式表示，造成物價增加率 $(\frac{\Delta P}{P})$ 提高的原因為：貨幣供給增加率 $(\frac{\Delta M}{M})$ 提高，或 ε 減少。另外，ε 可假設為隨機干擾項，其為隨機變數，其預期值為 0。而貨幣供給增加率決定於政府，假設其為事先宣布的。

其次，如同前面提到的，理性預期為運用所有可用的資訊所作的預期，若以數學式表示，對物價膨脹率的預期可表示為：

$$\left(\frac{\Delta P}{P}\right)^e = E\left[\left(\frac{\Delta P}{P}\right)\bigg| I\right]$$ (7.34)

(7.34) 式中，E 為求取預期值 (expected value) 之符號；I 表示作預期之時所具有的資訊。(7.34) 式的左邊表示，人們對物價膨脹率的主觀預期，其會等於 (7.34) 式的右邊所表示者，而右邊的意義為，在已有的資訊 (I) 之條件下，對物價膨脹率所作的數學預期 (mathematical expectations)。簡言之，在理性預期之下，人們對物價膨脹率的主觀預期，將等於由數學運算所得到的客觀預期。

將 (7.33) 式代入 (7.34) 式，可得：

---

❷ 可參閱 Meyer (1980)，以及本章註 ❷。

❷ 於本書第 2 章，我們提到古典學派的貨幣理論，若以劍橋方程式表示，於貨幣市場均衡時，(2.12) 式成立，即 $M = kPy$，於 y 不變的假設下，對 (2.12) 式求變動率，可得 $\frac{\Delta M}{M}$ $= \frac{\Delta k}{k} + \frac{\Delta P}{P}$，由之可得 $\frac{\Delta P}{P} = \frac{\Delta M}{M} - \frac{\Delta k}{k}$，將此式與 (7.33) 式對照，可知 $\frac{\Delta k}{k}$ 即反映 (7.33) 式之 ε 項。由第 2 章之說明，k 為貨幣需求與名目所得 (Py) 的比率。在第 2 章中，我們假設 $k (= \frac{1}{V})$ 在短期為固定的。實際上 k 亦可能因自發的制度性因素，如支付習慣、支付方式等之改變而變動。

$$(\frac{\Delta P}{P})^e = E[(\frac{\Delta M}{M}) - \varepsilon \mid I]$$

(7.35)

由前述對 $(\frac{\Delta M}{M})$ 與 ε 的假定，(7.35) 式可表示為❷：

$$(\frac{\Delta P}{P})^e = \frac{\Delta M}{M}$$

(7.36)

將 (7.33) 式與 (7.36) 式代入 (7.32) 式，可得到於理性預期情況之菲力普曲線，即：

$$u = u_n + \frac{1}{\alpha}(\varepsilon)$$

(7.37)

(7.37) 式表示：

> 在理性預期之下，造成實際失業率 (u) 偏離自然失業率 (u_n) 的原因為來自隨機變數 (ε)；而貨幣供給增加率的變動並不影響失業率以及產出（所得）。

由以上可知，於適應性預期之情況，在短期，政府可藉由貨幣供給增加率的增加而提高產出（所得）降低失業率，但亦造成物價增加率的提高；於長期，則貨幣供給增加率的提高只會造成物價增加率的提高。於理性預期之情況，則無短期與長期之分，貨幣供給增加率的提高只是造成物價增加率同幅度的提高❷，而不影響失業率與產出（所得）。

---

❷ 由 (7.35) 式右邊，$E[(\frac{\Delta M}{M}) - \varepsilon \mid I] = E[(\frac{\Delta M}{M}) \mid I] - E[\varepsilon \mid I]$。因假設 ε 的預期值為 0，且

$(\frac{\Delta M}{M})$ 為政府事先宣布的，因而 $E[(\frac{\Delta M}{M}) - \varepsilon \mid I] = \frac{\Delta M}{M}$。

❷ 由 (7.31) 式與 (7.34) 式可知，於理性預期之情況，貨幣供給增加率的提高將造成實際物價增加率與預期的提高，且三者提高的幅度相同。

習　題　　　●●● 第 7 章 ●●●

1. 說明各種形態的物價膨脹。

2. 以數學式說明名目利率與實質利率之關係。

※ 3. 繪圖且以數學式說明物價膨脹對 *IS–LM* 模型之影響。

4. 說明以下各項：

(1)菲力普曲線之意義。

(2)菲力普曲線之導出。

5. 以數學式表示，且繪圖說明「附加預期的菲力普曲線」。

6. 說明加速學派理論。

※ 7. 以數學式說明，理性預期情況之菲力普曲線。

8 CHAPTER

新興古典學派、實質景氣循環理論與新興凱因斯學派

　　於 1970 年代，高物價膨脹率與高失業率同時存在，由盧卡斯 (Lucas. R.) 等學者形成之新興古典學派乃應運而生。新興古典學派與貨幣學派皆源自古典學派，假設貨幣工資與物價均可彈性調整，兩者皆對立於凱因斯或凱因斯學派之理論。依適應性預期之假設，貨幣學派認為政府政策在短期有效，於長期則無效。在理性預期之假設下，新興古典學派所得到的結論更為強烈，即：於政府預先宣布，或社會大眾預期到，則政府政策（如貨幣政策）不會影響產出（所得）與就業等實質變數；若政府未預先宣布，且社會大眾未預期到，則政府政策才會導致實際產出（實際失業率）偏離充分就業產出（自然失業率），而形成經濟之波動。

　　新興古典學派之外，實質景氣循環理論亦源自古典學派，即貨幣工資與物價可彈性調整，但其認為經濟循環為來自實質面的因素。

　　另外，新興凱因斯學派則繼續發揚凱因斯或凱因斯學派的理論，對於價格或貨幣工資的僵固性給予更多理論上的說明。

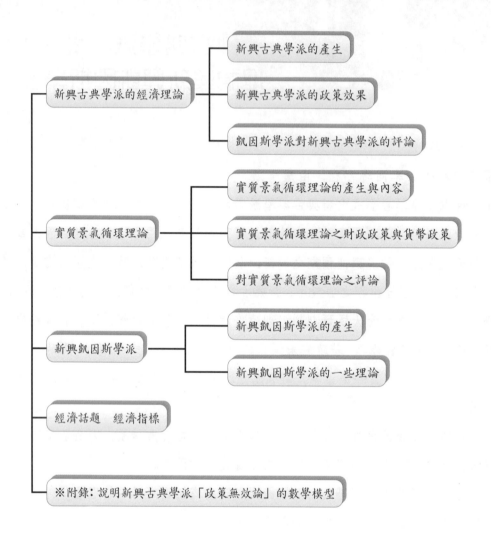

新興古典學派的經濟理論

一、新興古典學派的產生

　　傳統的凱因斯理論主張政府政策（財政與貨幣政策）的有效性，弗利德曼對此提出修正的看法。於本書第 7 章提到，弗利德曼延伸原先的菲力普曲線，而提出「附加預期的菲力普曲線」。其結果為，若政府提高貨幣供給增加率，於短期間，勞動者未調整其對物價變動的預期，於長期才充分調整之，在此種緩慢的預期調整之假設下，政府政策在短期有效，在長期則無效果❶。

　　自 1970 年代開始，新興古典學派繼弗利德曼之後，對傳統的凱因斯理論作出評論❷。與弗利德曼的不同之處為，新興古典學派首先將「理性預期」使用於總體經濟理論❸，因而所得到的政策結論亦與前者不同。

二、新興古典學派的政策效果

　　本書第 7 章已提到，「理性預期」為運用所有可用的資訊所作的預期。而在「理性預期」之前，「適應性預期」則只運用被預測變數的以前各期之值作為資訊，以進行預期❹。在「適應性預期」之下，對被預測變數的預期之調整，只是前一期預測誤差的部分比率，此造成「系統性誤差」❺。以「理性預期」作預測時，則無「適應性預期」之缺點。

　　以下接著說明，在「理性預期」的假設下，新興古典學派之均衡所得（產出）

---

❶　本書第 7 章提到的「適應性預期」即為一種緩慢調整的預期。

❷　此可參見，如 Lucas (1973) 以及 Sargent and Wallace (1975) 等。

❸　於本書第 7 章，我們已說明「理性預期」的意義。最早提出「理性預期」者為 Muth (1961)，其將之應用於個體經濟理論。

❹　例如，對 t 期之物價膨脹率的預期 (π_t^e) 可表示如 (7.29) 式。

❺　可參閱本書第 7 章的說明。

與均衡就業量的決定，此可表示如圖 8–1。

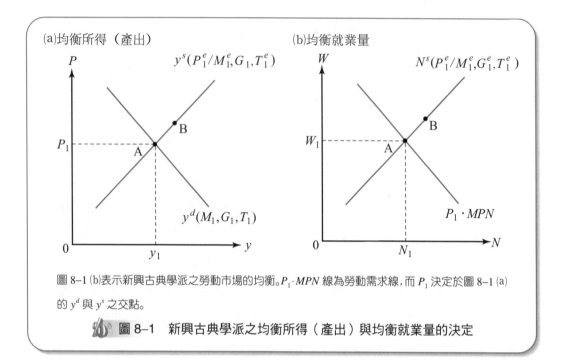

圖 8–1 (b)表示新興古典學派之勞動市場的均衡。$P_1 \cdot MPN$ 線為勞動需求線，而 P_1 決定於圖 8–1 (a)
的 y^d 與 y^s 之交點。

🔊 **圖 8–1　新興古典學派之均衡所得（產出）與均衡就業量的決定**

　　圖 8–1 (b)表示新興古典學派之勞動市場的均衡。如同前述，$P_1 \cdot MPN$ 線為勞動
需求線，而 P_1 決定於圖 8–1 (a)的 y^d 與 y^s 之交點❻。於勞動供給方面，因勞動者對
物價並未有完全的資訊，所以須對物價作預期，其預測值為 P_1^e；而 P_1^e 又決定於勞
動者對貨幣供給、政府支出以及政府稅收之預期，其值各為 M_1^e、G_1^e 與 T_1^e。由此各
項預測值，而決定勞動供給線為 $N^s(P_1^e / M_1^e, G_1^e, T_1^e)$。圖 8–1 (b)中，$P_1 \cdot MPN$ 線與
$N^s(P_1^e / M_1^e, G_1^e, T_1^e)$ 線之交點 A 為新興古典學派之勞動市場均衡，由之決定的均衡
貨幣工資與就業量各為 W_1 與 N_1。圖 8–1 (a)中，因貨幣供給、政府支出與政府稅收
的實際值各為 M_1、G_1 與 T_1，由第 6 章可知，此將對應總合需求線 $y^d(M_1, G_1, T_1)$。
另外，由圖 8–1 (b)的勞動需求與勞動供給線，可對應地求出總合供給線 $y^s(P_1^e / M_1^e,$
$G_1^e, T_1^e)$❼。

----

❻　如果需要對物價作預期，廠商的勞動需求線為 $P_1^e \cdot MPN$，因假設廠商對物價有完全的
　　資訊 $(P_1 = P_1^e)$，所以廠商對勞動的需求線為 $P_1 \cdot MPN$。另外，圖 8–1 的(a)與(b)為同時
　　決定的，亦即兩圖的 A 點為互相對應的。

圖 8–1 (a)之中，總合需求線與總合供給線的均衡，亦即 $y^d(M_1,\ G_1,\ T_1)$ 與 $y^s(P_1^e/M_1^e, G_1^e, T_1^e)$ 的交點 A，且配合圖 8–1 (b)，由之可決定總體經濟的均衡貨幣工資、就業量、價格與產出（所得）各為 W_1、N_1、P_1 與 y_1。

以圖 8–1 作為基礎，以下接著討論新興古典學派的政策效果，且將之區分為「未預期到的政策之效果」以及「預期到的政策之效果」兩種情況，以下依次說明之。

(一)未預期到的政策之效果

圖 8–2 說明，新興古典學派之「未預期到的政策之效果」。政府可採行的政策包含貨幣供給 (M)、政府支出 (G) 或政府稅收 (T) 的改變。於此，假設政府支出與稅收各為 G_1 與 T_1 而維持不變，央行未事先宣布，而採取擴張性的貨幣政策，將貨幣供給由 M_1^s 增加為 M_2^s。因此，圖 8–2 (a)中，總合需求將由 $y^d(M_1^s, G_1, T_1)$ 右移為 $y^d(M_2^s,\ G_1,\ T_1)$。由於央行未事先宣布，因而勞動者對各變數的預期值 $(P_1^e/M_1^e, G_1^e, T_1^e)$ 仍維持不變，此表示：圖 8–2 (b)的勞動供給線 $N^s(P_1^e/M_1^e, G_1^e, T_1^e)$ 以及圖 8–2 (a)的總合供給線 $y^s(P_1^e/M_1^e,\ G_1^e,\ T_1^e)$ 均維持不變。圖 8–2 (a)中，於 $y^d(M_1^s, G_1, T_1)$右移為 $y^d(M_2^s, G_1, T_1)$，y^d 與 $y^s(P_1^e/M_1^e, G_1^e, T_1^e)$ 的交點將由 A 移至 B，因此，物價由 P_1 提高為 P_1'，產出（所得）由 y_1 增加為 y_1'。因物價由 P_1 提高為 P_1'，圖 8–2 (b)中，勞動需求線由 $P_1 \cdot MPN$ 右移為 $P_1' \cdot MPN$，其與 $N^s(P_1^e/M_1^e, G_1^e, T_1^e)$ 的

---

❼　圖 8–1 (a)中的 A 點對應於圖 8–1 (b)之中的 A 點。由前述，圖 8–1 (b)的 A 點表示，於 M_1^e、G_1^e 與 T_1^e 等預期固定，因此 P_1^e 亦固定，而實際價格為 P_1 時之勞動市場均衡，由之決定的均衡就業量為 N_1，以 N_1 代入生產函數，可得產出（所得）為 y_1。依相同的方法，若 P_1^e、M_1^e、G_1^e 與 T_1^e 等預期值仍維持固定，因而 $N^s(P_1^e/M_1^e, G_1^e, T_1^e)$ 亦維持不變。而實際價格提高為 $P_2\ (P_2 > P_1)$ 時，勞動需求線將由 $P_1 \cdot MPN$ 右移為 $P_2 \cdot MPN$（未表示於圖 8–1 (b)），其與 $N^s(P_1^e/M_1^e, G_1^e, T_1^e)$ 的交點 B，將對應於較高的就業量與產出（所得），因此圖 8–1 (b) B 點對應於圖 8–1 (a)的 B 點。將圖 8–1 (a)的 A 與 B 點連接，即可求出總合供給線 $y^s(P_1^e/M_1^e, G_1^e, T_1^e)$。簡言之，$y^s(P_1^e/M_1^e, G_1^e, T_1^e)$ 表示，於 P_1^e, M_1^e, G_1^e 與 T_1^e 等預期值維持固定，而實際價格 (P) 變動時之總合供給線。

交點將由 A 移至 B，造成貨幣工資由 W_1 提高為 W'_1，就業量由 N_1 增加為 N'_1。

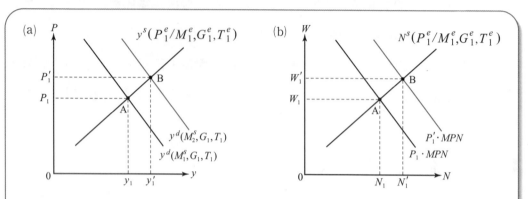

政府未事先宣布採取擴張性貨幣政策 $(M^s_1 \rightarrow M^s_2)$，使總合需求線右移 $(y^d(M^s_1, G_1, T_1) \rightarrow$
$y^d(M^s_2, G_1, T_1))$，因勞動者未預期到，勞動供給線不變，使產出增加 $(y_1 \rightarrow y'_1)$、物價提高 $(P_1 \rightarrow$
$P'_1)$，由於物價提高，使勞動需求線右移 $(P_1 \cdot MPN \rightarrow P'_1 \cdot MPN)$，均衡點由 A 點移到 B 點，使貨
幣工資提高 $(W_1 \rightarrow W'_1)$、勞動就業量提高 $(N_1 \rightarrow N'_1)$。

圖 8-2　新興古典學派之「未預期到的政策之效果」

由以上可知，於新興古典學派之情況，若央行未事先宣布而將貨幣供給增加，
其會造成物價、所得（產出）、貨幣工資與就業量的提高。同理，若政府未事先宣
布，而增加其支出或減少稅收，其結果亦可表示如圖 8-2，亦即，其對以上總體
經濟變數的影響方向，與未事先宣布的擴張性貨幣政策相同。

(二)預期到的政策之效果

圖 8-3 可用以說明，新興古典學派之「預期到的政策之效果」。於此，仍假設
央行將貨幣供給由 M^s_1 增加為 M^s_2，而政府支出與稅收仍維持於 G_1 與 T_1 不變。

央行的擴張性貨幣政策會為社會大眾、廠商與勞動者所預期到，其可能的原
因為：央行在實施此項政策之前，向社會大眾事先宣布；另外一種可能性為，雖未
事先宣布，但央行採取一種系統性的政策法則 (systematic rules of policy action)，
例如，在實際的失業率 (u) 高於自然失業率 (u_n) 時，就增加貨幣供給，於 u 小於
u_n 時則反之，此可稱為一種反經濟循環的貨幣法則 (anti-cyclical monetary rule)，
如果存在這種「系統性的法則」，則於 $u > (<) \ u_n$ 之時，社會大眾就會預期央行將

會增加（減少）貨幣供給。

　　不論以上那種原因，於此假設，政府的政策會為社會大眾所預期到。

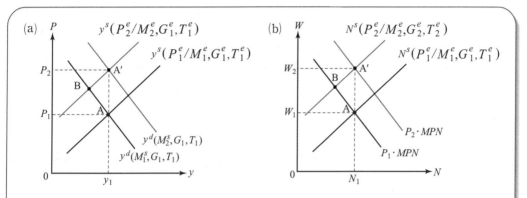

在社會大眾為完全預期情況下，央行增加貨幣供給使總合需求線右移 $(y^d(M_1^s,\ G_1,\ T_1) \to y^d(M_2^s,\ G_1,\ T_1))$、勞動需求線右移 $(P_1 \cdot MPN \to P_2 \cdot MPN)$、勞動供給線左移 $(N^s(P_1^e/M_1^e,\ G_1^e,\ T_1^e) \to N^s(P_2^e/M_2^e,\ G_1^e,\ T_1^e))$，新的勞動均衡點移至 A'，總合供給線亦左移 $(y^s(P_1^e/M_1^e,\ G_1^e,\ T_1^e) \to y^s(P_2^e/M_2^e,\ G_1^e,\ T_1^e))$，新的總體經濟均衡點為 A'。

图 8-3　新興古典學派之「預期到的政策之效果」

　　似同圖 8–2，於圖 8–3 中，假設原先貨幣供給、政府支出與稅收各為 M_1^s、G_1 與 T_1，其對應總合需求 $y^d(M_1^s,\ G_1,\ T_1)$。於社會大眾完全預期政府政策之情況，社會大眾於任何時點對以上各項政策變數的預期值將等於其實際值，即 $M_1^e = M_1^s$，$G_1^e = G_1$ 以及 $T_1^e = T_1$，由之可得 $P_1^e = P_1$。原先，勞動市場的均衡為圖 8–3 (b) 之勞動需求線 $P_1 \cdot MPN$ 與勞動供給線 $N^s(P_1^e/M_1^e,\ G_1^e,\ T_1^e)$ 的交點 A。如同前述，於圖 8–3 (b) 之勞動供給線為 $N^s(P_1^e/M_1^e,\ G_1^e,\ T_1^e)$ 時，可對應地在圖 8–3 (a) 求出總合供給線 $y^s(P_1^e/M_1^e,\ G_1^e,\ T_1^e)$，其與 $y^d(M_1^s,\ G_1,\ T_1)$ 之交點 A 為總體經濟的均衡。圖 8–3 (a) 與圖 8–3 (b) 的 A 點為互相對應且同時決定的，由之，可決定原來的均衡價格、產出（所得）、貨幣工資與就業量各為 P_1、y_1、W_1 與 N_1。

　　於央行將貨幣供給由 M_1^s 增加為 M_2^s（G_1 與 T_1 維持不變），圖 8–3 (a) 中，總合需求線將由 $y^d(M_1^s,\ G_1,\ T_1)$ 右移為 $y^d(M_2^s,\ G_1,\ T_1)$。因社會大眾對政府政策為完全預期，此表示社會大眾對貨幣供給的預期值將由原先的 $M_1^e = M_1^s$ 提高為 $M_2^e = M_2^s$（$G_1^e = G_1$

與 $T_1^e = T_1$ 維持不變），對貨幣供給的預期值提高亦造成對物價的預期值由 $P_1^e = P_1$ 提高為 $P_2^e = P_2$，而 P_2 為社會大眾完全預期之情況，貨幣供給增加後，新的均衡價格。圖 8–3 (b)中，於 $P_1^e = P_1$ 提高為 $P_2^e = P_2$，會造成勞動需求線由 $P_1 \cdot MPN$ 右移為 $P_2 \cdot MPN$；另一方面，$P_1^e = P_1$ 提高為 $P_2^e = P_2$ 亦會造成勞動供給線由 $N^s(P_1^e / M_1^e, G_1^e, T_1^e)$ 往左移動為 $N^s(P_2^e / M_2^e, G_1^e, T_1^e)$❽。新的勞動需求線 $P_2 \cdot MPN$ 與 $N^s(P_2^e / M_2^e, G_1^e, T_1^e)$ 之交點 A′，其為新的勞動市場均衡點。對應 $N^s(P_1^e / M_1^e, G_1^e, T_1^e)$ 左移為 $N^s(P_2^e / M_2^e, G_1^e, T_1^e)$；圖 8–3 (a)中，總合供給線亦將由 $y^s(P_1^e / M_1^e, G_1^e, T_1^e)$ 左移為 $y^s(P_2^e / M_2^e, G_1^e, T_1^e)$❾。$y^d(M_2^s, G_1, T_1)$ 與 $y^s(P_2^e / M_2^e, G_1^e, T_1^e)$ 的交點 A′ 為新的總體經濟均衡點。

由以上可知，圖 8–3 (a)與(b)的 A′ 點表示，在社會大眾為完全預期之下，央行將貨幣供給由 M_1^s 提高為 M_2^s 時所產生的新均衡點。A′ 點對應的價格、產出（所得）、貨幣工資與就業量各為 P_2、y_1、W_2 與 N_1。由 A′ 點與原先 A 點的比較可知，於社會大眾為完全預期之情況：

央行擴張性的貨幣政策不影響產出（所得）、就業與實質工資等實質變數，只造成貨幣

---

❽ 本書第 6 章曾說明，於勞動者須對物價作預期之情況，勞動供給可表示為預期實質工資 $(\frac{W}{P^e})$ 的增函數，即 $N^s = N^s(\frac{W}{P^e})$。因此，若貨幣工資 (W) 不變，於 P_1^e 提高為 P_2^e，將導致實質工資減少而就業量亦減少，亦即，圖 8–3 (b)中，於相同的 W，$N^s(P_2^e / M_2^e, G_1^e, T_1^e)$ 線將比 $N^s(P_1^e / M_1^e, G_1^e, T_1^e)$ 線對應較少的勞動供給量 (N)。此表示，$N^s(P_2^e / M_2^e, G_1^e, T_1^e)$ 線位於 $N^s(P_1^e / M_1^e, G_1^e, T_1^e)$ 線之左方。

❾ 由圖 8–3 (b)，原先勞動市場的均衡點為 A，若實際價格維持於 P_1，因此，勞動需求線維持於 $P_1 \cdot MPN$ 不變，於 P_1^e 提高為 P_2^e，而 $N^s(P_1^e / M_1^e, G_1^e, T_1^e)$ 左移為 $N^s(P_2^e / M_2^e, G_1^e, T_1^e)$，其與 $P_1 \cdot MPN$ 的交點為 B，由之所決定的就業量（未表示於圖 8–3 (b)）小於 N_1，亦即，B 點所對應的產出（所得）小於 y_1（其對應 N_1）。圖 8–3 (b)的 B 點可轉換為圖 8–3 (a)的 B 點。由此可知，於假設實際物價 (P_1) 維持不變，而物價預期由 P_1^e 提高為 P_2^e，勞動供給因而由 $N^s(P_1^e / M_1^e, G_1^e, T_1^e)$ 左移為 $N^s(P_2^e / M_2^e, G_1^e, T_1^e)$，對應地，總合供給線將由 $y^s(P_1^e / M_1^e, G_1^e, T_1^e)$ 左移為 $y^s(P_2^e / M_2^e, G_1^e, T_1^e)$。

工資與物價同幅度提高❿。

 (三)弗利德曼與新興古典學派之差異

前面提到，弗利德曼與新興古典學派皆對凱因斯理論提出評論，但兩者仍有相異之處。其差異性可說明如後。首先，前面已提及，前者使用「適應性預期」，後者則使用「理性預期」之工具。其次，如果以減少失業率或增加產出（所得）表示政策的效果，弗利德曼所得到的政策義涵為，政府的政策在短期有效，於長期則無效果；新興古典學派則認為，社會大眾「未預期到的政策」才具有效果（圖 8–2）；而社會大眾「預期到的政策」則即使於短期亦不具政策效果（圖 8–3）⓫。

如前面所提，政府政策能為社會大眾所預期到，其原因之一為，政府採取的政策為一種「系統性的政策法則」。在此政策法則下，即使於短期，政府政策亦不具效果。此即新興古典學派所稱的政策無效論 (policy ineffectiveness postulate)。於本章的附錄，我們以數學模型說明新興古典學派的「政策無效論」。

 (四)盧卡斯的總合供給函數

於本書第 6 章探討總合需求與總合供給模型，曾由資訊是否完全，以表示總合供給線的形態。由之可知，於資訊不完全的情況，勞動者對價格的預期維持不變，因而總合供給線為正斜率；於資訊完全之情況，勞動者對價格的預期會隨實際價格調整，而維持預期價格等於實際價格，因此，總合供給線為垂直線（圖 6–9）。由本章的圖 8–2 與圖 8–3，亦可導出與圖 6–9 相同之結果⓬。圖 8–2 表示，於貨

---

❿　由圖 8–3。貨幣供給增加後，就業量維持不變。由本章❽，勞動供給為預期實質工資
　　$(\frac{W}{P^e})$ 的增函數，於完全預期 $(P^e = P)$ 之情況，勞動供給亦為實質工資 $(\frac{W}{P})$ 的增函數。
　　因貨幣供給增加後，貨幣工資與物價均提高，由此可推知，兩者提高的幅度相同，而
　　維持貨幣實質工資不變，勞動供給（就業量）亦因此不變。

⓫　圖 8–3 之中，假設於短期就可由原先的均衡點 A 達到後來的均衡點 A′。

⓬　相較於第 6 章，此處探討新興古典學派之情況，其將預期之形成特定於「理性預期」，

幣供給增加，造成實際價格提高，而勞動者維持價格的預期 (P_1^e) 不變，總合供給線 $y^s(P_1^e/M_1^e, G_1^e, T_1^e)$ 為正斜率，其似同圖 6–9 ⒞之 y^s $(P^e = P_1)$；圖 8–3 表示，於貨幣供給增加而物價提高（由 P_1 提高為 P_2），勞動者亦調整其對價格的預期（由 $P_1^e = P_1$ 提高為 $P_2^e = P_2$），於調整過程中，總合供給線由 $y^s(P_1^e/M_1^e, G_1^e, T_1^e)$ 向左移動為 $y^s(P_2^e/M_2^e, G_1^e, T_1^e)$，如果將圖 8–3 ⒜中的 A 與 A′ 連接，則可得到垂直的總合供給線（圖 8–3 ⒜未標示之），其似同圖 6–9 ⒞的 y^s $(P^e = P)$。

以上由預期價格是否隨實際價格調整，以說明總合供給線的形態，其亦可以數學式表示，即：

$$y = y_n + \alpha(P - P^e)$$

(8.1)

(8.1) 式可稱為盧卡斯的總合供給函數 (the Lucas Supply Function)，其中 y_n 表示充分就業產出（自然產出水準）[13]。

由 (8.1) 式，如果預期價格 (P^e) 不等於實際價格 (P)，則實際產出 (y) 亦不等於充分就業產出（自然產出水準）(y_n)。反之，如果 $P^e = P$，則 $y = y_n$。以圖 8–2 為例，若假設 $y_1 = y_n$，圖中，於 A 點，實際價格 (P_1) 等於預期價格 (P_1^e)，因此實際產出 (y_1) 等於充分就業產出 (y_n)。於 B 點，則實際價格 (P_1') 高於預期價格 (P_1^e)，因此實際產出 (y_1') 大於充分就業產出 $(y_1 = y_n)$。於圖 8–3 的 A 點與 A′ 點，則預期價格均等於實際價格（於 A 點，$P_1 = P_1^e$，於 A′ 點，$P_2 = P_2^e$），因此實際產出均等於充分就業產出 $(y_1 = y_n)$。

簡言之，(8.1) 式的總合供給函數表示，於實際價格高於預期價格 $(P > P^e)$，即存在所謂價格驚奇 (price surprise) 時，才可能造成實際所得 (y) 大於充分就業所得 (y_n)。

三、凱因斯學派對新興古典學派的評論

由本章前述，新興古典學派運用理性預期的方法，而得到極為強烈的政策涵義。對於新興古典學派的論述，凱因斯學派的學者亦提出其看法。以下簡單列出

且以貨幣供給增加為造成實際價格（預期價格）提高的原因為例說明之。

[13] Lucas (1973) 提出如 (8.1) 式形態的總合供給線。

一些對新興凱因斯學派的評論。

(一)資訊取得是否需要成本

首先，新興古典學派運用理性預期，亦即，其認為社會大眾可運用所有相關資訊，對經濟變數（如物價膨脹率）作預期。評論者認為，新興古典學派隱含假設，相關資訊是不須成本的。實際上相關資訊的取得需要成本[14]。

(二)社會大眾對資訊的收集運用

其次，新興古典學派假設，社會大眾可將所收集到的所有相關資訊作有效的運用，因而可對經濟變數作最佳的預測。評論者[15]認為，新興古典學派的假設不容易成立，因其意味著，社會大眾似同知道整個經濟結構（包含經濟模型的各個方程式，以及各方程式之中，各變數之係數），因而可將其收集之各變數的資料代入模型中，以作預期。實際上，社會大眾不易獲知經濟結構，且以之作預期。

(三)貨幣僵固性與否

接著，依循新興古典學派的精神，新興古典學派假設，貨幣工資與物價均可彈性調整。且其假設，即使在短期，由於貨幣工資與物價可調整，因而所有的交易均在均衡的價格進行[16]。相對的，凱因斯學派則認為，於短期，貨幣工資與物價均為僵固而非彈性調整的[17]。

---

[14]　例如 Cukerman (1979) 認為，應考慮資訊取得的邊際成本，以決定最適的資訊數量。

[15]　如 Friedman (1979)。

[16]　依古典學派，假設拍賣市場 (the auction market) 的存在，因此買賣雙方可經由之，產生均衡的價格而進行交易。經由拍賣市場的喊價而產生均衡的價格，此即一般所稱的華爾拉斯摸索過程 (the Walrasian tatonnement process)。

[17]　於本章後面，將說明新興凱因斯學派的理論，其探討貨幣工資僵固性的原因。

第 **2** 節
實質景氣循環理論

一、實質景氣循環理論的產生與內容

(一)實質景氣循環理論的產生

實質景氣循環理論 (Real Business Cycle Theory) 為由新興古典學派的理論衍生而來，而兩者皆源自古典學派的理論。由此可知，實質景氣循環理論所依循的假設與新興古典學派（古典學派）相同，即：

1.經濟個體求其最適化

亦即，家庭部門與廠商在完全競爭之下，依其自利而求最適化。

2.物價與名目（貨幣）工資均可彈性調整

此表示，產品市場與勞動市場均達到均衡（貨幣市場亦同）。此亦可稱，各市場均結清 (market clear)。

實質景氣循環理論雖然源自新興古典學派，但兩者對景氣循環（亦即，短期的經濟波動）產生之原因，有不同的看法。由本章前述，新興古典學派認為，景氣循環理論的產生為來自貨幣面，亦即，如圖 8-2，於央行未宣布增加貨幣供給，則社會大眾未將其對價格的預期隨實際價格的改變而調整，因此實際產出將高於充分就業產出（自然產出水準）。相反地，若央行事先未宣布而減少貨幣供給，則造成實際產出低於充分就業產出 ❶❽。

由以上可知，新興古典學派認為，若央行採取貨幣政策而未事先宣布，於資訊不完全，而社會大眾對價格的預期與實際價格不一致時，將造成實際產出與充

---

❶❽ 此即「盧卡斯的總合供給函數」((8.1) 式) 所顯示的，於實際價格 (P) 與預期價格 (P^e) 不一致時，實際產出 (y) 亦與充分就業產出 (y_n) 不一致。

分就業產出不相等，亦即，經濟產生波動的現象，此為新興古典學派的景氣循環理論。

　　新興古典學派只由貨幣面，且以「社會大眾未能對價格正確預期」來說明經濟波動的現象，此似乎難令人信服。因此，實質景氣循環理論為由其他因素，探討經濟波動的原因❶。

 ## (二)實質景氣循環理論的內容

　　相對於新興古典學派，實質景氣循環理論則認為，實質面的因素才是造成景氣循環的原因。而實質面的因素包含，技術或生產力的變動，另外，依實質景氣循環理論的觀點，原料價格的變動或財政政策（稅收或政府支出的改變）亦能產生實質面的效果。亦即，以上各項實質面的因素之改變或政府政策均能造成充分就業產出（自然產出水準）的變動，此為實質景氣循環理論所稱的景氣循環❷。

　　接著，可以圖 8–4 說明，於實質景氣循環理論，技術或生產力提高對總體經濟之影響。

　　首先，由圖 8–4(b)，假設技術進步（生產力提高）之前，整體經濟的生產函數可假設為 $y = AK^{\alpha}N^{\beta}$，如本書第 6 章所提，A 可表示技術（生產力）的水準，而 α 與 β 各表示資本 (K) 與勞動 (N) 的產量彈性。圖 6–14 說明，A 值降低對總體經濟的影響❸。

---

❶ 有關實質景氣循環理論，可參閱 Kydland and Prescott (1982)、King and Plosser (1984) 以及 Plosser (1989) 等。

❷ 新興古典學派的景氣循環理論意指，實際產出高於（或低於）充分就業產出之現象，其假設充分就業產出在短期是不變的；實質景氣循環理論則認為，景氣循環是充分就業產出之波動的現象。

❸ 本書第 6 章曾說明，A 可表示生產力技術提高，或者，資本與勞動以外的中間要素（如能源）之價格降低，均有助於生產力提高，而造成 A 的提高。圖 6–14 說明，能源價格提高造成 A 值降低，而探討其對總合經濟的影響。

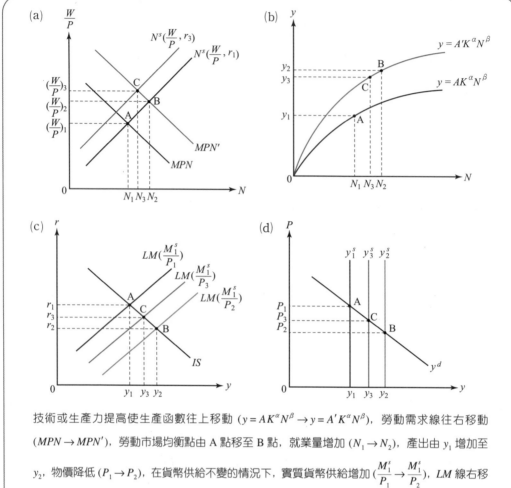

技術或生產力提高使生產函數往上移動 ($y = AK^{\alpha}N^{\beta} \rightarrow y = A'K^{\alpha}N^{\beta}$)，勞動需求線往右移動 ($MPN \rightarrow MPN'$)，勞動市場均衡點由 A 點移至 B 點，就業量增加 ($N_1 \rightarrow N_2$)，產出由 y_1 增加至 y_2，物價降低 ($P_1 \rightarrow P_2$)，在貨幣供給不變的情況下，實質貨幣供給增加 ($\frac{M_1^s}{P_1} \rightarrow \frac{M_1^s}{P_2}$)，LM 線右移 ($LM(\frac{M_1^s}{P_1}) \rightarrow LM(\frac{M_1^s}{P_2})$)，於實質景氣循環理論考慮勞動供給跨期替代效果，利率降低將使勞動供給線左移，得到一新均衡點 C。

🔊 **圖 8–4　實質景氣循環理論之下，技術（生產力）提高的影響**

如果技術進步造成生產力提高，生產函數由 $y = AK^{\alpha}N^{\beta}$ 變為 $y = A'K^{\alpha}N^{\beta}$，而 $A' > A$。此表示，圖 8–4 (b)之中，整條生產函數往上移，且生產函數變得更陡，亦即，技術（生產力）提高時，對應於相同的勞動量，勞動的邊際生產力 (MPN) 提高❷。而勞動的邊際生產力提高，則反映於圖 8–4 (a)之中，勞動的邊際生產力線

---

❷　由本書第 6 章的❷可知，技術進步造成 A 提高，其造成勞動的邊際生產力 (MPN) 提高。

由 *MPN* 線往右上方移動為 *MPN'* 線。如本書第 2 章（或第 6 章）的說明，勞動的邊際生產力線即為勞動需求線。因此，*MPN* 線與 *MPN'* 線各代表技術（生產力）提高前後之勞動需求線。於本書第 2 章中亦提到，於實質工資 $(\frac{W}{P})$ 提高時，若假設「替代效果」大於「所得效果」，則勞動者會多工作（少休閒），亦即，勞動供給 (N^s) 會增加。因此，勞動供給可表示為，$N^s = N^s(\frac{W}{P})$，且 N^s 為 $(\frac{W}{P})$ 的增函數，亦即，勞動供給線為正斜率。

　　於實質景氣循環理論之下，勞動供給除了假設為實質工資的增函數之外，亦假設其會受到利率同方向的影響。由於實質景氣循環理論認為，勞動供給會有跨期替代 (the intertemporal substitution of labor) 的現象，亦即，勞動者現在（本期）的工作量與未來的工作量之替代。假設現在的實質工資為 $(\frac{W}{P})$，而未來的實質工資之貼現值為 $[\frac{(W/P)'}{1+r}]$，其中 $(\frac{W}{P})'$ 表示未來的工資，而 r 為利率 ❷❸。如果利率提高，則未來的實質工資之現值將降低，此種跨期之相對實質工資的變動，勞動者會覺得現在多工作較有利，因為，現在的實質工資相對較高。相反地，於利率降低，則未來的實質工資之現值將提高，因此，勞動者現在將減少工作，未來則增加工作。由以上可知，勞動者之現在（本期）的工作量，即其勞動供給，亦受到利率的同方向影響。

　　由以上的說明，於實質景氣循環理論之下，勞動供給可表示為：

$$N^s = N^s(\frac{W}{P}, r) \tag{8.2}$$

(8.2) 式之中，$\frac{\partial N^s}{\partial(W/P)} > 0$，且 $\frac{\partial N^s}{\partial r} > 0$。以 $(\frac{W}{P})$ 與 N 各表示縱軸與橫軸時，此表示，N^s 為 $(\frac{W}{P})$ 的增函數，亦即，勞動供給線為正斜率。另外，利率亦對勞動供給者有正向的影響，即於利率提高時，勞動供給線將往右移。此表示：

---

❷❸　若假設預期的物價膨脹率 (π^e) 為 0，此時，r 可同時表示名目利率與實質利率。

於 $(\frac{W}{P})$ 維持固定而 r 增加時，N^s 將增加。相反地，於利率降低，勞動供給線將往左移，亦即，於 $(\frac{W}{P})$ 維持固定而 r 減少時，N^s 將減少。

圖 8–4 中，假設技術（生產力）提高之前，整體經濟的生產函數為 $y = AK^\alpha N^\beta$，而勞動市場、產品市場與貨幣市場均達到均衡，其各表示如圖 8–4 (a) 與圖 8–4 (c) 之中的 A 點；另外，總體經濟的均衡亦可由圖 8–4 (d) 表示之，總合需求 y^d 與總合供給 y_1^s 的交點 A，乃對應圖 8–4 (a)～(c) 之中的 A 點，其為原先總體經濟的均衡點。因此，原先的均衡就業量、產出（所得）、物價與利率各為 N_1、y_1、P_1 與 r_1。詳言之，如前述，圖 8–4 (a) 之中，表示勞動需求的 MPN 線為源自圖 8–4 (b) 的生產函數 $y = AK^\alpha N^\beta$；而勞動供給 $N^s(\frac{W}{P}, r_1)$ 為對應於原先的均衡利率 r_1，因由前述，

在實質景氣循環理論之下，勞動供給不僅受實質工資 $(\frac{W}{P})$ 的影響，亦受利率的影響。

由 MPN 線與 $N^s(\frac{W}{P}, r_1)$ 線的交點 A，決定均衡的實質工資與就業量各為 $(\frac{W}{P})_1$ 與 N_1。以 N_1 代入生產函數 $y = AK^\alpha N^\beta$，可求出均衡的產出 y_1。

於本書第 2 章探討古典學派的理論時，曾提到，因其假設名目工資與物價均可彈性調整，因此得到一垂直的總合供給線。亦即，於圖 2–9 (a)，以 $(\frac{W}{P})$ 與 N 為座標軸，由勞動需求線，即 MPN 線，與勞動供給線，即 $N^s(\frac{W}{P})$ 線，可導出圖 2–9 (d) 之垂直的總合供給線，即 y^s 線。

似同圖 2–9，如前述，實質景氣循環理論亦假設，名目工資與物價均可調整，因此，圖 8–4 (a) 之中，由勞動需求 MPN 線與勞動供給 $N^s(\frac{W}{P}, r_1)$ 線，可導出圖 8–4 (d) 之垂直的總合供給線 y_1^s。更具體言之，$y_1^s = y_1^s(T, r_1)$，其中 T 表示原先的技術（生產力）水準❷。亦即 y_1^s 為導自技術水準為 T，且利率為 r_1 之情況。圖 8–4 (d) 中，

y_1^s 線與 y^d 線的交點決定於均衡價格與產出（所得）各為 P_1 與 y_1。圖 8–4 (c)中，

於名目貨幣供給為 M_1^s，物價為 P_1 時，實質貨幣供給為 $(\frac{M_1^s}{P_1})$，其所對應的 LM 為

$LM(\frac{M_1^s}{P_1})$ ❷❺。而 IS 與 $LM(\frac{M_1^s}{P_1})$ 的交點 A（對應於 y^d 線上的 A），決定均衡利率與

所得，其各為 r_1 與 y_1。

　　如前述，於技術（生產力）提高，圖 8–4 (b)中之生產函數由 $y = AK^\alpha N^\beta$ 往上

移動至 $y = A'K^\alpha N^\beta$，對應地，圖 8–4 (a)中，勞動需求線由 MPN 右移為 MPN' 線。

此時，勞動市場的均衡點會由原先的 A 點移至 B 點，而 B 點為 MPN' 線與

$N^s(\frac{W}{P}, r_1)$ 的交點。B 點所決定的實質工資為 $(\frac{W}{P})_2$，其高於原先的實質工資 $(\frac{W}{P})_1$，

而 B 點所決定的就業量為 N_2，其亦大於原先的 N_1。對應於 N_2，可由圖 8–4 (b)求

得產出為 y_2。依同理，圖 8–4 (a)中的 MPN' 線與 $N^s(\frac{W}{P}, r_1)$ 線可對應求出圖 8–4 (d)

之總合供給線 y_2^s，而 $y_2^s = y_2^s(T', r_1)$，其中 T' 表示技術（生產力）提高後的技術水

準 ❷❻。

　　圖 8–4 (d)中，y_2^s 與 y^d 之交點為 B，其所決定的物價 $P_2 < P_1$。於名目貨幣供給

M_1^s 不變的情況，實質貨幣供給 $(\frac{M_1^s}{P_2}) > (\frac{M_1^s}{P_1})$，因此，$LM(\frac{M_1^s}{P_1})$ 將右移至 $LM(\frac{M_1^s}{P_2})$。

IS 與 $LM(\frac{M_1^s}{P_2})$ 之交點為 B，其所決定的利率與所得各為 r_2 與 y_2。

　　B 點與 A 點比較，其所決定的利率 $r_2 < r_1$，於實質景氣循環理論下，此將產

生勞動供給之「跨期替代」效果。亦即，於利率由 r_1 降低為 r_2，勞動供給將往左

移動，而 B 點並非均衡點。

　　由以上可知，傳統上，於貨幣工資與物價均可調整之情況，若未考慮勞動供

給之「跨期替代」效果，於技術（生產力）提高後，均衡點將由 A 移至 B 點，B

---

❷❹　T 反映原先的生產函數 $y = AK^\alpha N^\beta$ 之 A 值。

❷❺　由第 6 章圖 6–1 可知，特定的實質貨幣供給 $(\frac{M_1^s}{P_1})$ 對應特定的 $LM(\frac{M_1^s}{P_1})$。

❷❻　T' 反映技術（生產力）提高後，生產函數 $y = A'K^\alpha N^\beta$ 之 A' 值。

點即為新的均衡點。但於實質景氣循環理論之下，於利率由 r_1 降低為 r_2，圖 8–4 (a) 勞動供給將由 $N^s(\frac{W}{P}, r_1)$ 往左移動，新的 N^s 線與 MPN' 線之交點必然在 B 點的左方，此表示，均衡的就業量會小於 N_2，但假設其大於 N_1，因而均衡的充分就業產出（所得）將低於 y_2 但大於 y_1，亦即，圖 8–4 (d)中，新的 y^s 線將位於 y_2^s 線之左方，且在 y_1^s 與 y_2^s 之間，而新的 y^s 線與 y^d 線的交點所決定的物價將高於 P_2 而介於 P_1 與 P_2 之間。由此可知，新的 LM 線亦必位於 $LM(\frac{M_1^s}{P_1})$ 與 $LM(\frac{M_1^s}{P_2})$ 之間。

由以上的說明，於技術（生產力）提高後，在實質景氣循環理論之下，因其考慮勞動供給之跨期替代效果，新的均衡點可表示如圖 8–4 (a)至(d)各圖之 C 點。新的均衡實質工資為 $(\frac{W}{P})_3$，就業量為 N_3，產出（所得）為 y_3，物價為 P_3，利率為 r_3。而對應的勞動供給線為 $N^s(\frac{W}{P}, r_3)$，其表示利率為 r_3 之勞動供給線。新的總合供給線為 y_3^s，亦即 $y_3^s = y_3^s(T', r_3)$，其表示 y_3^s 乃技術（生產力）水準為 T' 且利率為 r_3 之總合供給線。另外，新的 LM 為 $LM(\frac{M_1^s}{P_3})$。

如前述，實質景氣循環理論說明，景氣循環的原因為源自技術（生產力）或其他供給面的改變。圖 8–4 表示技術（生產力）提高，其造成均衡點由 A 移至 C，因而充分就業的勞動量提高，充分就業產出（自然產出水準）亦隨之提高。相反地，於技術（生產力）或供給面對經濟有不利的影響（如油價提高）時，則會造成充分就業的勞動量以及充分就業產出（自然產出水準）降低。此即前面所稱，實質景氣循環理論之下，景氣循環乃表示，充分就業產出（自然產出水準）的變動。

二、實質景氣循環理論之財政政策與貨幣政策

(一)實質景氣循環理論之財政政策效果

實質景氣循環理論之下，財政政策亦會經由勞動供給的跨期替代而產生其政策效果。以下，我們可以圖 8–5 說明之。

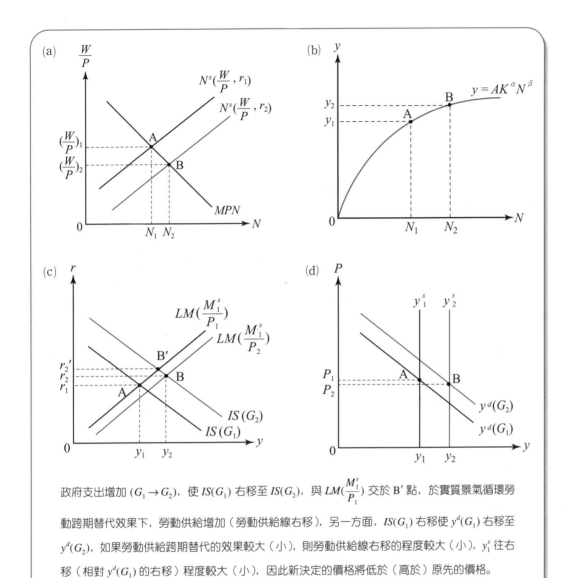

政府支出增加 ($G_1 \rightarrow G_2$)，使 $IS(G_1)$ 右移至 $IS(G_2)$，與 $LM(\frac{M_1^s}{P_1})$ 交於 B′ 點，於實質景氣循環勞動跨期替代效果下（勞動供給線右移），另一方面，$IS(G_1)$ 右移使 $y^d(G_1)$ 右移至 $y^d(G_2)$，如果勞動供給跨期替代的效果較大（小），則勞動供給線右移的程度較大（小），y_1^s 往右移（相對 $y^d(G_1)$ 的右移）程度較大（小），因此新決定的價格將低於（高於）原先的價格。

🔊 圖 8-5　實質景氣循環理論之財政政策效果

似同圖 8-4，假設原先政府支出為 G_1 時，總體經濟的均衡點可表示如圖 8-5 (a)至(d)各圖的 A 點。因此，原先的均衡實質工資為 $(\frac{W}{P})_1$，就業量為 N_1，產出（所得）為 y_1，利率為 r_1，物價為 P_1。其中，圖 8-5 (a)，勞動需求線為 MPN，其導自圖 8-5 (b)的生產函數 $y = AK^\alpha N^\beta$；勞動供給乃決定於實質工資 $(\frac{W}{P})$ 與利率 r_1，即

$N^s = N^s(\frac{W}{P}, r_1)$，而 *MPN* 線與 $N^s(\frac{W}{P}, r_1)$ 的交點 A，其所決定的就業量為 N_1，以之代入生產函數，可得產出為 y_0。圖 8–5 ⒟之中，$y_1^s = y_1^s(r_1)$，亦即，y_1^s 乃對應於利率為 r_1 之總合供給線；而原先政府支出為 G_1 時，對應的總合需求為 $y^d(G_1)$，其與 y_1^s 的交點 A，決定物價 P_1 與產出（所得）y_0。圖 8–5 之中，對應於 G_1 的 $IS(G_1)$，以及對應於 $(\frac{M_1^s}{P_1})$ 的 $LM(\frac{M_1^s}{P_1})$，兩者的交點 A，決定利率 r_1，所得 y_0。

如果政府支出由 G_1 增加為 G_2，圖 8–5 ⒞之中，$IS(G_1)$ 將右移至 $IS(G_2)$，其與 $LM(\frac{M_1^s}{P_1})$ 的交點為 B'，而 B' 所決定的利率 $r_2' > r_1$。於實質景氣循環理論之下，B' 點並非均衡點，因如前述，利率提高會導致勞動供給之跨期替代效果，亦即，利率提高時，勞動者將增加其現在（本期）的勞動供給，而圖 8–5 ⒜中，$N^s(\frac{W}{P}, r_1)$ 將往右移。由此可知，新的勞動供給線必然在原來的 $N^s(\frac{W}{P}, r_1)$ 之右下方，此表示，新的均衡就業量會大於原先的 N_1，而均衡的產出（所得）大於原先的 y_1，對應地，圖 8–5 ⒟之中，新的總合供給線必然在原先之 y_1^s 之右方。另一方面，$IS(G_1)$ 往右移至 $IS(G_2)$，則導致 $y^d(G_1)$ 右移至 $y^d(G_2)$。$y^d(G_2)$ 與新的總合供給線的交點所決定的價格，可能低於（高於）原先的價格 P_1。如果勞動供給跨期替代的效果較大（較小），則 $N^s(\frac{W}{P}, r_1)$ 往右移動的程度較大（較小），其造成 y_1^s 往右移動（相對於 $y^d(G_1)$ 的右移）的程度較大（較小），因此新的價格將低於（高於）原先的價格 P_1[27]。

假設勞動跨期的替代效果較大，圖 8–5 ⒜至⒟之中，各圖的 B 點為實質景氣循環理論下，政府支出由 G_1 增至 G_2 時，所產生的新均衡點。亦即，圖 8–5 之中，新的均衡實質工資 $(\frac{W}{P})_2 < (\frac{W}{P})_1$，就業量 $N_2 > N_1$，產出（所得）$y_2 > y_1$，利率 $r_2 > r_1$，價格 $P_2 < P_1$[28]。$r_2 > r_1$ 之原因為，圖 8–5 假設 *IS* 右移的幅度大於 *LM* 右移的

---

[27]　勞動供給之跨期替代的效果較大（較小）乃表示，勞動供給的利率彈性較大（較小）。亦即，於利率提高時，現在（本期）勞動供給增加的幅度較大（較小）。

[28]　因假設勞動供給之跨期替代效果較大，圖 8–5 ⒟中，y_1^s 右移的幅度大於 y_1^d 右移的幅

幅度。

由以上可知，

> 實質景氣循環理論除了假設名目工資與物價均可調整，且亦假設勞動供給之跨期替代
> 效果的存在，所以，政府支出增加時，對就業與所得仍具有擴張性的效果❷。

(二)實質景氣循環理論之貨幣政策效果

實質景氣循環理論乃依循古典學派的理論，其認為，**貨幣供給的改變只會影
響物價，而不會影響如就業與產出（所得）等實質變數**，此即所謂「貨幣中立性」❸。
以下，可以圖 8–6 說明貨幣供給增加之影響。

度，而造成價格由 P_1 降低為 P_2。此導致實質貨幣由 $(\frac{M_1^s}{P_1})$ 增加為 $(\frac{M_1^s}{P_2})$，因此，圖 8–5
(c)中，$LM(\frac{M_1^s}{P_1})$ 往右移動為 $LM(\frac{M_1^s}{P_2})$。相反地，如果假設勞動供給之跨期替代效果較
小，則其結果為 N^s 線右移的幅度較小，因此，y_1^s 右移的幅度小於 y_1^d 右移的幅度，由
之，價格會由 P_1 提高為 P_2。此造成實質貨幣供給 $(\frac{M_1^s}{P_1})$ 減少為 $(\frac{M_1^s}{P_2})$，而圖 8–5 (c)
中，$LM(\frac{M_1^s}{P_1})$ 將往左移動為 $LM(\frac{M_1^s}{P_2})$。在此情況下，政府支出增加所造成的就業與所
得的增加，其幅度將小於圖 8–5 之結果。

❷ 於名目工資與物價均可調整，若不考慮勞動供給之跨期替代效果，則於政府支出增加
時，圖 8–5 (a)中，N^s 線不會往右移動，因此，就業量 (N) 不會增加，y_1^s 線亦不會往右
移動，只有 y^d 會往右移，新的 y^d 線與 y_1^s 線的交點所決定的物價將比原先的 P_1 為高，
而產出（所得）則維持於原先的 y_1。而較高的物價則造成實質貨幣供給減少，而導致
LM 往左移動，新的 LM 與 $IS(G_2)$ 的交點所決定的利率較原先的 r_1 為高，而所得仍維
持於 y_1。由以上可知，於名目工資與物價均可調整之情況，因 y^s 為垂直線，若不考慮
勞動供給之跨期替代，則政府支出增加，因不造成 N^s 線以及 y^s 線之移動，對就業與
產出（所得）並無影響。

❸ 古典學派對「貨幣中立性」的說明，可參見本書第 2 章。

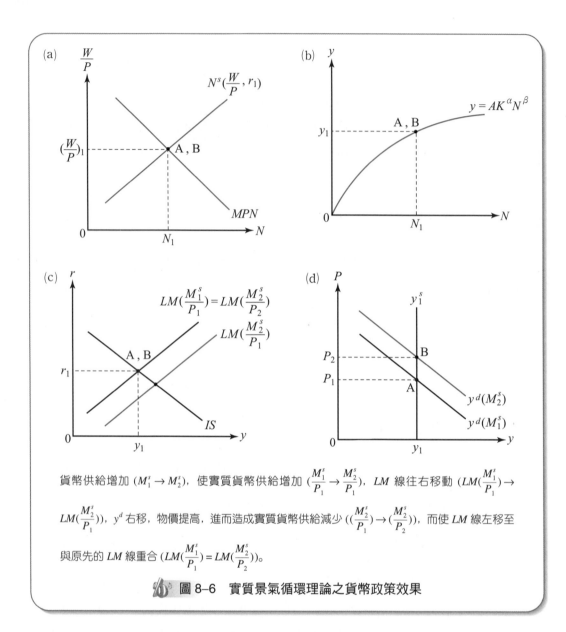

貨幣供給增加 $(M_1^s \rightarrow M_2^s)$, 使實質貨幣供給增加 $(\frac{M_1^s}{P_1} \rightarrow \frac{M_2^s}{P_1})$, LM 線往右移動 $(LM(\frac{M_1^s}{P_1}) \rightarrow$

$LM(\frac{M_2^s}{P_1}))$, y^d 右移, 物價提高, 進而造成實質貨幣供給減少 $((\frac{M_2^s}{P_1}) \rightarrow (\frac{M_2^s}{P_2}))$, 而使 LM 線左移至

與原先的 LM 線重合 $(LM(\frac{M_1^s}{P_1}) = LM(\frac{M_2^s}{P_2}))$。

圖 8-6　實質景氣循環理論之貨幣政策效果

似同圖 8-4 或圖 8-5, 圖 8-6 (a)至(d)各圖中, A 點為原先的均衡點, 亦即原

先的實質工資為 $(\frac{W}{P})_1$, 就業量為 N_1, 產出（所得）為 y_1, 利率為 r_1, 物價為 P_1。

若名目貨幣供給為 M_1^s, 則實質貨幣供給為 $(\frac{M_1^s}{P_1})$, 因此, 圖 8-6 (c)中, 對應的

$LM(\frac{M_1^s}{P_1})$, 其與 IS 共同決定之 y^d, 可表示如圖 8-6 (d) $y^d(M_1^s)$。現若貨幣供給由 M_1^s

增加為 M_2^s，依古典學派的講法，此只是造成物價同幅度的提高，而不影響就業與產出（所得）等實質變數。圖 8–6 (c) 中，於 M_1^s 增加為 M_2^s，物價仍為 P_1 時，實質貨幣供給由原先的 $(\dfrac{M_1^s}{P_1})$ 增加為 $(\dfrac{M_2^s}{P_1})$，因而 $LM(\dfrac{M_1^s}{P_1})$ 將往右移動為 $LM(\dfrac{M_2^s}{P_1})$，其與 IS 所決定之 y^d 可表示如圖 8–6 (d) 之 $y^d(M_2^s)$。$y^d(M_2^s)$ 與 y_1^s 所決定的物價為 P_2 $(> P_1)$，此造成實質貨幣供給由 $(\dfrac{M_2^s}{P_1})$ 減少為 $(\dfrac{M_2^s}{P_2})$，而 $(\dfrac{M_2^s}{P_2}) = (\dfrac{M_1^s}{P_1})$，亦即：

> 貨幣供給增加且物價調整後的實質貨幣供給，會等於原先的實質貨幣供給。

因此，$LM(\dfrac{M_2^s}{P_1})$ 會往左移動為 $LM(\dfrac{M_2^s}{P_2})$，其與原先的 $LM(\dfrac{M_1^s}{P_1})$ 重合[31]。

由以上可知，似同古典學派之結論，於

> 實質景氣循環理論之下，貨幣供給增加，只達成物價同幅度提高，對就業與產出（所得）等實質變數並無影響。

 ### 三、對實質景氣循環理論之評論

前面已提到，實質景氣循環理論為由古典學派與新興古典學派的理論衍生而來，因此，實質景氣循環理論亦受到一些質疑。以下擬提出一些學者（尤其是凱因斯學派學者）的批評。

首先，由前述可知，實質景氣循環理論著重於技術（生產力）的變動對經濟所造成的影響。批評者認為，技術（生產力）的變動，並未大得足以解釋實際的經濟波動之幅度與形態。另外，他們認為，實際上各產業可能面對不同的技術（生產力）衝擊，有些技術（生產力）衝擊為正向的，有些為負向的，而對不同的產

---

[31]　如同本書第 2 章對古典學派之說明，貨幣供給增加後，$\dfrac{\Delta M}{M} = \dfrac{\Delta P}{P}$，而維持實質貨幣供給不變。

業產生不同的影響。因此，於經濟不景氣時，不易由實質景氣循環理論，以解釋各個產業均同時衰退之現象。

其次，由以上的說明可知，實質景氣循環理論極重視勞動供給之跨期替代效果。批評者則認為，此項替代效果的幅度可能不大，因而無法如實質景氣循環理論說明實際的景氣循環現象。

另外，於實質景氣循環理論之下，景氣循環為源自實質經濟因素的變動。如圖 8-4，於技術（生產力）提高時，勞動供給、就業與產出（所得）均會增加。反之，於技術（生產力）降低時，勞動供給、就業與產出（所得）均會減少。於實質景氣循環理論之下，勞動供給為隨實質工資與利率的改變而調整，因此，就業的變動可稱為勞動者所自願的 (voluntary)，亦即，就業量的決定，亦受勞動者之最適化行為的影響。批評者則認為，實際上，勞動者的失業大多為非自願的 (involuntary)。

第 **3** 節
新興凱因斯學派

一、新興凱因斯學派的產生

由本章前面的說明可知，新興古典學派為衍生自古典學派，兩者皆假設貨幣工資與物價可彈性調整。於古典學派（本書第 2 章）之情況，財政與貨幣政策均不影響就業與產出（所得）。於新興古典學派之下，若政府未事先宣布，則政策有效，反之，若政府事先宣布，或政府採取「系統性的政策法則」，則政策無效。

於本書第 3 章的凱因斯模型，或第 4、5 與 6 章所提到的凱因斯學派模型，由之可得，於短期，財政與貨幣政策可影響就業與產出（所得）。而政策有效之結論，乃由於其假設貨幣工資與物價在短期為固定的 ❸❷。

---

❸❷ 於本書第 3 章的凱因斯模型，或第 4 與第 5 章的凱因斯學派模型（*IS–LM* 模型）均假

　　相對於新興古典學派以及實質景氣循環理論，凱因斯或凱因斯學派似乎較不具有個體經濟的基礎 (microeconomic foundations)。「個體經濟的基礎」乃表示，**經濟理論的導出須來自經濟個體之最適化**，亦即，**消費者在決定其消費，勞動者在決定其勞動供給時，皆希望達到效用的極大**；而生產者在生產的過程中，對勞動以及其他生產要素的需求，則依利潤極大化的法則決定之。

(一)新興凱因斯學派與凱因斯學派的差異

　　基於以上的說明，新興凱因斯學派產生之原因為，其欲維持凱因斯以及凱因斯學派的結論，亦即，財政與貨幣政策在短期具有效果，而貨幣工資、物價或實質工資的短期僵固性 (rigidities)，則是政府政策有效性所須具備的假設。因此，新興凱因斯學派對於前述工資與物價僵固性的原因，提出較多說明，以求具備理論之基礎。另外，新興凱因斯學派亦用新興古典學派與實質景氣循環理論所使用的理性預期之方法。於產品市場方面，凱因斯與凱因斯學派通常假設其為完全競爭，而新興凱因斯學派則通常假設其為不完全競爭之形態。

　　接著，運用前述圖 6–6、圖 6–11 與圖 6–12，增加預期之因素，則可用以說明，新興凱因斯學派之下，於短期，貨幣工資為僵固性的原因，且以之探討財政與貨幣政策的效果。

(二)工資僵固下之總合供給線

　　新興凱因斯學派認為，工資契約由勞動者與廠商共同議定，而工資決定於訂約時，勞動者與廠商對價格的預期。由圖 6–6 (a)，假設原先價格預期為 $P^e = P_1$，由之，對應的勞動需求為 $P_1 \cdot MPN$ 線，勞動供給為 $N^s(P_1)$，兩者的交點為 A，其表示預期的勞動市場均衡點，由之所決定的貨幣工資即為契約工資 (contract wage) $W^c = \overline{W}$，而 A 點所決定的就業量為 N_1，其對應產出（所得）y_1。因工資契約須維持一段期間，在此期間內，貨幣工資均維持於 $\overline{W}$ 之水準。在此期間內，若

設物價不變。第 6 章中，圖 6–11 與圖 6–12 則為總合需求—總合供給 (y^d-y^s) 的架構下，探討貨幣工資短期固定而長期可調整之情況下，財政與貨幣政策之效果。

實際物價為 P_2，則廠商對勞動的需求線將右移至 $P_2 \cdot MPN$，其與 $W = \overline{W} (= W^c)$ 線的交點為 B，由之所決定的就業量為 N_2，產出（所得）為 y_2。圖 6–6 (c) 之中，連接 A 點所表示的 (P_1, y_1) 組合點，與 B 點所表示的 (P_2, y_2) 組合點，可得，貨幣工資為 $W = \overline{W} (= W^c)$ 之總合供給線 $y^s (W = \overline{W} = W^c)$。

🪙 (三)預期到與未預期到政府支出增加對就業、產出之影響

圖 6–11 亦可用以說明，新興凱因斯學派之下，未預期到與預期到的政府支出增加之影響。

首先說明未預期到的政府支出增加之效果。由圖 6–11 (a)，假設原先的契約工資 $W^c = \overline{W}_1$，其對應的總合供給線為 $y^s (W = \overline{W}_1)$，而原先政府支出水準為 G_1，其對應總合需求線 $y^d(G_1)$。$y^s (W = \overline{W}_1)$ 與 $y^d(G_1)$ 的交點 A 為原先的均衡點，由之決定均衡的物價 P_1 與均衡產出（所得）$y_1$❸❸。如果政府未事先宣布，將其支出水準由 G_1 增加為 G_2，對應地，總合需求線將由 $y^d(G_1)$ 右移為 $y^d(G_2)$，因社會大眾未預期到政府支出增加，因而對價格的預期仍為 $P^e = P_1$，由之，契約工資仍維持於 $\overline{W}_1$，總合供給線維持於 $y^s (W = \overline{W}_1)$。$y^d(G_2)$ 與 $y^s (W = \overline{W}_1)$ 的交點為 B，其對應的價格為 P'_1，因此，勞動需求線由 $P_1 \cdot MPN$ 右移為 $P'_1 \cdot MPN$，其與 $W = \overline{W}_1$ 線所決定的就業量為 N_2，對應的產出（所得）為 y_2。由以上可知：

> 未預期到的政府支出增加，造成就業與產出（所得）的增加。

如果政府事先宣布其支出的增加，則圖 6–11 中，勞動者的價格預期將提高為 $P^e = P_2$，因而契約工資亦將提高為 $\overline{W}_2$❸❹。圖 6–11 (d) 中，$\overline{W}_2$ 所對應的總合供給線

---

❸❸ 仍同前述，假設原先價格預期為 $P^e = P_1$，其對應的勞動需求與勞動供給各為 $P_1 \cdot MPN$ 與 $N^s(P_1)$ 線，由之決定契約工資 $\overline{W}_1$。

❸❹ 於價格預期為 $P^e = P_2$，由之，圖 6–11 (a) 中，對應的勞動需求為 $P_2 \cdot MPN$ 線，勞動供給為 $N^s(P_2)$，兩者的交點為 C，其為預期的勞動市場均衡點，由之所決定的貨幣工資即為契約工資 $\overline{W}_2$。

為 $y^s (W = \overline{W}_2)$，其與 $y^d(G_2)$ 的交點為 C，由之決定價格為 P_2，而產出（所得）仍維持於原先的 y_1。圖 6–11 (a)中，P_2 對應勞動需求線 $P_2 \cdot MPN$，其與 $W = \overline{W}_2$ 線的交點為 C，由之所決定的就業量亦維持於原先的 N_1。

(四)未預期到貨幣供給增加對就業、產出之影響

依相同的道理，圖 6–12 亦可用以說明，於新興凱因斯學派下，未預期到（政府未事先宣布）的貨幣供給增加，對就業與產出（所得）有正向的影響，預期到（政府事先宣布）的貨幣供給增加，則不影響就業與產出（所得）。

由本章第 1 節與本節可知，新興凱因斯學派與新興古典學派對貨幣工資與物價的假設固然不同❸，但兩者均得到相同的政策結論，亦即：

> 未預期到（政府未事先宣布）的政策具有效果，預期到（政府事先宣布）的政策則不具效果。

此兩學派的結論相似，因而可稱兩學派外觀相同 (observational equivalence)。

以上討論了新興凱因斯學派的政策效果。接著說明新興凱因斯學派的一些理論，其可用以解釋物價的短期僵固性以及勞動之「非自願失業」的現象。

二、新興凱因斯學派的一些理論

(一)固定價格 (菜單成本) 模型

新興凱因斯學派的經濟學者認為，物價的短期固定可由菜單成本模型 (menu-cost model) 說明之。他們認為，於消費者對產品的需求改變時，廠商在短期仍不調整價格。因若調整價格，則會產生成本的增加，例如，須重新印製價格目錄，並將之寄給消費者；以餐廳來講，亦須印製新的菜單，以顯示其新的標價。

---

❸　於本章第 1 節提到，新興古典學派假設貨幣工資與物價均可彈性調整，於本節討論新興凱因斯學派的政策效果時，則假設貨幣工資決定於契約工資，而契約工資受到預期價格的影響。

接著，可以圖 8-7 說明，在「菜單成本模型」之下，於產品需求減少時，獨占廠商是否會降低其產品價格。圖中，假設原先獨占廠商所面對之需求線為 D，其對應之邊際收益線為 MR。且假設，於生產此產品時，廠商之邊際成本線 MC 為水平線。為求利潤極大化，亦即，廠商依 $MR = MC$ 法則，決定產量為 Q_1，在此產量下，由需求線 D，可決定原先的價格為 P_1。

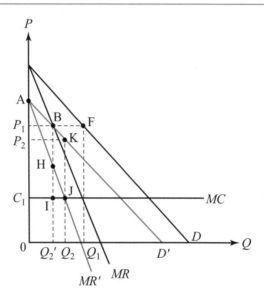

當需求減少時，維持原價格 (P_1) 下，廠商的利潤等於 (AC_1IH)，若價格降低 (P_2)，廠商的利潤變為 (AC_1J)，因此廠商價格降低所增加的利潤為 $HIJ = (AC_1J - AC_1IH)$，若 HIJ 大於調整價格之菜單成本，則廠商會降低價格，反之，若菜單成本大於 HIJ，則不會降低價格。

圖 8-7　產品需求改變時，獨占廠商之價格決策

1. 未考慮菜單成本

圖 8-7 中，如果產品的需求減少，需求線由原先的 D 左移至 D'，對應地，邊際收益線亦由 MR 左移為 MR'。假設邊際成本線 MC 仍維持不變，傳統上，如前述，若未考慮菜單成本，於需求減少後，依廠商利潤極大法則，由 MR' 線與 MC 線的交點 J 所決定的產量為 Q_2，其與 D' 線可決定價格 P_2。亦即，若依傳統，

> 未考慮「菜單成本」存在之情況，於產品需求減少後，價格應由 P_1 減少為 P_2。

2.考慮菜單成本

於需求減少後，若考慮價格調整的「菜單成本」，則廠商會作以下的比較，以決定是否調整價格。

由圖 8–7，於需求減少為 D'，如果價格維持於原來的水準 P_1，其與 D' 線決定的需求量為 Q'_2，則廠商的利潤等於 AC_1IH 之面積 **❸❻**。

於需求減少為 D'，如果價格降低為 P_2，其與 D' 線決定的需求量為 Q_2，則廠商的利潤為 AC_1J **❸❼**。

由以上可知，於需求減少為 D'，若廠商維持價格於 P_1，其利潤為 AC_1IH；若廠商將價格降低為 P_2，其利潤為 AC_1J。因此，廠商將價格降低時，所增加的利潤為 $HIJ = (AC_1J - AC_1IH)$。由此可知：

> 如果 HIJ 大於調整價格之菜單成本，則廠商會降低價格，相反地，如果菜單成本大於

---

❸❻ 廠商的利潤 (π) 等於總收益 (TR) 與總成本 (TC) 之差，即：$\pi = TR - TC$。圖 8–7 之中，於需求線為 D' 價格為 P_1 時，對應之需求量為 Q'_2，且 D' 線對應之邊際收益線為 MR'，由之可得，$\pi = TR - TC$ 式之中，$TR = \int_0^{Q'_2} MR' dQ = A0Q'_2 H$。亦即，依定義，總收益等於各產量所對應的邊際收益之和。因此，於需求量為 Q'_2 時，TR 等於產量由 0 至 Q'_2 之各邊際收益之和。由此可得，於需求量為 Q'_2 時，$TR = A0Q'_2 H$ 之面積。同理，需求量為 Q'_2 時，TC 可表示為：$TC = \int_0^{Q'_2} MC\, dQ = C_1 0Q'_2 I$。亦即，總成本等於各產量所對應的邊際成本之和，於圖 8–7 之例，邊際成本維持於固定水準 C_1。由 $\pi = TR - TC$、$TR = A0Q'_2 H$ 及 $TC = C_1 0Q'_2 I$，可得利潤即：$\pi = A0Q'_2 H - C_1 0Q'_2 I = AC_1IH$。

❸❼ 似同本章 **❸❻** 的說明，於需求線為 D'，價格為 P_2，需求量為 Q_2，而 D' 線對應之邊際收益線為 MR'，由之可得：$\pi = \int_0^{Q_2} MR' dQ - \int_0^{Q_2} MC dQ = A0Q_2J - C_1 0Q_2J = AC_1J$。

HIJ，則不會降低價格。

由以上對圖 8-7 的說明，固然菜單成本可能不高，但只要其大於圖 8-7 的 HIJ，則於需求減少時，廠商仍會維持原先的價格水準，不會將之降低。

3. 由社會觀點衡量需求減少而維持價格不變之成本

另外，亦可從整個社會的觀點衡量，於需求減少時，若廠商仍維持原先的價格水準，其所造成的社會成本。具體言之，於需求減少時，若廠商未將價格降低，此將造成消費者剩餘與廠商利潤的損失，兩者之合計，即為價格未調整之社會成本。圖 8-7 中，於需求線為 D'，若價格仍維持於 P_1，其對應之需要量為 Q_2'。因此，消費者剩餘為 AP_1B，廠商利潤為 P_1C_1IB，兩者之和為 AC_1IB❸❽。而於價格降低為 P_2 時，其對應的需求量為 Q_2，因而，消費者剩餘為 AP_2K，廠商的利潤為 P_2C_1JK，兩者之和為 AC_1JK❸❾。

由前述之說明可知，於需求減少為 D'，而價格維持於原先之 P_1 水準，則消費者剩餘與廠商利潤之和為 AC_1IB；若價格降低為 P_2，則兩者之和為 AC_1JK。因此，於需求減少，而廠商不降低價格，其社會損失為 $BIJK\ (= AC_1JK - AC_1IB)$。

如果將以上作一結論，可得，於圖 8-7 中，於需求由 D 減少為 D' 時，如果廠商維持原先的價格 P_1，而不將價格降為 P_2，則廠商的利潤將減少（HIJ——菜單成本）；但由全社會的觀點，如果廠商不降低價格，則社會損失為 BIJK。因此，

---

❸❽ 於需求線為 D'，價格為 P_1，需求量為 Q_2' 時，廠商的利潤為：$\pi = TR - TC = P_1Q_2' - C_10Q_2'I = P_1C_1IB$，此式之中，如本章❸❻之說明，$TC = C_10Q_2'I$。而此式之中，$TR$ 有兩種衡量的方法，其結果相同，一種為❸❻所提到的，即 $TR = A0Q_2'H$，另一種則為此處的 $TR = P_1Q_2'$。而 P_1Q_2' 亦等於 $A0Q_2'H$。

❸❾ 似同本章❸❽的說明，於價格為 P_2，需要量為 Q_2 時，$\pi = TR - TC = P_2Q_2 - C_10Q_2J = P_2C_1JK$，其中，$TC = P_2Q_2$，而 $TC = C_10Q_2J$。另外，似同本章❸❻，於此之 TR，亦可由邊際收益 (MR') 線下方之面積衡量之，即 $TR = A0Q_2J$，而 P_2Q_2 亦等於 $A0Q_2J$。

於需求減少時若廠商不降低價格，則造成的社會損失遠大於廠商的損失。

 (二)效率工資模型

　　新興凱因斯學派的學者以效率工資模型 (efficiency wage models) 說明，不完全競爭的廠商可能將實質工資訂得較高，但此導致勞動供給大於勞動需求，而造成勞動的「非自願失業」現象。

　　以新興凱因斯學派學者的看法，廠商將實質工資訂於較高水準的原因包含：較高的實質工資可提供勞動者較好的營養與教育（此尤其適用於開發中國家之情況），而有助於提高勞動的生產力；其次，學者認為，廠商支付較高的實質工資，可提高勞動者的士氣以及忠誠的程度，因此，勞動者會更努力工作，且工作得更有效率；另外，如果實質工資訂得較高，勞動者會自動努力工作，不敢怠工以保有此高工資之工作機會，廠商因而可節省監督之成本。

1. 效率工資模型下，最適實質工資之決定

　　以下，接著以數學模型，且配合圖形來說明，於效率工資模型，求取利潤極大化的廠商如何決定其支付之最適實質工資。廠商的利潤 (π) 可表示為：

$$\pi = Py - WN \tag{8.3}$$

　　(8.3) 式中，π、P、y、W 與 N 各表示，廠商的名目利潤、物價（產品價格）、產出、貨幣（名目）工資與勞動的僱用量（勞動需求）。若將 (8.3) 式各項除以 P，可得：

$$\frac{\pi}{P} = y - wN \tag{8.4}$$

(8.4) 式之中，($\frac{\pi}{P}$) 為實質利潤，$w = \frac{W}{P}$ 為實質工資。

　　其次，廠商的生產函數可表示為：

$$y = F(eN), \quad F'(.) > 0, \quad F''(.) < 0 \tag{8.5}$$

(8.5) 式之中，e 表示勞動的努力 (effort)。而「努力」愈多，勞動的「效率」也愈

高❹。(8.5) 式表示，產出不只受勞動量的影響，也受勞動效率（努力）的影響。而 e 又可表示為實質工資 (w) 的增函數，即：

$$e = e(w), \quad e'(.) > 0 \tag{8.6}$$

依前述的說明，於效率工資模型之下，實質工資愈高，勞動者的效率（努力）也愈高。將 (8.6) 式代入 (8.5) 式，生產函數可表示為：

$$y = F(e(w)N) \tag{8.7}$$

將 (8.7) 式代入 (8.4) 式，實質利潤可表示為：

$$\frac{\pi}{P} = F(e(w)N) - wN \tag{8.8}$$

為求實質利潤的極大化，可由 (8.8) 式各對 N 與 w 微分，以求解一階條件，可得：

$$F'(e(w)N)e(w) - w = 0 \tag{8.9}$$

$$F'(e(w)N)Ne'(w) - N = 0 \tag{8.10}$$

(8.9) 式亦可表示為：

$$F'(e(w)N) = \frac{w}{e(w)} \tag{8.11}$$

以 (8.11) 式代入 (8.10) 式，可得：

$$\frac{we'(w)}{e(w)} = 1 \tag{8.12}$$

2. 效率工資模型下，最適實質工資之決定的圖形說明

接著，我們可探討以上 (8.11) 式與 (8.12) 式的經濟涵義。(8.11) 式的左方表示有效勞動 (effective labor) $e(w)N$ 的邊際產量；而 (8.11) 式的右方則表示，增加 1 單位的有效勞動，所增加的成本，亦即，增加 1 單位的有效勞動，所須支付的實質工資，此式即廠商的勞動需求式❹。

---

❹ 於「效率工資模型」，勞動者的「效率」與「努力」可視為相同。

❹ 由 (8.11) 式，若不考慮勞動的效率 e，亦即，令 $e(w) = 1$，則其可表示為，$F'(N) = w$，意即，勞動的邊際生產力等於實質工資，此為利潤極大化的廠商之勞動需求式。此可參閱本書第 2 章的 (2.3) 式。

(8.12) 式表示，於廠商利潤極大化時，勞動效率（努力）的實質工資彈性等於 1❷。(8.12) 式可表示如圖 8–8。

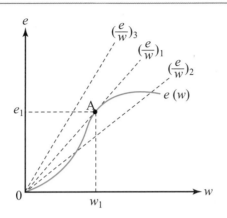

效率工資模型下，利潤極大的廠商所能達到最陡的射線為與 $e(w)$ 相切的 $(\frac{e}{w})_1$，其會支付的實質工資為 w_1，而對應實質工資，勞動效率為 e_1。

圖 8–8　效率工資模型之最適實質工資的決定

圖 8–8 中，源自原點的各射線，由較平至較陡，每一射線之斜率各表示一特定的 $(\frac{e}{w})$ 比率，射線愈陡（平），$(\frac{e}{w})$ 之比率值愈大（小）。於圖 8–8 中，橫軸為實質工資 (w)，若任意選定一 w 值，於其上作垂直線，則此垂直線與前述各射線均各有一交點，其各對應一勞動效率（努力）(e) 值。以廠商的立場，於固定的 w，e 愈高對其愈有利，亦即，圖 8–8 中，

愈陡（斜率愈大）的射線對廠商愈有利。

而圖 8–8 中，$e(w)$ 線對應於 (8.6) 式，其表示勞動效率（努力）與實質工資

---

❷　(8.12) 式左邊可表示為：$\dfrac{we'(w)}{e(w)} = \dfrac{w\dfrac{de(w)}{dw}}{e(w)} = \dfrac{de(w)/e(w)}{dw/w}$。此即，實質工資變動 1% 時，勞動效率（努力）變動的百分比。因此，(8.12) 式左邊表示，勞動效率（努力）的實質工資彈性。

的函數關係。因此，利潤極大化的廠商之最適點為，$e(w)$ 線與表示某一特定 $(\frac{e}{w})$ 值之射線的切點，如圖 8–8 之 A 點。易言之，

> 為求利潤極大化，在 $e(w)$ 線的限制下，廠商所能達到最陡的射線為與 $e(w)$ 線相切的 $(\frac{e}{w})_1$。

　　因由前述可知，所達到的射線愈陡，對廠商愈有利。由 A 點可知，於效率工資模型之下，求取利潤極大的廠商，其支付勞動者的實質工資為 w_1，而對應此實質工資，勞動效率（努力）為 e_1。另外，圖 8–8 中，A 點的決定亦對應於 (8.12) 式。由前述可知，A 點決定於 $e(w)$ 線與 $(\frac{e}{w})$ 射線的切點，亦即，$e(w)$ 線上之 A 點的切線斜率與 $(\frac{e}{w})$ 射線的斜率相同。因此，A 點表示，$e'(w) = \frac{e}{w}$，其可表示為 $\frac{we'(w)}{e(w)} = 1$，此即 (8.12) 式。

(三)內部者—外部者模型

　　內部者—外部者模型 (insider-outsider models) 可用以說明勞動的「非自願性失業」，以及勞動失業的磁滯 (hysteresis) 現象，亦即，**勞動若失業，則其失業將維持一長久的時間**。

　　依此模型，內部者通常為工會會員，其亦為就業者，內部者具有優勢以維持其工作與實質工資。內部者除了向廠商要求較高的實質工資，以有利於其本身，另外，他們也會設定條件，以防止廠商僱用外部者，而外部者通常不是工會會員。因此，雖然外部者願意在較低的實質工資下就業，廠商亦可能基於前述內部者所設定的條件，而不僱用之。另外，僱用新員工所需的廣告或訓練成本，亦為廠商考慮的因素。

　　由以上可知：

於「內部者一外部者模型」之下，勞動市場上，實質工資維持於較高的水準，而且，內部者所設定的條件，將造成外部者的「非自願性失業」，且其失業期間頗為長久。

 經濟指標

本章所提到的各學派，均欲對景氣循環（即短期的經濟波動）的產生，找出原因。於經濟實務上，有各項經濟指標 (economic indicators)，助於瞭解經濟所處的狀態或階段。

一般而言，經濟指標可區分為以下三方面：

1. 與經濟循環同向 (procyclic) 的指標

此項指標與經濟活動呈同方向的關係。例如，*GDP*（或工業生產指數）愈高，表示經濟的表現愈好，即景氣狀態愈佳。反之，則表示景氣狀態較差。

2. 與經濟循環反向 (countercyclic) 的指標

此項指標與經濟活動成反方向的關係。例如，失業率高，表示景氣差，失業率低，則表示景氣佳。

3. 與經濟循環無關 (acyclic) 的指標

此種指標與經濟循環無關。亦即，此指標的高低，未能顯示經濟的狀態。

實務上，經建會為瞭解景氣循環（經濟循環）之狀態，或對之作預測，而建立「景氣同時指標」以及「景氣領先指標」，前者可顯示現在的景氣狀態，後者則可用以預測未來的景氣狀態。依經建會資料頻率為月資料（另外，資料頻率亦包含季資料與年資料）之情況，「景氣領先指標」與「景氣同時指標」之構成項目可表示如下：

表 8-1　經濟指標

景氣領先指標之構成項目	景氣同時指標之構成項目
外銷訂單指數	工業生產指數
貨幣總計數 M1B	電力（企業）總用電量
股價指數	製造業銷售值
製造業存貨量指數	批發零售及餐飲業營業額指數
工業及服務業每人每月加班工時	非農業部門就業人數
核發建照面積（住宅類住宅、商業辦公、工業倉儲）	海關出口值
SEMI 半導體接單出貨比	機械及電機設備進口值

資料來源：經建會。

本章重要名詞與概念

系統性的政策法則	政策無效論
盧卡斯的總合供給函數	勞動供給的「跨期替代」
總體經濟學之「個體經濟的基礎」	菜單成本
效率工資	內部者─外部者模型

※附錄：說明新興古典學派「政策無效論」的數學模型

於本附錄中，我們依 Sijben (1980) 的數學模型來說明新興古典學派的「政策無效論」，亦即，政府的「系統性政策法則」將為社會大眾所預期到，而其對總體經濟不會產生實質的效果。以下接著說明 Sijben (1980) 模型的各個數學式，首先，(8A.1) 式（即 (7.17) 式）表示「附加預期的菲力普曲線」，即：

$$\pi = \pi^e + \alpha(u_n - u) \tag{8A.1}$$

對於實際物價膨脹率 (π)，Sijben (1980) 依劍橋學派的實質餘額理論，將之設定為：

$$\pi = m + \varepsilon \qquad \text{(8A.2)}$$

(8A.2) 式中，m 表示調整後的貨幣成長率 (the adjusted rate of monetary growth)，亦即 m 等於名目貨幣供給 (M) 的成長率與實質產出（所得）的成長率之差。Sijben 認為，實質產出（所得）的成長率可反映實質貨幣需求的成長率。

(8A.2) 式中，ε 為暫時性的供給面（實質面）之隨機干擾項，例如其可表示未預期的油價提高所造成的干擾。

簡言之，(8A.2) 式假設，π 的產生為來自於貨幣面與供給（實質）面因素。其次，Sijben 假設央行的貨幣政策為依「反循環的貨幣法則」，即：

$$m = \beta(u_{n-1} - u_{-1}) + \mu, \qquad \beta < 0 \qquad \text{(8A.3)}$$

(8A.3) 式表示，於前一期，若失業率 (u_{-1}) 高於（低於）自然失業率 (u_{n-1})，則央行於本期增加（減少）m，$\beta(u_{n-1} - u_{-1})$ 即為前述之「系統性的政策法則」，其將為社會大眾所預期到。另外，m 亦受到隨機變數 μ 的影響，μ 為影響 m 的非系統性部分 (non-systematic component)，其並未為社會大眾所預期，因其亦為一隨機變數。

由第 7 章對理性預期之定義，對物價膨脹率的主觀預期值，會等於對物價膨脹的客觀（數學）預期，即：

$$\pi^e = E(\pi / I) \qquad \text{(8A.4)}$$

(8A.4) 式即 (7.32) 式，其中 $\pi = (\frac{\Delta P}{P})$，$\pi^e = (\frac{\Delta P}{P})^e$，將 (8A.2) 式代入 (8A.4) 式，可得：

$$\pi^e = E(m / I) + E(\varepsilon / I) \qquad \text{(8A.5)}$$

ε 為一隨機變數，其預期值為 0，因此，$E(\varepsilon / I) = 0$，另外，令 $E(m / I) = m^e$ 表示 m 的預期值，(8A.5) 式可表示為：

$$\pi^e = m^e \qquad \text{(8A.6)}$$

對 (8A.3) 式作預期，可得：

$$m^e = E[\beta(u_{n-1} - u_{-1}) / I] + E(\mu / I) \qquad \text{(8A.7)}$$

因 μ 亦為一隨機變數，其預期值為 0，而 $E[\beta(u_{n-1} - u_{-1}) / I] = \beta(u_{n-1} - u_{-1})$，

因於本期，前一期的失業率 (u_{-1}) 與自然失業率 (u_{n-1}) 均為已知值。(8A.7) 式因而可表示為：

$$m^e = \beta(u_{n-1} - u_{-1})$$ (8A.8)

將 (8A.2) 式與 (8A.6) 式代入 (8A.1) 式，可得：

$$m + \varepsilon = m^e + \alpha(u_n - u)$$ (8A.9)

將 (8A.3) 式與 (8A.8) 式代入 (8A.9) 式，可得：

$$\mu + \varepsilon = \alpha(u_n - u)$$ (8A.10)

(8A.10) 式亦可表示為：

$$u_n - u = \frac{1}{\alpha}(\mu + \varepsilon)$$ (8A.11)

　　(8A.11) 式顯示，於 $\mu + \varepsilon \neq 0$ 時，$u_n - u \neq 0$。亦即，若不考慮供給面的隨機干擾項 (ε)，於 $u > (<) 0$ 時，$u_n > (<) u$。此表示，於新興古典學派之情況，即使在短期，只在非預期的貨幣成長因素 (μ) 存在之情況，實際的失業率 (u) 才不等於自然失業率（充分就業失業率）u_n。例如，於 $\mu > 0$，則 $u_n > u$，而 $u_n > u$ 則對應實際產出大於自然產出（充分就業產出）。(8A.11) 式中，並不存在「系統性的政策法則」$\beta(u_{n-1} - u_{-1})$ 之項目，亦即，「系統性的政策法則」會為社會大眾所預期，因而其對就業與產出（所得）並無影響。例如，由 (8A.3) 式，於 $u_{-1} > u_{n-1}$，政府採取「反循環的經濟政策」而 m 增加，但此「系統性的政策法則」會為社會大眾所預期到，對失業率 (u) 與產出（所得）不發生影響，此即新興古典學派的「政策無效論」。

 習 題　　　　　　　　　　　　　　⋅⋅⋅ 第 8 章 ⋅⋅⋅

1. 繪圖說明，新興古典學派之均衡所得（產出）與均衡就業量的決定。

2. 於新興古典學派，以「貨幣供給增加」表示貨幣政策，繪圖說明以下各項：

　⑴「未預期到的政策」之效果。

　⑵「預期到的政策」之效果。

3. 比較弗利德曼與新興古典學派對於貨幣政策效果之看法。

4. 試說明學者對新興古典學派的評論。

5. 由「景氣循環理論」，說明以下各項：

　⑴其依循之假設。

　⑵比較其與新興古典學派，對於景氣循環產生之原因，看法有何不同。

6. 由「實質景氣循環理論」，說明技術或生產力提高對經濟之影響。

7. 說明實質景氣循環理論之財政政策效果。

8. 說明實質景氣循環理論之貨幣政策效果。

9. 學者對景氣循環理論有何評論？試說明之。

10. 由「新興凱因斯學派」，繪圖說明：

　⑴未預期到的政府支出增加之效果。

　⑵預先宣布的政府支出增加之效果。

11. 試說明新興凱因斯學派的「菜單成本模型」。

12. 說明新興凱因斯學派的「效率工資模型」。

13. 說明新興凱因斯學派的「內部者—外部者模型」。

消費與投資

　　由前述，凱因斯的消費理論表示，各期之消費決定於當期之所得水準。此固然符合短期統計資料所顯示的情況，即：於短期，所得增加，平均消費傾向將減少。但凱因斯的消費理論未能解釋長期統計資料所顯示的現象，即：於長期，所得增加，平均消費傾向維持不變。因此，學者依個體經濟的基礎 (microeconomic foundations)，由跨期選擇的觀點，重新探討消費之決定。

　　於簡單凱因斯模型，假設投資為外在決定的變數；於 *IS–LM* 模型，投資為利率的反函數。本章進一步探討，除了利率以外，那些因素會影響投資，且探討政府的課稅對投資的影響。

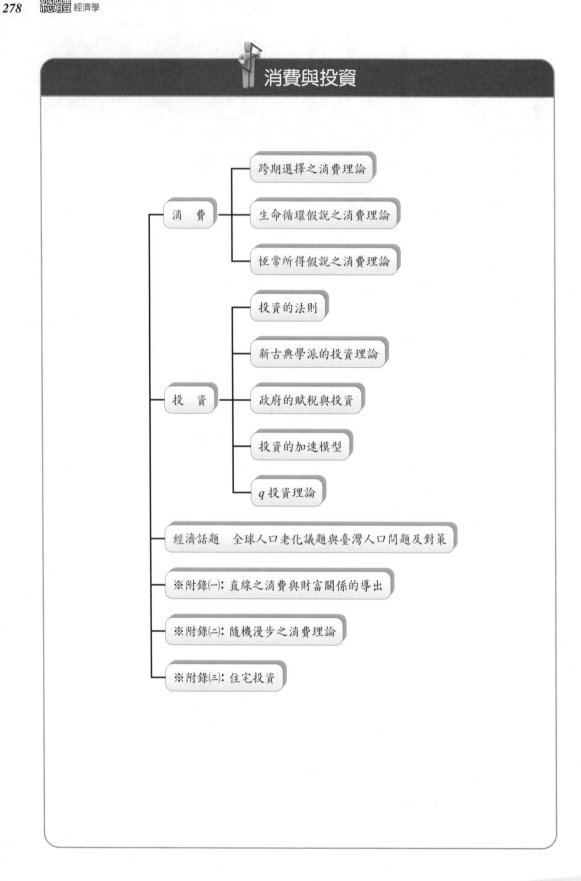

消費與投資

消費
- 跨期選擇之消費理論
- 生命循環假說之消費理論
- 恆常所得假說之消費理論

投資
- 投資的法則
- 新古典學派的投資理論
- 政府的賦稅與投資
- 投資的加速模型
- q 投資理論

經濟話題　全球人口老化議題與臺灣人口問題及對策

※附錄(一)：直線之消費與財富關係的導出

※附錄(二)：隨機漫步之消費理論

※附錄(三)：住宅投資

消 費

由第 3 章之簡單的凱因斯所得決定理論可知，凱因斯依「基本心理法則」提出其消費函數，於不考慮所得稅的情況，它可表示為：

$$C = \overline{C} + by$$

(9.1)

如同第 3 章，我們可將之繪如圖 9–1。其中 $\overline{C}$ 表示消費函數的截距，而其斜率為 b。由圖 9–1，我們可找出，當所得為 y_1 時，消費線對應的點為 A。亦即，

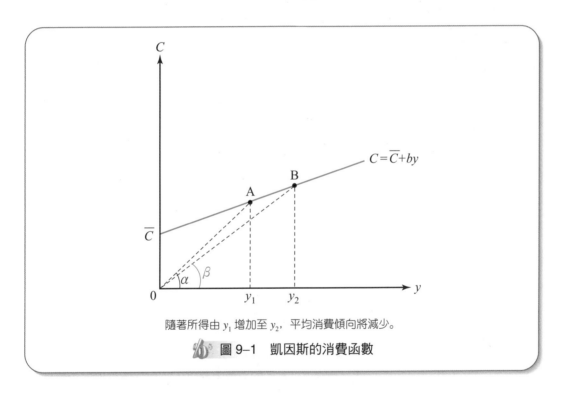

隨著所得由 y_1 增加至 y_2，平均消費傾向將減少。

圖 9–1 凱因斯的消費函數

於所得為 y_1 時，消費為 $\overline{Ay_1}$。連接 A 點與原點 0，可得 $\overline{0A}$ 與 $\overline{0y_1}$ 之夾角 α，而 $\tan \alpha$ $= (\dfrac{\overline{Ay_1}}{\overline{0y_1}})$，其表示：於所得為 y_1 時，平均每元所得用於消費之金額。亦即，在所得為 y_1，表示消費與所得的比率之平均消費傾向 (average propensity to consume,

APC) 為 $\tan \alpha = (\dfrac{\overline{Ay_1}}{\overline{0y_1}})$。同理，當所得為 y_2 時，APC 等於 $\tan \beta = (\dfrac{\overline{By_2}}{\overline{0y_2}})$。由圖 9–1 可知，夾角 α 大於 β，因而 $\tan \alpha > \tan \beta$。亦即，

> 隨著所得由 y_1 增加為 y_2，平均消費傾向將減少，此為凱因斯消費函數的特點。

於實際資料的驗證上，由短期資料的實證，的確可獲得 (9.1) 式形態的凱因斯消費函數。但由長期資料觀之，顧志耐 (Simon Kuznets) 發現：

> 於長期間，消費與所得的比率並未隨所得的增加而降低。於長期，消費與所得乃維持一固定比率的關係❶。

此可表示如圖 9–2，亦即，消費函數為出自原點的一直線。

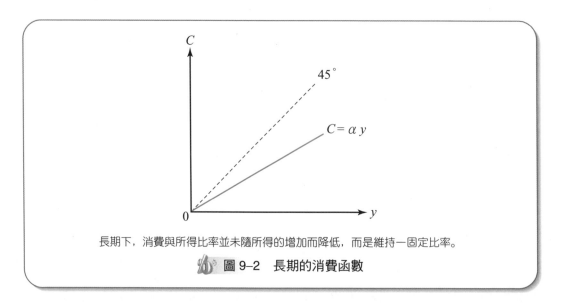

長期下，消費與所得比率並未隨所得的增加而降低，而是維持一固定比率。

🔔 圖 9–2　長期的消費函數

基於顧志耐的發現，學者乃嘗試建立理論，以解釋短期與長期的消費函數。由 (9.1) 式可知，**凱因斯的消費函數假設消費只受到同期所得的影響，因此，一般稱凱因斯的消費函數為建立於**絕對所得假說 (the absolute income hypothesis)。

---

❶　由 Kuznets (1946)。

於本節，我們將說明兩種消費理論，其皆由跨期選擇 (intertemporal choice) 的觀點探討消費函數。此兩種理論為：莫迪格里安尼 (Franco Modigliani)，布倫柏格 (Richard Brumberg) 以及安藤 (Albert Ando) 所提出之消費的生命循環假說 (the life cycle hypothesis of consumption)❷，以及弗利德曼 (Milton Friedman) 所提出的恆常所得假說 (the permanent income hypothesis)❸。以下我們先探討跨期選擇之消費理論。

一、跨期選擇之消費理論

所謂跨期選擇之消費理論乃表示，**個人在某個期間的消費並非只決定於該期間的所得。**相反地，**個人會以其一生的財富**（包含期初的財富與各期所得）**來作各期消費之決策。**

(一)跨期消費之效用函數及消費之預算限制式

為簡化分析，我們只考慮兩個期間，以期間 1 表示現在，期間 2 表示未來。則個人之效用函數可表示為：

$$u = u(C_1, C_2) \tag{9.2}$$

個人在預算限制下求取 (9.2) 式之效用極大化。為簡化，若不考慮期初的財富，則個人之各期所得的現值等於其財富，即：

$$A_1 = PV_1 = y_1 + \frac{y_2}{1 + r} \tag{9.3}$$

(9.3) 式之中，A_1 表示期間 1 之財富，其等於期間 1 之所得 y_1 與期間 2 之所得 y_2 的現值 (PV_1)。其中，以期間 1 之觀點，y_2 須以 $(1 + r)$ 貼現之，而 r 表示實質利率。在 (9.3) 式的財富限制下，個人一生的消費之預算限制式可表為：

$$C_1 + \frac{C_2}{1 + r} = y_1 + \frac{y_2}{1 + r} \tag{9.4}$$

如前述之說明，以期間 1 之觀點，(9.4) 式之右方表示各期所得之現值（即財

---

❷　可參閱 Modigliani and Brumberg (1954) 以及 Ando and Modigliani (1963)。

❸　可參見 Friedman (1957)。

富），而左方則表示各期消費（C_1 與 C_2）之現值。(9.4) 式之成立須假設：

> 個人確知其各期所得，且資本市場為完全競爭，因此可依固定的利率，在各期進行資金之借入或放貸，以利其各期消費之進行。

(9.4) 式所表示的預算限制式，亦可繪如圖 9–3。圖中，預算線 $\overline{DG}$ 乃對應於 (9.4) 式。其中，橫軸的截距 $\overline{0D} = y_1 + \dfrac{y_2}{1+r}$，可設想為，若期間 2 不消費（$C_2 = 0$），而將財富全部用於期間 1 之消費❹，而 $\overline{0D}$ 為以期間 1 所表示的財富（A_1）。同理，縱軸的截距 $\overline{0G} = y_1(1+r) + y_2$ 表示，於期間 1 不消費，將財富全部用於期間 2 之消費❺，而 $\overline{0G}$ 為以期間 2 所表示的財富（A_2）。預算線 $\overline{DG}$ 的斜率可由兩個截距相除得之，即預算線的斜率為 $-(1+r)$❻。由以上可知：

> 預算線的斜率只受利率（r）的影響，而未受到 y_1 或 y_2 的影響。另外，y_1 或（以及）y_2 的增加只會造成預算線平行往外移動。

(二)最適消費組合點

由圖 9–3 觀之，為求個人在兩個時期之消費的效用極大，須找出其無異曲線與預算線的切點，此即最適的消費組合點。圖 9–3 中，我們假設此最適的消費組合點 E 位於所得組合點 F 的右下方，此表示 $C_1 > y_1$，而 $C_2 < y_2$。亦即，於期間 1

---

❹ 此種情況表示，除了使用期間 1 之所得 y_1 外，另亦借入 $\dfrac{y_2}{(1+r)}$，以作為消費之用。而其於期間 2 須償還 $[\dfrac{y_2}{(1+r)}](1+r) = y_2$，此恰可由期間 2 之所得 y_2 支付之。

❺ 此情況表示，將期間 1 之所得 y_1 全部貸放，於期間 2 可回收 $y_1(1+r)$，另配合期間 2 之所得 y_2，以作為消費之用。

❻ 預算線的斜率為：

$$-\frac{\overline{0G}}{\overline{0D}} = -\frac{y_1(1+r) + y_2}{y_1 + y_2/(1+r)} = -(1+r)$$

除了所得 y_1 以外，須借入 $\overline{y_1C_1}$ 以作消費之用，而於期間 2，償還 $\overline{y_2C_2}$❼。

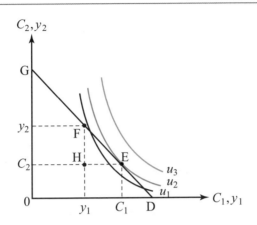

無異曲線與預算線的切點，即最適的消費組合點，另外，預算線的斜率只受到利率的影響，所得的增減只會造成預算線平行的移動。

圖 9–3　消費的預算線與最適消費組合點

(三)所得增加對消費的影響

前面已提到，當 y_1 或（以及）y_2 增加時，預算線將平行往外移。現以圖 9–4 說明之。似同圖 9–3，假設原來期間 1 的所得為 y_1，期間 2 的所得為 y_2，且利率為 r，則可求出對應的兩期之最適消費為 C_1 與 C_2。現若期間 1 的所得由 y_1 增加為 y_1'，而 y_2 與 r 維持不變，此將造成預算線由 $\overline{DG}$ 右移為 $\overline{D'G'}$。因此，橫軸截距將由 $\overline{0D}$ 增為 $\overline{0D'}$，即 $A_1\,(=PV_1)$ 將由 $[y_1+\dfrac{y_2}{(1+r)}]$ 增加為 $[y_1'+\dfrac{y_2}{(1+r)}]$；同時，縱軸截距將由 $\overline{0G}$ 增為 $\overline{0G'}$，此對應 A_2 由 $[y_1(1+r)+y_2]$ 增加為 $[y_1'(1+r)+y_2]$❽。

---

❼　由❻可知，$\dfrac{\overline{0G}}{\overline{0D}}=(1+r)$，且由圖 9–3，$\dfrac{\overline{FH}}{\overline{HE}}=\dfrac{\overline{0G}}{\overline{0D}}$，由此可得，$\dfrac{\overline{FH}}{\overline{HE}}=(1+r)$，而 $\overline{FH}=\overline{y_2C_2}$，$\overline{HE}=\overline{y_1C_1}$，所以，$\overline{y_2C_2}=\overline{y_1C_1}(1+r)$。另外，如果圖 9–3 的 E 點位於 F 點的左上方，則表示 $C_1<y_1$ 而 $C_2>y_2$。亦即，此個人於期間 1 將部分的所得貸出，在期間 2 回收其本利和。因此，在期間 2，其消費高於當期所得。

❽　在新的預算線 $\overline{D'G'}$ 之下，其斜率為：$-\dfrac{\overline{0G'}}{\overline{0D'}}=-\dfrac{y_1'(1+r)+y_2}{y_1'+y_2/(1+r)}=-(1+r)$，此印證了，

若假設 C_1 與 C_2 皆為正常財，於預算線由 $\overline{DG}$ 平行外移為 $\overline{D'G'}$ 時，兩個期間的消費均會增加。亦即，C_1 將增加為 C_1'，C_2 亦將增為 C_2'。

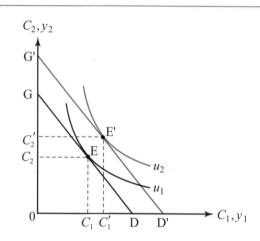

所得增加，利率不變的情況下，預算線平行外移 ($\overline{GD} \rightarrow \overline{G'D'}$)，消費效用極大的點為效用曲線與預算線的切點，所以新的消費組合點由 E 點移至 E' 點。

圖 9–4　期間 1 之所得增加對消費的影響

由以上的說明可知，於期間 1 的所得 y_1 增加，此將造成 A_1 與 A_2 的增加，進而造成 C_1 與 C_2 的增加❾。因此，我們可將消費與財富（所得現值）的關係表示為：

$$C_t = f(A_t), \qquad f' > 0$$

(9.5)

(9.5) 式表示：消費為財富（所得現值）的函數，且兩者有正向關係。為進一步以 (9.5) 式說明「消費的生命循環假說」以及「消費的恆常所得假說」，我們可將 (9.5) 式表示為直線的函數形態❿，即：

在 y_1（或 y_2）提高，而 r 維持不變，則新的預算線與原來的預算線有相同的斜率，即兩者平行。

❾　如果 y_2 增加而 y_1 與 r 維持不變，亦將造成預算線平行外移，從而造成 $A_1 (= PV_1)$ 與 A_2 的增加，而導致 C_1 與 C_2 增加。

❿　由 (9.2) 式之效用函數，假設其為位似函數 (homothetic function) 的形態，即可獲得消費與財富之直線關係。此可參閱本章之附錄㈠，由之可得兩期情況之消費函數為 (9A.8) 式與 (9A.9) 式。

$$C_t = \lambda_t A_t \tag{9.6}$$

二、生命循環假說之消費理論

為說明此假說，可將前述的兩期模型一般化。假設個人對其一生的消費作規劃，以求取總效用的極大化。以年齡為 T 之個人為例，其效用函數為：

$$u = u(C_T, C_{T+1}, \cdots, C_L) \tag{9.7}$$

(9.7) 式中，C_i $(i = T, \cdots, L)$ 表示其於年齡 T 至 L 的各年消費，而 L 為其預期存活之年數。假設個人欲將其一生之資源全用於消費，則可得預算限制式如下：

$$A_{T-1} + y_T + \sum_{i=T+1}^{N} \frac{y_i^e}{(1+r)^{i-T}} = \sum_{i=T}^{L} \frac{C_i}{(1+r)^{i-T}} \tag{9.8}$$

此式之中，A_{T-1} 表示於年齡 T 之初已擁有的財富❶，y_T 為其於年齡 T 之所得，y_i^e $(i = T+1, \cdots, N)$ 為年齡 $T+1$ 至 N 的各年之預期所得，其工作至年齡為 N 時退休。

似同前述，在討論「跨期選擇之消費理論」時，曾對效用函數作特定的設定，於此，仍對效用函數作相同的假設❷。因此，在 (9.8) 式的預算限制下，求取 (9.7) 式的效用極大化，可得個人在各個年齡之消費與財富的比率關係，即：

$$C_T = \lambda_T A_T \tag{9.9}$$

其中，A_T 表示，個人於年齡 T 時之財富，亦即，A_T 等於 (9.8) 式左邊各項之和。同樣地，個人於其年齡為 $T+1$ 至 L 之各年的消費亦可表示如：

$$C_i = \lambda_i A_i, \quad i = T+1, T+2, \cdots, L \tag{9.10}$$

因 (9.8) 式左方等於 A_T，因而以之代入 (9.9) 式，可得：

$$C_T = \lambda_T A_{T-1} + \lambda_T y_T + \lambda_T \sum_{i=T+1}^{N} \frac{y_i^e}{(1+r)^{i-T}} \tag{9.11}$$

上式中，如果假設其年齡 $T+1$ 至 N 之平均所得為 y^e，即：

---

❶　A_{T-1} 包含：於年齡 T 之前，各期所得未消費的部分，或由之轉換的金融資產 (financial assets)。

❷　參見本章註❿。

$$y^e = \frac{1}{N-T} \sum_{i=T+1}^{N} \frac{y_i^e}{(1+r)^{i-T}}$$

(9.12)

由 (9.12) 式可得:

$$\sum_{i=T+1}^{N} \frac{y_i^e}{(1+r)^{i-T}} = (N-T)y^e$$

(9.13)

以 (9.13) 式代入 (9.11) 式,可得:

$$C_T = \lambda_T A_{T-1} + \lambda_T y_T + \lambda_T (N-T)y^e$$

(9.14)

如果 y^e 與 y_T 兩者有密切的相關,可假設 $y^e = \beta y_T$,則 (9.14) 式可表示為:

$$C_T = \lambda_T A_{T-1} + \lambda_T [1 + \beta(N-T)]y_T$$

(9.15)

(9.15) 式表示,年齡為 T 的個人,影響其當年消費 (C_T) 的因素為,至年齡 T 之前所累積的財富 (A_{T-1}),以及當年的所得 (y_T)。

以任意時點 t 而言,整體經濟的消費可表示為:

$$C_t' = \lambda_1 A_{t-1}' + \lambda_2 y_t'$$

(9.16)

(9.16) 式中,C_t'、A_t' 與 y_t' 各表示,於時間 t 時,整體經濟的總消費、總財富以及總所得。

(9.16) 式可表示如圖 9–5 ⒜。由圖可知,於某一時點 t,似同凱因斯的短期消費函數,生命循環假說之消費函數亦具有截距,其值為 $\lambda_1 A_{t-1}'$。於長期,隨著財富 (A) 的增加,消費線將往上移,而形成長期的消費線 (C_{LR}) 為出原點的直線,如圖 9–5 ⒝所示。亦即,於長期間消費與所得維持固定比率的關係。此印證了顧志耐由資料上對消費與所得關係的發現。

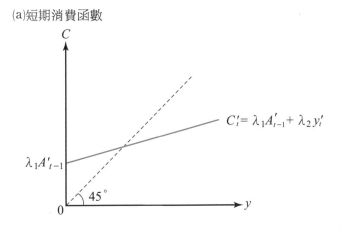

(a)短期消費函數

$C'_t = \lambda_1 A'_{t-1} + \lambda_2 y'_t$

$\lambda_1 A'_{t-1}$

45°

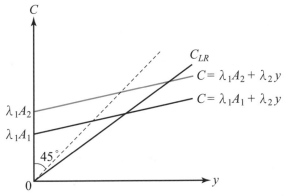

(b)長期消費函數

C_{LR}

$C = \lambda_1 A_2 + \lambda_2 y$

$C = \lambda_1 A_1 + \lambda_2 y$

$\lambda_1 A_2$

$\lambda_1 A_1$

45°

短期下，生命循環假說的消費函數具有截距。長期，隨著財富的增加，消費線將往上移，而形成長期的消費線為由原點出發的直線，即長期消費與所得維持固定比率的關係。

 圖 9–5　生命循環假說之短期與長期消費函數

三、恆常所得假說之消費理論

　　似同生命循環假說之消費理論，恆常所得假說之消費理論亦源自跨期選擇之消費理論。由前述對效用函數的假設，因而消費與財富具有比例之關係。依弗利德曼的看法，兩者的關係可表示為：

$$C^p = \alpha A \qquad (9.17)$$

　　(9.17) 式中，A 仍表示財富，C^p 則為弗利德曼所稱的恆常消費 (permanent

consumption)。(9.17) 式表示: 恆常消費與財富成比例的關係。於此, 財富 (A) 可定義為:

$$A_t = y_t + \frac{y_{t+1}}{(1+r)} + \frac{y_{t+2}}{(1+r)^2} + \cdots$$

(9.18)

上式表示, 財富為各期所得❸的現值之和。

由 (9.17) 式, 可推導出弗利德曼的「恆常所得假說之消費理論」。亦即, 弗利德曼認為: 恆常消費與恆常所得 (permanent income, y^p) 成比例的關係。

欲瞭解弗利德曼的理論, 須先瞭解他對恆常所得所作的定義。弗利德曼定義恆常所得: 在維持其財富不變的情況, 消費者所能達到的最大支出。依此定義, 可知 $y^p = rA$。亦即, 消費者若只支出其財富所產生的利息所得, 則不會影響其財富。由之可得 $A = \frac{y^p}{r}$, 以此代入 (9.17) 式, 可得 $C^p = \alpha \frac{y^p}{r}$, 亦即:

$$C^p = ky^p$$

(9.19)

(9.19) 式之中, $k = (\frac{\alpha}{r})$❹。

> (9.19) 式即弗利德曼的恆常所得假說之消費函數, 其表示: 恆常消費與恆常所得成比例之關係。

為說明其理論, 弗利德曼進一步假設: 實際所得 (y) 為恆常所得 (y^p) 與臨時所得 (transitory income, y^t) 之和; 實際消費 (C) 為恆常消費 (C^p) 與臨時消費 (transitory consumption, C^t) 之和❺。以數學式表示, 即:

$$y = y^p + y^t$$

(9.20)

$$C = C^p + C^t$$

(9.21)

---

❸ 於此, 所得為來自人力財富 (human wealth) 與非人力財富 (nonhuman wealth)。

❹ 更一般來說, C^p 與 y^p 之比例因子 (factor of proportionality) k 為利率與偏好 (tastes) 的函數。

❺ 實際所得 (y) 與實際消費 (C) 即弗利德曼所稱的可測所得 (measured income) 與可測消費 (measured consumption)。

(9.20) 式與 (9.21) 式可進一步說明如下，y^p 可視為預期 (expected) 或常態 (normal) 之所得，而 y^t 則為偶發之所得❶；同理，C^p 為計畫的 (planned) 消費，而 C^t 為偶發消費。

另外，弗利德曼假設:

$$\rho(y^p, y^t) = 0 \qquad \text{(9.22)}$$

$$\rho(C^p, C^t) = 0 \qquad \text{(9.23)}$$

$$\rho(C^t, y^t) = 0 \qquad \text{(9.24)}$$

上面 (9.22) 式～(9.24) 式中，ρ 表示相關係數。由之可知: 弗利德曼假設，y^p 與 y^t 兩者之間無相關，同樣地，C^p 與 C^t 以及 C^t 與 y^t 亦無相關。此三式的假設中，前二式較易被接受，不須另作說明，而對 (9.24) 式的一種解釋方法為:

> 於臨時所得 (y^t) 增加時，通常會用於增加儲蓄，而非增加臨時消費 (C^t)。

由於恆常所得 (y^p) 並非可觀察得到的，因此須對之作估計，於適應性預期之情況，可設定下式:

$$y_t^p - y_{t-1}^p = \theta(y_t - y_{t-1}^p) \qquad \text{(9.25)}$$

(9.25) 式中，θ 之值為介於 0 與 1 之間。此式表示:

> 若 t 期的所得 (y_t) 高於 $t-1$ 期的恆常所得 (y_{t-1}^p)，兩者的差距為 ($y_t - y_{t-1}^p$)，於適應性預期之情況，只會將此差距的一部分 (即 $\theta(y_t - y_{t-1}^p)$) 反映於恆常所得的調整 ($y_t^p - y_{t-1}^p$)。

由 (9.25) 式，可得 t 期之恆常所得 (y_t^p) 為:

$$y_t^p = (1-\theta)y_{t-1}^p + \theta y_t \qquad \text{(9.26)}$$

(9.26) 式表示: y_t^p 為 $t-1$ 期的恆常所得 (y_{t-1}^p) 與 t 期實際所得 (y_t) 的加權平均，而其權數各為 $(1-\theta)$ 與 θ❷。

接著，可以圖 9–6 說明短期與長期情況的恆常所得假說之消費理論。圖 9–6

---

❶ 例如彩券中獎之獎金。

之中，出自原點的直線 $C^p = ky^p$，即 (9.19) 式。此可表示長期情況的消費函數，其斜率為 $\dfrac{\Delta C^p}{\Delta y^p} = k$，即：

> 恆常所得 (y^p) 每增加 1 元，恆常消費 (C^p) 將增加 k 元。

(一)短期情況恆常所得假說之消費理論

若 $t-1$ 期之恆常所得為 y_{t-1}^p，且假設 $y_{t-1} = y_{t-1}^p$，即 $t-1$ 期之實際所得 (y_{t-1}) 等於恆常所得 (y_{t-1}^p)，而 y_{t-1}^p（或 y_{t-1}）所對應的 A 為長期消費函數 $C^p = ky^p$ 上面的一個點，於時期 t，如果實際所得增至 y_t，由 (9.25) 式可知，於短期間，t 期之實際所得相對於 $t-1$ 的恆常所得增加（即 $(y_t - y_{t-1}^p)$）只有一部分（即 $\theta(y_t - y_{t-1}^p)$）會反映於恆常所得的調整（即 $(y_t^p - y_{t-1}^p)$）。因此，圖 9–6 中，實際所得由 y_{t-1} (= y_{t-1}^p) 增至 y_t 時，恆常所得只由 y_{t-1}^p 增至 y_t^p $(\overline{y_{t-1}^p y_t^p} < \overline{y_{t-1} y_t})$❶。依恆常所得之消費理論，$t$ 期之消費決定於 y_t^p，即 $C_t = C_t^p = ky_t^p$。由 (9.20) 式可知，實際所得與恆常所得的差距等於臨時所得，因此，圖 9–6 中，$\overline{y_t^p y_t} = y_t^t$，$y_t^t$ 表示 t 期之臨時所得。因 (9.24) 式假設臨時所得與臨時消費無關，亦即臨時所得將作為儲蓄而非消費之用。換言之，臨時所得並不產生臨時消費，即 t 期的臨時消費 $C_t^t = 0$。

以上為由圖 9–6 說明短期情況，

> 若 t 期之實際所得由 y_{t-1} (= y_{t-1}^p) 增加為 y_t 時，t 期之恆常所得、恆常消費與實際消費各

---

❶ 由 (9.26) 式：$y_t^p = (1-\theta)y_{t-1}^p + \theta y_t$。依同理，其中之 $y_{t-1}^p = (1-\theta)y_{t-2}^p + \theta y_{t-1}$。將 y_{t-1}^p 代入 y_t^p 可得：$y_t^p = (1-\theta)^2 y_{t-2}^p + \theta y_t + \theta(1-\theta)y_{t-1}$。依相同的方法，上式中的 y_{t-2}^p 亦可進行代換。其後，相同的代換過程亦產生於 y_{t-i}^p, $i = 3, 4, \cdots \infty$。則由上式可得：$y_t^p = \theta \sum\limits_{i=0}^{\infty}(1-\theta)^i y_{t-i}$。此表示：$t$ 期的恆常所得 (y_t^p) 為 t 期以及以前各期實際所得的加權平均。

❶ 由 (9.25) 式，圖 9–6 中之 $\dfrac{(\overline{y_t^p - y_{t-1}^p})}{(y_t - y_{t-1}^p)} = \theta$。

為 y_t^p 以及 $C_t^p = C_t$。相反地，若 t 期之實際所得由 $y_{t-1}(= y_{t-1}^p)$ 減少為 y_t' 時，恆常所得調整的幅度亦將小於實際所得的調整，亦即恆常所得將由 y_{t-1}^p 減少為 $y_t^{p'}$，由之所決定的 t 期消費為 $C_t^{p'} = C_t'$ ❶❾。

　　綜合前述的說明，於圖 9–6 中，若經濟原先為 A 點，其位於長期消費線 $C^p = ky^p$ 上，於短期，可觀測的實際所得增加為 y_t 時，其對應之可觀測的實際消費為 C_t，y_t 與 C_t 的組合點為 B。另一方面，實際所得減少為 y_t' 時，其對應的實際消費為 C_t'，y_t' 與 C_t' 的組合點為 H。因此，於短期之情況，消費為由 H 與 B 之連線所表示，其函數形態同於凱因斯所提到的 $C = a + by$。此短期消費函數具有截距項，其 APC 隨所得之增加而減少。

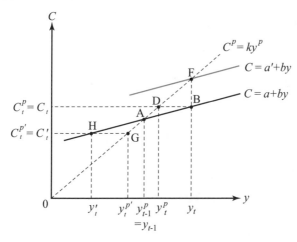

短期下，若 t 期之實際所得由 $y_{t-1}(= y_{t-1}^p)$ 增加為 y_t 時，恆常所得增加的幅度將小於實際所得的增加；若 t 期之實際所得由 $y_{t-1}(= y_{t-1}^p)$ 減少為 y_t' 時，恆常所得調整的幅度亦將小於實際所得的調整。若 t 期之實際所得由 $y_{t-1}(= y_{t-1}^p)$ 提高為 y_t，而其後各期的實際所得亦均維持在 y_t，則可視為長期現象。於長期，若恆常所得由 y_{t-1}^p 提高為 $y_t^p(= y_t)$，則短期消費函數將之往上移動（由原先的 $C = a + y$ 上移為 $C = a' + by$）。

　　　🐢 **圖 9–6　恆常所得假說之消費函數**

---

❶❾　圖 9–6 中，於實際所得由 y_{t-1} 減少為 y_t' 時，因 $y_t' < y_t^{p'}$，此表示臨時所得 $y_t^{t'}$ 為負，其值為 $\overline{y_t' y_t^{p'}}$。而此負的臨時所得並不影響臨時消費，即臨時消費 $C_t^{t'} = 0$。

(二)長期情況恆常所得假說之消費理論

圖 9–6 中，如果 t 期之實際所得由 $y_{t-1} (= y_{t-1}^p)$ 提高為 y_t，而其後各期的實際所得亦均維持在 y_t，則此可視為一長期現象。因此，可認定 $y_t = y_t^p$ [20]。於長期，若恆常所得由 y_{t-1}^p 提高為 $y_t^p (= y_t)$，則短期消費函數將之往上移動（由原先的 $C = a + by$ 上移為 $C = a' + by$）。

以上所探討的「生命循環假說之消費理論」與「恆常所得假說之消費理論」皆為源自個人（或家庭部門）的跨期選擇。於本章之附錄(二)，我們另外說明霍爾（Hall (1978) 所提出的隨機漫步 (random walk)）之消費理論，其為理性預期 (the rational expectations) 情況之跨期選擇的消費理論。

第 2 節

投　資

投資為消費以外，民間部門對產品需求的另一重要項目。由本書第 1 章可知，企業的投資包含：固定投資、住宅投資 (residential investment) 以及存貨投資。其中，企業的固定投資指的是，機器設備與廠房的增加，此部分的投資占整個投資的比率最大。因而本節的討論將集中於企業的固定投資之決定。近年來，頗受各界重視的住宅投資，亦列於本章的附錄。

相對於消費，投資的波動程度較大。投資的變動也成為所得循環變動的重要原因。

以下首先說明投資準則，接著探討各種投資的理論，另外，亦說明政府賦稅對投資的影響。

---

[20]　由 (9.25) 式，於長期，可設定 $\theta = 1$，即 $y_t = y_t^p$。

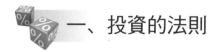

一、投資的法則

(一)淨現值法則

廠商在決定其是否要進行一項投資計畫 (investment project) 時，可依淨現值法則 (net present value criterion, *NPV* criterion) 來作決定。我們可從廠商決定其是否要增建一個新的廠房為例，來說明此項投資法則。由時間 0 開始，假設新建的廠房可使用 $(n+1)$ 年，而其成本為 P_I。而因此項投資，廠商在各年可獲得的淨收益 (net receipts) 為 $R_0, R_1 \cdots R_n$ [21]。由之，可得此項投資計畫的淨現值 (NPV) [22]：

$$NPV = R_0 + \frac{R_1}{1+r} + \frac{R_2}{(1+r)^2} + \cdots + \frac{R_n}{(1+r)^n} - P_I \qquad (9.27)$$

(9.27) 式中，r 表示利率，依 (9.27) 式計算的 NPV 值如果大於 0，則此項投資計畫值得進行。

如果投資計畫不只一項，則將各個投資計畫依 (9.27) 式計算之 NPV 值依高低順序排列，且將之簡化為平滑曲線，則可表示如圖 9–7。

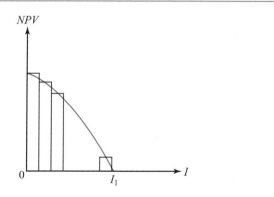

各個投資計畫按 NPV 值高低依序排列，投資將進行至淨現值 (NPV) 為 0，其投資量為 I_1。

圖 9–7　依淨現值 (NPV) 法則決定之投資

---

[21]　廠商運用該新建的廠房，購買原料，僱用勞動者，以生產產品。出售產品的收益扣除原料、勞動（以及其他）成本後，即為其淨收益。

[22]　於第 4 章的永久性債券，以及本章第 1 節的消費，曾說明現值之意義與計算方法。

此圖顯示，投資將進行至淨現值 (NPV) 為 0 之邊際投資計畫，即投資量為 I_1。

> 由 (9.27) 式可知，NPV 為 0 之投資計畫表示，此投資計畫之各期淨收益以利率貼現的現值恰等於其投資成本 (P_I)。

(9.27) 式的 NPV 值之計算，須假設利率 (r) 為固定值。如果利率降低（提高），則各項投資計畫的 NPV 值將提高（降低）。於圖 9-8 中，假設 NPV_1 線為對應利率 r_1 所繪出者，於利率降低為 r_2 時，NPV_1 將右移為 NPV_2。此表示，於利率降低時，投資將由 I_1 增加為 I_2。

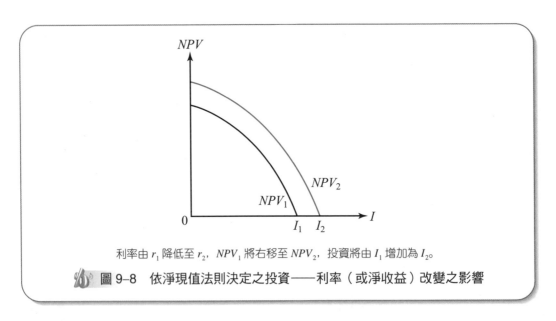

利率由 r_1 降低至 r_2，NPV_1 將右移至 NPV_2，投資將由 I_1 增加為 I_2。

圖 9-8　依淨現值法則決定之投資——利率（或淨收益）改變之影響

另外，

> 如果利率不變，而因經濟繁榮，各期之淨收益提高時，由 (9.27) 式可知，各項投資計畫的 NPV 值亦將增加。

此亦可以圖 9-8 表示，NPV_1 線將右移為 NPV_2 線，投資由 I_1 增加為 I_2。

(二)內部報酬率（投資的邊際效率）法則

用以決定投資數量的另一準則，可稱為內部報酬率 (the internal rate of return) 法則。投資計畫的內部報酬率又可稱為投資的邊際效率 (the marginal efficiency of investment, *MEI*)。假設 $m\,(=MEI)$ 為某個投資計畫之投資的邊際效率，則可依下式求解之：

$$P_I = R_0 + \frac{R_1}{1+m} + \frac{R_2}{(1+m)^2} + \cdots + \frac{R_n}{(1+m)^n}$$

(9.28)

如同 (9.27) 式，(9.28) 式中，$R_0, R_1, \cdots, R_n$ 表示此項投資計畫之各期淨收益，P_I 為此投資計畫的成本。由 (9.28) 式可知，投資的邊際效率 m 為一種貼現率，以之貼現投資之各期淨收益的現值 (PV) 恰等於此投資計畫之成本 (P_I)。

同樣地，各項投資計畫均可依 (9.28) 式計算其投資的邊際效率。將之按高低依序排列，可得圖 9–9 的 *MEI* 線。

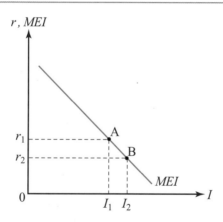

依各項投資計畫的邊際效率高低排列可得 *MEI* 線，當利率為 r_1 可決定投資為 I_1，利率降至 r_2，投資由 I_1 增加至 I_2，此表示：於投資的淨收益不變，投資為利率的反函數。

　　圖 9–9　依內部報酬率（投資的邊際效率）法則決定之投資

前述依 (9.27) 式說明投資的淨現值 (NPV) 法則時，曾提到，投資將進行到 NPV 為 0 之邊際投資計畫。亦即，此邊際投資計畫之各期淨收益以利率貼現的現

值恰等於其投資成本 (P_I)。由 (9.27) 式與 (9.28) 式的比較可知，若 NPV 等於 0，則邊際投資計畫之投資的邊際效率 (m) 等於利率 (r)。亦即，投資將決定於利率與 MEI 的交點。由圖 9–9，假設利率維持於 r_1，其與 MEI 線的交點為 A，由之決定投資為 I_1。於投資量為 I_1 時，恰符合利率 (r_1) 等於投資的邊際效率。如果利率由 r_1 降低為 r_2，由圖 9–9，此將造成投資由 I_1 增加為 I_2。這也正是本書第 2 章或第 4 章所提到的，於投資的淨收益維持不變（即 MEI 線維持固定）時，投資為利率為反函數。

　　由以上可知，兩種投資法則為相對應的。廠商的投資可進行至 NPV 等於 0（亦即，投資的邊際效率 (m) 等於利率）之邊際投資計畫。若進一步比較兩種投資法則，一般認為淨現值法則較優於內部報酬率（投資的邊際效率）法則。其原因為：由 (9.27) 式與 (9.28) 式之比較可知：

> 淨現值的計算會受到利率的影響，投資的邊際效率則不受利率之影響；因此，前者可反映利率之變動，而後者則無此作用 [23]。

二、新古典學派的投資理論

　　於完全競爭市場之情況，新古典學派的投資理論 (the neo-classical theory of investment) 假設廠商對現在與未來各期價格為完全預期 (perfect foresight)，因此，廠商於各個期間可經由利潤極大化以決定其理想的資本存量 (the desired capital stock, K^d)，且經由實際資本存量 (K) 向理想資本存量的調整而產生投資 [24]。

　　若生產函數為 $y = F(K, N)$，其中 y、K 與 N 各表示產出、資本與勞動，而勞動維持不變 ($N = \bar{N}$)，則利潤可表示為：

$$\pi = PF(K, \bar{N}) - W\bar{N} - CK \tag{9.29}$$

---

[23]　Meyer (1980) 舉例說明，A 與 B 兩個投資計畫，其淨現值 (NPV) 的相對大小會因利率的改變而變動。其投資的邊際效率 (m) 之相對大小則維持不變。

[24]　關於新古典學派的投資理論，可參閱 Jorgenson (1963)。

(9.29) 式中，π 表示利潤，W 為名目（貨幣）工資，C 為名目資本使用者成本 (nominal user cost of capital)。為求出理想的資本存量，由 (9.29) 式，可得一階條件為：

$$\frac{\partial \pi}{\partial K} = P\frac{\partial F(K, \overline{N})}{\partial K} - C = 0$$

(9.30)

若將資本的邊際產量 (marginal product of capital) $\dfrac{\partial F(K, \overline{N})}{\partial K}$ 表示為 MPK，則 (9.30) 式可表示為：

$$MPK = \frac{C}{P}$$

(9.31)

由 (9.31) 式可知：

> 於實際的資本存量等於理想的資本存量 (K^d) 時，資本的邊際產量恰好等於實質資本使用者成本 (real user cost of capital) $(\dfrac{C}{P})$。

此可表示如圖 9–10。如圖顯示，若實質資本使用者成本為 $(\dfrac{C}{P})_1$，則對應之理想的資本存量為 K_1^d。

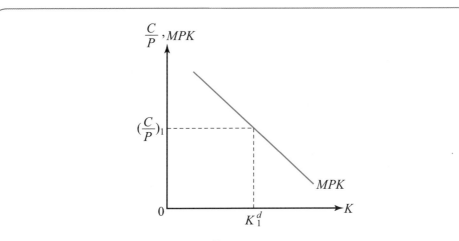

實質資本使用者成本為 $(\dfrac{C}{P})_1$ 時，則對應的理想資本存量為 K_1^d。

圖 9-10　新古典學派的投資理論——理想的資本存量之決定

如果生產函數為柯布－道格拉斯 (Cobb-Douglas) 形態，如：

$$y = AK^\alpha N^{1-\alpha}$$

(9.32)

(9.32) 式中，A、α 均為常數㉕。由 (9.32) 式，(9.31) 式可表示為：

$$\alpha(\frac{y}{K}) = \frac{C}{P}$$

(9.33)

由 (9.33) 式，可求出理想的資本存量 (K^d)，即：

$$K^d = \alpha y(\frac{P}{C})$$

(9.34)

由 (9.34) 式可知：

> 理想的資本存量與產出水準 (y) 及產品價格 (P) 有同方向的關係；與名目資本使用者成本 (C) 有反方向的關係。

(一)名目資本使用者成本之內容

接著，進一步說明名目資本使用者成本 (C) 所包含的內容。以購買機器為例，此項成本表示，擁有一部機器，於每一個期間所導致的成本。其內容包含三項，首先是機會成本 (the opportunity cost)，購買此部機器的成本支出為 P_I，若未購買此機器而將之用於購買有利息的資產（其報酬率以利率 r 表示），則每期可獲得 rP_I 之利息。rP_I 即為擁有此機器的機會成本。其次為折舊成本 (depreciation cost)，其等於此機器的成本乘以每年的折舊率 (δ)，即 δP_I。另外，還有一項資本成本 (the capital cost)，如果機器的市場價格提高，其增加量為 $\frac{dP_I}{dt}$，這將造成此部機器的資本利得 (capital gain) 為 $\frac{dP_I}{dt}$，或者以「資本成本」表示，則為 $\frac{-dP_I}{dt}$。將以上三項

㉕ 由 (9.32) 式：$\frac{\partial y}{\partial K} = A\alpha K^{\alpha-1} N^{1-\alpha} = \alpha(\frac{y}{K})$。同理可得：$\frac{\partial y}{\partial N} = (1-\alpha)(\frac{y}{N})$。由以上二式可得：$\alpha = \frac{\partial y/\partial K}{y/K}$ 以及 $(1-\alpha) = \frac{\partial y/\partial N}{y/N}$。由此二式可知，$\alpha$ 與 $1-\alpha$ 各表示資本與勞動的產出彈性。

成本相加，可得：

$$C = rP_I + \delta P_I - \frac{dP_I}{dt}$$

$$= P_I(r + \delta - \frac{dP_I/dt}{P_I})$$

$$= P_I(r + \delta - \hat{P}_I) \tag{9.35}$$

(9.35) 式中，$\hat{P}_I = \frac{dP_I/dt}{P_I}$。

以 (9.35) 式代入 (9.31) 式，可得：

$$MPK = \frac{P_I}{P}(r + \delta - \hat{P}_I) \tag{9.36}$$

(二)利率變化或技術進步對理想資本存量之影響

若不考慮 P、P_I 與 $\hat{P}_I$ 之變動，(9.36) 式可用以討論利率 (r) 或資本的邊際產量 (MPK) 之改變，對理想的資本存量 (K^d) 之影響。以利率的改變為例，圖 9–11

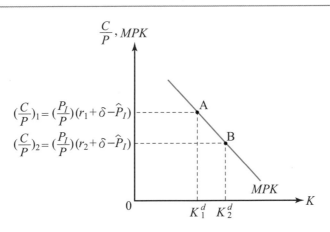

假設原先利率為 r_1，與之對應的實質資本使用者成本為 $(\frac{C}{P})_1 = (\frac{P_I}{P})(r_1 + \delta - \hat{P}_I)$，其所決定的理

想資本存量為 K_1^d，當利率由 r_1 降為 r_2，則成本降為 $(\frac{C}{P})_2 = (\frac{P_I}{P})(r_2 + \delta - \hat{P}_I)$，其理想資本存量由

K_1^d 增加為 K_2^d。

圖 9–11　新古典學派的投資理論——利率變動對理想的資本存量之影響

中，假設原先利率為 r_1，與之對應的實質資本使用者成本為 $(\frac{C}{P})_1 = (\frac{P_I}{P})(r_1 + \delta - \hat{P}_I)$，由之所決定的理想的資本存量為 K_1^d。如果利率由 r_1 降低為 r_2，則 $(\frac{C}{P})_1$ 降低為 $(\frac{C}{P})_2 = (\frac{P_I}{P})(r_2 + \delta - \hat{P}_I)$，因此，理想的資本存量將由 K_1^d 增加為 K_2^d。

由圖 9–12，假設原先資本的邊際產量線為 MPK_1，所對應之理想的資本存量為 K_1^d，若利率與其他因素不變，因技術進步，資本的邊際產量提高，亦即資本邊際產量線將由 MPK_1 右（上）移為 MPK_2，則所對應之理想的資本存量將增為 K_2^d。

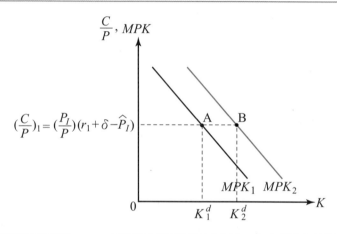

設原先資本的邊際產量線為 MPK_1，所對應之理想的資本存量為 K_1^d，在利率與其他因素不變下，技術的進步，使資本的邊際產量提高，使資本邊際產量線右移（$MPK_1 \to MPK_2$），理想的資本存量將增為 K_2^d。

圖 9–12　新古典學派的投資理論——資本的邊際產量改變之影響

㈢利率或資本邊際產量的改變對投資之影響

由 (9.31) 式（其對應於圖 9–10）所決定之理想的資本存量，可用以決定投資。而投資可區分為總投資 (gross investment, I^g) 以及淨投資 (net investment, I^n)。兩者的關係可以下式表示：

$$I_t^n = K_t - K_{t-1} = I_t^g - \delta K_{t-1}$$

(9.37)

(9.37) 式表示，以 t 期而言，淨投資 I_t^n 等於資本存量的增加量；淨投資又等於總投資 I_t^g 減折舊 δK_{t-1}。(9.37) 式也可表示為：

$$I_t^g = K_t - K_{t-1} + \delta K_{t-1} \qquad \text{(9.38)}$$

亦即，

> 總投資等於淨投資加折舊。

　　於 t 期期初之資本存量為 K_{t-1}，經由 (9.31) 式而得 t 期之理想資本存量為 K_t^d。若資本財易於取得，因此，廠商可在 t 期即達到 K_t^d 的資本存量，亦即 (9.38) 式的 K_t 可以 K_t^d 代入，由之可得：

$$I_t^g = K_t^d - K_{t-1} + \delta K_{t-1} \qquad \text{(9.39)}$$

　　由 (9.39) 式以及以上的說明可知：

> 於利率 (r) 降低或資本的邊際產量 (MPK) 提高，均會造成理想的資本存量 (K^d) 增加，進而造成投資（總投資 I^g 以及淨投資 I^n）的增加。

㈣資本存量為部分調整之情況

　　另須補充說明者為，以上乃假設資本財易於取得，因此廠商能將 t 期期初的資本存量 K_{t-1}，在第 t 期即調整為理想的資本存量 K_t^d。實際上，廠商欲在短期調整資本存量，將會造成成本的提高[26]。因此，於第 t 期之期間內，廠商只會調整 $(K_t^d - K_{t-1})$ 之差距的一部分而非全部。此可稱為一種部分調整 (partial adjustment) 之過程。在前述一期即調整完成的情況，淨投資 $I_t^n = K_t - K_{t-1} = K_t^d - K_{t-1}$。而於「部分調整」的情況，可設定：

$$I_t^n = K_t - K_{t-1} = g(K_t^d - K_{t-1}) \qquad \text{(9.40)}$$

---

[26]　此反映，於短期，資本財的需求增加，將造成生產資本財的廠商 (capital goods producing firms) 之成本提高。此可稱為投資之調整成本 (cost of adjustment) 提高。

(9.40) 式中，*g* 為調整係數，在部分調整的情況，$0 < g < 1$。若 $g = 1$ 則為 1 次即調整完成之情況。(9.40) 式亦可表示為：

$$K_t = K_{t-1} + g(K_t^d - K_{t-1})$$　　　(9.41)

由 (9.41) 式可知，於部分調整之情況 ($0 < g < 1$)，於第 *t* 期之期間內，廠商只會調整 $(K_t^d - K_{t-1})$ 之差距的一部分。

 ## 三、政府的賦稅與投資

通常政府會對廠商的利潤課稅，亦可能給予廠商補貼。政府的課稅與補貼均會影響廠商的投資決策。

 ### (一)課稅對投資的影響

首先探討政府的課稅對投資的影響，為說明之，可將 (9.36) 式表示為：

$$P \cdot MPK = (r + \delta - \hat{P}_I)P_I$$　　　(9.42)

(9.42) 式左邊的 $P \cdot MPK$ 表示：每增加 1 單位資本所能增加的收益[27]。若政府對之課稅，稅率為 *t*，則 (9.42) 式改變為：

$$P \cdot MPK(1 - t) = (r + \delta - \hat{P}_I)P_I$$　　　(9.43)

為便於以圖形說明，(9.43) 式可表示為：

$$MPK(1 - t) = \frac{P_I}{P}(r + \delta - \hat{P}_I)$$　　　(9.44)

圖 9–13 可用以說明政府課稅對理想資本存量之影響。

假設原先政府不課稅 ($t = 0$)，則圖 9–13 中，$(\frac{C}{P})_1$ 與 *MPK* 線所決定的理想資本存量為 K_1^d。於政府課稅後 ($t > 0$)，$(\frac{C}{P})_1$ 與 $MPK(1 - t)$ 線所決定的理想資本存量將減少為 K_2^d。由 (9.39) 式（或 (9.40) 式）可知，理想資本存量的減少將造成投資的減少。

---

[27]　$P \cdot MPK$ 可稱為資本的邊際產值 (the value of marginal product of capital, *VMPK*)。

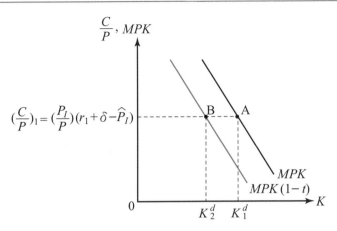

設政府不課稅 $(t = 0)$，理想的資本存量為 K_1^d，當政府課稅後，MPK 左移至 $MPK(1-t)$，理想資本存量減少為 K_2^d，投資也將減少。

圖 9–13　政府課稅對理想資本存量之影響

(二)補貼對投資的影響

除了課稅之外，政府亦可能給予廠商補貼。例如，廠商購買機器的價格為 P_I，若政府實施投資抵減 (investment tax credit)，其比率為 z。亦即，廠商可扣抵的所得稅為 zP_I，此為政府對廠商的補貼，而廠商購買機器的實際價格為 $(1-z)P_I$。因此 (9.36) 式改變為：

$$MPK = (r + \delta - \hat{P}_I)\frac{P_I(1-z)}{P}$$

$$(9.45)$$

圖 9–14 可用以說明政府補貼對理想資本存量之影響。

由圖 9–14，若原先政府未補貼 $(z = 0)$，則 $(\frac{C}{P})_1$ 與 MPK 線所決定的理想資本存量為 K_1^d，

政府實施補貼後 $(z > 0)$，則 $(\frac{C}{P})_2$ 與 MPK 線決定的理想資本存量增加為 K_2^d。理想資本存量的增加將造成投資的增加。

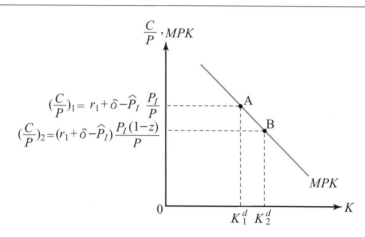

政府未補貼 ($z = 0$)，則 $(\dfrac{C}{P})_1$ 與 MPK 線對應的理想資本存量為 K_1^d，政府實施補貼後 ($z > 0$)，則

$(\dfrac{C}{P})_2$ 與 MPK 線決定的理想資本存量增加為 K_2^d，此將造成投資的增加。

圖 9-14　政府補貼對理想資本存量之影響

（三）同時課稅與補貼對投資的影響

如果政府同時對廠商課稅與補貼，則 (9.36) 式須改變為：

$$MPK(1 - t) = (r + \delta - \hat{P_I})\frac{P_I(1 - z)}{P} \tag{9.46}$$

由 (9.46) 式，政府的課稅與補貼對投資的影響決定於 t 與 z 的相對大小。與 (9.36) 式（其為 $t = 0, z = 0$）相比，(9.46) 式顯示：

若 t 大於（小於）z，則理想資本存量將減少（增加），而投資將減少（增加）。

四、投資的加速模型

（一）資本存量為立即調整之情況

由本章前述已知，淨投資 (I^n) 等於資本存量的變動。亦即，投資為將實際的

資本存量調整至理想的資本存量之過程。在一期即調整完成之情況，$I_t^n = K_k^d - K_{t-1}$，如前述，K_t^d 為 t 期之理想的資本存量，而 K_{t-1} 為 t 期期初之實際資本量。投資的加速模型 (the accelerator model of investment) 假設：

$$K_t^d = vy_t, \qquad v > 0 \tag{9.47}$$

亦即其假設，理想的資本存量與所得（產出）成比例的關係。另外，其假設，於 $t-1$ 期，實際資本存量等於理想的資本存量，即：

$$K_{t-1} = K_{k-1}^d = vy_{t-1} \tag{9.48}$$

由 (9.47) 式與 (9.48) 式，可得：

$$I_t^n = v(y_t - y_{t-1}) \tag{9.49}$$

(9.49) 式亦可表示為：

$$I_t^n = v\Delta y_t \tag{9.50}$$

其中，$\Delta y_t = y_t - y_{t-1}$。

(9.49) 式即為投資的加速模型，亦即，其認為：

> 所得（產出）的變動為造成投資產生的原因。

(二)資本存量為部分調整之情況

(9.50) 式為一較簡單形態的加速模型。實際上，由本章前面的說明可知，於短期，資本財需求的增加，會造成其生產成本提高，投資之成本因而增加。因此，由實際的資本存量調整至理想的資本存量為一種部分調整的過程，淨投資乃表示如 (9.40) 式，即 $I_t^n = g(K_t^d - K_{t-1})$，其中的 K_t^d 以 (9.47) 式代入之，可得：

$$I_t^n = vgy_t - gK_{t-1} \tag{9.51}$$

(9.51) 式即資本存量為部分調整之情況的加速模型，其又可稱為投資的彈性加速模型 (the flexible accelerator model of investment)。在部分調整之情況，於任何時期，實際的資本量均未調整至理想的資本量，因而於 (9.51) 式的推導，並未假

設 $K_{t-1} = K_{t-1}^d$。

因 $I_t^n = K_t - K_{t-1}$，(9.51) 式也可表示為：$K_t = vgy_t + (1-g)K_{t-1}$，由之可得 $K_{t-1} = vgy_{t-1} + (1-g)K_{t-2}$，同理可求出 $K_{t-2}, K_{t-3} \cdots \cdots$ 各項。由以上各式可得：

$$K_t = vgy_t + (1-g)vgy_{t-1} + (1-g)^2 vgy_{t-2} + \cdots$$

(9.52)

對 (9.52) 式求變動量，可得：

$$I_t^n = \Delta K_t = vg\Delta y_t + (1-g)vg\Delta y_{t-1} + (1-g)^2 vg\Delta y_{t-2} + \cdots$$

(9.53)

(9.53) 式亦可表示為：

$$I_t^n = vg\sum_{j=0}^{\infty}(1-g)^j \Delta y_{t-j}$$

(9.53)

(9.53) 式表示：

在彈性的加速模型之情況，t 期之淨投資受到 t 期與以前各期的所得（產出）變動之影響。距 t 期愈久遠之所得（產出）的變動，其影響力愈小。

五、q 投資理論

(一)平均的 q

為便於實證上的應用，杜賓 (Tobin, J.) 提出 q 投資理論 (q-theory of investment) 以說明投資的決定[28]。q 投資理論為將股票市場的波動與廠商的投資作一連結。詳言之，杜賓設定 q 為一比值 (ratio)，其為廠商安裝的資本設備之市場價值 (market value of installed capital) 以及安裝的資本設備之重置成本 (replacement cost of installed capital) 之比值，即：

$$q = \frac{\text{安裝的資本設備之市場價值}}{\text{安裝的資本設備之重置成本}}$$

(9.54)

(9.54) 式之中，分子表示股票市場對現有資本設備的價值評估（舊廠商的價

---

[28] 可參閱 Tobin (1969)。

格）；分母則表示購買新的資本設備所需的成本。由 (9.54) 式可得：

> 於 $q > 1$，此表示分母小於分子，此時，為增加資本設備，可經由購買新的資本設備的
> 方式著手；相反地，於 $q < 1$ 時，為增加資本設備，以購買已營運中的舊廠商，即經由
> 購買其股票的方式較為便宜。由以上可知，於 $q > 1$ 時，才會有投資（購買新的資本設
> 備）；而 $q < 1$ 時，則無投資，因為依經濟學的定義，購買舊的資本設備（舊廠商）不屬
> 於投資。

㈡邊際的 q

(9.54) 式所表示之 q 值可稱為**平均的** q (average q)，因其等於**廠商總資本設備
的市場總值與總（重置）成本之比**。除了由 (9.54) 式導出「平均的 q」，亦可由新
古典的投資理論導出邊際的 q(marginal q)。**邊際的** q **表示：增加 1 單位的資本設備
所造成之廠商市場價值增加與成本增加的比值。** 亦即「邊際的 q」可表示為：

$$q = \frac{MPK/r}{P_I} \tag{9.54$'$}$$

以下說明 (9.54)$'$ 式的意義。假設所增加的 1 單位資本設備在未來各年的邊際
生產力均固定為 MPK，則所增加的 1 單位資本設備造成之廠商市場價值的增加為
$\frac{MPK}{r}$ [29]。而增加 1 單位資本設備所造成的成本增加可以投資財的價格 (P_I) 表示。
若假設 $P_I = 1$，則由 (9.54)$'$ 可得：

$$q = \frac{MPK}{r} \tag{9.54$''$}$$

由新古典學派的投資理論可知，其為「邊際的投資理論」，由之，理想的資本
存量決定於 (9.36) 式。若假設 $P_I = P = 1$，$\hat{P}_I = 0$ 以及 $\delta = 0$，則 (9.36) 式可簡化為：

---

[29] 增加的 1 單位資本設備在未來各年的邊際生產力之現值可用以反映廠商市場價值的
增加，即：$\frac{MPK}{1+r} + \frac{MPK}{(1+r)^2} + \frac{MPK}{(1+r)^3} + \cdots = \frac{MPK}{1+r}[1 + \frac{1}{(1+r)} + \frac{1}{(1+r)^2} + \cdots]$

$= \frac{MPK}{(1+r)} \cdot \frac{1}{1-(1/1+r)} = \frac{MPK}{(1+r)} \cdot \frac{1+r}{r} = \frac{MPK}{r}$。

$$q = \frac{MPK}{r} = 1 \tag{9.55}$$

由 (9.54)″ 式與 (9.55) 式可知：「邊際的 q」等於 1 乃對應於簡化的 (9.36) 式，此時，廠商的投資達到均衡。因為在該條件成立時，理想的資本存量等於實際的資本存量。

全球人口老化議題與臺灣人口問題及對策

一、全球人口老化之相關議題

依估計，至 2020 年，全球人口超過 60 歲以上者預計為 10 億，至 2050 年，預計為 20 億（約占全球人口數的 22%）。於 2050 年，全球人口年齡超過 80 歲以上者的比率為 1%～4%。

人口老化將可能造成勞動供給的減少，且將改變勞動力的結構。另外，其將造成一般工資水準的提高與失業率的降低、對外國之勞力密集產品與服務需求的增加。此外，人口短缺亦將影響教育體系以及人口移入之政策，且謀求新的資本密集技術之發展。

由於老年人口的增加，健康與老年人口照護部門隨之擴張。這些部門的產品大多為非貿易財且為勞動密集的，其技術進步率較低。因此，如何將之列入國民所得會計之計算，且如何衡量其技術進步，皆為值得研究之議題。

一般而言，於探討人口老化與經濟的關係時，其議題包含：

⒜人口老化與經濟成長之關係。

⒝人口結構改變對儲蓄、投資與國際資本移動的影響。

⒞人口老化、勞動供給與人口移動之關係。

⒟人口老化對實質工資與利率之影響。

⒠制度的處理方式對老化的總體效果之影響。

⒡老化、政治經濟與總體經濟之關係。

（以上為節錄自哈佛大學於 2007 年 5 月 18～19 日所舉辦的「人口老化與經濟成長」研討會 (Conference on Population Aging and Economic Growth) 之綱要與背景說明）。

二、臺灣人口問題及對策

面對當前人口組成變遷對總體經濟之影響，人口素質著實牽繫著未來臺灣每人 *GDP* 提升之關鍵要因；而人口老化、少子化、非經濟性移入人口等問題，亦將直接對我國產業結構甚或總體經濟形成衝擊。因此，經建會研擬出之建議對策如下：

 ### (一)人口組成變遷對總體經濟之影響

人口素質是未來臺灣每人 *GDP* 提升的關鍵因素：

(a)教育是提升人口素質最重要的政策。

(b)鼓勵高品質人才的引進。

(c)提升人力資源運用效率及彈性。

 ### (二)人口組成

(a)教育資源重新分配和品質提升。

(b)產業發展的新方向：經營策略的改變、發展以老人為主的產業。

 ### (三)人口老化

(a)建立國民年金體系。

(b)國家角色介入，結合營利及公共化雙軌制，以增加供給。

(c)國家補助以公共化為主，對於營利照顧則由法院規範，提供自行發展的空間。例如：以特許行業方式允許民間經營，業者須提供一定比例床位給弱勢族群免費或低價使用。

(d)避免資源閒置，促進老人與長期照顧服務的連結，使照顧服務能有效被使用。

(e)開辦長期照顧保險，以集體分擔整個社會的照顧成本。

(f)建立監督評核及資訊流通機制，以管控照顧品質，普及照顧服務，並兼顧多元化選擇。

 ### (四)少子化

(a)讓想婚的人無後顧之憂，如提供高額補助「研究生家庭宿舍」。

(b)已婚的女性，不受到歧視。

⒞想生子的人，不受到歧視。

⒟實施「兩性工作平等法」中有關育嬰留職停薪津貼發放之立法。有小孩的人，國家來幫忙。

⒠教育資源重分配和品質的提升。

(五)非經濟性移入人口

⒜在社會身分認同上，臺灣社會和新移民都充分瞭解並尊重彼此的文化。

⒝在政治身分認同上，區分「公民認同」與「雙重國籍」的概念。

⒞擴大跨國社群連結，促進新移民的母國與臺灣之間的相互理解。

⒟放棄單一國籍、血緣主義的國籍法概念。

⒠讓新移民參與臺灣在地的政治或社會生活，作為瞭解臺灣民主價值、建立在地政治／社會認同的重要方式。

（引自經建會委託之研究計畫：《臺灣經濟結構轉型與願景之研究》，2006 年，資料來源：經建會網站）

 本章重要名詞與概念

「絕對所得假說」的消費函數	投資的「淨現值法則」
跨期選擇之消費預算限制	資本使用者成本
固定投資	淨投資
投資的「內部報酬率」法則	平均的 q
各期所得的現值	總投資
恆常所得	邊際的 q

※附錄㈠：直線之消費與財富關係的導出

以兩個期間之情況為例，若 (9.2) 式之效用函數為「位似函數」之形態，而齊次函數 (homogeneous function) 為一簡化的「位似函數」（可參閱 Chiang (1984)），

因此，我們可假設 (9.2) 式為齊次函數，即：

$$u(C_1, C_2) = C_1^{\alpha} C_2^{\beta}$$

(9A.1)

由 (9A.1) 式，C_1 與 C_2 的邊際替代率 (MRS) 為：

$$MRS = \frac{MU_{C_1}}{MU_{C_2}} = \frac{\alpha C_1^{\alpha-1} C_2^{\beta}}{\beta C_1^{\alpha} C_2^{\beta-1}} = \frac{\alpha}{\beta}(\frac{C_2}{C_1})$$

(9A.2)

由圖 9–4，於兩期間之消費均衡（如 E 或 E′ 點），無異曲線與預算線相切，即以下之均衡式成立：

$$MRS = \frac{\alpha}{\beta}(\frac{C_2}{C_1}) = (1 + r)$$

(9A.3)

由 (9A.3) 式可得：

$$\frac{C_2}{C_1} = \frac{\beta}{\alpha}(1 + r)$$

(9A.3)′

(9A.3)′ 式表示，假設 α, β 為固定值，若效用函數為齊次函數，則兩期之消費比率 $(\frac{C_2}{C_1})$ 只受到利率之影響。換言之，在此種形態之效用函數下，若利率不變，隨著所得（y_1 或 y_2）增加，而預算線往右移，兩期之消費增加，而其比率 $(\frac{C_2}{C_1})$ 仍維持不變。

由 (9.4) 式可得：

$$C_2 = -(1 + r)C_1 + (1 + r)y_1 + y_2$$

(9A.4)

由 (9A.3)′ 式：

$$C_2 = \frac{\beta}{\alpha}(1 + r)C_1$$

(9A.5)

由 (9A.4) 式與 (9A.5) 式，可得：

$$-(1 + r)C_1 + (1 + r)y_1 + y_2 = \frac{\beta}{\alpha}(1 + r)C_1$$

由此可得：

$$(1 + \frac{\beta}{\alpha})(1 + r)C_1 = (1 + r)y_1 + y_2$$

即：

$$C_1 = \frac{1}{(1 + \beta / \alpha)}[y_1 + \frac{y_2}{(1 + r)}]$$

因 $A_1 = y_1 + \frac{y_2}{(1 + r)}$，上式可表示為：

$$C_1 = \frac{1}{(1 + \beta / \alpha)}(A_1)$$ (9A.6)

以 (9A.6) 式代入 (9A.5) 式，可得：

$$C_2 = \frac{1}{(1 + \alpha / \beta)}[(1 + r)y_1 + y_2]$$

因 $A_2 = (1 + r)y_1 + y_2$，此式可表示為：

$$C_2 = \frac{1}{(1 + \alpha / \beta)}(A_2)$$ (9A.7)

由 (9A.6) 式與 (9A.7) 式，若以 $\lambda_1 = \frac{1}{(1 + \beta / \alpha)}$，$\lambda_2 = \frac{1}{(1 + \alpha / \beta)}$，則兩式可各表

示為：

$$C_1 = \lambda_1 A_1$$ (9A.8)

$$C_2 = \lambda_2 A_2$$ (9A.9)

其中 $\lambda_1 + \lambda_2 = \frac{1}{(1 + \beta / \alpha)} + \frac{1}{(1 + \alpha / \beta)} = \frac{1}{(1 + \beta / \alpha)} + \frac{\beta / \alpha}{(1 + \beta / \alpha)} = 1$

※附錄㈡：隨機漫步之消費理論

似同本章前述，於跨期選擇之情況，個人（或家庭部門）在跨期之預算限制下，求取其效用的極大化。若只考慮兩個期間，t 期與 $t + 1$ 期，則跨期之效用函數可設為：

$$u = u(C_t) + (\frac{1}{1 + \rho})u(C_{t+1})$$ (9A.10)

(9A.10) 式假設：兩個期間的消費所產生的效用為相加而可分的 (additively separable)。以期間 t 的觀點，期間 $t + 1$ 的消費所產生的效用 $u(C_{t+1})$ 須以 $(\frac{1}{1 + \rho})$ 來貼現，ρ 為時間偏好率 (rate of time preference)。而跨期之預算限制式可表示為：

$$C_t + \frac{C_{t+1}}{1+r} = y_t + \frac{y_{t+1}}{1+r} \tag{9A.11}$$

(9A.11) 式中，C_t, C_{t+1} 與 y_t, y_{t+1} 各表示 t 期與 $t+1$ 期的消費與所得。r 為實質利率。

於本章前述說明跨期之消費選擇時，假設於期間 1，即已知期間 2 之所得，此為確定情況 (certainty) 的討論。於此，假設於期間 t 時，並不確知期間 $t+1$ 之所得，即 y_{t+1} 為不確定的 (uncertain)，而 (9A.11) 式為隨機的 (stochastic)，(9A.10) 式亦為隨機的，而須以預期值表示。以下在於說明，於 (9A.11) 式的隨機預算限制下，個人（或家庭部門）經由 (9A.10) 式的預期效用極大化，以求解最適之消費。接著，說明其求解之步驟。

由 (9A.11) 式可得：

$$C_{t+1} = y_{t+1} + (y_t - C_t)(1+r) \tag{9A.12}$$

將 (9A.12) 式代入 (9A.10) 式，可得預期的效用函數為：

$$E(u) = u(C_t) + (\frac{1}{1+\rho})E\{u[y_{t+1} + (y_t - C_t)(1+r)]\} \tag{9A.13}$$

由 (9A.13) 式對 C_t 微分，其一階條件為：

$$\frac{dE(u)}{dC} = u'(C_t) - (\frac{1+r}{1+\rho})E[u'(C_{t+1})] = 0 \tag{9A.14}$$

以下，我們可進一步設定 (9A.10) 式的效用函數之形態為：

$$u(C) = \alpha C - \frac{1}{2}\beta C^2 \tag{9A.15}$$

(9A.15) 式中，$\alpha > 0$, $\beta > 0$，兩者均為常數。

因此，(9A.14) 式可表示為：

$$\alpha - \beta C_t - (\frac{1+r}{1+\rho})[\alpha - \beta E(C_{t+1})] = 0 \tag{9A.16}$$

若假設 $r = \rho$，(9A.16) 式可化簡為：

$$E(C_{t+1}) = C_t \tag{9A.17}$$

(9A.17) 式亦可表示為：

$$C_{t+1} = C_t + u_{t+1} \tag{9A.18}$$

(9A.18) 式之中，u_{t+1} 即所謂白噪音 (white noise)，其為一隨機變數，其平均數

為 0，變異數為一定值。

(9A.17) 式或 (9A.18) 式均可表示：t 期的消費 (C_t) 為 $t+1$ 期的消費 (C_{t+1}) 的最適預期值。此即「隨機漫步」之消費理論。

※附錄㈢：住宅投資

本附錄基本上為取材自 Sachs and Larrain (1993) 有關住宅投資 (residential investment) 之內容，以下將之整理，且予以引申說明之。

人們購買住宅，或更一般化，以房屋通稱之，如同購買其他資產，希望獲得一定的報酬率 (rate of return)。假設房屋的單位可以細分，如果有 X 元，欲以之用於房屋的購買，可如以下，計算購屋 1 年後的報酬率。如果現在的房屋單位價格為 P_h，可購得 ($\frac{X}{P_h}$) 單位房屋。若每單位房屋每年的「租用費率 (rental rate)」為 RR，房屋的折舊以 d 表示，且預期 1 年後的房屋價格為 P_h'，則可計算，經過 1 年，購屋的毛報酬率 (gross rate of return) 為：

$$購屋的毛報酬率 = \frac{(X/P_h)(RR) + (X/P_h)(1-d)P_h'}{X} \qquad \text{(9A.19)}$$

(9A.19) 式中，分母 (X) 為購屋的成本，而分子之中，($\frac{X}{P_h}$)(RR) 為將房屋出租 1 年所得之租金收入；其次，($\frac{X}{P_h}$) 單位房屋經過 1 年後，剩餘的價值為 ($\frac{X}{P_h}$)($1-d$)，依 1 年後的預期單位房價 (P_h')，1 年後的預期房屋價值為 ($\frac{X}{P_h}$)($1-d$)P_h'。(9A.19) 式可簡化為：

$$購屋的毛報酬率 = \frac{RR + P_h'(1-d)}{P_h} \qquad \text{(9A.20)}$$

資金所有者也會將資金用於其他資產（如票券）的購買，因此，亦須考慮其他資產的報酬率。若將 X 元用於購買票券，其年報酬率為 r，可得：

$$購買票券的毛報酬率 = \frac{(1+r)X}{X} = (1+r) \qquad \text{(9A.21)}$$

若房屋與票券兩種資產為完全替代（於本附錄，未考慮對兩種資產課稅），必

然造成兩個市場的毛報酬率趨於一致。因若兩者不相等，則資金會在兩個市場間移動，經由 r 與 P_h 的調整，而兩者趨於相等，此即所謂的套利 (arbitrage)。亦即，經由套利，可得：

$$(1 + r) = \frac{RR + P_h'(1 - d)}{P_h} \tag{9A.22}$$

(9A.22) 式可表示為：

$$P_h = \frac{RR + P_h'(1 - d)}{(1 + r)} \tag{9A.23}$$

由 (9A.23) 式可知：

> 現在的房屋價格 (P_h) 受到房屋的租用費率 (RR)、預期未來的房屋價格 (P_h')、房屋的折舊率 (d) 與其他資產（如票券）的報酬率 (r) 的影響。其中，P_h 與 RR 以及 P_h' 是同方向的關係，與 d 以及 r 呈反方向的關係。

亦即：於房屋的租用費率或預期未來的房屋價格提高，則人們會將資金用於房屋的購買，導致房屋需求的增加，而造成現在的房屋價格提高；相反地，於票券的報酬率提高，則資金會移轉於票券的購買，減少房屋的需求，造成現在的房屋價格降低。

接著，可以圖形來說明 (9A.23) 式中，房屋的租用費率 (RR) 之決定。圖 9A–1 (a)中，縱軸為 RR，橫軸為房屋提供的服務 (housing services)，以 ch 表示之。圖中，D_{ch} 表示人們對房屋服務的需求線，其為負斜率，亦即：RR 較低時，對房屋服務的需求會增加。另外，於圖 9A–1 (a)中，假設時間固定於某一時點，因此，整個經濟的房屋存量 (the stock of housing) K_h 固定，由 K_h 所能提供之「房屋服務的供給」(S_{ch}) 亦為固定值，因此，圖中 S_{ch} 線為垂直線。因為 S_{ch} 與 K_h 有同方向的關係，所以隨著 K_h 的數量增加，S_{ch} 線將往右移。

(a)房屋的租用費率 (RR) 之決定

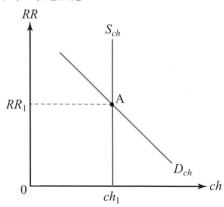

(b)現在的房屋價格 (P_h) 與新建房屋的數量 (I_h) 之關係

$$P_h = \frac{RR + P_h'(1-d)}{(1+r)}$$

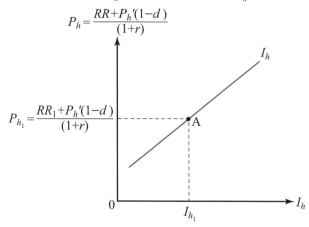

一個特定的 P_h 對應一個 I_h 值，且隨著 P_h 提高，I_h 亦將增加。

圖 9A–1　房屋的租用費率以及新建房屋數量之決定

　　由圖 9A–1 (a)中，D_{ch} 線與 S_{ch} 線之交點 A，可決定均衡的房屋租用費率 RR_1。將 RR_1 代入 (9A.23) 式，且由 (9A.23) 式，假設於 RR_1 決定的時點，P_h'、d 與 r 之值固定，因此可求得 $P_{h_1} = \dfrac{[RR_1 + P_h'(1-d)]}{(1+r)}$。其次，圖 9A–1 (b)說明：現在的房屋價格 (P_h) 與新建房屋數量 (I_h) 的關係。圖中，I_h 線為正斜率，此表示：一個特定的 P_h 對應一個 I_{h_1} 值，且隨著 P_h 提高，I_h 亦將增加。圖 9A–1 (b)中，前述所得的 P_{h_1} 對應 I_{h_1}。亦即，I_{h_1} 乃現在房屋價格為 P_{h_1} 時之新建房屋數量。

　　如果外在因素改變，導致圖 9A–1 (a)中，D_{ch} 線或 S_{ch} 線的移動，則將造成均衡的 RR 之改變，P_h 亦隨之變動，其對應的 I_h 亦將改變。舉例而言，如果人口增加，此將導致 D_{ch} 線右移。其可表示如圖 9A–2 (a)，於圖中，D_{ch_1} 線右移為 D_{ch_2} 線，其與 S_{ch} 線的交點為 B，B 點對應的 RR_2 高於 RR_1，而 RR_2 對應的 P_{h_2} 高於 P_{h_1}，對應於 P_{h_2} 的 I_{h_2} 大於 I_{h_1}。

(a) D_{ch} 線右移對均衡 RR 的影響

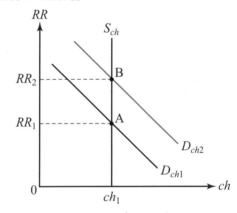

(b) P_h 改變對 I_h 的影響

$$P_h = \frac{RR + P_h'(1-d)}{(1+r)}$$

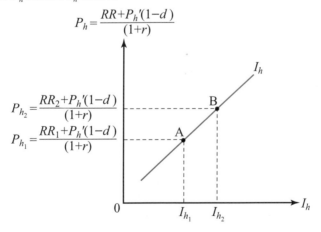

人口增加將導致 D_{ch} 右移（$D_{ch_1} \rightarrow D_{ch_2}$），與 S_{ch} 線相交於 B 點，因此人口增加，將導致房租費率（RR）、房屋價格（P_h）以及新房屋數量（I_h）提高。

　圖 9A–2　D_{ch} 線右移對 RR、P_h 與 I_h 之影響

由此可知:

> 於人口增加，將導致房租費率 (RR)、房屋價格 (P_h) 以及新房屋數量 (I_h) 的提高。

另外，於圖 9A–1 (a)中，

> 如果整個社會的房屋存量 (K_h) 增加，由前面的說明可知，較大的房屋存量將對應較大之「房屋服務的供給」(S_{ch})，亦即，圖 9A–1 (a)中，垂直的 S_{ch} 線將平行往右移，D_{ch_1} 線維持不變，均衡的房租費率 (RR) 將降低，此造成房屋價格 (P_h) 降低，新建房屋數量 (I_h) 亦隨之減少。

本附錄有關房屋價格 (P_h) 之決定為依 (9A.23) 式，其源自 (9A.22) 式。如同前面的說明，(9A.22) 式為資金的所有者投資於房屋與票券兩種資產，且視兩種資產為完全替代，經套利而得到的均衡條件。因此，欲以 (9A.23) 式的 P_h 作為整個經濟的房價，須具備的假設為: 各資金所有者對未來的房屋價格 (P'_h) 有相同的預期，各房屋的折舊率 (d) 相同，另外，各種票券的報酬率皆同為 r。

習 題

●●● 第 9 章 ●●●

1. 說明以下各項:

  (1)以數學式表示「凱因斯的消費函數」。

  (2)以上(1)之消費函數是否與實際資料相符?

2. 何謂「跨期選擇之消費理論」? 試以數學式與圖形說明之。

3. 說明「生命循環假說」之消費理論。

4. 說明「恆常所得假說」之消費理論。

※ 5. 說明「隨機漫步」之消費理論。

6. 試說明投資的各種法則。

7. 說明「新古典學派的投資理論」。

8. 說明「政府對資本收益課稅」如何影響投資。

9. 說明「政府補貼」如何影響投資。

10. 說明「投資的加速模型」。

11. 說明「q 投資理論」。

貨幣供給與需求

　　於本書第 2 章「古典學派之總體經濟理論」，其中「交易方程式」以及古典學派的總合需求，均與貨幣供給有關。另外，本書第 4 章 *IS–LM* 模型，其中 *LM* 表示貨幣市場均衡，且貨幣供給視為央行可控制的政策變數，並未說明央行如何影響貨幣供給。本章第 1 節將對貨幣供給的定義以及其決定，作較為深入的探討。

　　貨幣需求方面，於第 2 章時，我們已說明了「劍橋方程式」，此可稱為古典學派貨幣需求理論。第 4 章則提到凱因斯的貨幣需求理論，其由「交易」、「預防」與「投機」三種動機的貨幣需求所構成。本章第 2 節將說明前述古典學派與凱因斯以外的一些貨幣需求理論。

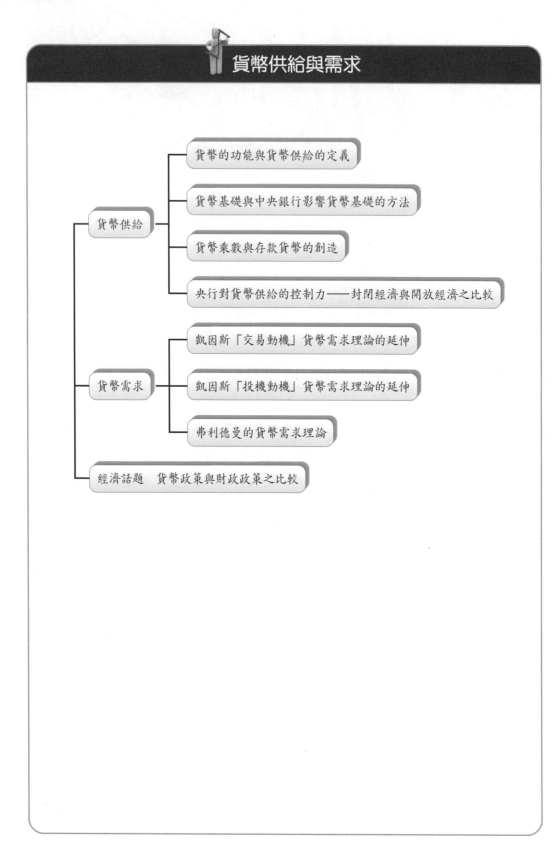

貨幣供給

 一、貨幣的功能與貨幣供給的定義

 (一)貨幣的功能

欲衡量貨幣供給，須先瞭解貨幣的功能。一般認為，貨幣具有以下三種功能。

1. 交易媒介 (medium of exchange) 的功能

在原始「以物易物」(barter) 的社會，因無貨幣的存在，人們在作交易時，須花時間，找到有意願與自己交換物品者。例如，某甲欲以持有的 A 物品交換 B 物品，則其須找到持有 B 物品，而欲以之交換 A 物品者。在貨幣經濟下，某甲可在市場上，將 A 物品出售，再以所得的貨幣購買 B 物品。由此可知，貨幣提升了經濟效率。

2. 價值儲存 (store of value) 的功能

在無貨幣的社會，人們生產的物品有剩餘時，欲將之儲存，較為不易。於貨幣經濟，可將剩餘物品出售，再將所得的貨幣儲存起來。但以貨幣作為價值儲存的工具，其前提條件為，物價須維持穩定❶。

3. 計價單位 (unit of account) 的功能

於「以物易物」的社會，任何兩個產品的交易皆有一個交換比率 (相對價格)。在貨幣經濟下，每個產品皆對應一個以貨幣表示的價格。假設整個社會有 1,000 個產品，則於以物易物的社會，其交換比率有 $499,500(= \dfrac{1,000 \times (1,000-1)}{2})$ 個；於

---

❶　於物價提高時，持有的貨幣之購買力會降低。

貨幣經濟，以貨幣表示的價格只有 1,000 個❷。由於價格的數目較少，在貨幣經濟下，交易較易於進行。

(二)貨幣供給的定義

由狹義到較廣義的定義，臺灣的貨幣供給可區分為 *M*1*A*、*M*1*B* 以及 *M*2。各項貨幣供給的內容可表示如表 10–1❸❹。

表 10–1　貨幣供給的定義

*M*1*A*	通貨淨額 + 支票存款 + 活期存款
*M*1*B*	*M*1*A* + 活期儲蓄存款
*M*2	*M*1*B* + 準貨幣 = *M*1*B* + 定期存款 + 定期儲蓄存款 + 外匯存款 + 外國人新臺幣存款 + 附買回交易餘額 + 郵政儲金

臺灣的各項貨幣供給之數額可見表 10–2。

表 10–2　臺灣的貨幣供給

(單位：新臺幣百萬元)

	*M*1*A*	*M*1*B*	*M*2
1993	1,341,136	2,477,712	9,395,114
1994	1,507,637	2,897,523	10,925,981
1995	1,508,879	3,035,499	12,192,356
1996	1,501,342	3,160,843	13,318,318
1997	1,617,584	3,597,798	14,417,949
1998	1,623,898	3,688,540	15,680,478
1999	1,674,024	4,052,585	16,986,220
2000	1,797,276	4,481,497	18,182,617

❷　更一般的說，若整個社會有 n 個產品，於以物易物的社會，其交易比率有 $C(n, 2) = \dfrac{(n)(n-1)}{2}$ 個。而以貨幣表示的價格有 n 個。

❸　表 10–1 之中的「準貨幣」，其內容可由表 10–1，有關 *M*2 定義之第二列，亦即，準貨幣包含定期存款、定期儲蓄存款、外匯存款、外國人新臺幣存款、附買回交易餘額與郵政儲金等項目。

❹　由狹義至廣義，美國的貨幣供給包含 *M*1, *M*2 與 *M*3 等。

2001	1,712,971	4,435,786	19,235,981
2002	1,860,031	5,190,410	19,918,273
2003	2,069,908	5,803,895	20,669,795

資料來源：中央銀行經濟研究處《中華民國臺灣地區金融統計月報》2004 年 9 月（各項
　　　　　貨幣供給額為日平均數）

二、貨幣基礎與中央銀行影響貨幣基礎的方法

以上說明了貨幣供給的定義以及其數額。接著，為瞭解中央銀行對貨幣供給的影響途徑，首先須知道貨幣基礎 (monetary base)（以 *B* 表示）以及貨幣乘數 (money multiplier) 的意義❺。

 (一)貨幣基礎

在說明「貨幣基礎」的意義之前，先簡略說明中央銀行的資產負債表。表 10–3 簡略列出央行資產負債表中，與「貨幣基礎」有關的項目。以「資產」面來看，其中「國外資產」(*FA*) 表示央行的外匯準備。「國內資產」(*DA*) 包含：央行對金融機構的債權，以及央行持有的各種票券，例如央行持有財政部發行的公債與國庫券，或由公開市場買進的商業本票等。以「負債」面來看，「通貨」(*C*) 是指央行所發行而為民間持有者。「商業銀行的準備金」(*R*) 表示：商業銀行體系於央行的存款，以作為存款準備金之用❻。

表 10–3　央行之資產負債表中，與貨幣基礎有關的項目

資　產	負　債
國外資產 (*FA*)	通貨 (*C*)
國內資產 (*DA*)	銀行的存款準備金 (*R*)

---

❺　「貨幣基礎」又可稱為基礎貨幣 (base money) 或強力貨幣 (high-powered money)。

❻　除了表 10–3 所列的項目外，實際上，央行的資產負債表還包含其他項目。於「資產」之中，還包含：「對政府放款」、「庫存現金」與「其他資產」等。於「負債」之中，還包含：「政府存款」、「庫存現金」與「其他機構存款」（或轉存款）以及「其他負債」等，此外，與「負債」同一側的，還有「淨值」之項目。

由表 10–3，我們可由央行的資產面或負債面定義「貨幣基礎」(B) 為：

$$B = FA + DA = C + R$$ (10.1)

(10.1) 式表示：

> 由資產面來看，「貨幣基礎」等於央行的國外資產 (FA) 與國內資產 (DA) 之和；由負債面來看，其等於通貨 (C) 與商業銀行的存款準備金 (R)。

 ## (二)中央銀行影響貨幣基礎的方法

中央銀行可經由公開市場的票券買賣 (open market purchase or sale)、「對銀行放款」以及「在外匯市場買賣外匯」而影響貨幣基礎。茲說明如下：

1. 央行由公開市場買賣票券

以央行自公開市場買入票券為例，如果央行買入的票券，原先為商業銀行所持有。假設央行買入的票券為 10,000 元，則央行的公開市場買入對其資產負債表的影響可表示如表 10–4。表 10–4 顯示，於央行向商銀買入 10,000 元的票券後，央行持有的票券將增加 10,000 元，由前述可知，持有的票券為央行的「國內資產」(DA) 之一部分，因此央行的「國內資產」(DA) 將增加 10,000 元。對應地，央行須支付商銀該筆金額，因此，表 10–4 中，在央行的負債面，「商業銀行的存款準備金」(R) 增加 10,000 元。

表 10–4　央行於公開市場買入票券對央行資產負債表的影響

資　產	負　債
國內資產 (DA) + 10,000	銀行的存款準備金 (R) + 10,000

由以上可知，若央行由公開市場買入票券，由 (10.1) 式，不論由資產面的 DA 增加或負債面的 R 增加，均表示貨幣基礎的增加。

如果央行於公開市場買入的票券為個人（社會大眾）所持有，且假設個人將

其出售票券所得存於商銀，其結果仍與以上相同，即：

> 央行的「公開市場買入」將造成貨幣基礎等額的增加❼。

另外，依同樣的道理可知：

> 央行於公開市場出售票券時，將造成貨幣基礎等額的減少。

2.央行對商業銀行放款

央行為增加貨幣基礎，亦可藉重貼現率 (rediscount rate) 的降低。「重貼現率」為**商業銀行向央行借款的利率**。亦即，商業銀行在其準備金較少時，可以其對顧客貼現的未到期票據，向央行請求重貼現，以增加其準備金。而央行依「重貼現率」對此未到期票據所預先扣除的利息，即為商業銀行向央行借款的成本。因此，於「重貼現率」降低，商業銀行向央行借款的可能性將提高，亦即，央行對商業銀行的放款將增加。

如果因「重貼現率」降低，而央行對商業銀行的放款增加 10,000 元，此對央行資產負債表的影響仍可以表示如表 10–4。其原因為「央行對商業銀行的放款」亦屬於「央行的國內資產」(*DA*)。

3.央行在外匯市場買賣外匯

於固定匯率 (fixed exchange rate) 制度，央行要維持匯率於固定水準，於管理浮動匯率 (managed floating exchange rate) 制度，央行欲避免匯率的變動太大，均須於外匯市場買進或賣出外匯，此即央行的外匯市場干預 (foreign exchange

---

❼　假設央行向某甲購 10,000 元的票券，支付予支票（以央行為付款人）。若某甲將此支票存入商銀（此造成某甲在商銀的存款增加），商銀再將支票向央行兌現，而造成商銀在央行的存款準備金 (*R*) 增加。由此可知，央行向個人（社會大眾）買入票券時，其結果仍同表 10–4。而商銀可以多餘的準備金（超額準備金）進行放款。

market intervention) ❽。

　　假設央行於外匯市場上買進等值於本國貨幣 1,000,000 元的外匯,而此外匯原先為商業銀行所持有。於央行買入此額度之外匯後,對央行資產負債表的影響為:其「國外資產」(*FA*)(以本國貨表示)將增加 1,000,000 元,而「銀行的存款準備金」(*R*) 亦將增加此項金額。此可表示如表 10–5。

表 10–5　央行於外匯市場買進外匯,對央行資產負債表的影響

資　產	負　債
國外資產 (*FA*) + 1,000,000	銀行的存款準備金 (*R*) + 1,000,000

三、貨幣乘數與存款貨幣的創造

(一)貨幣乘數

　　由本章前述,我們已說明了「貨幣基礎」的意義。而實際的貨幣供給為貨幣基礎的倍數,此倍數即一般所稱的貨幣乘數 (money multiplier)。在不同的貨幣供給之定義下,可導出不同的貨幣乘數。

　　為求簡化,我們以 *M*1A 為例,說明貨幣乘數的導出。若以 M^s 表示 *M*1A,由前述可知,*M*1A 等於「通貨淨額」(*C*)、「支票存款」與「活期存款」之和。若將「支票存款」與「活期存款」合併,而兩者之和以「活期存款」(*D*) 稱之,則可得:

$$M^s = C + D \tag{10.2}$$

另外,由 (10.1) 式,

$$B = C + R \tag{10.1}$$

由 (10.2) 式與 (10.1) 式,可得:

$$\frac{M^s}{B} = \frac{C + D}{C + R} \tag{10.3}$$

將 (10.3) 式右邊之分子與分母各項均除以 *D*,可求出:

---

❽　有關各種匯率制度以及央行在外匯市場的干預之說明,可參見本書第 11 章。

$$\frac{M^s}{B} = \frac{(C/D) + (D/D)}{(C/D) + (R/D)}$$

$$= \frac{c+1}{c+\alpha} \qquad \text{(10.4)}$$

(10.4) 式之中，c 表示「通貨—活期存款之比率」，α 表示「準備金—活期存款之比率」（或簡稱「存款準備率」）。由 (10.4) 式，可得：

$$M^s = (\frac{c+1}{c+\alpha})B \qquad \text{(10.5)}$$

由 (10.5) 式可知，「貨幣供給」(M^s) 為「貨幣基礎」(B) 的倍數❾。此倍數即為「貨幣乘數」(ϕ)，亦即：

$$\phi = \frac{c+1}{c+\alpha} \qquad \text{(10.6)}$$

由 (10.6) 式可知，c 與 α 均與 ϕ 成反比。由此可知，若社會大眾持有較多的通貨，而 c 較高，則貨幣乘數會變得較小❿。

由以上的說明可知，央行可由「公開市場的票券買賣」或經由其「對商業銀行的放款」以及「外匯買賣」而影響貨幣基礎 (B)，進而影響貨幣供給 (M^s)。

另外，央行對於銀行的 ($\frac{準備金}{存款}$) 的比率亦有規定，此即央行的法定準備率 (required reserve ratio)。為簡化分析，假定商業銀行的「實際準備率」(α) 等於「法定準備率」⓫。由 (10.6) 式可知，若央行提高（降低）α，則貨幣乘數 (ϕ) 將降低（提高），於貨幣基礎固定，貨幣供給將減少（增加）。因此，央行亦可藉由「法定準備率」的調整而影響貨幣供給。

---

❾　由 (10.5) 式，因 $\alpha < 1$，所以 $(\frac{c+1}{c+\alpha}) > 1$。

❿　由 (10.6) 式：$\frac{d\phi}{dc} = \frac{(c+\alpha)(1)-(c+1)(1)}{(c+\alpha)^2} = \frac{\alpha-1}{(c+\alpha)^2} < 0$。亦即，於 c 提高，貨幣乘數 (ϕ) 變得較小。

⓫　實際上，銀行的「實際準備率」可能大於「法定準備金」。此表示，銀行的「實際準備金」大於「法定準備金」，亦即，銀行有超額準備金 (excess reserves)。

(二)存款貨幣的創造

於說明商業銀行的存款貨幣創造之過程，為求簡化，以下作兩個假設。首先，假設原先商業銀行體系的每個商銀之實際準備金皆等於法定準備金，且法定準備率為 25%。其次，假設社會大眾接受放款時，皆以存款方式存於商銀，完全不以現金方式持有，即「通貨一活期存款之比率」$(c) = 0$。

為說明商業銀行存款貨幣的創造，假設央行於公開市場買入甲所持有的票券 10,000 元。存款貨幣的創造過程可表示如下：

(a) 甲將出售票券所得存入商銀 A，商銀 A 的存款因而增加 10,000 元，此可稱為原始存款的增加，即 $\Delta D_1 = 10,000$ 元。商銀 A 只須以其中的 25% 作為法定準備金的增加，即 $\Delta R_1 = (10,000 \text{ 元}) \times (25\%) = 2,500$ 元，其餘的放款給乙，此項放款的增加可表示為 $\Delta L_1 = (10,000 \text{ 元}) \times (1 - 25\%) = 7,500$ 元。

(b) 乙得到 7,500 元的放款後，將之存入商銀 B，商銀 B 的存款增加可表示為 $\Delta D_2 = 7,500$ 元。與過程(a)相同的道理，商銀 B 將之分配成兩部分：準備金增加，其數額為 $\Delta R_2 = (7,500 \text{ 元}) \times (25\%) = 1,875$ 元；放款增加，若放款予丙，其數額為 $\Delta L_2 = (7,500 \text{ 元}) \times (1 - 25\%) = 5,625$ 元。

(c) 依相同的道理，丙若將所得的放款存入商銀 C，將造成商銀 C 的準備金增加，即 $\Delta D_3 = 5,625$ 元。似同以上的推論，由之造成 $\Delta R_3 = (5,625 \text{ 元}) \times (25\%) = 1,406.25$ 元，$\Delta L_3 = (5,625 \text{ 元}) \times (1 - 25\%) = 4,218.75$ 元。

前述的存款貨幣創造可表示如表 10–6，而以上之存款貨幣創造過程，(a),(b) 與(c)各對應於表 10–6 的第一、第二與第三列。

表 10–6　商業銀行之存款貨幣的創造

單位：元

商　銀	存款增加 (ΔD)	準備金增加 (ΔR)	放款增加 (ΔL)
A	$\Delta D_1 = 10,000$	$\Delta R_1 = 2,500$	$\Delta L_1 = 7,500$
B	$\Delta D_2 = 7,500$	$\Delta R_2 = 1,875$	$\Delta L_2 = 5,625$

C	$\Delta D_3 = 5{,}625$	$\Delta R_3 = 1{,}406.25$	$\Delta L_3 = 4{,}218.75$
⋮	⋮	⋮	⋮
合　計	$\Delta D = 40{,}000$	$\Delta R_1 = 10{,}000$	$\Delta L = 30{,}000$

以上對存款貨幣的創造只說明到過程(c)，實際上，存款貨幣的創造仍將持續進行，可依同理推之。

數學上，可計算出存款創造的總數 ΔD 為：

$$
\begin{aligned}
\Delta D &= \Delta D_1 + \Delta D_2 + \Delta D_3 + \cdots \\
&= 10{,}000 + 7{,}500 + 5{,}625 + \cdots \\
&= 10{,}000 + 10{,}000(1 - 25\%) + 10{,}000(1 - 25\%)^2 + \cdots \\
&= 10{,}000[\,1 + (1 - 25\%) + (1 - 25\%)^2 + \cdots\,] \\
&= (10{,}000)\left[\frac{1}{1 - (1 - 25\%)}\right] \\
&= (10{,}000)\left[\frac{1}{25\%}\right] \\
&= 40{,}000
\end{aligned}
$$

(10.7) [12]

由 (10.7) 式可知 $\Delta D = (\Delta D_1)(\frac{1}{\alpha})$，即：

$$
\frac{\Delta D}{\Delta D_1} = \frac{1}{\alpha}
$$

(10.8)

由 (10.8) 式可知，於以上的例子，「貨幣乘數」等於 $\frac{1}{\alpha}$，即「存款準備率」(α) 的倒數[13]。亦即，(10.8) 式說明，若央行於公開市場向社會大眾買入票券，且社會大眾將其出售票券所得存入某商銀。此將造成該商銀的存款（此屬商銀的負債）與準備金（此為商銀的資產）同時增加 ΔD_1（等於央行買入票券的金額）。而

---

[12]　(10.7) 式中，[　　] 內為無窮等比級數的和，其第一項為 1，公比為 $(1 - 25\%)$。

[13]　由本章 (10.4) 式與 (10.6) 式可知，貨幣乘數 (ϕ) 為：$\phi = \dfrac{\Delta M^s}{\Delta B} = \dfrac{c + 1}{c + \alpha}$，由此式，於貨幣基礎 ($B$) 增加，所造成的貨幣供給 ($M^s$) 增加為其倍數 ($\phi$)。而於存款貨幣創造之例子，因假設「通貨—活期存款之比率」$c = 0$，以之代入 $\phi = \dfrac{\Delta M^s}{\Delta B} = \dfrac{c + 1}{c + \alpha}$，可得貨幣乘數為 $\dfrac{1}{\alpha}$。

ΔD_1 又稱為該商銀的原始存款。經由商銀體系的存款創造，在「通貨—活期存款之比率」c 為 0 之假設下，所創造的總存款 ΔD 為 ΔD_1 的 $\frac{1}{\alpha}$ 倍。由 (10.2) 式可知：

> 總存款的增加亦造成貨幣供給的同額增加 ($\Delta M^s = \Delta D$)，因此可說，貨幣供給的增加 (ΔM^s) 為原始存款的增加 (ΔD_1) 之 $\frac{1}{\alpha}$ 倍。

四、央行對貨幣供給的控制力 —— 封閉經濟與開放經濟之比較

　　於封閉經濟之情況，因未考慮外匯市場（國際收支）不均衡對貨幣供給的影響，因此央行可經由前述的「公開市場的票券買賣」、「重貼現的調整」而影響貨幣基礎，進而影響貨幣供給；央行亦可經由「法定準備率的調整」影響貨幣乘數，進而影響貨幣供給。

　　於開放經濟之情況，則須考慮外匯市場的不均衡對貨幣供給的影響。如本章前述，在「固定匯率」或「管理浮動匯率」制度之情況，於外匯市場為非均衡狀態。若央行於外匯市場買進（賣出）外匯，此將造成央行的國外資產增加（減少），對應地，如表 10–5 所示，此將造成商業銀行的存款準備金增加（減少），進而導致貨幣供給增加（減少）。於浮動匯率的情況，若外匯市場不均衡，則可經由匯率的調整達到均衡。因此，於浮動匯率，央行不須於外匯市場買賣外匯，貨幣供給也就不會因外匯市場的不均衡而變動。

　　由以上可知：

> 於封閉經濟或開放經濟採取浮動匯率時，央行對貨幣供給有較大的控制力。相反地，開放經濟之情況，採取固定或管理浮動匯率時，央行為維持匯率安定而導致貨幣供給變動，亦即，在此兩種匯率制度下，央行對貨幣供給較無控制力❶❹。

---

❶❹　在固定與管理浮動匯率之情況，於外匯市場為不均衡狀態。央行買賣外匯以穩定匯率，此將造成貨幣供給的變動。央行可採取沖銷政策 (sterilization policy)，以抵消前述貨幣

第**2**節

貨幣需求

　　於本書第 2 章，古典學派之總體經濟理論，其中，第 2 節提到古典學派的貨幣理論，其又可稱為「貨幣數量理論」。代表「貨幣數量理論」之一的「劍橋方程式」可稱為古典學派的貨幣需求理論。

　　在第 4 章中，我們說明凱因斯的貨幣需求，其包含「交易動機」、「預防動機」與「投機動機」等貨幣需求。

　　以下將說明凱因斯之後所發展的一些貨幣需求理論，包含：對凱因斯「交易動機」與「投機動機」貨幣需求理論的延伸，以及弗利德曼的貨幣需求理論。

 ## 一、凱因斯「交易動機」貨幣需求理論的延伸

　　由第 4 章可知，凱因斯貨幣需求理論之中，「交易動機」的貨幣需求為源自古典學派的交易方程式。亦即，貨幣需求源自對於產品與勞務的交易支出，若假設交易支出與所得為同方向的關係，則交易動機的貨幣需求與所得有同方向的關係。

　　存貨理論的貨幣需求 (the inventory theory of the demand for money) 可稱為凱因斯「交易動機」的貨幣需求理論之延伸[15]。「**存貨理論的貨幣需求**」認為，**個人（家庭）持有貨幣就像廠商保有產品之存貨一樣**。個人（家庭）可將其財富以貨幣與其他資產（如儲蓄存款或債券）之方式持有。持有貨幣可作為支付工具，但無利息收益；其他資產則無法作為交易的支付工具，但是具有利息[16]。

　　廠商在決定其產品的存貨水準時，若其存貨水準較高，則有充裕的存貨可供銷售之用，但須負擔較高的倉儲成本；若存貨水準較低，則反之。與存貨保存相同的道理，個人（家庭）在決定其作為交易支出之貨幣需求時，亦作以下的考量。

　　　供給的變動，而維持貨幣供給固定。有關央行的「沖銷政策」，可參閱本書第 11 章與
　　　第 12 章。

[15]　「存貨理論的貨幣需求」為源自包謨 (Baumol)(1952) 與杜賓 (Tobin)(1956)。

[16]　在此可將貨幣定義為通貨（現金），其不具利息收益。

(一)提領金額與次數

　　假設於每一期（如一個月）期初，個人（家庭）收到的名目所得 Py 會匯入其銀行之儲蓄存款戶頭，而且在一個月內，將此所得依固定的支出率支出，亦即名目所得在月初為 Py，於月底為 0。每人（家庭）可選擇，在一個月內多次至銀行提領現金（每次提領的金額相同），在此情形下，每次提領的金額較少，而因其所得大部分存於銀行，因此可獲得較多的利息所得，但由於多次提領現金，而須花費較多的提領成本（例如往返之交通與時間成本）。相反地，如果每次提領的金額較多（提領的次數較少），則其在銀行的存款較少，所能獲得的利息收益較少，但因提領的次數較少，所須花費的提領成本較少。由以上可知，個人（家庭）須選擇一個最適的提領金額（由之可決定提領次數），以同時兼顧其未支用之所得在儲蓄存款的利息，以及由提領次數所決定的提領成本。

　　為求解最適的提領金額，我們可假設 M 表示每次的提領金額，而其最適值等於 M^*，此可表示如圖 10–1。

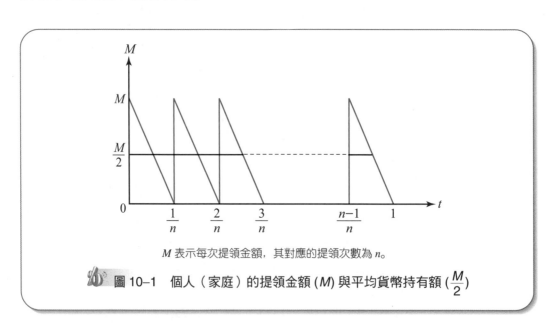

M 表示每次提領金額，其對應的提領次數為 n。

圖 10–1　個人（家庭）的提領金額 (M) 與平均貨幣持有額 ($\frac{M}{2}$)

　　圖 10–1 之中，橫軸 t 表示時間，因 M 表示每次提領金額，其對應之提領次數

為 n。亦即，$n = \dfrac{Py}{M}$。此表示：每一期的名目所得為 Py（存於儲蓄存款之戶頭），

每次提領的金額為 M 時，提領的次數為 n。由圖 10–1 之橫軸可知，假設每一期的

期間為 1，則提領現金的時間點依次為 $\dfrac{1}{n}, \dfrac{2}{n}, \dfrac{3}{n}, \cdots, \dfrac{n-1}{n}$ **❶❼**。

(二)最適提領金額與實質貨幣需求之決定

接著，以數學式來求解最適的提領金額。若每次提領現金的實質成本為 k，亦

即，其名目成本為 Pk，而由前述，最適提領次數 $n = \dfrac{Py}{M}$，因此，提領現金 n 次的

名目成本為 $Pk \cdot (\dfrac{Py}{M})$。另一方面，由圖 10–1 可知，若每次提領金額為 M，則個人

（家庭）的平均現金持有額為 $\dfrac{M}{2}$ **❶❽**。個人（家庭）將其所得自儲蓄存款中提領出

來後，因而未能獲得利息收益，如果儲蓄存款的利率為 r，則個人（家庭）持有

$(\dfrac{M}{2})$ 的現金之機會成本為 $r(\dfrac{M}{2})$。將以上兩種成本相加，即「提領現金的成本」以

及「持有現金的機會成本」相加，兩種成本之和，以「總成本」(TC) 表示之。即：

$$TC = Pk(\dfrac{Py}{M}) + r(\dfrac{M}{2}) \tag{10.9}$$

由 (10.9) 式，求解能讓 TC 極小化的 M^* 值，結果可得：

$$M^* = P(\dfrac{2ky}{r})^{\frac{1}{2}} = P\sqrt{\dfrac{2ky}{r}} \tag{10.10} ❶❾$$

---

❶❼ 假設每一期的期間為一個月，若提領現金的次數 $n = 3$，且假設一個月有 30 天。此表
示，每次提領所得 (Py) 的 $\dfrac{1}{3}$，可支用三分之一個月。亦即，提領的時間點為，月初，
第三分之一個月與第三分之二個月。其依次可用於第 1～10, 11～20, 21～30 日之支付。

❶❽ 由圖 10–1，以 $n = 3$ 為例，即每 10 日提領 1 次，每次提領的第 1 日，個人（家庭）的
現金持有額為 M，以固定速率支出，於第 10 日（之下午），其現金持有額為 0。因此
平均的現金持有額為 $\dfrac{(M+0)}{2} = \dfrac{M}{2}$。

❶❾ 由 (10.9) 式，可求出極小化 TC 的一階條件，即：$\dfrac{\partial TC}{\partial M} = -Pk(\dfrac{Py}{M^2}) + \dfrac{r}{2} = 0$，由之可得
(10.10) 式。

與數學之求解相對應，我們亦可將 (10.9) 式與 (10.10) 式以圖 10–2 表示之。

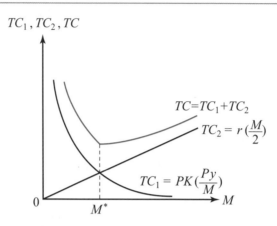

TC_1 代表「提領現金的成本」，TC_2 代表「持有現金的機會成本」，此兩種成本水平相加可得到總成本 TC，TC 的最低點即為「最適提領金額」。

　　圖 10–2　以圖形求解「最適的提領金額」(M^*)

圖 10–2 中，以 $TC_1 = Pk(\dfrac{Py}{M})$ 表示「提領現金的成本」，以 $TC_2 = r(\dfrac{M}{2})$ 表示「持有現金的機會成本」[20]。而總成本 $TC = TC_1 + TC_2$，即兩種成本的垂直相加。圖 10–2 之中，TC 的最低點對應的 M^*，即為 (10.10) 式的「最適提領金額」(M^*)[21]。

　　由前述可知，平均現金持有額為 $\dfrac{M^*}{2}$，其等於名目的貨幣需求 M^d。可定義實質貨幣需求 $m^d = \dfrac{M^d}{P}$，而 $M^d = \dfrac{M^*}{2}$，且配合 (10.10) 式，可得：

$$m^d = \frac{M^d}{P} = \frac{M^*}{2P} = (\frac{ky}{2r})^{\frac{1}{2}} = \sqrt{\frac{ky}{2r}}$$

(10.11)

---

[20]　由 $TC_1 = Pk(\dfrac{Py}{M})$ 可得 $(TC_1)(M) = Pk(Py) = $ 常數（因 P、k 與 y 為固定數），由此可知，TC_1 為一「直角雙曲線」。而 $TC_2 = r(\dfrac{M}{2})$，此表示 TC_2 為出自原點之直線，其斜率為 $(\dfrac{r}{2})$。

[21]　以 (10.10) 式的 M^* 之值代入 TC_1 與 TC_2，可得 $TC_1 = TC_2$。此表示：圖 10–2 中，於 $M = M^*$ 時，同時符合 TC 達到最小值，以及 $TC_1 = TC_2$。

(10.11) 式即表示「存貨理論的貨幣需求」。由 (10.11) 式可知：

> 在存貨理論下，交易性的貨幣需求不只受所得 (y) 同方向的影響，亦受到利率 (r) 反方向的影響。而凱因斯的交易性貨幣需求，則只受到所得同方向的影響[22]。

二、凱因斯「投機動機」貨幣需求理論的延伸

(一)凱因斯「投機動機」貨幣需求理論的缺點

本書第 4 章說明凱因斯「投機動機」的貨幣需求，其後，學者認為此貨幣需求理論的建立存在兩項缺點。第一項，凱因斯的「投機動機」貨幣需求，個人不是將其金融財富（扣除交易與預防動機後的餘額）全部以債券的方式持有，就是將之全部以投機動機的貨幣方式持有。如第 4 章，個人的貨幣需求線為不連續。而實際的情況為，個人同時持有債券與貨幣，即個人為資產選擇多元化 (portfolio diversification) 的，而凱因斯的理論未解釋此種現象。另一項，由第 4 章可知，凱因斯認為每一個個人均有其「預期的未來利率」即「正常利率」(r_n)，而「目前利率」（實際利率）r_0 將朝 r_n 作調整。亦即，凱因斯假設 r_n 為相對固定的。後來的學者認為，凱因斯的此種假設較符合凱因斯的「一般理論」發表之時（與之前）的情況，而凱因斯之後，實際的利率呈現上升的趨勢，因此 r_n 亦應隨之調整，而非固定不變[23]。

---

[22]　如果對 (10.11) 式對數化，可求出：$\ln m^d = \frac{1}{2}\ln(\frac{k}{2}) + \frac{1}{2}\ln y - \frac{1}{2}\ln r$，由之可得貨幣需求的所得彈性與利率彈性各為 $(\frac{1}{2})$ 與 $(-\frac{1}{2})$，即：$\frac{\partial \ln m^d}{\partial \ln y} = \frac{1}{2}$，$\frac{\partial \ln m^d}{\partial \ln r} = -\frac{1}{2}$。其中，貨幣需求的所得彈性為 $(\frac{1}{2})$，表示貨幣需求具有經濟規模 (economies of scale)。亦即，若所得提高 1%，則貨幣需求只增加 $(\frac{1}{2})$%。另外，(10.11) 式所表示的貨幣需求為所得與利率的平方根之函數，因此又可稱為平方根法則 (the square-root rule) 的貨幣需求。

　　為避免以上兩項凱因斯投機性貨幣需求的缺點，杜賓 (Tobin) 以資產選擇理論 (the portfolio theory) 的觀點來決定貨幣需求❷。以下說明杜賓的貨幣需求理論。

(二)杜賓貨幣需求理論

　　杜賓亦如同凱因斯，假設人們會將其金融財富（扣除交易與預防動機後的餘額）分配於投機動機的貨幣與債券兩項資產。假設貨幣的報酬率為 0，而債券的報酬率等於債券的利率 (r)，以及債券價格的變動率 (g) 之和。g 又可稱為持有債券的資本利得 (capital gain)❷。假設 g 為常態分配，其平均數為 $\bar{g}$，且假設 $\bar{g} > 0$，標準差為 σ_g，其可表示，持有債券之風險。如果金融財富 $\overline{W}$ 用以分配於債券與投機性的貨幣。其中債券的持有金額以 B 表示，則貨幣的持有額為 $(\overline{W} - B)$。由前述，假設貨幣的報酬率為 0，而債券的報酬率為 $(r + g)$，因此可得資產組合的報酬 (R) 為：

$$R = (\overline{W} - B)(0) + (B)(r + g) = B(r + g) \tag{10.12}$$

　　由 (10.12) 式可知，此種資產組合的平均報酬 $(\bar{R})$ 為：

$$\bar{R} = B(r + \bar{g}) \tag{10.13}$$

　　另外，由 (10.12) 式亦可求出，R 的標準差為：

$$\sigma_R = B\sigma_g \tag{10.14}$$

　　由 (10.13) 式與 (10.14) 式可得：

$$\frac{\bar{R}}{\sigma_R} = \frac{(r + \bar{g})}{\sigma_g}, \quad 即：$$

$$\bar{R} = \frac{(r + \bar{g})}{\sigma_g}\sigma_R \tag{10.15}$$

---

❷　如 Froyen (2002)。

❷　可參閱 Tobin (1958)。

❷　由本書 (4.12) 式，$g = \dfrac{(P_{B_1} - P_{B_0})}{P_{B_0}}$，$P_{B_0}$ 與 P_{B_1} 各表示前後兩期（0 期與 1 期）的債券價格。

(10.15) 式之中，因 r、$\bar{g}$ 與 σ_g 為固定的正數，因此 $[\frac{(r+\bar{g})}{\sigma_g}]$ 為固定的正數。若假設 $r = r_1$，且 $\bar{g}$ 與 σ_g 維持不變，則 (10.15) 式可表示如圖 10–3 之中的 $L(r_1)$ 線，其斜率等於 $[\frac{(r_1+\bar{g})}{\sigma_g}]$，即 $\tan\alpha = [\frac{(r_1+\bar{g})}{\sigma_g}]$。由 (10.15) 式或圖 10–3 之 $L(r_1)$ 線可知：

> 於 $r, \bar{g}$ 與 σ_g 維持不變，資產選擇的平均利得 ($\bar{R}$) 與資產選擇的平均利得之標準差 (σ_R) 呈同方向的關係，而 σ_R 可表示從事資產選擇之風險。因此可說，從事資產選擇時，若其平均收益愈高，則其風險亦愈高。

圖 10–3 的上半部（第 I 象限）之縱軸為 $\bar{R}$，橫軸為 σ_R[26]。如前述，$L(r_1)$ 線表示 $\bar{R}$ 與 σ_R 的客觀關係，$L(r_1)$ 線可稱為資產選擇的機會線 (opportunity line)；另外，圖中的 u_1 為一無差異曲線，其表示，從事資產選擇的個人（家庭）內心對 $\bar{R}$ 與 σ_R 關係之主觀認定，亦即，u_1 可由以下的效用函數來表示：

$$u = u(\bar{R}, \sigma_R) \tag{10.16}$$

(10.16) 式之中，$\frac{\partial u}{\partial \bar{R}} > 0$，此表示，$\bar{R}$ 愈高，資產選擇者的總效用 (u) 愈高，亦即，$\bar{R}$ 的邊際效用 ($\frac{\partial u}{\partial \bar{R}}$) 為正；因假設資產選擇者為風險趨避者 (risk-averter)，即 σ_R 的邊際效用為負，$\frac{\partial u}{\partial \sigma_R} < 0$[27]。

---

[26]　圖 10–3 中，用以作資產選擇的金融財富，若全數用於債券持有，則：$\sigma_R = \overline{0A} \, (= \overline{NK})$。

[27]　由 $\frac{\partial u}{\partial \bar{R}} > 0, \frac{\partial u}{\partial \sigma_R} < 0$ 之假設，可求出圖 10–3 中，無差異曲線 u_1 的切線之斜率為正。

首先，求解 u_1 的切線之斜率。依定義，無差異曲線 u_1 上面各點，其效用相同（維持不變），亦即，可對 (10.16) 式作全微分，且令其為 0，即：$du = (\frac{\partial u}{\partial \bar{R}})d\bar{R} + (\frac{\partial u}{\partial \sigma_R})d\sigma_R = 0$，由之可得：$MRS = \frac{d\bar{R}}{d\sigma_R} = \frac{-\partial u/\partial \sigma_R}{\partial u/\partial \bar{R}}$，由此式，於前述 $\frac{\partial u}{\partial \bar{R}} > 0, \frac{\partial u}{\partial \sigma_R} < 0$ 之假設下，可知無差異曲線 u_1 之切線的斜率 (MRS) 為正。

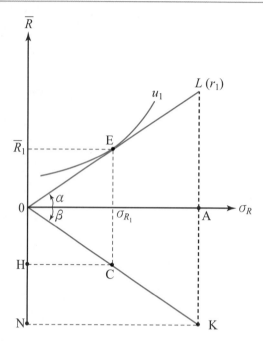

無異曲線 u_1 與 $L(r_1)$ 線的切點 E 為資產選擇的最適點，對應下半部可得到 $\overline{NH}$ 為最適的投機性貨幣持有額（於 $r = r_1$，且 $\overline{g}$ 與 σ_g 維持不變）。

圖 10–3　最適的資產選擇

圖 10–3 之上半部中，無異曲線 u_1 與 $L(r_1)$ 線的切點 E 為資產選擇的最適點，由 E 點可求出最適的 $\overline{R}$ 與 σ_R 各為 $\overline{R}_1$ 與 σ_{R_1}。於 $\sigma_R = \sigma_{R_1}$，且 σ_g 維持不變，則可由 (10.14) 式求出最適的債券持有金額 $B = B_1$。由圖 10–3 的下半部（第IV象限），若令 $\tan\beta = \dfrac{1}{\sigma_g}$，可求出 $B_1 = \overline{OH}$❷❽。圖中，作為資產選擇的金融財富之總值 ($\overline{W}$) 可以 $\overline{ON}$ 表示，即 $\overline{ON} = \overline{W}$。因 $\overline{W}$ 用以分配於債券與投機性貨幣的持有，而債券的持有金額等於 $\overline{OH}$，由之可知，$\overline{NH}$ 為最適的投機性貨幣持有額（於 $r = r_1$，且 $\overline{g}$ 與 σ_g 維持不變）。

---

❷❽　由圖 10–3，$\tan\beta = \dfrac{1}{\sigma_g} = \dfrac{\overline{OH}}{\overline{HC}} = \dfrac{\overline{OH}}{\sigma_{R_1}}$，由之且配合 (10.14) 式，可求出 $\overline{OH} = (\dfrac{\sigma_{R_1}}{\sigma_g}) = B_1$。

1.利率提高對投機性貨幣需求之影響

圖 10–3 為假設 $r = r_1$，且 $\bar{g}$ 與 σ_g 維持固定時之最適資產選擇。由之可知，於利率 $r = r_1$，投機性的貨幣需求為 $\overline{\mathrm{NH}}$。如果利率由 r_1 提高為 r_2，我們可以圖 10–4 說明其對投機性貨幣需求的影響。

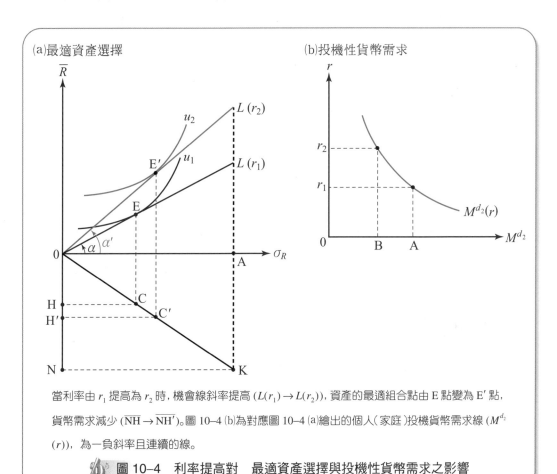

當利率由 r_1 提高為 r_2 時，機會線斜率提高 $(L(r_1) \to L(r_2))$，資產的最適組合點由 E 點變為 E′ 點，貨幣需求減少 $(\overline{\mathrm{NH}} \to \overline{\mathrm{NH}'})$。圖 10–4 (b)為對應圖 10–4 (a)繪出的個人（家庭）投機貨幣需求線 $(M^{d_2}(r))$，為一負斜率且連續的線。

🔊 圖 10–4　利率提高對　最適資產選擇與投機性貨幣需求之影響

由前述，圖 10–4 (a)之中，$r = r_1$ 時，資產選擇的機會線 $L(r_1)$ 之斜率為 $[\dfrac{(r_1 + \bar{g})}{\sigma_g}]$，於利率由 r_1 提高為 r_2 時，機會線 $L(r_2)$ 之斜率提高為 $[\dfrac{(r_2 + \bar{g})}{\sigma_g}]$❷❾。於

---

❷❾　由圖 10–4 中，$\tan\alpha = \dfrac{(r_1 + \bar{g})}{\sigma_g}$，$\tan\alpha' = \dfrac{(r_2 + \bar{g})}{\sigma_g}$。

利率由 r_1 提高為 r_2 時，由圖 10–4 可看出，資產的最適組合點由 E 變為 E′，對應地，貨幣需求由 $\overline{NH}$ 減少為 $\overline{NH'}$。由圖 10–4 (a)，可對應地在圖 10–4 (b)繪出個人（家庭）的投機性貨幣需求線 $M^{d_2}(r)$，其為負斜率且為連續的。圖 10–4 (b)中之 $\overline{0A}$ 與 $\overline{0B}$ 各對應圖 10–4 (a)之 $\overline{NH}$ 與 $\overline{NH'}$。

接著，亦可由資產選擇模型來說明，持有債券之平均利得 $\bar{g}$ 或持有債券之風險（以 σ_g 表示）的改變對投機性貨幣需求的影響。

2. 債券平均利得增加對投機性貨幣需求之影響

圖 10–5 說明 $\bar{g}$ 提高之影響。圖 10–5 (a)中，若維持利率為 r_1，於持有債券之平均利得為 $\bar{g}$ 時，資產選擇之機會線為 $L(r_1, \bar{g})$，可求出最適的資產組合點為 E，由之可知，對債券的需求為 $\overline{0H}$，對投機性的貨幣需求為 $\overline{NH}$。對應地，可在圖 10–5 (b)中繪出 $M^{d_2}(\bar{g})$，在利率為 r_1 且持有債券的風險為 σ_g 時，投機性貨幣需求為 $\overline{0A}$（=$\overline{NH}$）。如果債券之平均利得由 $\bar{g}$ 提高為 $\overline{g'}$，資產選擇之機會線為 $L(r_1, \overline{g'})$，最適的資產組合點為 E′[30]。由之決定，最適的債券需求為 $\overline{0H'}$，投機性的貨幣需求為 $\overline{NH'}$。對應地，圖 10–5 (b)中，於 r_1 與 σ_g 維持不變時，由 $M^{d_2}(\overline{g'})$ 可求出投機性貨幣需求為 $\overline{0B}$（=$\overline{NH'}$）。由此可知，

於利率以及持有債券的風險維持不變，債券的平均利得提高時，投機性的貨幣需求將減少。

3. 持有債券之風險提高對投機性貨幣需求之影響

圖 10–6 說明持有債券之風險 (σ_g) 提高時，對投機性貨幣需求之影響。

---

[30] 因 $\overline{g'} > \bar{g}$，圖 10–5 (a)中，$\tan \alpha' = \dfrac{(r_1 + \overline{g'})}{\sigma_g} > \dfrac{(r_1 + \bar{g})}{\sigma_g}$。

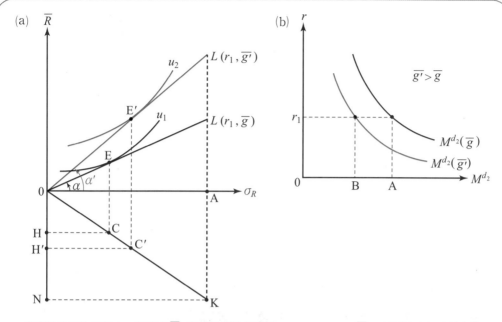

若債券的平均利得由 $\overline{g}$ 提高至 $\overline{g}'$，資產選擇線會變陡 ($L(r_1, \overline{g}) \rightarrow L(r_1, \overline{g}')$)，最適資產組合點由 E 點移至 E′ 點，最適債券需求由 $\overline{0H}$ 變為 $\overline{0H'}$，投機性貨幣需求由 $\overline{NH}$ 變為 $\overline{NH'}$。

圖 10–5　持有債券之平均利得 ($\overline{g}$) 增加對投機性貨幣需求之影響

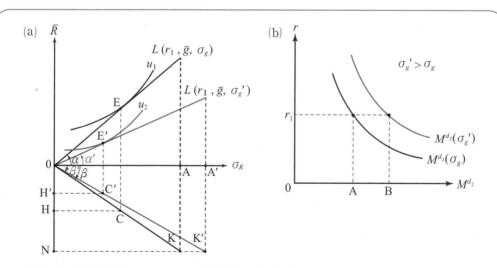

當債券的持有風險提高 ($\sigma_g \rightarrow \sigma_g'$)，資產選擇機會線變平緩 ($L(r_1, \overline{g}, \sigma_g) \rightarrow L(r_1, \overline{g}, \sigma_g')$)，最適資產組合點由 E 點變為 E′ 點，對投機性貨幣需求增加為 $\overline{NH'}$，$M^{d_2}(\sigma_g)$ 右移為 $M^{d_2}(\sigma_g')$。

圖 10–6　持有債券之風險 (σ_g) 增加對投機性貨幣需求之影響

圖 10–6 ⒜中，若利率 r_1 與債券的平均利得 ($\bar{g}$) 維持不變，於持有債券的風險為 σ_g 時，資產選擇之機會線為 $L(r_1, \bar{g}, \sigma_g)$，對應之最適資產組合點為 E，由之決定投機性的貨幣需求為 $\overline{\text{NH}}$。對應地，圖 10–6 ⒝中，於利率為 r_1 時，由 $M^{d_2}(\sigma_g)$ 所決定的投機性貨幣需求為 $\overline{\text{0A}}$ (= $\overline{\text{NH}}$)。如果 σ_g 提高為 σ'_g，圖 10–6 ⒜中，資產選擇之機會線為 $L(r_1, \bar{g}, \sigma'_g)$，最適的資產組合點為 E′，投機性貨幣需求增加為 $\overline{\text{NH}'}$ ❸❶。對應地，圖 10–6 ⒝中，於利率為 r_1 時，投機性的貨幣需求由 $\overline{\text{0A}}$ 增加為 $\overline{\text{0B}}$ (= $\overline{\text{NH}'}$)，此表示 $M^{d_2}(\sigma_g)$ 右移為 $M^{d_2}(\sigma'_g)$。由此可知：

> 於利率與債券的平均利得維持不變，持有債券之風險提高，投機性的貨幣需求將增加。

三、弗利德曼的貨幣需求理論

於凱因斯之後，弗利德曼亦提出其貨幣需求理論❸❷。以下所說的貨幣需求指實質貨幣需求。弗利德曼並未似凱因斯般將貨幣需求依不同的動機來探討。由財富持有的觀點，他認為，個人（家庭）會將其財富分配於貨幣、產品（實物）、債券與股票；因此，個人（家庭）在決定其貨幣需求時，會受到總財富、貨幣以及以上各項資產的報酬率之影響；另外，貨幣需求也受到非人力財富與總財富之比率 (the ratio of nonhuman wealth to total wealth) 以及貨幣的偏好之影響。以下進一步說明之。

以上的各項資產中，假設貨幣並無利息。由本書第 4 章可知，債券的報酬率等於其收益率（利率）與其「資本利得」率（或「資本損失」率）之和，此可表示為 $(r + \frac{\Delta P_B}{P_B})$，其中 r 為債券的利率，$(\frac{\Delta P_B}{P_B})$ 為債券的「資本利得」率（或「資

---

❸❶ 因 $\sigma'_g > \sigma_g$，圖 10–6 ⒜中，$\tan \alpha' = \frac{(r_1 + \bar{g})}{\sigma'_g} < \tan \alpha = \frac{(r_1 + \bar{g})}{\sigma_g}$ 且 $\tan \beta' = \frac{1}{\sigma'_g} < \tan \beta = \frac{1}{\sigma_g}$。

另外，於 σ_g 提高為 σ'_g，用以作資產選擇的金融財富，若全數用於債券持有，其 σ_R 將由 $\overline{\text{0A}}$ (= $\overline{\text{NK}}$) 增加為 $\overline{\text{0A}'}$ (= $\overline{\text{NK}'}$)。

❸❷ 此可參閱 Friedman (1956)。

本損失」率）❸。依同理，股票的報酬率亦包含其收益率與其「資本利得」率（或「資本損失」率），另外，須加上物價膨脹率，其原因為，股票價值為隨物價變動率而調整。亦即，股票的報酬率可表示為 $(r_E + \dfrac{\Delta P_E}{P_E} + \dfrac{\Delta P}{P})$，其中 r_E 為股票的收益率，P_E 為股票的價格❸。另外，持有產品（實物）時，其報酬率等於物價變動率 $(\dfrac{\Delta P}{P})$，因產品（實物）之價值會因物價之膨脹（緊縮）而提高（減少）。以上所提之貨幣以外的各項資產，其報酬率提高時，個人（家庭）的貨幣需求將減少。

　　弗利德曼認為，貨幣需求除了受到以上各種資產的報酬率之影響，亦受實質總財富 $(\dfrac{A}{P})$ 之影響，而 $\dfrac{A}{P} = \dfrac{y_P}{Pr}$，其中 $(\dfrac{y_P}{P})$ 表示「實質恆常所得」❸。實質總財富增加時，貨幣需求將增加。另外，他認為，貨幣需求也受到「非人力財富與總財富的比率」（以 ω 表示）的影響。弗利德曼將總財富區分為人力財富 (human wealth) 以及「非人力財富」。「人力財富」為指個人所累積的知識與技能，其為個人的無形資產，但較不易變現，即其流動性較低；「非人力財富」則指個人（家庭）

---

❸　由本書第 4 章 (4.12) 式債券的「資本利得」率（或「資本損失」率）可表示為 $(\dfrac{P_{B_1} - P_{B_0}}{P_{B_0}})$，其中，$P_{B_0}$ 為目前的債券價格（購買債券時之價格），P_{B_1} 為債券的預期未來價格。因此，持有債券的報酬率等於 $r_0 + (\dfrac{P_{B_1} - P_{B_0}}{P_{B_0}})$，其中 r_0 為目前的債券利率。如果以 r 表示 r_0，以 $(\dfrac{\Delta P_B}{P_B})$ 表示 $(\dfrac{P_{B_1} - P_{B_0}}{P_{B_0}})$，則債券的報酬率可表示為 $(r + \dfrac{\Delta P_B}{P_B})$。

❸　由本書第 4 章，債券的「資本利得」（或「資本損失」）為 $\dfrac{\Delta P_B}{P_B} = \dfrac{P_{B_1} - P_{B_0}}{P_{B_0}} = \dfrac{r_0}{r_n} - 1 = -(\dfrac{r_n - r_0}{r_n})$，其中 $P_{B_0} (P_{B_1})$ 表示債券的目前（預期未來）價格；$r_0 (r_n)$ 表示債券的目前（預期未來）利率，若令 $r_n = r, r_n - r_0 = \Delta r$，則 $\dfrac{\Delta P_B}{P_B} = -\dfrac{\Delta r}{r}$。同理，亦可將股票的「資本利得」（或「資本損失」）表示為 $\dfrac{\Delta P_E}{P_E} = -\dfrac{\Delta r_E}{r_E}$，其中 P_E 表示股票價格，r_E 表示股票利率（股票收益率）。

❸　由本書第 9 章可知，$y_P = rA$，由之可得，$A = \dfrac{y_P}{r}$，因此，$\dfrac{A}{P} = \dfrac{y_P}{Pr}$。

擁有的債券、股票等有形資產，相對於「人力財富」，「非人力財富」較易於變現，即其流動性較高。

> 若非人力財富與總財富的比率愈高，此表示個人（家庭）的變現能力較高，而可持有較少的貨幣。另外，以 u 表示對貨幣的偏好。

由以上可知，弗利德曼的貨幣需求函數可表示為：

$$\frac{M^d}{P} = f(\frac{y_P}{Pr}, r + \frac{P_B}{P_B}, r_E + \frac{\Delta P_E}{P_E} + \frac{\Delta P}{P}, \frac{\Delta P}{P}, \omega, u)$$ (10.17)

如果不考慮債券價格 (P_B) 與股票價格 (P_E) 的變動，且省略變數的重複部分，則 (10.17) 式可簡化為：

$$\frac{M^d}{P} = f(\frac{y_P}{P}, r, r_E, \frac{\Delta P}{P}, \omega, u)$$ (10.18)

> 由 (10.18) 式可知，依弗利德曼的推論，實質貨幣需求 ($\frac{M^d}{P}$) 為「實質恆常所得」($\frac{y_P}{P}$)、債券利率 (r)、股票收益率 (r_E)、物價變動率 ($\frac{\Delta P}{P}$)、非人力財富與總財富之比率 (ω) 以及貨幣偏好 (u) 等變數之函數。

經濟話題 貨幣政策與財政政策之比較

貨幣政策與財政政策各由不同的政府部門所執行，一般而言，前者為中央銀行的職權，後者則為財政部所掌管。有些經濟情況較適合採取貨幣政策，有些情況則較適合採行財政政策。因此，兩種政策可說是各具有其強項與弱點。

如本章所言，中央銀行執行貨幣政策，以管理貨幣供給。其用意在於維持物價及其他總體經濟變數之穩定。而貨幣政策之最重要的三項工具為：法定準備率、公開市場操作以及重貼現率。

以上三項最重要的貨幣政策工具中，法定準備率的調整對貨幣供給的影響最為強烈。如本章前述，央行可藉著法定準備率的提高（降低），以減少（增加）銀行可貸放

金額，此導致貨幣供給減少（增加）。

　　公開市場操作為央行較常使用的貨幣政策工具，只要央行認為貨幣供給較多，則其可於公開市場出售票券，反之，若貨幣供給較少，則於公開市場買入票券。欲將貨幣供給作漸進式的變動，公開市場操作堪稱較合適的政策工具。

　　另外，如前述，若央行將重貼現率訂得較高（較低），則銀行向央行借貸的意願較低（較高），造成銀行的準備金較低（較高），此導致貨幣供給的減少（增加）。一般而言，重貼現率並非央行經常使用的政策工具，但重貼現率的高低可作為一項指標，若重貼現率訂得較高（較低），顯示央行認為貨幣供給太多（太少），希望其減少（增加）。

　　以上各項貨幣政策工具，便於央行對貨幣供給的控制，但貨幣政策亦有其缺點。以緊縮性與擴張性的貨幣政策相較，通常，前者呈現的效果較佳。央行採取緊縮性的貨幣政策（法定準備率提高、公開市場賣出票券或重貼現率提高），固然造成銀行可貸放的金額減少，導致貨幣供給減少；於央行採取擴張性的貨幣政策時，銀行可貸放準備金增加，此時，仍須社會大眾有貸款意願，且於接受貸款後，將之使用，貨幣政策才能達到預期之效果。

　　貨幣政策的另一項缺點為，於貨幣流通速度 (V) 不穩定時，貨幣政策的效果亦不顯著。例如，若央行採行擴張的貨幣政策，導致貨幣供給 (M) 提高，但若貨幣流通速度 (V) 減少，抵消貨幣供給增加之效果，整個貨幣流量 (MV) 未提高，經濟活動亦未增加。

　　貨幣政策的優點為，其較易執行且較迅速獲得效果（於以上的缺點不存在時），因為貨幣政策的實行，不須事先經由國會通過。

　　財政政策方面，如本書前述，其工具包含：稅率的變動以及政府支出的變動。財政政策乃著重於經濟的穩定，亦即，經由財政政策以影響產品與勞務的需求，避免需求太低，導致經濟不景氣；或需求太高，造成物價膨脹。

　　於不景氣且失業率高時，可以降低稅率的方式，增加社會大眾的可支配所得，以增加其對產品與勞務的消費支出。其將提高產品與勞務的需求，從而避免不景氣與高失業率之狀態。

　　於不景氣且高失業率時，如果採取政府支出增加之政策，其效果更大且更為直接。因如前述，稅率的改變，須經由可支配所得的改變，才能影響消費，進而影響對產品與勞務的需求；政府支出的改變，則可直接影響產品與勞務的需求，因為政府支出即產品與勞務需求的一部分。

　　另外，政府支出增加之政策，其效果大小受到支出的融通方式之影響，由本書第 5 章的說明可知，以貨幣融通之效果最大，以債券融通之效果次之，以稅收融通之效果最

小。

　　相對於貨幣政策，財政政策的效果較強（尤其是政府支出政策），此為其優點，但財政政策也有其缺點。政府支出的增加或稅率的變動須先經國會的通過，此可能產生時效的問題。例如，於經濟不景氣時，政府提出支出增加或稅率降低之擴張性計畫，但若經長久時間，國會才審議通過，實施之際，可能經濟已恢復景氣狀態，則擴張政策實施之結果將導致物價膨脹。

（為進一步瞭解與本節相關之論述，讀者可閱覽 http://www.echeat.com/essay.php?t = 27676，或 http://research.stlouisfed.org/publications/review/68/11/monetary-nov1968.pdf）

 本章重要名詞與概念

貨幣的「交易媒介」功能	貨幣的「價值儲存」功能
貨幣的「計價單位」功能	$M1A$
$M1B$	$M2$
貨幣基礎	央行的「外匯市場干預」
貨幣乘數	法定準備率
人力財富	非人力財富

 習題　●●●第 10 章●●●

1. 試說明貨幣的功能。

2. 說明貨幣供給的各項定義。

3. 說明央行影響貨幣基礎的方法。

4. 以數學式導出「貨幣乘數」，且說明其影響因素。

5. 說明央行影響貨幣供給的方法。

6. 說明商業銀行的存款貨幣創造。

7. 比較說明，於封閉經濟與開放經濟之情況，央行對貨幣供給的控制力。

8. 試說明「存貨理論的貨幣需求」。

9. 試說明杜賓之「資產選擇理論的貨幣需求」。

10. 說明弗利德曼的貨幣需求理論。

11 CHAPTER

開放經濟體系之基本概念

臺灣為海島型經濟，屬於小型開放經濟 (small open economy)。長久以來，與外界均有頻繁的貿易往來。

除了貿易的往來，隨著金融體系的開放，臺灣的對外投資，或外人對臺灣的投資，也日益增加。本章擬先說明開放經濟體系的一些基本觀念，其包含：國際收支、匯率、外匯供需與匯率制度，以及匯率的預期變動與國內外資本的移動。這些基本概念可作為工具，以探討第 12 章的開放經濟之總體政策。

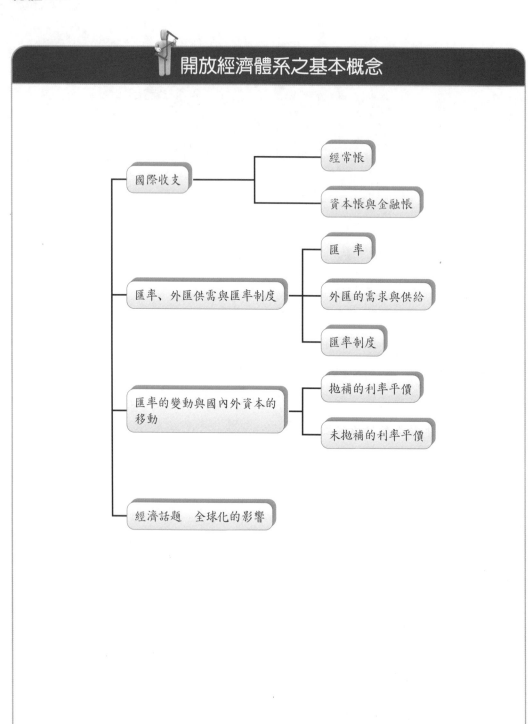

開放經濟體系之基本概念

- 國際收支
  - 經常帳
  - 資本帳與金融帳
- 匯率、外匯供需與匯率制度
  - 匯　率
  - 外匯的需求與供給
  - 匯率制度
- 匯率的變動與國內外資本的移動
  - 拋補的利率平價
  - 未拋補的利率平價
- 經濟話題　全球化的影響

國際收支

於本書第 1 章，我們探討了國民所得會計帳。除了國民所得會計帳，總體經濟的另一重要會計帳為國際收支帳 (the balance of payments account)。舊版（即第四版）的「國際收支帳」區分為經常帳 (the current account) 與資本帳 (the capital account)。

為記錄本國與國外的交易，各國於一段時間（如 1 年）均會編製國際收支平衡表 (balance of payment)。而「國際收支平衡表」中最重要的項目即為「經常帳」與「資本帳」，另外還包含統計誤差額 (statistical discrepancy)，此又稱為誤差與遺漏 (errors and omissions)，以及官方準備資產 (official reserve) 的變動。「官方準備資產」即一般所稱的「外匯準備」。

於 1993 年，國際貨幣基金出版了新版（第五版）的國際收支手冊，依照新版，國際收支平衡表的項目包含：「經常帳」、「資本帳」、「金融帳 (financial account)」、「統計誤差額」以及「官方準備資產的變動」❶。於 2002 年與 2003 年，臺灣地區的國際收支平衡表可表示如表 11-1。

表 11-1　臺灣地區的國際收支平衡表

（單位：百萬美元）

	項　目	2002 年	2003 年
A	經常帳	25,630	29,202
	商品：出口	129,850	143,447
	商品：進口	− 105,657	− 118,548
	商品貿易淨額	24,193	24,899
	勞務：收入	21,635	23,102
	勞務：支出	− 24,719	− 25,635

---

❶　關於舊版與新版的國際收支平衡表之項目的對照說明，可參閱程玉秀 (1996) 或李榮謙 (2004)。由舊版與新版的對照可知，新版的「金融帳」大抵包含原來舊版的「資本帳」之內容。

	商品與勞務收支淨額	21,109	22,366
	所得：收入	10,334	12,991
	所得：支出	−3,321	−3,436
	商品、勞務與所得的收支淨額	28,122	31,921
	經常移轉：收入	2,621	2,673
	經常移轉：支出	−5,113	−5,392
B	資本帳	−139	−87
	資本帳：收入	1	1
	資本帳：支出	−140	−88
	合計，A 加 B	25,491	29,115
C	金融帳	8,750	7,360
	對外直接投資	−4,886	−5,682
	來臺直接投資	1,445	453
	證券投資（資產）	−15,711	−35,620
	證券投資（負債）	6,644	29,693
	其他投資（資產）	11,990	4,456
	其他投資（負債）	9,268	14,330
	合計，A 至 C	34,241	36,745
D	誤差與遺漏淨額	−577	347
	合計，A 至 D	33,664	37,092
E	準備資產	−33,664	−37,092

資料來源：中華民國臺灣地區《金融統計月報》，2004 年 9 月

一、經常帳

　　由表 11–1 可知，經常帳包含商品的出口與進口，前者造成外匯的收入，因而記於貸方 (credit)，以正值表示；後者則造成外匯的支出，因此記於借方 (debit)，以負值表示。以下各項的借貸原理亦同。除了商品的貿易，經常帳中還包含勞務的出口與進口，前者亦形成外匯的收入，後者造成外匯的支出❷。所得的收入指的是，本國至國外投資時，所獲得的股利或利息等各項所得；所得的支出則為，外國在本國的投資所得。經常移轉又稱單方面移轉 (unilateral transfers)。經常移轉的

---

❷　勞務或稱服務，其內容包含運輸業、旅遊業以及其他服務業。

收入為，**外國的政府或民間對本國的援助或匯款**，經常移轉的支出則反之。

 **二、資本帳與金融帳**

　　以上為經常帳所包含的各項內容。以下接著說明資本帳與金融帳。於新版（第五版）的國際收支手冊，金融帳相對於資本帳更形重要❸。在新版中，金融帳包含本國對外國的直接投資、證券投資與其他投資。這些投資造成本國的資產增加，但也導致本國的外匯支出，此形成本國的資本外流 (capital outflow)，因而記於借方，以負值表示。相反地，外國對本國的各項投資，則造成本國的負債增加，而本國的外匯收入增加，此即資本流入 (capital inflow)，記於貸方，以正值表示。

　　由經常帳與資本帳來看，表 11–1 顯示，臺灣在 2002 年與 2003 年的經常帳餘額均為正值，此兩年的餘額各為 25,630 百萬美元與 29,202 百萬美元，因而可稱，臺灣在這兩年皆有經常帳盈餘 (current account surplus)❹。形成經常帳餘額為正的原因在於：

> 經常帳中最重要的項目，商品貿易之淨額為正，此即一般所稱的「貿易順差 (trade surplus)」❺。

　　從金融帳來看，臺灣在 2002 年與 2003 年的餘額各為 8,750 與 7,360 百萬美元。兩年的金融帳餘額均為正值，這表示，在此期間，臺灣的「資本流入」大於「資本外流」。

　　將以上的經常帳、資本帳、金融帳以及誤差與遺漏淨額（表 11–1 中，*A* 至 *D* 項）相加，可得國際收支餘額。由表 11–1 可知，2002 年與 2003 年的國際收支餘額各為 33,664 與 37,092 百萬美元，其皆為正值，這兩個餘額也表示臺灣在此兩年的外匯準備增加額。

---

❸　由程玉秀 (1996) 或李榮謙 (2004)，第五版的資本帳之內容只包含第四版的無償性移轉項目之中的資本移轉以及非生產性、非金融性的資產交易，其數額較小。

❹　如果經常帳餘額為負，則稱經常帳赤字 (current account deficit)。

❺　若貿易淨額為負，則稱貿易逆差 (trade deficit)。

表 11–1 中的「準備資產」即前述的「官方準備資產」之變動。由於國際收支平衡表乃依會計原理而編製，因而表 11–1 中的經常帳、資本帳、金融帳、誤差與遺漏淨額以及「官方準備資產」等各項的總合須為 0。因此，表 11–1 中，「準備資產」（第 E 項）之值恰為其他各項（A 至 D）的總合之負值。

第 2 節

匯率、外匯供需與匯率制度

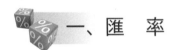

一、匯　率

於開放經濟，匯率 (exchange rate) 可說是最重要的經濟變數之一。就其字面的意義而言，「匯率」為：**不同貨幣之交換比率**。於實際的應用上，匯率有多種表示的方法，以下依次說明之。

(一)名目匯率

一般而言，最常用到的，大概就是名目匯率 (nominal exchange rate)，或簡單以「匯率」（以 E 表示）稱之。「名目匯率」乃用以表示二個貨幣之交換比率。而名目匯率又可區分為以下兩種標示的方法：

⑴直接報價法

在此法之下，本國貨幣與第 i 國貨幣的匯率（交換比率）可表示為，1 單位 i 國貨幣 $= E_i$ 單位本國貨幣，以美元與新臺幣的匯率為例，若 1 美元等於新臺幣 33 元，則 $E_i = 33$。

⑵間接報價法

與直接報價法相反，間接報價法為，1 單位本國貨幣 $= (\frac{1}{E_i})$ 單位外國貨幣，仍以美元與新臺幣為例，在此法之下，新臺幣 1 元等於 0.0303 $(= \frac{1}{33})$ 美元，

即匯率 $(\frac{1}{E_i})$ 等於 0.0303。

由以上名目匯率的兩種報價法可知，於「直接報價法」之下，匯率 (E_i) 提高（降低），表示本國貨幣貶值（升值），外國貨幣升值（貶值）；於「間接報價法」之情況，匯率 $(\frac{1}{E_i})$ 提高（降低），則表示本國貨幣升值（貶值），外國貨幣貶值（升值）。

(二)實質匯率

以兩國的相對價格來調整名目匯率，即可得實質匯率 (real exchange rate)。因名目匯率可依直接報價法與間接報價法兩種方法來表示，對應地，實質匯率也可依兩種方法來表示。

(1)對應於直接報價法的名目匯率

本國貨幣與 i 國貨幣的實質匯率可表示為 $E_i \cdot (\frac{P_i}{P})$

依此定義，若 $E_i \cdot (\frac{P_i}{P})$ 提高（降低），表示本國的實質匯率貶值（升值）。

(2)對應於間接報價法的名目匯率

本國貨幣與 i 國貨幣的實質匯率可表示為 $(\frac{1}{E_i}) \cdot (\frac{P}{P_i})$

依此定義，$(\frac{1}{E_i}) \cdot (\frac{P}{P_i})$ 提高（降低），表示本國的實質匯率升值（貶值）。

以上說明了「名目匯率」與「實質匯率」的意義，此兩種匯率為用以表示兩國貨幣（如本國與 i 國貨幣）之雙邊關係。在實務上，與本國有貿易往來的國家不只一個，因此可選其中與本國有較大貿易額的一些國家，以本國與這些國家的匯率編製名目有效匯率指數 (nominal effective exchange rate index) 以及實質有效匯率指數 (real effective exchange rate index)。此兩種匯率指數可說是本國與一籃外國貨幣 (a basket of foreign currencies) 的各個匯率之加權平均，而以指數形態表示。以下以一簡單例子來說明這兩種匯率指數的意義❻。

---

❻　以下之例，大部分取材自 Pilbeam (1998) 的 table 1.3 以及 table 1.4，一小部分的數值為

(三)名目有效匯率指數與實質有效匯率指數

為編製「名目有效匯率指數」，須先算出本國與各國的名目匯率指數 (nominal exchange rate index)，然後將之加權平均，即可得之。以英國為例，為求簡化，假設英國只考慮以其貨幣（英鎊，以 £ 表示）與美元 ($) 以及歐元 (€) 的匯率來編製各項匯率指數。表 11–2 之中，第(1)行為各期間依間接報價法標示的 £ 與 $ 之名目匯率（1 £ 的 $ 數）。第(2)行為將第(1)行的 $/£ 名目匯率指數化，若以期間 1 作為基期，因此，期間 1 的名目匯率指數等於 100。期間 2 的名目匯率與期間 1 相同，因而期間 2 的名目匯率指數亦為 100。期間 3 的名目匯率指數可推得為 120 $(= (\frac{2.40}{2.00}) \times 100)$，其餘時間亦可依同理推之。其次，£ 與 € 之名目匯率亦以間接報價法標示（表 11–2 未列出），由之可得表 11–2 之第(3)行的 €/£ 的名目匯率指數（其計算方法與第(2)行的 $/£ 名目匯率指數相同）。為計算 £ 與 $ 以及 € 的「名目有效匯率指數」，於第(4)行中，對 $/£ 的名目匯率指數與 €/£ 的名目匯率指數若各以 30% 與 70% 作為權數，其加權平均即為所求❼。

表 11–2　名目有效匯率指數的計算

時期	(1) $/£ 的 名目匯率	(2) $/£ 的 名目匯率指數	(3) €/£ 的 名目匯率指數	(4) £ 的名目有效匯率指數 = (2)×30% + (3)×70%
1	2.00	100	100	100
2	2.00	100	90	93
3	2.40	120	90	99
4	1.80	90	80	83
5	1.50	75	85	82

「實質有效匯率指數」的計算方法大抵與「名目有效匯率指數」相同，但須先由前述的「名目匯率指數」經由相對價格的調整，而求出實質匯率指數 (real

本書所虛擬。

❼　於此假設，$\frac{(X_1 + M_1)}{\sum_{i=1}^{2}(X_i + M_i)} = 30\%, \frac{(X_2 + M_2)}{\sum_{i=1}^{2}(X_i + M_i)} = 70\%$，其中 X_1 (X_2) 表示英國對美國（德國）的出口額；M_1 (M_2) 表示英國從美國（德國）的進口額。

exchange rate index)。表 11–3 的第⑴行為 $/£ 的名目匯率指數（與表 11–2 的第⑴行相同），經由英國與美國的物價（表示於表 11–3 的第⑵行與第⑶行）之調整，可得表 11–3 第⑷行之 $/£ 的實質匯率指數。依相同的方法，可求出 €/£ 的實質匯率指數，此顯示於表 11–3 的第⑸行。£ 的實質有效匯率指數（表 11–3 第⑹行）為由 $/£ 的實質匯率指數（表 11–3 第⑷行）與 €/£ 的實質匯率指數（表 11–3 第⑸行），各以 30% 與 70% 的權數，所作的加權平均。

表 11–3　實質有效匯率指數的計算

時期	(1) $/£ 的名目匯率指數	(2) UK 的物價指數	(3) US 的物價指數	(4) $/£ 的實質匯率指數 $= (1) \times \dfrac{(2)}{(3)}$	(5) €/£ 的實質匯率指數	(6) £ 的實質有效匯率指數 $= (4) \times 30\% + (5) \times 70\%$
1	100	100	100	100	100	100.0
2	100	120	100	120	95	102.5
3	120	120	120	120	92	100.4
4	90	130	117	100	90	93.0
5	75	150	125	90	85	86.5

由表 11–2 的第⑷行（表 11–3 的第⑹行），

> £ 的名目有效匯率指數（£ 的實質有效匯率指數）若低於 100，則表示 £ 有低估的現象；反之，若其高於 100，則 £ 有高估的現象。

二、外匯的需求與供給

以上所提到的匯率有多種，為求簡化，以下在作理論探討時，只考慮二種貨幣之間的名目匯率，且以直接報價法表示之。

若只考慮外匯市場，則匯率決定於外匯市場的需求與供給。易言之，匯率為外匯市場的價格。以下將說明外匯需求與供給的導出以及匯率的決定。

(一)外匯需求

由本章第 1 節的說明可知，構成本國的外匯支出項目為：

> 本國由國外進口產品與勞務、本國對外的移轉支出以及本國對國外的投資（例如本國購買國外資產）。

在此，我們要討論匯率與外匯需求的關係，以上各項外匯支出均須以外匯支付，而構成外匯需求 ❽。在上述各項外匯支出之中，本國對外的移轉支出與匯率並無明顯的關係。另外，匯率的高低與本國對外投資的關係也不明確 ❾。因此，以下所討論的外匯需求與匯率的關係，乃是指：

> 匯率改變時，產品與勞務的進口業者會改變其進口量，進而影響外匯需求。

在臺灣的美元外匯市場上，匯率改變對進口所需的美元外匯需求之影響，可以表 11–4 說明之。

---

❽ 外匯準備 (foreign exchange reserve) 包含央行持有的外國貨幣、外國證券與貨幣用黃金。另外，若為國際貨幣基金 (International Monetary Fund) 的會員，外匯準備還包含特別提款權 (special change rights) 與在基金的準備部位 (reserve position in the fund)。於此，討論外匯需求，只狹義地指：為支付各項外匯支出，所產生的外幣需求。

❾ 於直接報價法之下，匯率愈高，表示 1 單位外幣可兌換愈多本國幣，即本國幣（外幣）貶值（升值）。若未考慮匯率變動以及其他因素，於本國幣（外幣）貶值（升值），以本國幣表示的國外資產價格將提高，此將減少本國對國外資產的購買誘因；另一方面，於本國幣貶值，持有國外資產的利息（股利）所得，以本國幣表示的數值將提高，此增加本國對國外資產的購買誘因。因此，整體而言，匯率提高或降低與對外投資（本國購買國外資產）並無明確的關係。

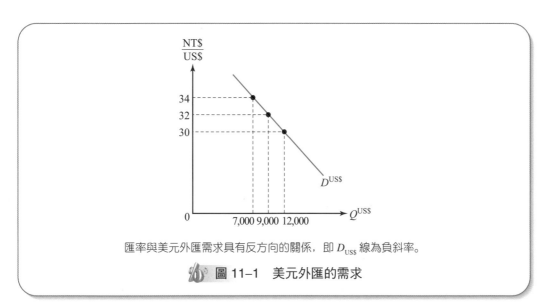

表 11–4　進口所需的美元外匯需求之導出

(1)以 US$ 表示的 美國產品價格	(2)匯率 (NT$/US$)	(3)以 NT$ 表示的 美國產品價格	(4)臺灣的 進口量	(5)美元的需求
10	30	300	1,200	12,000
10	31	310	1,000	10,000
10	32	320	900	9,000
10	33	330	800	8,000
10	34	340	700	7,000

表 11–4 中，第(1)行假設，以美元表示的美國產品價格皆為 US$10。隨著第(2)行的匯率 (NT$/US$) 提高，即臺幣（美元）貶值（升值），第(3)行中，以 NT$ 表示的美國產品價格將提高。因此：

> 於臺幣（美元）貶值（升值），臺灣的進口量（第(4)行）會減少。由第(1)行與第(4)行的乘積即可求出，對應於每一進口量的美元需求。

由表 11–4 的第(2)行與第(5)行，即可看出，對應於每一匯率 (NT$/US$) 之美元需求。兩者之關係可繪於圖 11–1，對美元外匯的需求，以 $D_{US\$}$ 表示之。由以上的說明可知，匯率 (NT$/US$) 與美元外匯的需求有反方向的關係，即 $D_{US\$}$ 線為負斜率。

匯率與美元外匯需求具有反方向的關係，即 $D_{US\$}$ 線為負斜率。

圖 11–1　美元外匯的需求

(二)外匯供給

以上所討論的外匯需求為對應於本國的外匯支出。相對地，外匯供給為對應於本國的外匯收入。構成本國外匯供給的外匯收入項目為：

> 本國對國外的產品與勞務出口、外國對本國的移轉支出以及外國對本國的投資（例如外國購買本國資產）。

與外匯需求之情況相似，我們可假設：外匯收入之中，匯率的高低與外國對本國的移轉支出或外國對本國的投資關係並不明確。因此，於討論外匯供給（外匯收入）與匯率的關係時，假設此外匯供給（外匯收入）為來自於本國對國外的產品與勞務的出口。同樣地，以臺灣的美元外匯市場為例，匯率改變對出口所得的美元外匯供給（美元外匯收入）之影響，可以表 11–5 說明之。

表 11–5　出口所得的美元外匯供給

(1)以 NT$ 表示的臺灣出口品價格	(2)匯率 (NT$/US$)	(3)以 US$ 表示的臺灣出口品價格	(4)臺灣的出口量（美國的進口量）	(5)美元的供給
300	30	10.00	600	6,000
300	31	9.68	700	6,776
300	32	9.38	800	7,504
300	33	9.09	900	8,181
300	34	8.82	1,000	8,820

表 11–5 之中，由第(2)行與第(3)行可知，隨著匯率提高，即新臺幣（美元）貶值（升值），以 US$ 表示的臺灣出口品價格將降低。因此，於第(4)行，臺灣的出口量（美國的進口量）會隨新臺幣貶值而增加。由第(3)行與第(4)行的乘積可得第(5)行，此即各個匯率所對應的外匯供給。由表 11–5 的第(2)行與第(5)行，可繪出美元的外匯供給線，如圖 11–2 的 $S_{US\$}$ 線。

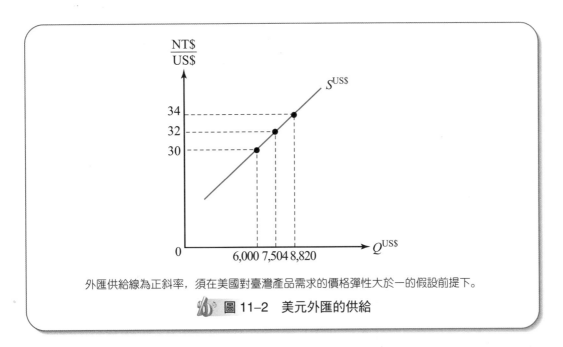

外匯供給線為正斜率，須在美國對臺灣產品需求的價格彈性大於一的假設前提下。

🔊 圖 11–2　美元外匯的供給

　　以上由表 11–5 所繪出的圖 11–2 之美元外匯供給線，其斜率為正的。亦即，隨著匯率提高（臺幣貶值），美元供給增加。如前述的說明，表 11–5 之中，第(5)行的美元供給等於「以 US$ 表示的臺灣出口品價格」（第(3)行）與「臺灣的出口量（美國的進口量）」（第(4)行）之乘積。若簡稱第(3)行為「價格」，第(4)行為「需求量」（美國的進口量），第(5)行為「總收益」（美元的供給）。由表 11–5 之例子，於臺幣貶值，其造成「價格」降低，「需求量」提高。若「總收益」亦提高時，此表示：美國對臺灣產品的需求之價格彈性大於一❿。

　　由以上的說明可知：

> 欲得到圖 11–2 正斜率的外匯供給線，須假設：美國對臺灣產品需求的價格彈性大於 1⓫。

---

❿　「產品需求的價格彈性大於 1」表示：於價格降低（提高），需求量增加（減少），而需求量的增加率（減少率）大於價格的降低率（提高率），因此，總收益（價格與需求量之乘積）增加（減少）。

⓫　依同理可推知，若美國對臺灣產品需求的價格彈性等於 1（小於 1），則美元外匯的供給線為垂直線（負斜率）。

(三)外匯市場的均衡

在導出了外匯需求與外匯供給之後，若其他條件不變，均衡的匯率就可由兩者共同決定。為求更為一般化，如同前面，我們以 E 表示本國與某個國家的雙邊匯率，即 1 單位的外國貨幣 = E 單位的本國貨幣，則外匯的供需與匯率的關係可表示如圖 11-3。圖 11-3 之中，Q 表示外匯數量，S 與 D 各表示外匯的供給線與需求線。由 S 線與 D 線的交點所決定均衡匯率與均衡的外匯數量各為 E_0 與 Q_0。

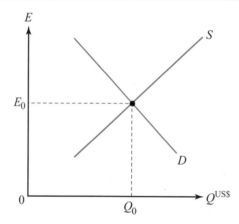

由外匯供給線 (S) 與外匯需求線 (D) 的交點可決定均衡匯率與均衡的外匯數量各為 E_0 與 Q_0。

🔊 **圖 11-3　外匯市場的均衡**

三、匯率制度

理論上較常討論的兩種匯率制度為固定匯率制度 (fixed exchange rate system) 以及浮動匯率制度 (floating exchange rate system) ⓬。

> 其中「固定匯率」表示: 央行在外匯市場作完全的干預 (perfect intervention)，因而維持匯率不變。相反地，於「浮動匯率」之情況，央行於外匯市場完全不干預 (no intervention)，經由匯率的調整以達到外匯市場的均衡。

⓬　「浮動匯率制度」又可稱為彈性匯率制度 (flexible exchange rate system)。

「固定匯率」與「浮動匯率」均可稱為極端的情況，實際上，央行於外匯市場上可能採取不完全干預 (imperfect intervention)，亦即：央行在外匯市場上只作「部分的干預」，因此匯率也會作一些調整。若央行的外匯市場干預為不完全的，可稱之為管理浮動匯率制度 (managed floating exchange rate system)。以下擬運用一簡單的例子，以比較以上三種匯率制度。

圖 11–4 之中，假設原先外匯需求線與外匯供給線各為 D_1 與 S_1，兩者的交點為 A，由之所決定的匯率為 E_1。以 A 點作為基準點，如果因本國對外國的出口增加，或外國至本國的投資（資本流入）增加，導致外匯供給線由 S_1 右移至 S_2，則我們可由央行的反映，以比較浮動匯率、固定匯率與管理浮動匯率等三種匯率制度。

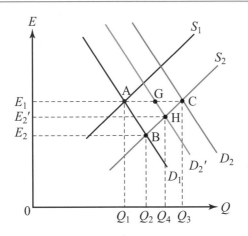

假設原均衡點為 A 點，原匯率水準為 E_1，當外匯供給線由 S_1 移至 S_2 時，外匯市場上將有 $\overline{AC}$ 的超額供給，若央行採取浮動匯率政策，則在完全不干預的情況下，新的均衡點為 B 點，匯率為 E_2；若採取固定匯率使匯率維持在 E_1，央行將完全購入超額供給的部分，使外匯需求由 D_1 右移為 D_2；而管理式浮動匯率下，央行亦會進場作「部分干預」，購入超額供給的一部分，使新的匯率介於 E_1 與 E_2 之間，如圖中之 E_2'。

🔊 **圖 11–4 各種匯率制度之比較**

(一)浮動匯率、固定匯率與管理浮動匯率之比較

若外匯需求仍維持於 D_1，而外匯供給移至 S_2 時，在原先的匯率水準 E_1，外匯市場將有超額供給 $\overline{AC}$。此時，若央行未採取干預之行為，則經由匯率的調整，本國貨幣（外國貨幣）將升值（貶值），新的均衡點將產生於 D_1 與 S_2 的交點 B，而新的匯率為 E_2，此即浮動匯率之情況。相反地，於固定匯率之下，為維持匯率固定於 E_1，央行須採取「完全的干預」，亦即，央行將外匯市場的超額供給 $\overline{AC}$ 完全購入，因此外匯需求會由 D_1 右移為 D_2，而 D_2 與 S_2 的交點為 C，其所決定的匯率仍為原先的 E_1。另外，於管理浮動匯率的情況，央行亦會進入外匯市場，採取「部分的干預」。亦即，央行將買入超額外匯供給 $\overline{AC}$ 的一部分，如圖 11–4 之中，央行將買 $\overline{AG}$（$\overline{AG} < \overline{AC}$）之外匯，因此外匯需求由 D_1 右移至 D_2'。D_2' 與 S_2 的交點 H 所決定的匯率為 E_2'。

由以上可知：

> 於浮動匯率之情況，央行不干預，匯率調整的幅度最大 $(E_1 \rightarrow E_2)$；於固定匯率之情況，央行採取「完全的干預」，匯率 (E_1) 維持不變；於管理浮動匯率之情況，央行採取「部分的干預」，因此，匯率的調整介於以上兩者之間 $(E_1 \rightarrow E_2')$。

(二)央行干預對貨幣供給之影響

以下接著說明央行的干預對貨幣供給的影響。以圖 11–4 為例，於外匯市場有超額的外匯供給，而央行買進外匯時，須以等值的本國貨幣購買之，因此貨幣供給將增加[13]。由圖 11–4，在固定匯率與管理浮動匯率之情況，央行均有買入外匯之行為，因此貨幣供給均會增加。而固定匯率之下，買入外匯的數量大於管理浮動匯率之情況。因此，圖 11–4 之例子中，固定匯率之下，貨幣供給增加的幅度大於管理浮動匯率之情況。浮動匯率之下，於外匯供給或需求改變時，因央行並無

---

[13] 由本書第 10 章可知，央行於外匯市場購買外匯時，將造成貨幣供給增加。

買賣外匯之行為，貨幣供給不會受到影響。

仍以圖 11–4 為例，接著探討：如果央行希望同時維持匯率以及貨幣供給的穩定，則除了前述的外匯市場干預外，另須採取的配合政策為何?圖 11–4 的例子中，固定匯率（管理浮動匯率）之下，央行的外匯市場干預（在外匯市場買進外匯），固然使匯率維持不變（變動較少），但亦造成貨幣供給的增加。央行可同時在公開市場出售票券，藉以回收因買進外匯所增加的貨幣供給。如此就可同時達到匯率與貨幣供給的穩定。此種公開市場的操作，為用以抵銷外匯市場干預對貨幣供給的影響，因而可稱為沖銷 (sterilization)。如果央行同時採取「外匯市場干預」與「沖銷」之政策，則可稱為有沖銷的干預 (intervention with sterilization)❶❹。

第 **3** 節

匯率的變動與國內外資本的移動

本節擬探討，於本國與國外對資本的移動均無設限，亦即，一般所稱資本完全移動 (perfect capital mobility) 之情況，匯率變動以及國內外利率之關係。依投資者是否於遠期外匯市場進行拋補 (cover)，可得拋補的利率平價 (covered interest parity) 以及未拋補的利率平價 (uncovered interest parity) 兩個均衡條件。

一、拋補的利率平價

以本國的投資者而言，其欲選擇在國內或國外投資，必先比較何者有較高的利益。若其投資 1 單位的本國貨幣，用以購買本國的資產，例如，以之購買 1 年期的本國債券，其年利率為 r。則經過 1 年後，可得到以本國貨幣表示的本利和為 $(1 + r)$。

如果本國的投資者欲將 1 單位的本國貨幣投資於國外,用以購買外國的債券,

---

❶❹　如果央行只採取外匯市場干預而無沖銷之行為，則稱無沖銷的干預 (intervention without sterilization)。

其年利率為 r^*。則此投資者須先將此 1 單位的本國貨幣轉換成外幣，在即期匯率 (spot exchange rate) 為 E（1 單位的外幣等於 E 單位的本國幣）時，可得 $(\frac{1}{E})$ 單位的外幣[15]。預期 1 年後，可得以外幣表示的本利和為 $(\frac{1}{E})(1 + r^*)$，且 1 年後投資者欲將此本利和轉換成本國貨幣。為防止 1 年後匯率的變動方向對其不利，如外幣（本國幣）貶值（升值），投資者可在 1 年期的遠期外匯市場 (forward exchange market) 上，依遠期匯率 (forward exchange rate) F（於遠期外匯市場上，1 單位外幣等於 F 單位本國幣），將 $(\frac{1}{E})(1 + r^*)$ 的本利和預先出售。因此，投資於國外債券時，預期 1 年後可得 $[(\frac{1}{E})(1 + r^*)F]$ 單位的本國貨幣。

在資本完全自由移動下，投資於國內與國外的利益會趨於一致。因此，以 1 單位的本國貨幣，在本國與國外投資的本利和會相等，亦即：

$$(1 + r) = (\frac{1}{E})(1 + r^*)F \qquad \text{(11.1)}$$

如果 (11.1) 式的左邊與右邊不相等，例如 $(1 + r) < (\frac{1}{E})(1 + r^*)F$，則投資者會持續往國外投資，直至 (11.1) 式的左邊與右邊恢復相等[16]。

為求簡化，(11.1) 式又可表示為：

$$r = r^* + \frac{F - E}{E} \qquad \text{(11.2)} \quad [17]$$

---

[15]　E 為「即期匯率」，亦即，E 為在「即期外匯市場」進行交易的匯率。

[16]　如果 $(1 + r) < (\frac{1}{E})(1 + r^*)F$，則因投資於國外較有利，本國的投資者會持續往國外投資。持續於即期外匯市場上購買外幣，將造成即期匯率提高 $(E\uparrow)$，即期外匯市場上，本國幣（外幣）貶值（升值）；另外，持續於遠期外匯市場上出售外幣，將造成遠期匯率降低 $(F\downarrow)$，即遠期外匯市場上，本國幣（外幣）升值（貶值）。此外，因本國資金持續移往國外投資，將造成本國資金緊縮，國外資金寬鬆，因此，本國利率會提高 $(r\uparrow)$，而外國利率降低 $(r^*\downarrow)$。以上的各項調整，將導致 (11.1) 式的左右兩邊又恢復相等。

[17]　由 (11.1) 式可表示為：$\frac{1 + r}{1 + r^*} = \frac{F}{E}$。將此式兩邊各減 1，即：$\frac{r - r^*}{1 + r^*} = \frac{F - E}{E}$，由此式，可得：$r - r^* = (1 + r^*)(\frac{F - E}{E})$，於此式之中，$(r^*)(\frac{F - E}{E})$ 項的數值較小，若省略之，則

(11.2) 式即一般所稱的「拋補的利率平價」。(11.2) 式中，如果 $(\dfrac{F-E}{E})$ 為正，表示遠期外幣價格較即期外幣價格貴（於遠期外匯市場，1 單位的外幣可兌換較多的本國貨幣），因此稱外國貨幣為遠期升水 (forward premium)，本國貨幣為遠期貼水 (forward discount)。如果 $(\dfrac{F-E}{E})$ 為負，則與以上相反，即外國貨幣為「遠期貼水」，本國貨幣為「遠期升水」。

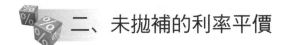

二、未拋補的利率平價

於前述「拋補的利率平價」情況，為避免未來匯率變動的風險，投資者運用遠期外匯市場，投資於國外，而將未來可獲得的投資本利和，依確定的遠期匯率出售，以達到避險 (hedge) 的作用。如果投資者不考慮匯率變動的風險，亦即投資者為風險中立 (risk-neutral) 的，則其不會於遠期外匯市場拋補。

以下仍假設投資者欲以 1 單位的本國貨幣，選擇在本國或外國投資。如同前述，於本國的年利率為 r，如果投資於本國，1 年後以本國貨幣表示的本利和為 $(1+r)$。如果要投資於國外，其亦須將 1 單位的本國貨幣，依即期匯率 E，轉換成 $(\dfrac{1}{E})$ 單位的外幣。於外國的年利率為 r^*，則 1 年後可得到以外幣表示的本利和 $(\dfrac{1}{E})(1+r^*)$。因投資者未於遠期外匯市場預售此本利和，投資者為在 1 年後，才於未來的即期市場上，依預期的即期匯率 E^e 出售之。因此，預期由國外投資的本利和，以本國貨幣表示之值為 $(\dfrac{1}{E})(1+r^*)E^e$。

於國內外資本完全移動時，以本國貨幣表示，投資於國內或國外之本利和將會相等，即：

$$(1+r) = (\dfrac{1}{E})(1+r^*)E^e \qquad \text{(11.3)}$$

似同 (11.1) 式簡化為 (11.2) 式，(11.3) 式亦可簡化為❶：

可表示為 $r - r^* = (\dfrac{F-E}{E})$，此即 (11.2) 式。

❶ 比較 (11.1) 式與 (11.3) 式可知，兩者的差異在於：後者以 E^e 代替前者之 F，因此，由 (11.1) 式簡化為 (11.2) 式的過程（由❶）中，只須將其中的 F 改以 E^e 表示，就可得

$$r = r^* + \frac{E^e - E}{E}$$

(11.4)

(11.4) 式為一般所稱的「未拋補的利率平價」。亦即，於資本為完全移動，且投資者為風險中立時，本國的利率等於國外利率與本國貨幣的預期貶值率 $(\frac{E^e - E}{E})$ 之和。

全球化的影響

全球化 (globalization) 可由各種面向來解釋，其意義可說是因人而異。廣泛地說，全球化意指，經濟、社會、技術、文化、政治與生態體系等之整合程度的提高。簡言之，全球化表示，以上各個層面在全球各國更密切結合且趨於一致化。

一般而言，全球化對各國的影響可列舉如下：

⒜於生產方面，其將造成生產活動的跨國化，跨國公司的設立將更為普及。

⒝資訊與產品迅速在國際間傳遞與流通，此亦衍生智慧財產權保護之問題。

⒞資訊與產品的流通亦帶動文化在各國間傳遞，產生外來文化對本國文化的衝擊，或不同文化之融合。

隨著全球化程度的提高，如氣候變遷等生態議題亦須各國共同合作，尋求解決之道。

接著，以下由經濟面的觀點，對全球化作進一步說明。廣義而言，經濟的全球化表示，各國的價格、產品、工資、利率與利潤等漸趨於一致。此乃經由各國產品的自由貿易、資本的自由移動以及知識與技術在國際間迅速傳遞所致。其中，為促進產品在國際間的流通，各國須相互協議，將關稅等貿易障礙降低。關稅暨貿易總協定 (General Agreement on Trade and Tariff, GATT) 與世界貿易組織 (World Trade Organization, WTO) 均基於此而成立。經濟全球化的另一講法為，歐美先進國家（或較狹義，專指美國）的經濟影響力進入開發中國家，其可如前述，經由貿易障礙的減少以促進貿易；另外，經由先進國家對開發中國家的投資之增加，其前提條件為，資本在國際間移動的限制減少。

由經濟理論，於自由貿易下，各國可生產且出口相對有效率（成本相對較低）的產品，進口其生產相對無效率（成本相對較高）之產品，此將提高各國之福利水準。

但自由貿易或跨國公司的存在亦可能不利於勞工，於先進工業國家，勞工的工作機會將減少，而開發中國家的工資亦未必提高，勞工有被剝削之感，此造成財富更由勞動

(11.4) 式。

者移至資本家的不公平現象。

　　反對者因此認為, 宜以公平貿易 (fair trade) 替代自由貿易 (free trade), 勞工的權利、人權及環境保護等才能受到保障; 因於前者, 才將這些條款列入貿易協定中, 以規範貿易及投資者。

 本章重要名詞與概念

國際收支平衡表	單方面移轉
經常帳	貿易順差
名目匯率	實質匯率
名目有效匯率指數	實質有效匯率指數
固定匯率	浮動匯率
管理浮動匯率	有沖銷的干預
拋補的利率平價	未拋補的利率平價

 習 題　　　　　●●●第 11 章●●●

1. 由「國際收支平衡表」, 依國際貨幣基金之國際收支手冊 (1993), 說明以下各項:

　(1)其所包含的「經常帳」、「資本帳」、「金融帳」之內容。

　(2)依國際收支之借貸原理, 說明以下各項屬於「借方」或「貸方」:

　　(a)本國廠商將產品出口至國外。

　　(b)本國廠商由國外進口產品。

　　(c)本國人民對國外捐款。

　　(d)外國人購買本國證券。

　　(e)本國人對國外投資。

　　(f)本國人至國外旅遊。

2. 比較說明匯率與匯率指數的各項定義。

3. 說明以下各項:

　(1)「外匯需求」產生的原因。

　(2)繪圖說明外匯需求與匯率的關係。

4. 說明以下各項:

　(1)「外匯供給」產生的原因。

　(2)繪圖說明外匯供給與匯率的關係。

5. 比較說明各種匯率制度。

6. 試以數學式導出以下兩項,且說明其意義:

　(1)拋補的利率平價。

　(2)未拋補的利率平價。

開放經濟體系之總體經濟政策效果

　　於第 11 章,我們說明了開放經濟體系的一些基本觀念。在本章,要進一步探討開放經濟體系的總體經濟政策效果。在前面各章中,於第 3 章第 3 節,曾討論:在開放經濟的簡單凱因斯模型之下,政府的財政政策(政府的支出或稅收的改變)對於均衡所得的影響。

　　其他有關總體經濟政策的探討,例如第 5 章的 *IS–LM* 模型以及第 6 章的總合需求—總合供給 (y^d–y^s) 模型,皆以封閉經濟 (closed economy) 為討論的架構來說明財政政策或貨幣政策對匯率或外匯準備之影響。

　　本章於第 1 節與第 2 節,將 *IS–LM* 模型延伸至開放經濟體系,因此亦須探討外匯市場的均衡(以 *BP* 表示),合起來可稱 *IS–LM–BP* 模型。在此模型下可討論:不同的匯率制度與不同的資本移動性對總體經濟政策效果之影響。

開放經濟體系之總體經濟政策效果

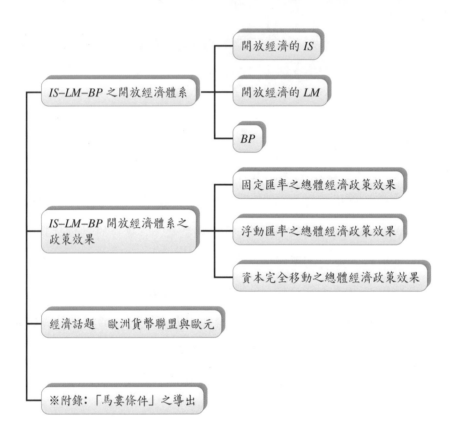

- IS–LM–BP 之開放經濟體系
  - 開放經濟的 IS
  - 開放經濟的 LM
  - BP

- IS–LM–BP 開放經濟體系之政策效果
  - 固定匯率之總體經濟政策效果
  - 浮動匯率之總體經濟政策效果
  - 資本完全移動之總體經濟政策效果

- 經濟話題　歐洲貨幣聯盟與歐元

- ※附錄：「馬婁條件」之導出

IS–LM–BP 之開放經濟體系

本節首先要說明，相對於封閉經濟之情況，開放經濟下的 *IS* 與 *LM* 應作何種延伸。其次，導出表示外匯市場均衡的 *BP*。

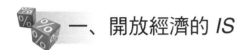

一、開放經濟的 *IS*

於本書第 4 章，已提到 *IS* 為以 (3.33) 式表示，其反映產品市場的均衡，即：

$$y = E = C + I + G + (X - M)$$

(3.33)

第 4 章亦說明，構成產品需求的各個項目中：消費 (C) 為可支配所得 ($y_D = y - T$) 之增函數，投資 (I) 為利率 (r) 之減函數，政府支出 (G) 與出口 (X) 則為外生決定的變數，進口 (M) 為所得 (y) 的增函數。

對於以上的產品需求，須作補充的為出口與進口。兩者均受到實質匯率的影響。由第 11 章可知，若以 E 表示名目匯率（1 單位外國貨幣等於 E 單位本國貨幣），P 為本國的物價水準，P^* 為外國的物價水準，則實質匯率等於 $(\frac{EP^*}{P})$❶。實質匯率亦可視為以本國貨幣表示的外國產品價格與本國產品價格之比。因此，於 $(\frac{EP^*}{P})$ 提高，外國（本國）產品相對較貴（便宜），出口將增加，而進口將減少。本國貨幣貶值 ($E\uparrow$) 將造成 $(\frac{EP^*}{P})$ 提高，而 $(\frac{EP^*}{P})$ 提高對淨出口 ($X - M$) 的影響則不確定。在不考慮物價變動的情況，例如令 $P = P^* = 1$，如果假設馬婁條件 (Marshall-Lerner condition) 成立，則本國貨幣貶值 ($E\uparrow$) 對 ($X - M$) 的影響為正❷。

經由以上的說明，且未考慮政府的稅收時，*IS* 的數學式，即 (3.33) 式可表示為：

---

❶　依此定義的實質匯率，即第 11 章的 $(E_i) \cdot (\frac{P_i}{P})$。於本章，以 $E_i = E, P^* = P_i$。

❷　「馬婁條件」的導出，可見本章附錄。

$$y = C(y) + I(r) + G + X(E) - M(E, y)$$ (12.1)

由 (12.1) 式可知，開放經濟的情況仍同封閉經濟，IS 之斜率為負❸。於政府支出增加 ($G\uparrow$) 或於馬婁條件成立時，本國貨幣貶值 ($E\uparrow$) 均將造成 IS 往右移❹；政府支出減少 ($G\downarrow$) 或本國貨幣升值 ($E\downarrow$) 則造成 IS 左移，此可表示如圖 12–1❺。

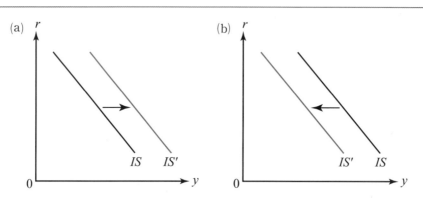

圖 12–1 ⒜政府支出增加 ($G\uparrow$) 或本國貨幣貶值 ($E\uparrow$)，造成 IS 線右移；圖 12–1 ⒝政府支出減少 ($G\downarrow$) 或本國貨幣升值 ($E\downarrow$)，造成 IS 線左移。

圖 12–1　政府支出 (G) 增加（減少）與匯率 (E) 貶值（升值）對 IS 的影響

❸　對 (12.1) 式作全微分，可得：$dy = C_y dy + I_r dr + dG + X_E dE - M_E dE - M_y dy$，經整理可改寫為：$(1 - C_y + M_y)dy = I_r dr + dG + (X_E - M_E)dE$。此式中，如前述，$C_y$ 為邊際消費傾向，$0 < C_y < 1$，M_y 為邊際進口傾向，$0 < M_y < 1$，因此 $(1 - C_y + M_y) > 0$。I_r 衡量投資受利率影響的程度，$I_r < 0$。而 $X_E - M_E = [\dfrac{d(X - M)}{dE}]$，在「馬婁條件」成立下，$(X_E - M_E) > 0$。則可求出，開放經濟情況的 IS 線之斜率為：$\left.\dfrac{\partial r}{\partial y}\right|_{IS} = \dfrac{1 - C_y + M_y}{I_r} < 0$。

❹　由❸之 $(1 - C_y + M_y)dy = Irdr + dG + (X_E - M_E)dE$ 中，可得：$\left.\dfrac{\partial y}{\partial G}\right|_{IS} = \dfrac{1}{1 - C_y + M_y} > 0$，

$\left.\dfrac{\partial y}{\partial E}\right|_{IS} = \dfrac{(X_E - M_E)}{1 - C_y + M_y} > 0$。

❺　除了政府支出與匯率的政策，另外，如第 4 章所提到的，自發性消費 ($\overline{C}$)、定額稅 ($\overline{T}$)、自發性出口 ($\overline{X}$)、自發性進口 ($\overline{M}$) 或自發性投資 ($\overline{I}$) 的改變，亦將造成 IS 線的移動。

二、開放經濟的 *LM*

於封閉經濟, 若未考慮物價變動, 代表貨幣市場均衡的 *LM*, 其一般式為 (4.22) 式, 即:

$$M^s = L(y, r) \tag{4.22}$$

在第 4 章提到, 實質貨幣需求 (*L*) 為所得的增函數, 且為利率的反函數。於開放經濟之情況, 貨幣需求的設定仍與第 4 章相同。

貨幣供給的設定方面, 於封閉經濟之情況, 貨幣供給為以 (4.22) 式的 M^s 表示, 假設其為中央銀行所能控制的。由第 10 章可知, 貨幣供給為貨幣基礎 (*B*) 的倍數, 從央行的資產面來看, 貨幣基礎等於央行國外資產 (*FA*) (以本國貨幣表示) 以及央行的國內資產 (*DA*) 之和。其中, 央行的國外資產即為央行的外匯準備; 而央行的國內資產包含: 央行對金融機構的放款, 以及央行持有的各種票券, 例如央行持有財政部發行的公債與國庫券或由公開市場買進而持有的商業本票等。

由第 10 章可知, 貨幣供給等於貨幣基礎的倍數, 若以 ϕ 表示此倍數 (貨幣乘數), 則貨幣供給可表示為 $M^s = \phi(FA + DA)$。為簡化理論分析, 可假設 $\phi = 1$, 因此, 於開放經濟之情況, 原以 (4.22) 式表示的 *LM*, 可改為:

$$M^s = FA + DA = L(y, r) \tag{12.2}$$

(12.2) 式顯示:

> 於開放經濟之情況, *LM* 線仍為正斜率❻。央行的貨幣政策或外匯準備的改變均會影響貨幣供給, 而造成 *LM* 線的移動。

亦即:

---

❻　對 (12.2) 式全微分, 即: $dFA + dDA = L_y dy + L_r dr$。上式之中, $L_y > 0, L_r < 0$, 因此可得

　　LM 線之斜率為正, 即: $\left.\dfrac{\partial r}{\partial y}\right|_{LM} = \dfrac{-L_y}{L_r} > 0$。

若央行採取擴張性貨幣政策，例如，央行於公開市場買進票券，此將造成 DA 增加，其導致貨幣供給增加而 LM 線往右移 ❼；另外，於固定匯率之情況，若因貿易順差 $(X - M > 0)$ 或資本的淨流入為正，即資本的流入大於資本外流，將導致 FA 增加 ❽，此造成貨幣供給增加，LM 線往右移 ❾。

開放經濟之情況，LM 線的移動可表示如圖 12–2 ❿。

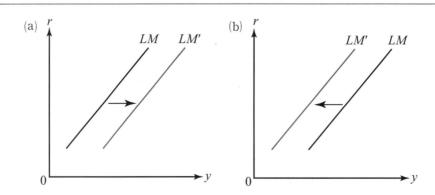

圖 12–2 ⒜央行國內資產增加 ($DA\uparrow$) 或央行國外資產增加 ($FA\uparrow$)，將造成 LM 右移；圖 12–2 ⒝央行國內資產減少 ($DA\downarrow$) 或央行國外資產減少 ($FA\downarrow$)，將造成 LM 左移。

圖 12–2　*DA* 的增加（減少）與 *FA* 的增加（減少）對 *LM* 的影響

---

❼　由❻的 $dFA + dDA = L_y dy + L_r dr$ 式可得，$\left.\dfrac{\partial y}{\partial DA}\right|_{LM} = \dfrac{1}{L_y} > 0$。即：DA 的增加將造成 LM 線右移。

❽　由第 11 章可知，固定匯率或管理浮動匯率之情況，於貿易順差或資本淨流入為正，而導致外匯市場有超額供給時，央行會購買此超額外匯供給之全部（於固定匯率）或部分（於管理浮動匯率），因而央行持有的外匯準備 (FA) 會增加。

❾　由❻的 $dFA + dDA = L_y dy + L_r dr$ 式，$\left.\dfrac{\partial y}{\partial FA}\right|_{LM} = \dfrac{1}{L_y} > 0$ 此表示：FA 的增加將造成 LM 線右移。

❿　如第 4 章所提到，y 與 r 以外之因素所造成的貨幣需求之改變，亦會造成 LM 線的移動。

三、BP

於封閉經濟的 *IS–LM* 模型，只須探討產品市場均衡（以 *IS* 表示），以及貨幣市場均衡（以 *LM* 表示）。在開放經濟體系下，除了產品與貨幣市場之外，另須考慮國際收支是否均衡。

由第 11 章可知，國際收支餘額等於經常帳、資本帳以及金融帳之和。而國際收支（外匯市場）達到均衡，即表示國際收支餘額為 0。為求簡化，於理論探討，我們可假設國際收支等於經常帳與資本帳之和❶。另外，再對經常帳簡化，以商品與勞務的收支淨額代替之❷。

如果假設國內外的價格維持固定，則商品與勞務的收支淨額，此即一般所稱的「淨出口」或貿易收支餘額 (trade balance)，其可表示如 (12.1) 式中之 $X(E) - M(E, y)$，其中 X 與 M 各表示產品與勞務的出口與進口，E 為匯率。如前述，出口為 E 的增加函數；進口為 E 的反函數以及 y 的增函數。

「資本帳」則用以表示「資本淨流入」，其為「資本流入」與「資本外流」之差額。由第 11 章的說明，風險中立的投資者在選擇投資於本國或國外時，會比較 r 與 $[r^* + (\frac{E^e - E}{E})]$ 的相對大小，其中 r (r^*) 表示本國（外國）的利率，$(\frac{E^e - E}{E})$ 為本國貨幣的預期貶值率。因此，以 K 表示的資本帳（資本淨流入），可設定為 $\left\{ r - [r^* + (\frac{E^e - E}{E})] \right\}$ 的增函數。若不考慮匯率的預期變動而假設 $(\frac{E^e - E}{E})$ 為 0，則 K 可表示為：

$$K = K(r - r^*) \tag{12.3}$$

由以上的說明可知，表示國際收支均衡的 *BP*，其數學式為：

---

❶　由第 11 章可知，於現行（第五版）的「國際收支帳」其「金融帳」即舊版（第四版）的「資本帳」。因此於理論上，仍依一般的作法，將國際收支表示為經常帳與資本帳之和。

❷　由第 11 章的國際收支平衡表可知，除了「商品與勞務的收支淨額」，「經常帳」還包含「國外投資所得淨額」以及「經常移轉的淨額」。

$$X(E) - M(E, y) + K(r - r^*) = 0 \qquad \text{(12.4)}$$

(12.4) 式顯示：BP 線的斜率為正，且於「馬婁條件」成立時，本國貨幣貶值 ($E\uparrow$) 將造成 BP 線右移，而國外利率提高時，則造成 BP 線左移❸。圖 12–3 表示 BP 線及其移動。由圖可知，BP 線可定義為：**「維持國際收支均衡的各 (r, y) 組合點的連線」**。

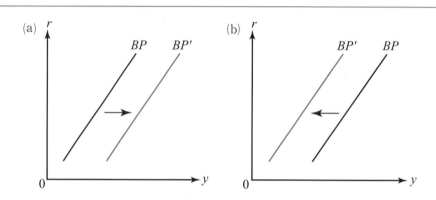

BP 線為維持國際收支均衡的各 (r, y) 組合點的連線。圖 12–3 (a)本國貨幣貶值 ($E\uparrow$) 或國外利率降低 ($r^*\downarrow$) 造成 BP 右移；本國貨幣升值 ($E\downarrow$) 或國外利率提高 ($r^*\uparrow$) 造成 BP 左移。

🔊 **圖 12–3　匯率 (E) 與國外利率 (r^*) 改變對 BP 之影響**

於第 4 章 *IS–LM* 模型曾說明，不在 *IS* 線上面的點表示產品市場未達均衡；不

---

❸　若假設 $r - r^* = \Delta$，對 (12.4) 式全微分，可得：$X_E dE - M_E dE - M_y dy + k_\Delta dr - k_\Delta dr^* = 0$，此式可表示為：$(X_E - M_E)dE - M_y dy + k_\Delta dr - k_\Delta dr^* = 0$，由前述可知，於「馬婁條件」成立時，$(X_E - M_E) > 0$；$M_y$ 表示「邊際進口傾向」，其值為 $0 < M_y < 1$；k_Δ 表示本國與國外的利率差距 ($\Delta = r - r^*$) 對「資本淨流入」(K) 的影響，因此 $k_\Delta > 0$。因此，可得 BP 線的斜率為正，即：$\left.\dfrac{\partial r}{\partial y}\right|_{BP} = \dfrac{M_y}{k_\Delta} > 0$。另外，亦可求出：$\left.\dfrac{\partial y}{\partial E}\right|_{BP} = \dfrac{(X_E - M_E)}{M_y} > 0$，以及 $\left.\dfrac{\partial y}{\partial r^*}\right|_{BP}$ $= \dfrac{-k_\Delta}{M_y} < 0$。$\left.\dfrac{\partial y}{\partial E}\right|_{BP} > 0$ 式表示：於馬婁條件成立，即於 $(X_E - M_E) > 0$，本國貨幣貶值 ($E\uparrow$) 將造成 BP 線右移。$\left.\dfrac{\partial y}{\partial r^*}\right|_{BP} < 0$ 式則表示：於國外利率 (r^*) 提高時，BP 會左移。

在 *LM* 線上面的點則表示貨幣市場未達均衡。依相同的道理，在 *BP* 線以外的點，代表國際收支未達均衡，此可以圖 12–4 說明之。於圖 12–4 中，B 點位於 *BP* 線上，因此 B 點表示國際收支達到均衡，即 *BP* = 0。由 (12.4) 式可知，在 *BP* 線右（下）方之點，如 A 點，如果與 B 點作比較，兩者對應相同的利率 (r_1)，即 A 與 B 對應相同的資本帳餘額；而 A 點對應的所得 (y_2) 大於 B 點所對應者 (y_1)，此表示：相對於 B 點，A 點對應較高的進口，亦即，A 點對應於較低的貿易收支餘額。由以上可知，A 點所對應的國際收支餘額較 B 點為低。因於 B 點，*BP* = 0，由此可知 A 點為國際收支赤字，即 *BP* < 0。依同理可推知，於 *BP* 線左（上）方之點，如圖 12–4 的 D 點，其為國際收支盈餘，即 *BP* > 0。

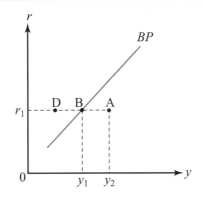

A 點對應於 B 點的所得較高 ($y_2 > y_1$)，因此 A 點應對應較高的進口，因此 A 點貿易收支為赤字 (*BP* < 0)；同理，D 點為國際收支盈餘 (*BP* > 0)。

圖 12–4　國際收支的不均衡

第2節
IS–LM–BP 開放經濟體系之政策效果

一、固定匯率之總體經濟政策效果

於固定匯率之情況，政府實施貨幣政策或財政政策時，將導致 y 與 r 的變動，而 y 與 r 的改變將造成國際收支（外匯市場）不均衡，為維持匯率固定，央行須於外匯市場買進或出售外匯。由本章第 1 節，於央行買進外匯時，即央行的國外資產 (FA) 增加，此將導致貨幣供給增加；相反地，央行出售外匯時，FA 將減少而造成貨幣供給減少。央行為防止以上因買賣外匯而造成貨幣供給的變動，可採取相應的公開市場操作，亦即「沖銷政策」。

以下在討論固定匯率的貨幣政策與財政政策時，均區分央行「沖銷」以及「未沖銷」之情況。

 (一)固定匯率之貨幣政策效果

1.沖銷之情況

以 *IS–LM–BP* 模型討論總體經濟政策效果時，由於 *LM* 線與 *BP* 線均為正斜率，因此，可區分兩種情況來討論：第一種情況為，*BP* 線的斜率大於 *LM* 線的斜率，此表示資本移動的斜率敏感較小，或簡稱低資本移動度 (low capital mobility)；另一種情況則其 *BP* 線的斜率小於 *LM* 線的斜率，即資本移動的利率敏感度較大，或稱高資本移動度 (high capital mobility)❶。

圖 12–5 (a)與(b)各說明「低資本移動度」與「高資本移動度」之情況的擴張性

---

❶ 由本章❶的 $\left.\dfrac{\partial r}{\partial y}\right|_{BP} = \dfrac{M_y}{k_\Delta} > 0$ 可知，*BP* 線的斜率受到 k_Δ 反方向的影響，其中 $\Delta = r - r^*$。

於國外利率 (r^*) 不變時，本國利率 (r) 的變動影響 Δ 值，因此 k_Δ 表示「資本移動的利率敏感度」。由此可知：「資本移動的利率敏感度」較高(低)時，*BP* 線的斜率較小(大)。

貨幣政策。

　　圖 12-5 (a)與(b)可同時說明如下：假設原先貨幣供給為 M_1^s $(=FA_1+DA_1)$，其中 FA_1 與 DA_1 各表示央行原持有的國外資產與國內資產，其對應 $LM(M_1^s)$。而總體經濟的均衡決定於 IS、$LM(M_1^s)$ 與 BP 的交點 A，A 點對應的均衡利率與所得各為 r_1 與 y_1。若央行採取擴張性的貨幣政策，假設央行於公開市場買進票券，此造成「央行的國內資產」(DA) 增加，由第 10 章或本章前述可知，此將造成本國貨幣由 M_1^s $(=FA_1+DA_1)$ 增加至 M_2^s $(=FA_1+DA_2)$，而 LM 線由 $LM(M_1^s)$ 右移至 $LM(M_2^s)$。$LM(M_2^s)$ 與 IS 的交點為 B，與 A 點相比，其對應的所得 (y_2) 較高，利率 (r_2) 較低。

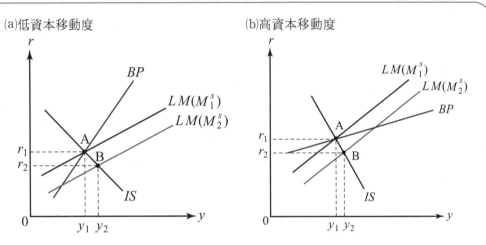

　　當央行增加貨幣供給 $(M_1^s=FA_1+DA_1 \rightarrow M_2^s=FA_1+DA_2)$，使 $LM(M_1^s)$ 右移至 $LM(M_2^s)$，均衡點由 A 點移至 B 點（國際收支赤字），央行為維持原先的匯率水準，會出售外匯以供應外匯市場的超額需求，此舉將使央行的 FA_1 減少為 FA_2，為避免貨幣供給減少，央行採取「沖銷」使其持有的國內資產由 DA_2 增加為 DA_3，使貨幣供給仍維持在 M_2^s $(=FA_1+DA_2=FA_2+DA_3)$，總體經濟仍位於 B 點。若央行採取「未沖銷」政策，貨幣供給將減少，只要 LM 線與 IS 線交點仍在 BP 線的右方，LM 線會持續左移，直到與原先的 $LM(M_1^s)$ 重合。

　　🔊 **圖 12-5　固定匯率之擴張性貨幣政策效果：**(a)**低資本移動度**　(b)**高資本移動度**

　　於封閉經濟之 *IS–LM* 模型，B 點表示，央行採取擴張性貨幣政策後的均衡點。

於開放經濟之 *IS–LM–BP* 模型，B 點是否仍為一均衡點？

　　由本章第 1 節可知，因 B 點為 *BP* 線右方的點，B 點對應赤字的國際收支，即 $BP < 0$。此表示當經濟體系位於 B 點，於原先的匯率水準，外匯市場處於不均衡的狀態，此時外匯需求大於外匯供給 ❺，即外匯市場有超額需求。由第 11 章可知，此時如果央行未採取干預措施，則本國貨幣將貶值 ($E\uparrow$)。但於固定匯率之情況，央行為維持匯率於原水準，必須出售外匯以供應外匯市場之超額需求，此即央行的外匯市場干預。但央行出售其外匯時，將造成其國外資產由 FA_1 減為 FA_2，而導致貨幣供給減少 ❻。為避免貨幣供給減少，央行乃採取「沖銷」之措施，即央行於公開市場買進票券，央行持有的國內資產乃由 DA_2 增加為 DA_3，因此貨幣供給仍然為 $M_2^s (= FA_1 + DA_2 = FA_2 + DA_3)$ 之水準，此表示，*LM* 仍為 $LM(M_2^s)$，而總體經濟仍位於 B 點。

　　圖 12–5 (a)與(b)中，若央行欲維持總體經濟於 B 點，則如前述，因 B 點的國際收支為赤字，央行須重複以上之過程，即：

> 一方面於外匯市場出售外匯，以因應外匯市場的超額外匯需求，而維持匯率於固定之水準；另一方面，則於公開市場買進票券，以維持貨幣供給固定於 M_2^s，而 *LM* 固定於 $LM(M_2^s)$ ❼。

　　另須說明者為：欲維持經濟於 B 點，央行需有充裕的外匯準備，以持續於外

---

❺　圖 12–5 (a)與(b)之中，B 點與 A 點相比，B 點對應的所得較高，利率較低。於 A 點，$BP = (X - M) + K = 0$。此表示：於 A 點，外匯市場達到均衡，即外匯需求等於外匯供給，於 B 點，由於所得較高，因而進口 (M) 較高；另外 B 點對應的利率較低，表示 B 點的資本流入 (K) 減少或資本的外流增加。進口的增加或資本的外流增加均會達到外匯的需求增加；資本的流入減少則造成外匯供給減少。由此可知，於 B 點，外匯需求大於外匯供給。

❻　簡單的說，央行出售外匯時，亦將回收與其等值之本國貨幣，而造成貨幣供給減少。

❼　央行持續出售外匯且持續買進票券，固然維持貨幣供給不變，但央行的資產結構改變，即央行的國外資產 (FA) 減少，而國內資產 (DA) 增加。

匯市場干預。實際上，因各國央行的外匯準備並非無限的，於長期，不易維持於 B 點。

2.未沖銷之情況

於固定匯率，央行採取擴張性的貨幣政策，且央行未採取沖銷之情況仍可以圖 12–5 (a)與(b)說明之。

如同前述央行採取沖銷之情況，假設原先貨幣供給為 $M_1^s = (FA_1 + DA_1)$，其所對應的 $LM(M_1^s)$ 與 IS 以及 BP 的交點為 A，其對應的利率與所得各為 r_1 與 y_1。若央行以擴張性的貨幣政策，即央行於公開市場買進票券，央行的國內資產 DA_1 增加為 DA_2，故而貨幣供給由 M_1^s 增加為 $M_2^s (= FA_1 + DA_2)$，對應地，$LM(M_1^s)$ 右移至 $LM(M_2^s)$。$LM(M_2^s)$ 與 IS 的交點為 B，其在 BP 線之右方。如前述，B 點對應的國際收支為赤字。央行為維持匯率於原先的水準，須於外匯市場干預，亦即，央行於外匯市場出售外匯，以因應外匯市場的超額需求，而避免本國貨幣貶值。但央行於外匯市場出售外匯，將造成其國外資產由 FA_1 減至較低水準，由於央行並未採取沖銷政策，國內資產仍維持在 DA_2，因此貨幣供給將減少，而 $LM(M_2^s)$ 線將左移。只要 LM 與 IS 的交點仍在 BP 線的右方，且央行未採取沖銷，以上的調整過程仍將持續進行。LM 持續左移，直至與原來 $LM(M_1^s)$ 重合為止。此時的貨幣供給仍等於 M_1^s[18]。

由以上的說明可知：

> 在固定匯率的情況，央行於公開市場買進票券，以實施擴張性的貨幣政策，若未配合沖銷措施，則均衡點仍將回到原處，而所得與利率仍維持於原來水準。亦即，若無實施沖銷，固定匯率之下的貨幣政策是無效的。

---

[18]　圖 12–5 (a)與(b)中，均衡點由 A 移至 B，其原因為央行的國內資產 (DA) 增加。於未沖銷之情況，均衡點再由 B 移至原來的 A，其原因為：央行的國外資產 (FA) 減少。而此項 FA 的減少恰等於原先 DA 的增加。因此，貨幣供給維持與原先的 M_1^s 相同。

(二)固定匯率之財政政策效果

1.沖銷之情況

若央行採取沖銷，固定匯率之擴張性財政政策效果可表示如圖 12–6 (a)與(b)，其各代表低資本移動度（BP 線較陡）與高資本移動度（BP 線較平）之情況。

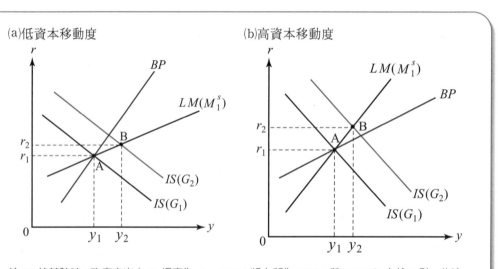

於 BP 線較陡時，政府支出由 G_1 提高為 G_2，$IS(G_1)$ 將右移為 $IS(G_2)$ 與 $LM(M_1^s)$ 交於 B 點，此時國際收支赤字，在固定匯率下，央行須出售外匯，以因應外匯市場的超額需要。為維持固定匯率，央行採取沖銷之措施，在公開市場上買進票券，若 DA 增加的幅度恰抵消 FA 減少的幅度，則貨幣供給 (M_1^s) 可維持不變，因此 $LM(M_1^s)$ 不移動，總體經濟維持於 B 點。在 BP 線較平時，政府支出由 G_1 增加為 G_2，$IS(G_1)$ 將右移為 $IS(G_2)$ 與 $LM(M_1^s)$ 交於 B 點，此時國際收支為盈餘，為維持原匯率水準，央行須買進外匯，造成貨幣供給增加，而 LM 右移。若央行採取沖銷措施，在公開市場上出售票券，若 DA 的減少幅度等於 FA 的增加幅度，則貨幣供給可維持於 M_1^s 水準，而 $LM(M_1^s)$ 亦維持不變，總體經濟維持於 B 點。

圖 12–6　央行採取沖銷，固定匯率之擴張性財政政策效果

於資本移動度較低時，圖 12–6 (a)中，假設 BP 線較 LM 線為陡。原先政府的支出水準為 G_1，其對應 $IS(G_1)$；貨幣供給 M_1^s 對應 $LM(M_1^s)$。$IS(G_1)$、$LM(M_1^s)$ 與 BP 的交點為 A，其對應的均衡利率與所得各為 r_1 與 y_1。如果政府支出由 G_1 提高

為 G_2，$IS(G_1)$ 將右移為 $IS(G_2)$，其與 $LM(M_1^s)$ 的交點為 B，所對應的所得與利率均較原來為高，即 $r_2 > r_1$，$y_2 > y_1$。因 B 點在 BP 線右方，由前述可知，B 點表示國際收支赤字，似同圖 12–5 的 B 點，為維持匯率固定，央行須出售外匯，以因應外匯市場的超額需求。但央行的外匯出售造成其國外資產 (FA) 減少，此將造成貨幣供給減少而 LM 左移。為避免 LM 的左移，以維持均衡點於 B 點，央行採取沖銷之措施，即央行於公開市場買進票券，而其國內資產 (DA) 增加。若 DA 增加的幅度恰能抵消 FA 的減少幅度，則貨幣供給 (M_1^s) 可維持不變，因而 $LM(M_1^s)$ 亦不移動，總體經濟可維持於 B 點。

如同前述的說明，欲維持經濟於 B 點，因 B 點為國際收支逆差，央行須有足夠的外匯準備，才能在外匯市場上不斷地出售外匯以維持匯率固定。

其次，於資本移動程度較高時，圖 12–6 (b)中，假設 BP 線較平，且其斜率小於 LM 線之斜率。於此情況，政府支出由 G_1 增加為 G_2 後，所對應之 $IS(G_2)$ 與 $LM(M_1^s)$ 之交點 B，其所對應的利率與所得亦較原先為高，即 $r_2 > r_1$，$y_2 > y_1$。但 B 點位於 BP 線的左方，由本章前述可知，B 點表示國際收支盈餘，$BP > 0$。於國際收支為盈餘，此表示：於該匯率，外匯供給大於外匯需求，亦即，外匯市場有超額供給。為維持匯率於原水準，央行須買進外匯，因而央行的國外資產 (FA) 增加，此將造成貨幣供給增加，而 LM 右移。為避免貨幣供給的變動，以維持均衡點於 B，央行可以沖銷措施，即央行於公開市場出售票券，因而其國內資產 (DA) 減少。若 DA 的減少幅度等於 FA 的增加幅度，則貨幣供給可維持於 M_1^s 水準，而 $LM(M_1^s)$ 亦維持不變，總體經濟可維持於 B 點。由此可知，欲維持於 B 點，央行須不斷的累積外匯準備，且央行須有足夠的票券，可在公開市場不斷地出售。

2. 未沖銷之情況

於央行不採取沖銷，固定匯率之擴張性財政政策效果可表示如圖 12–7 (a)與圖 12–7 (b)。

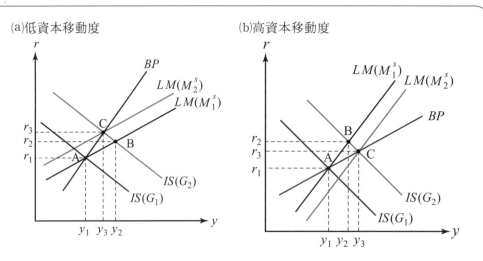

(a)低資本移動度　　　　　　　(b)高資本移動度

BP 線較陡時，財政支出由 G_1 增加為 G_2，$IS(G_1)$ 右移至 $IS(G_2)$，與 $LM(M_1^s)$ 交於 B 點，此時國際收支為赤字，為維持匯率固定，央行在外匯市場出售外匯而造成其國外資產 (FA) 減少。若央行未採取沖銷，因 FA 減少將使貨幣供給減少 ($M_1^s = FA_1 + DA_1 \rightarrow M_2^s = FA_2 + DA_1$)，$LM(M_1^s)$ 將左移至 $LM(M_2^s)$，與 $IS(G_2)$ 及 BP 線交於 C 點。BP 線較平時，政府支出增加，$IS(G_2)$ 與 $LM(M_1^s)$ 交於 B 點，此時國際收支為盈餘，為維持匯率固定，央行在外匯市場買入外匯使央行持有的外匯準備 (FA) 增加。在未採取沖銷下，使貨幣供給增加 ($M_1^s = FA_1 + DA_1 \rightarrow M_2^s = FA_2 + DA_1$)，$LM(M_1^s)$ 將右移為 $LM(M_2^s)$，與 $IS(G_2)$ 及 BP 線交於 C 點。

圖 12-7　央行不採取沖銷，固定匯率之擴張性財政政策效果

　　於資本移動度較低的圖 12-7 (a)，似同圖 12-6 (a)，於財政支出由 G_1 增加為 G_2，$IS(G_1)$ 右移至 $IS(G_2)$，與其 $LM(M_1^s)$ 的交點為 B，其對應的利率與所得各為 r_2 與 y_2。如同圖 12-6 (a)的說明，因 B 點位於 BP 線的右方，國際收支為赤字，央行為維持匯率固定，須於外匯市場出售外匯而造成其國外資產 (FA) 減少。此時因央行未採取沖銷，即央行未於公開市場買入票券，因而其國內資產 (DA) 並未增加。因此，FA 的減少將導致貨幣供給減少，假設原先貨幣供給為 $M_1^s (= FA_1 + DA_1)$，若 FA_1 減少至 FA_2，則貨幣供給減少至 $M_2^s (= FA_2 + DA_1)$，而 $LM(M_1^s)$ 將左移至 $LM(M_2^s)$。$IS(G_2)$、$LM(M_2^s)$ 與 BP 的交點 C，其對應的利率與所得各為 r_3 與 y_3。

　　由圖 12-7 (a)之 C 點與 B 點的比較可知：

於固定匯率且資本移動度低，政府支出增加的所得效果，在央行不採取沖銷的情況小於沖銷之情況。

於資本移動度較高的圖 12–7 (b)，政府支出增加後的 $IS(G_2)$ 與 $LM(M_1^s)$ 的交點為 B，其位於 BP 線的左方，因此 B 點的國際收支為盈餘，即 $BP > 0$。此表示：於該匯率水準，外匯市場的供給大於需求，亦即外匯市場有超額供給。為維持匯率固定，央行須買入此外匯市場的超額供給，而造成央行持有的外匯準備 (FA) 增加。因央行未採取沖銷，即央行未於公開市場出售票券，因此其國內資產 (DA) 維持不變。假設原先貨幣供給為 $M_1^s (= FA_1 + DA_1)$，於外匯資產增加為 FA_2，貨幣供給將增為 $M_2^s (= FA_2 + DA_1)$，$LM(M_1^s)$ 亦將右移為 $LM(M_2^s)$。$IS(G_2)$、$LM(M_2^s)$ 與 BP 的交點 C 所決定的所得與利率各為 y_3 與 r_3。

由圖 12–7 之 C 點與 B 點的比較可知：

於固定匯率，且資本移動程度較高之情況，政府增加支出的所得效果，在央行不沖銷時會大於央行沖銷時。

二、浮動匯率之總體經濟政策效果

於前述固定匯率之情況，貨幣政策或財政政策所導致的外匯市場不均衡，央行須於外匯市場出售或買入外匯因應之，以維持匯率固定於原水準。但央行出售或買入外匯，將影響其國外資產 (FA) 的數量。

於央行採取沖銷措施，即央行於公開市場買入（或出售）票券，若央行的國內資產 (DA) 的變動恰抵消 FA 的變動，則貨幣供給可維持不變。於央行未採取沖銷，則 FA 的變動將導致貨幣供給改變。

於浮動匯率之情況，因匯率可自由調整，貨幣政策或財政政策所導致的外匯市場不均衡，可經由匯率的調整而達到均衡；同時，IS 與 BP 亦經由匯率的變動而調整，總體經濟因而可達到均衡。所以於浮動匯率之情況，不須探討央行是否沖

銷之問題。

(一)浮動匯率之貨幣政策效果

浮動匯率之擴張性貨幣政策可表示如圖 12–8 (a)與(b)。其中圖 12–8 (a)為低資本移動度，而圖 12–8 (b)表示高資本移動度之情況。

似同前述對固定匯率之擴張性貨幣政策的探討（圖 12–5 (a)與(b)），於浮動匯率之情況，圖 12–8 (a)與(b)亦可同時說明之。

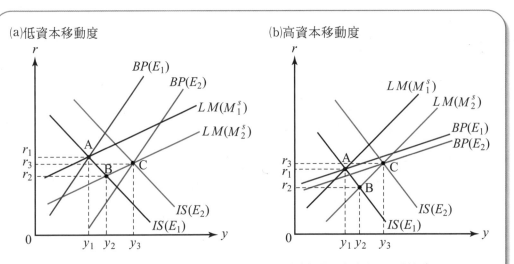

若央行採取擴張性貨幣政策，即在公開市場買入票券，使央行國內資產由 DA_1 增加為 DA_2，而貨幣供給增加（$M_1^s = DA_1 + FA_1 \to M_2^s = DA_2 + FA_1$），$LM(M_1^s)$ 右移至 $LM(M_2^s)$，與 $IS(E_1)$ 交於 B 點，此時國際收支為赤字。國際收支赤字使本國貨幣貶值（$E\uparrow$）。E_1 提高至 E_2 時，$IS(E_1)$ 將右移至 $IS(E_2)$，而 $BP(E_1)$ 右移至 $BP(E_2)$。匯率調整後，總體經濟又在 $IS(E_2)$、$LM(M_2^s)$ 與 $BP(E_2)$ 之交點 C 達到均衡。

圖 12–8　浮動匯率之擴張性貨幣政策效果

假設原先總體經濟決定於 $IS(E_1)$、$LM(M_1^s)$ 與 $BP(E_1)$ 的交點 A，其對應的利率、所得與匯率各為 r_1、y_1 與 E_0。如果央行採取擴張性的貨幣政策，即央行由公開市場買入票券，因此央行的國內資產由 DA_1 增為 DA_2，而貨幣供給由 M_1^s $(= DA_1 + FA_1)$ 增加為 M_2^s $(= DA_2 + FA_1)$，$LM(M_1^s)$ 隨之右移至 $LM(M_2^s)$。因 $IS(E_1)$ 與

$LM(M_2^s)$ 的交點 B 位於 $BP(E_1)$ 線的右（下）方，由前述可知，B 點表示國際收支赤字。由第 11 章可知，於浮動匯率，國際收支（外匯市場）不均衡時，可經由匯率的調整而達到均衡。因此，於 B 點，國際收支赤字將造成本國貨幣貶值 $(E\uparrow)$。假設 E_1 提高至 E_2 時，國際收支（外匯市場）可恢復均衡。由本章第 1 節可知，$E\uparrow$ 時會造成 IS 與 BP 的右移。亦即，由 E_1 提高至 E_2 時，$IS(E_1)$ 將右移至 $IS(E_2)$，而 $BP(E_1)$ 右移至 $BP(E_2)$。匯率調整後，總體經濟又在 $IS(E_2)$、$LM(M_2^s)$ 與 $BP(E_2)$ 之交點 C 達到均衡。C 點對應的利率、所得與匯率各為 r_3、y_3 與 E_2。

 (二)浮動匯率之財政政策效果

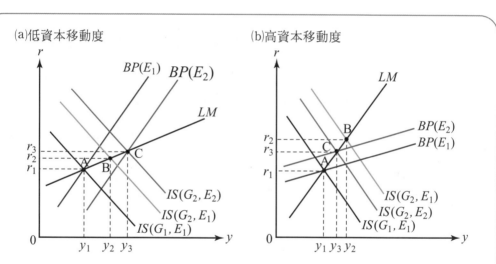

圖 12-9 (a)低資本移動度的情況，政府支出由 G_1 增加為 G_2，使 $IS(G_1, E_1)$ 右移為 $IS(G_2, E_1)$，而 $IS(G_2, E_1)$ 與 LM 的交點 B，此時國際收支為赤字，外匯市場的需求大於供給。於浮動匯率下，本國貨幣將貶值 $(E\uparrow)$，假設匯率由 E_1 提高至 E_2，使 $IS(G_2, E_1)$ 右移為 $IS(G_2, E_2)$；而 $BP(E_1)$ 右移為 $BP(E_2)$。$IS(G_2, E_2)$、LM 及 $BP(E_2)$ 的交點 C 為新的均衡點。圖 12-9 (b)資本變動度較高的情形下，政府支出由 G_1 增加為 G_2，使 $IS(G_1, E_1)$ 右移為 $IS(G_2, E_1)$，與 LM 相交於 B 點，此時國際收支為盈餘，於浮動匯率下本國貨幣將升值 $(E\downarrow)$。當 E_1 降低為 E_2 時，使 IS 與 BP 的左移，即 $IS(G_2, E_1)$ 與 $BP(E_1)$ 各左移為 $IS(G_2, E_2)$ 與 $BP(E_2)$。$IS(G_2, E_2)$、LM 與 $BP(E_2)$ 決定新的均衡點 C。

圖 12-9　浮動匯率之擴張性財政政策效果

圖 12–9 (a)與(b)表示浮動匯率之擴張性財政政策的效果。

圖 12–9 (a)表示低資本移動度的情況，於原先政府支出為 G_1，匯率為 E_1，對應的 IS 與 BP 各為 $IS(G_1, E_1)$ 與 $BP(E_1)$。$IS(G_1, E_1)$、LM 與 $BP(E_1)$ 決定均衡點 A，於政府支出由 G_1 增加為 G_2，此造成 $IS(G_1, E_1)$ 右移為 $IS(G_2, E_1)$，而 $IS(G_2, E_1)$ 與 LM 的交點 B 在 $BP(E_1)$ 線的右方，因此 B 點對應的國際收支為赤字，亦即於原匯率 (E_1) 水準，外匯市場的需求大於供給。於浮動匯率之情況，本國貨幣將貶值 $(E\uparrow)$，假設匯率由 E_1 提高至 E_2 時，外匯市場恢復均衡。而此匯率改變，亦將使 $IS(G_2, E_1)$ 右移為 $IS(G_2, E_2)$；而 $BP(E_1)$ 右移為 $BP(E_2)$。$IS(G_2, E_2)$、LM 以及 $BP(E_2)$ 的交點 C 為新的均衡點，其對應的利率、所得與匯率各為 r_3 $(>r_1)$、y_3 $(>y_1)$ 與 E_2 $(>E_1)$。

以資本移動度較高的圖 12–9 (b)而言，同樣地，原先 $IS(G_1, E_1)$、LM 與 $BP(E_1)$ 的交點為 A，其對應的利率、所得與匯率各為 r_1、y_1 與 E_1。於政府支出由 G_1 增加為 G_2，其對應的 $IS(G_2, E_1)$ 與 LM 的交點 B 位於 $BP(E_1)$ 之左（上）方，對應之國際收支為盈餘，亦即外匯市場的供給大於需求，本國貨幣因而升值 $(E\downarrow)$。若 E_1 降低為 E_2 時，外匯市場（國際收支）恢復均衡。此匯率的改變造成 IS 與 BP 的左移，即 $IS(G_2, E_1)$ 與 $BP(E_1)$ 各左移為 $IS(G_2, E_2)$ 與 $BP(E_2)$。$IS(G_2, E_2)$、LM 與 $BP(E_2)$ 決定新的均衡點 C，其對應的利率、所得與匯率各為 r_3 $(>r_1)$、y_3 $(>y_1)$ 與 E_2 $(<E_1)$。

由圖 12–9 (a)與(b)的比較可知：

> 於浮動匯率之情況，相對於高資本移動，在低資本移動時，政府支出的增加具有較大的所得效果。

三、資本完全移動之總體經濟政策效果

於本節前述，我們探討固定與浮動匯率之貨幣與財政的政策效果，且區分「低資本移動度」與「高資本移動度」之情況說明之。以下以討論的政策效果為「高

資本移動度」之情況的延伸，亦即「資本完全移動 (perfect capital mobility)」之下的總體經濟政策效果 **⑲**。

由於國際間資本的移動日益增加，且其移動亦日益自由化，「資本完全移動」表示，資本移動的利率敏感度為無限大。亦即，若不考慮預期的匯率變動 $[(\frac{E^e - E}{E})]$，於國內外的利率差距 $(r - r^*)$ 不為 0 時，資本必然於國內外迅速移動。資本的迅速移動造成本國利率 (r) 維持於國外利率 (r^*) 水準，亦即，在資本完全移動之情況，BP 線為：反映「本國利率等於國外利率 $(r = r^*)$」的水平線 **⑳**。

於「資本完全移動」之假設，以下依次探討固定匯率以及浮動匯率之情況，貨幣政策與財政政策之效果。

 (一)固定匯率之政策效果

圖 12–10 (a)與(b)各表示「資本完全移動」時，固定匯率之貨幣與財政政策效果 **㉑**。

---

⑲　Mundell (1963) 可稱是最早提出「資本完全移動」之情況的總體經濟政策效果的人。

⑳　由本章**⑬**可知，BP 線的斜率可表示為：$\left.\dfrac{\partial r}{\partial y}\right|_{BP} = \dfrac{M_y}{k_\Delta}$。其中，$k_\Delta$ 表示「資本的移動度」，

亦即「資本移動的利率敏感度」$(\Delta = r - r^*)$。因此，於「資本完全移動」時，$k_\Delta \to \infty$，

以之代入上式，可得：$\left.\dfrac{\partial r}{\partial y}\right|_{BP} \to 0$。此表示，於「資本完全移動」時，$BP$ 線的斜率為

0，亦即，BP 線為一水平線。另外，由 BP 的數學式，即 (12.4) 式，

$X(E) - M(E, y) + K(r - r^*) = 0$。若假設其為直線的函數形態，則可將之表示為：

$\alpha(E) - \beta y + k_\Delta(r - r^*) = 0$，此式之中，$\alpha, \beta$ 與 k_Δ 皆為正的常數。其中 $\alpha = \dfrac{\partial(X - M)}{\partial E} > 0$，

此表示，於「馬婁條件」成立時，本國貨幣貶值 $(E\uparrow)$ 會改善貿易收支；$\beta = \dfrac{\partial M}{\partial y}$，即

β 為「邊際進口傾向」；k_Δ 則如前述，表示「資本移動的利率敏感度」。由上式可得：

$r - r^* = \dfrac{-[\alpha(E) - \beta y]}{k_\Delta}$，由此式，於「資本完全移動」之情況，即 $k_\Delta \to \infty$，可得：$r = r^*$。

此式表示：於「資本完全移動」，BP 線為「維持本國利率等於國外利率水準之水平線」。

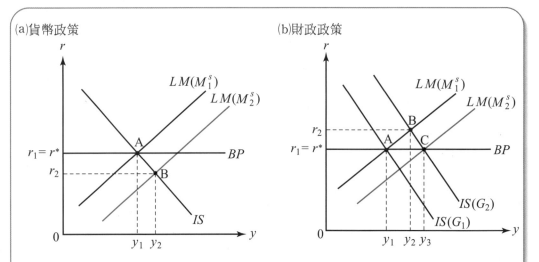

(a)貨幣政策　　　　　　　　　　　　　(b)財政政策

圖 12-10 (a)假設原均衡點為 A 點，當央行採取擴張性貨幣政策，使國內資產增加 ($DA_1 \rightarrow DA_2$)，LM 線右移 ($LM\,(M_1^s = DA_1 + FA_1) \rightarrow LM\,(M_2^s = DA_2 + FA_1)$)，$IS$、$LM$ 與 BP 相交於 B 點，此時國際收支為赤字，在固定匯率下，央行須出售外匯，使國外資產減少 ($FA_1 \rightarrow FA_2$)，在外匯市場均衡下，LM 線須左移至原先的 LM 情況下才會停止調整重新達於均衡 ($LM(DA_2 + FA_1) \rightarrow LM(DA_2 + FA_2) = LM(DA_1 + FA_1)$)。圖 12-10 (b)假設原均衡點仍為 A 點，當政府支出由 G_1 增加為 G_2，使 $IS(G_1)$ 右移為 $IS(G_2)$，與 $LM(M_1^s)$ 的交點為 B，此時國際收支盈餘，在匯率固定下，央行須購入外匯，造成國內貨幣供給增加，LM 右移 ($LM(DA_1 + FA_1) \rightarrow LM(DA_1 + FA_2)$)。在外匯市場均衡下，$LM(M_2^s)$ 與 $IS(G_2)$ 的交點須位於 BP 線上，因此 C 點為新均衡。

圖 12-10　資本完全移動，固定匯率之政策效果

1.貨幣政策

於圖 12-10 (a)中，假設原先的貨幣供給為 $M_1^s\,(= DA_1 + FA_1)$，其對應 $LM(M_1^s)$。因此，原先的均衡點決定於 IS、$LM(M_1^s)$ 與 BP 的交點 A，其對應的所得為 y_1。如前述，於資本決定完全移動時，BP 線為水平線，其對應的利率等於國外利率 (r_1

---

❷❶　於「資本完全移動」時，所討論的固定匯率之貨幣與財政政策效果，均指「未沖銷」的情況。其原因為：在貨幣或財政政策實施後，總體經濟由原先的均衡點移至國際收支不均衡的點，而於「資本完全移動」時，資本的移動度為無限大，央行須具有無限量的外匯，才能持續沖銷。因此央行不易以沖銷措施，以維持經濟於國際收支不均衡的點。

$= r^*$)。如果央行採取擴張的貨幣政策，即央行於公開市場買入票券，因而其國內資產由 DA_1 增為 DA_2，貨幣供給因而由 M_1^s 增加為 M_2^s $(= DA_2 + FA_1)$，對應地，$LM(M_1^s)$ 右移為 $LM(M_2^s)$。IS 與 $LM(M_2^s)$ 的交點為 B，所決定的利率與所得各為 r_2 與 y_2。但 B 點位於 BP 線的下方，因而其表示國際收支赤字❷，即外匯市場的需求大於供給。為維持匯率固定，央行須出售外匯，以因應外匯市場的超額需求，因此，央行持有的國外資產 (FA) 減少，而導致貨幣供給減少，LM 左移。由前述可知，資本為完全移動時，於外匯市場均衡狀態，本國利率必然等於國外利率 $(r_1 = r^*)$。此表示 $LM(M_2^s)$ 將左移至原先的 $LM(M_1^s)$，才會停止調整。亦即，由 B 點至 A 點的調整過程中，央行國外資產由 FA_1 減少為 FA_2，而央行國外資產的減少 $(FA_1 - FA_2)$ 恰好等於其國內資產的增加 $(DA_2 - DA_1)$。

　　由以上可知：

> 資本為完全移動之固定匯率情況, 擴張性的貨幣政策並無效果, 均衡點仍如圖 12–10 ⒜
> 中的 A 點, 而所得 (y_1) 維持不變。其結果只影響央行的資產結構, 即其國內資產的增
> 加恰等於國外資產的減少。

2. 財政政策

　　其次，圖 12–10 ⒝說明，資本完全移動，固定匯率之財政政策效果。假設原先政府支出為 G_1，貨幣供給為 M_1^s $(= DA_1 + FA_1)$，其各對應 $IS(G_1)$ 與 $LM(M_1^s)$，而兩者與 BP 的交點為 A，對應的利率與所得各為 r_1 $(= r^*)$ 與 y_1。於政府支出由 G_1 增加為 G_2，因此 $IS(G_1)$ 右移為 $IS(G_2)$，其與 $LM(M_1^s)$ 的交點為 B，所決定的利率與所得各為 r_2 $(> r^*)$ 與 y_2。因 B 點位於 BP 線上方，其對應國際收支盈餘，即外匯市場有超額供給。為維持匯率固定，央行須將外匯的超額供給全部購入，此將造成央行的國外資產增加，進而貨幣供給增加，LM 右移。如前述，於資本完全移動，

---

❷　由前述的說明，位於 BP 線左（上）方的點表示國際收支盈餘；相反地，位於 BP 線右（下）方的點則表示國際收支赤字。

均衡時，本國利率須等於國外利率，亦即 IS 與 LM 的交點須在 BP 線上。

由以上，可假設圖 12-10 (b)中，央行購入外匯，而其國外資產由 FA_1 增加為 FA_2 時，貨幣供給由 M_1^s 增加為 $M_2^s (= DA_1 + FA_2)$，而 $LM(M_1^s)$ 右移為 $LM(M_2^s)$。 $LM(M_2^s)$ 與 $IS(G_2)$ 的交點 C 又位於 BP 線上，因此，在 C 點又達到均衡，其對應的利率與所得各為 $r_1 (= r^*)$ 與 y_3。

由圖 12-10 (b)可知：

> 於資本完全移動，匯率固定之情況，財政政策的效果達到最大 ❷。

 (二)浮動匯率之政策效果

圖 12-11 (a)與(b)各說明，資本完全移動情況，浮動匯率之貨幣與財政政策效果。

1.貨幣政策

圖 12-11 (a)中，原先匯率為 E_1，其對應 $IS(E_1)$；貨幣供給為 $M_1^s (= DA_1 + FA_1)$，對應 $LM(M_1^s)$。$IS(E_1)$ 與 $LM(M_1^s)$ 的交點 A 在 BP 線上，因此 A 點為均衡點。於政府採取擴張性的貨幣政策，即央行於公開市場買入票券，其國內資產由 DA_1 增加為 DA_2，貨幣供給由 M_1^s 增加為 $M_2^s (= DA_2 + FA_1)$，因此 $LM(M_1^s)$ 右移為 $LM(M_2^s)$。 $IS(E_1)$ 與 $LM(M_2^s)$ 的交點 B 所決定的利率與所得各為 r_2 與 y_2。如前述，因 B 點位於 BP 線下方，其表示國際收支赤字，即外匯市場有超額需求，於浮動匯率之情況，本國貨幣將貶值 ($E\uparrow$)，而造成 IS 右移。如果 E_1 提高至 E_2 時，國際收支（外匯市場）達到均衡，即 $IS(E_1)$ 右移至 $IS(E_2)$，而 $IS(E_2)$ 與 $LM(M_2^s)$ 的交點 C 恰好在 BP （表示國際收支均衡）線上，C 點即為新的均衡點，其對應的利率、所得與匯率

---

❷　由圖 12-10 (b)，於政府支出由 G_1 增加為 G_2 時，均衡點由 A 移至 C，利率維持不變，所得由 y_1 增加為 y_3。此政府支出增加的乘數效果等於開放經濟的簡單凱因斯乘數（此乘數假設利率固定），即 $\dfrac{\Delta y}{\Delta G} = \dfrac{1}{1 - b + m}$。其中 b 與 m 各表示邊際消費傾向與邊際進口傾向。此項乘數等於未考慮所得稅率 ($t = 0$) 時之 (3.37) 式。

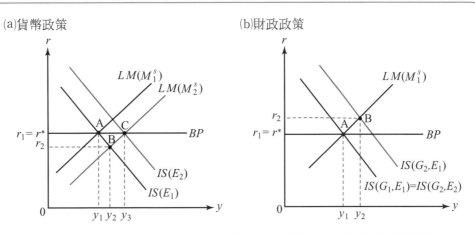

圖 12-11 (a)假設原均衡點為 A 點,當採取擴張性貨幣政策,央行買入票券,使國內資產增加 (DA_1 $\rightarrow DA_2$),造成 LM 右移 ($LM(M_1^s = DA_1 + FA_1) \rightarrow LM(M_2^s = DA_2 + FA_1)$),與 $IS(E_1)$ 交於 B 點,此時國際收支為赤字,在浮動匯率下,本國貨幣會貶值 ($E_1 \rightarrow E_2$),造成 IS 線右移 ($IS(E_1) \rightarrow IS(E_2)$),與 $LM(M_2^s)$ 相交於新均衡點 C。圖 12-11 (b)假設原均衡點為 A 點,當政府採取擴張性財政政策,政府支出由 G_1 增加為 G_2,則 $IS(G_1, E_1)$ 右移為 $IS(G_2, E_1)$,與 $LM(M_1^s)$ 的交點為 B,此時國際收支為盈餘,在浮動匯率下,本國貨幣將升值 ($E_1 \rightarrow E_2$),IS 線將左移 ($IS(G_2, E_1) \rightarrow IS(G_2, E_2) = IS(G_1, E_1)$),在達到國際收支均衡下,新均衡點回到原先的均衡點 A。

圖 12-11　資本完全移動,浮動匯率之政策效果

各為 $r_1 (= r^*)$, y_3 與 $E_2 (> E_1)$。

由圖 12-11 (a)可知:

於資本完全移動,且為浮動匯率之情況,貨幣政策的效果達到極大。

2.財政政策

圖 12-11 (b)中,假設原先的匯率與政府支出各為 E_1 與 G_1,其對應 $IS(G_1, E_1)$。而貨幣供給為 M_1^s,其對應 $LM(M_1^s)$。$IS(G_1, E_1)$ 與 $LM(M_1^s)$ 的交點為 A,對應的利率與所得各為 $r_1 (= r^*)$ 與 y_0。如果政府支出由 G_1 增加為 G_2,則 $IS(G_1, E_1)$ 右移為 $IS(G_2, E_1)$,其與 $LM(M_1^s)$ 的交點為 B,所決定的利率與所得各為 r_2 與 y_2。因 B 點

位於 *BP* 線的上方,其國際收支為盈餘,即外匯市場有超額供給,於浮動匯率之情況,本國貨幣將升值 ($E\downarrow$) 而造成 *IS* 左移。於 E_1 降低至 E_2 時,若國際收支(外匯市場)又達均衡,即 $IS(G_2, E_1)$ 左移至 $IS(G_2, E_2)$,其與 $LM(M_1^s)$ 的交點為原先的 A,而 A 點在 *BP*(表示國際收支均衡)線上。

由圖 12–11 ⒝可知:

於資本完全移動,且為浮動匯率之情況,則財政政策完全不具效果。

歐洲貨幣聯盟與歐元

以經濟學的術語來說,貨幣聯盟 (monetary union) 意指:多數國家使用一個共通的貨幣。由歐洲各國所組成的歐洲貨幣聯盟 (European Monetary Union, EMU) 乃一具體的例子。

於 1988 年,歐盟各國慶祝其成立三十週年之際,數個國家表達,歐盟各國應朝向單一貨幣之途。而由當時的歐盟總裁 Jacques Delors 提出所謂的 Delors 報告 (The Delors report),報告中指出,歐洲貨幣聯盟的發展將區分為三個階段 (three stages),於第一個階段,各國取消其對資本的管制 (the abolition of capital control)。於第二個階段,除非為特殊情況 (exceptional circumstances),否則各國貨幣之間,維持固定匯率,亦即所謂「固定平價 (fixed parities)」。於第三個階段,各國採用一共通貨幣。1990 年、1994 年與 1999 年各為以上三個階段的實施年度。其中,於 1995 年,各國將未來的單一貨幣命名為歐元 (Euro)。

而加入共通貨幣的條件,則於 1991 年的馬斯垂克條約 (the Maastricht Treaty) 中已有規定,其包含,參加國的物價膨脹率,政府預算赤字的比率與公債比率均不高於特定的百分比。

於 1998 年 5 月,有十一國加入歐元區,其包含:奧地利、比利時、芬蘭、法、德、義大利、愛爾蘭、盧森堡、荷蘭、葡萄牙與西班牙。英國、丹麥與瑞典則未加入。

如前述,歐元產生於 1999 年,於 2002 年之前,歐元只為一計價單位,並未作為交易工具。2002 年之後,才有歐元的紙幣與鈔券產生,其代替歐元區各國原有的貨幣,成

為實際的交易工具。

另外，歐元區各國亦成立歐洲中央銀行 (the European Central Bank, ECB)，以統籌規劃歐元區之貨幣政策。但評論者認為其仍存在以下之缺點：

首先，歐元區缺乏語言、歷史與文化等方面的同質度 (the degree of homogeneity)。

其次，歐元區各國的經濟結構與發展程度亦不相同，如以共通之貨幣政策（利率政策），似不易同時達到各國之政策目標。

（為進一步瞭解歐洲貨幣聯盟與歐元，可參閱 Blanchard (2003)，或由 http://www.euro.ecb.inst/）

 本章重要名詞與概念

馬婁條件	沖銷政策
央行的外匯市場干預	資本完全移動

※附錄：「馬婁條件」之導出

貿易餘額，即淨出口 $(X - M)$ 可表示為：

$$X - M = X(\frac{EP^*}{P}) - \frac{EP^*}{P}M^*(\frac{EP^*}{P})$$ (12A.1)

(12A.1) 式中，X 與 M 各表示「以本國產品單位表示之出口」以及「以本國產品單位表示之進口」，M^* 則表示「以外國產品單位表示之進口」。而 $M = (\frac{EP^*}{P})M^*$，此表示：M^* 經相對價格（實質匯率）轉換後，即等於 M。

在討論 $(\frac{EP^*}{P})$ 提高對淨出口的影響時，可假設 $P^* = P = 1$，即假設 $(\frac{EP^*}{P})$ 的提高為 $E\uparrow$ 所造成的。在此假設下，(12A.1) 式可表示為：

$$X - M = X(E) - EM^*(E)$$ (12A.2)

由 (12A.2) 式各項對 E 微分，可得：

$$\frac{d(X-M)}{dE} = \frac{dX}{dE} - E\frac{dM^*}{dE} - M^* \tag{12A.3}$$

由於 $E\uparrow$ 會造成實質匯率 (相對價格) $(\frac{EP^*}{P})\uparrow$，導致國外產品價格相對提高，而造成出口增加，進口減少，即 $\frac{dX}{dE} > 0, \frac{dM^*}{dE} < 0$。因此，可定義「出口需求的匯率 (價格) 彈性」$\eta$，與「進口需求的匯率 (價格) 彈性」$\eta^*$ 為：

$$\eta = \frac{dX/X}{dE/E} \tag{12A.4}$$

$$\eta^* = \frac{-dM^*/M^*}{dE/E} \tag{12A.5}$$

以上 η 與 η^* 皆定義為正值，由 (12A.4) 式與 (12A.5) 式可得：

$$\frac{dX}{dE} = \eta \frac{X}{E} \tag{12A.6}$$

$$\frac{dM^*}{dE} = -\eta^* \frac{M^*}{E} \tag{12A.7}$$

以 (12A.6) 式與 (12A.7) 式代入 (12A.3) 式，即：

$$\frac{d(X-M)}{dE} = \eta \frac{X}{E} + \eta^* M^* - M^* \tag{12A.8}$$

由 (12A.8) 式各項乘以 $(\frac{E}{X})$，可得：

$$\frac{d(X-M)}{dE}(\frac{E}{X}) = \eta + \eta^* M^*(\frac{E}{X}) - M^*(\frac{E}{X}) \tag{12A.9}$$

假設於 $E\uparrow$ 之前，貿易收支為均衡的。亦即，由 (12A.1) 式，若 $P = P^* = 1$，$X - M = X - EM^* = 0$。由之可得 $(\frac{E}{X}) = (\frac{1}{M^*})$，以此式代入 (12A.9) 式，可得：

$$\frac{d(X-M)}{dE} = M^*(\eta + \eta^* - 1) \tag{12A.10}$$

由 (12A.10) 式可知，貶值 $(E\uparrow)$ 可改善貿易收支 $(X-M)$ 的條件為：

$$\eta + \eta^* > 1 \tag{12A.11}$$

(12A.11) 式即「馬婁條件」。

 習 題

1. 試以數學式說明，開放經濟的 *IS* 之導出。

2. 於開放經濟之情況，試以數學式表示 *LM*。

3. 於開放經濟之情況，貿易順差或資本淨流入是否造成貨幣供給增加?

4. 於開放經濟之情況，為說明各項政策效果，除了 *IS* 與 *LM* 之外，另須配合 *BP*，
   試說明以下各項:

   (1) *BP* 之意義。

   (2) 以數學式與圖形說明 *BP*。

5. 於固定匯率，依以下兩種情形，繪圖說明貨幣政策之效果:

   (1) 沖銷之情況。

   (2) 未沖銷之情況。

6. 於固定匯率，依以下兩種情形，繪圖說明財政政策之效果:

   (1) 沖銷之情況。

   (2) 未沖銷之情況。

7. 於浮動匯率之情況，繪圖說明:

   (1) 貨幣政策之效果。

   (2) 財政政策之效果。

8. 資本於國際間完全移動之情況，說明固定匯率之:

   (1) 貨幣政策效果。

   (2) 財政政策效果。

9. 資本於國際間完全移動之情況，說明浮動匯率之:

   (1) 貨幣政策效果。

   (2) 財政政策效果。

經濟成長理論

「每人實質 *GDP*」的成

長率，即一般所稱的經濟成長率，一向

為各國所重視。一般認為，經濟成長率愈高的國家，其人民得以更快速地提高其

生活水準。因此，經濟成長來源之探討，很早就是經濟學者關心之議題。

本章首先說明 1950 年代梭羅 (Robert M. Solow) 提出的成長理論，即一般所

稱的新古典成長理論 (the Neoclassical Theory of Economic Growth)。由之，外生的

技術進步為經濟成長的原因。自 1980 年代以來，許多經濟學者重新探討經濟成長

的來源，嘗試將技術進步內生化，以說明經濟的持續成長，此即所謂內生成長理

論 (Endogenous Growth Theories)。

於本書前述各章，我們所討論的總體經濟，均屬短期的情況。亦即，通常假

設資本維持不變而省略之，因此，總合生產函數之中，只以勞動作為生產要素。

於本書第 6 章，探討總合供給與總合需求模型時，雖然提到資本變動對總合供給

的影響，但此種資本的變動屬於 1 次的調整。實際上，於長期，影響總合生產函

數的因素，包含勞動、資本與生產技術等，均會持續不斷變動，而以上各項因素

的改變亦將造成產出（所得）的變動。

於長期間，衡量一國是否改善其人民的福祉，乃探討人民的生活水準 (living

standards) 是否提高，生活水準則顯然深受長期經濟成長率的影響。一般而言，生

活水準的高低可由一國的實質 *GDP* (*GNP*)，或「每人實質 *GDP* (*GNP*)」(real *GDP*

(*GNP*) per capital) 來衡量❶。表 13–1 列出，包含歐美四個先進國家與日本等五國

---

❶　實際上，於 *GDP* 成長的過程中，亦可能對自然環境產生影響，因而較正確的方法為，

的「每人實質 GDP」資料，表 13-2 則列出臺灣的「每人實質 GDP」資料。

表 13-1　五個先進國家的「每人實質 GDP」
（按 1996 年價格計算）

國別	1950	2000	2000/1950
法國	5,489	21,282	3.90
德國	4,642	21,910	4.70
日本	1,940	22,039	11.40
英國	7,321	21,647	3.00
美國	11,903	30,637	2.60
平均	6,259	23,503	3.70

資料來源：Blanchard (2003), table 10-1

本章以下將探討經濟成長的來源，以及經濟成長理論。而所探討的成長理論又包含，較為傳統的新古典成長理論 (the Neoclassical Growth Model)，以及其後所發展的內生成長理論 (Endogenous Growth Theories)。

表 13-2　臺灣的「每人實質 GDP」與其年成長率（按 1996 年價格計算）

年	每人實質 GDP （新臺幣：仟元）	每人實質 GDP 年成長率
1960	33.70	3.10
1965	45.70	7.90
1970	64.80	9.00
1975	90.00	2.50
1980	135.60	5.10
1985	176.20	4.10
1990	260.10	4.40
1995	346.50	5.40
2000	438.10	5.50
2003	458.90	3.50

資料來源：Taiwan Statistical Data Book, 2004

將經濟發展所造成的負面影響亦予以納入，以計算經濟福利。

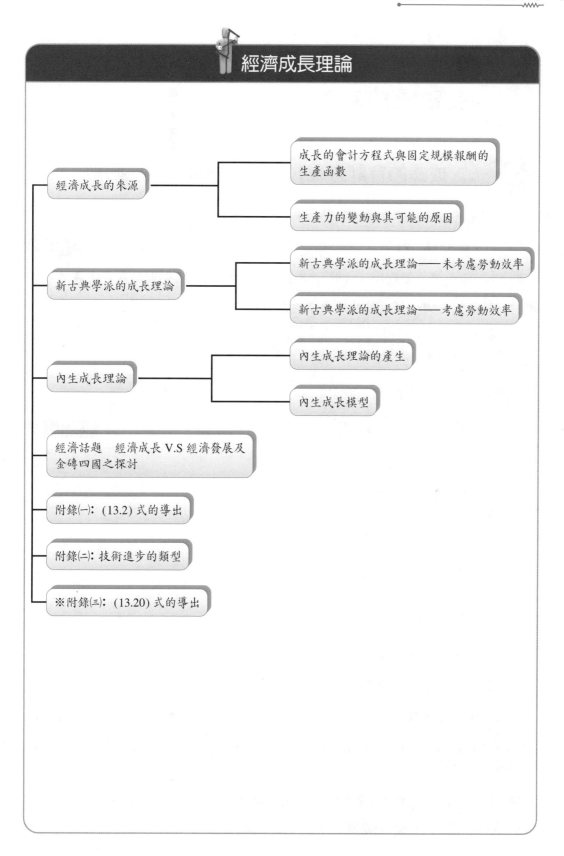

經濟成長的來源

 一、成長的會計方程式與固定規模的生產函數

為說明經濟成長的來源，我們可將總合生產函數表示為：

$$Y = AF(K, N) \qquad \text{(13.1)}$$

(13.1) 式中，Y 表示總產出（所得），K 與 N 各表示資本與勞動數量，而 A 表示生產力，其數值之大小可反映技術水準之高低[2]。

(一)成長的會計方程式

對 (13.1) 式求變動量，可得：

$$\frac{\Delta Y}{Y} = \frac{\Delta A}{A} + a_K \frac{\Delta K}{K} + a_N \frac{\Delta N}{N} \qquad \text{(13.2)} \; [3]$$

其中：

$\dfrac{\Delta Y}{Y}$ = 產出（所得）的成長率

$\dfrac{\Delta K}{K}$ = 資本的成長率

$\dfrac{\Delta N}{N}$ = 勞動的成長率

$\dfrac{\Delta A}{A}$ = 生產力的成長率

a_K = 產出的資本彈性

a_N = 產出的勞動彈性

(13.2) 式可稱為成長的會計方程式 (the growth accounting equation)，其表示，產出（所得）的成長率為來自生產力、資本與勞動等三項因素之成長率。其中，

---

[2] 若假設每一個勞動者均提供 1 單位勞動，則 N 可同時表示勞動人數或勞動量。

[3] (13.2) 式的導出可見本章附錄㈠。

資本與勞動對產出（所得）成長的貢獻，各等於其成長率與其產出彈性之乘積。

(13.2) 式亦可表示為：

$$\frac{\Delta A}{A} = \frac{\Delta Y}{Y} - a_K \frac{\Delta K}{K} - a_N \frac{\Delta N}{N}$$

(13.3)

(13.3) 式顯示，生產力的成長率 ($\frac{\Delta A}{A}$) 為一種剩餘 (residual)，可稱為梭羅剩餘 (the Solow residual)，又稱為總要素生產力 (*TFP*) 的成長率 (the rate of growth of total factor productivity)，其等於產出的成長率 ($\frac{\Delta Y}{Y}$) 扣除資本與勞動對成長的貢獻（各以 $a_K \frac{\Delta K}{K}$ 與 $a_N \frac{\Delta N}{N}$ 表示）之餘額。茲以實例說明，假設 ($\frac{\Delta Y}{Y}$) = 10%，($\frac{\Delta K}{K}$) = 5%，($\frac{\Delta N}{N}$) = 6%，$a_K = 0.3, a_N = 0.7$。以之代入 (11.3) 式，可求出 ($\frac{\Delta A}{A}$) = 4.3%。

(二)固定規模報酬的生產函數

為求簡化，(13.1) 式所表示的生產函數可假設為固定規模報酬 (constant returns to scale, *CRTS*) 之形態，即 (13.1) 式可簡化為：

$$Y = AK^\alpha N^{1-\alpha}$$

(13.4)

(13.4) 式表示，如果所有生產因素（即 *K* 與 *N*）均為原來的 θ 倍，則產出亦將為原來的 θ 倍，因而此種生產函數稱為「固定規模報酬」❹。若生產函數為 (13.4) 式之形態，則 (13.4) 式中，α 與 $(1-\alpha)$ 各表示產出的資本彈性 (a_K) 與產出的勞動彈性 (a_N) ❺。

---

❹　若資本由 *K* 成為 (θK)，勞動由 *N* 成為 (θN)，以之代入 (13.4) 式，可得：$A(\theta K)^\alpha(\theta N)^{1-\alpha}$ $= A\theta^{\alpha+(1-\alpha)}K^\alpha N^{1-\alpha} = \theta A K^\alpha N^{1-\alpha} = \theta Y$，亦即，產出亦由 *Y* 成為 θY。(13.4) 式可稱為柯布─道格拉斯生產函數 (the Cobb-Douglas production function)，較為一般化的柯布─道格拉斯生產函數可表示為，$Y = AK^\alpha N^\beta$，於此形態下，若 *K* 與 *N* 各成為 θK 與 θN，則產出成為：$A(\theta K)^\alpha(\theta N)^\beta = \theta^{\alpha+\beta}AK^\alpha N^\beta = \theta^{\alpha+\beta}Y$。

❺　由 (13.4) 式，若以微分的方式表示變動，可求出：$\frac{\partial Y}{\partial K} = \alpha AK^{\alpha-1}N^{1-\alpha} = \alpha(\frac{Y}{K})$，$\frac{\partial Y}{\partial N}$

二、生產力的變動與其可能的原因

以歐美先進國家與日本為例，其「產出成長率」($\frac{\Delta Y}{Y}$)，以及依 (13.3) 式所計算之「生產力成長率」($\frac{\Delta A}{A}$)，可表示如表 13–3。

表 13–3　產出與生產力的年成長率

	產出的年成長率		生產力的年成長率	
	1960–1973	1973–1990	1960–1973	1973–1990
美　國	4.00	2.50	1.60	0.00
日　本	10.00	4.00	5.90	1.80
歐　洲	4.90	2.30	3.20	1.30
OECD	5.30	2.70	2.80	0.70

資料來源：Abel and Bernanke (1995) 引自 Kumihara Shigehara (1992)

由表 13–3 可知，表列各國，以及 OECD 整體，均呈現：1960–1973 年之際，產出與生產力的成長率較高，而 1973–1990 年之期間，兩種成長率則均降低。經濟學者對 1973 年之後，生產力之成長率的降低，尤其關心。希望能找出其原因，以下為一些可能的理由：

(一)衡量的問題

持此觀點的學者認為，實際上，生產力之成長率可能未必降低，其降低可能源自衡量 (measurement) 的問題。基本的原因為，於經濟成長的過程中，同時會產生，產出之數量的增加與其品質的提高。其中，量的增加較易衡量，而質的提高則不易測度。

以各國經濟發展的過程來看，產業的發展，其順序由農業、製造業以至於服務業。其中，

$= (1 - \alpha)AK^{\alpha}N^{-\alpha} = (1 - \alpha)(\frac{Y}{N})$。由此二式可各求出：$\alpha = \frac{\partial Y/\partial K}{Y/K}$，$(1 - \alpha) = \frac{\partial Y/\partial N}{Y/N}$。亦即，$\alpha$ 與 $(1 - \alpha)$ 各表示「產出的資本彈性」與「產出的勞動彈性」。

農業與製造業均屬有形的 (tangible) 產業，其產出較易衡量，相反的，服務業則為無形的 (intangible)，其產出的數量與品質均不易衡量。

經濟發展的程度愈高，服務業之產值占所有產業的比值亦愈大，而如前述，服務業產出之質量不易衡量，此將造成生產力的成長率低估之現象。

 (二)新觀念的形成與其商業化

經濟學者認為，於 1930 年代，因經濟大恐慌等因素，其間所累積的技術新觀念 (new ideas) 均未付諸實現，至 1940 年代才將之應用於生產過程，此也造成 1960–1973 年之際，產出與生產力的成長率大幅提高。而其後並無前述大量的「新觀念」的存在，因此，1973 年之後的期間，生產力的成長率較前為低。亦有學者認為，

生產力之成長率較低的原因為：即使基礎科學有所進步，但仍未將之商業化，以應用於實際的生產過程。

 (三)勞動與環境的保護

於經濟成長的過程中，僱主可能要求勞動者逾時工作，而各項經濟活動亦可能超限使用自然環境，造成環境的破壞。因此，在經濟成長到某一程度後，各國政府開始重視勞動者與環境的保護。隨著勞動者與環境保護要求的日益提高，產出未能如前一般快速成長，生產力的成長率乃出現降低的現象。

 (四)油價的提高

1973 年以及其後，「石油輸出國家組織」(OPEC) 的油價提高行動，亦被認為是生產力之成長率降低的原因之一。其論點為：

於油價提高後，生產活動中，配合勞動與資本而使用的能源減少，因此，生產力的成長率將隨之降低 ❻。

第 **2** 節
新古典學派的成長理論

本節討論經濟學者梭羅 (Robert M. Solow) 所提出的成長理論，其亦被稱為新古典的成長理論 (the Neoclassical Theory of Economic Growth) ❼。此理論也成為其後研究成長的基本架構。簡略言之，梭羅的成長模型乃研究：儲蓄率、勞動（人口）成長率與技術進步對長期均衡產出（所得）的影響 ❽。

本節首先探討，未考慮勞動效率 (the efficiency of labor) 之情況的新古典成長理論，以之說明，儲蓄率或勞動（人口）成長率提高對長期均衡產出（所得）的影響。其次，考慮勞動效率，以之說明技術進步（即勞動效率的成長率提高）對長期均衡產出（所得）的影響。

 一、新古典學派的成長理論——未考慮勞動效率

 (一)新古典成長理論的長期均衡與動態調整

於本書第 3 章，我們討論簡單的凱因斯所得決定理論時，曾提到若不考慮政府部門以及國外部門，則產品市場的均衡可以 (3.3) 式表示，即：

---

❻ 於本書第 6 章，曾以生產函數為 $y = AK^{\alpha}N^{\beta}$（同本章❹之設定），且將能源價格的提高表現於 A 的降低，以討論 y^d–y^s（總合需求與總合供給）模型架構下，其對總體經濟的影響。

❼ 此可參見 Solow (1956)。

❽ 本章假設勞動成長率與人口成長率相等。

$$S = I \qquad (3.3)$$

如前述，(3.3) 式說明，於儲蓄等於（計畫的）總投資時，產品市場達到均衡。

其次，假設儲蓄為所得（產出）的一個固定比率 β，即：

$$S = \beta Y \qquad (13.5)$$

(13.5) 式中，β 為「平均儲蓄傾向」(APS)，亦為「邊際儲蓄傾向」(MPS)，且 $0 < \beta < 1$❾。

1. 每人產出、每人資本與每人儲蓄

由本章前述，總合生產函數可以 (13.1) 式表示。若總要素生產力 (A) 維持固定，為求簡便，假設 $A = 1$，則 (13.1) 式可表示為：

$$Y = F(K, N) \qquad (13.1)'$$

由 (13.1)′ 式，如同本章前面，假設生產函數為「固定規模報酬」，亦即，若 K 與 N 均乘以 θ 倍，則產出亦乘以 θ 倍，由之可得：

$$\theta Y = F(\theta K, \theta N)$$

若令 $\theta = \dfrac{1}{N}$，則上式為：

$$\frac{Y}{N} = F(\frac{K}{N}, 1) \qquad (13.6)$$

(13.6) 式表示：每人產出（所得）$\dfrac{Y}{N}$ 為每人資本 $\dfrac{K}{N}$ 的函數❿。為更進一步簡化，可令 $y = (\dfrac{Y}{N}), k = (\dfrac{K}{N})$，而 $F(k, 1) = f(k)$，則 (13.6) 式可表示為：

$$y = f(k) \qquad (13.7)$$

---

❾　由 (13.5) 式，可求出：$\beta = \dfrac{S}{Y} = APS, \beta = \dfrac{\Delta S}{\Delta Y} = MPS$。如本書第 3 章，「邊際儲蓄傾向」($MPS$) 表示：每增加 1 單位的所得，所增加的儲蓄。另外，「平均儲蓄傾向」(APS) 則為：儲蓄占所得之比率。

❿　精確的說，$\dfrac{Y}{N}$ 為「每個勞動的產出（所得）」，$\dfrac{K}{N}$ 為「每個勞動的資本」。為求簡化，本章假設勞動與人口相同，兩者可互用，本章以下稱 $y = \dfrac{Y}{N}$ 為每人產出（所得），即 $y = \dfrac{Y}{N}$ 可同時表示每人產出或每人所得。

以 (13.7) 式表示的生產函數，可以圖 13–1 表示之 ❶ 。

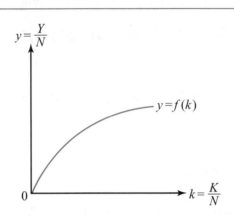

隨著每人資本 (k) 的增加，每人產出 (y) 跟著增加，但每人邊際產出 $(\frac{\partial y}{\partial k})$ 隨著每人資本的增加而遞減。

🔊 圖 13–1 以「每人產出（所得）」與「每人資本」表示的生產函數

每人資本 (k) 的變動可表示為：

$$\dot{k} = \frac{\dot{K}}{N} - kn \qquad\qquad (13.8) \quad ❷$$

---

❶ 由圖 13–1，$y = f(k)$ 呈現下凹 (concave downwards) 的形態，此可以數學式證明之。為求簡便，可假設「固定規模報酬」的生產函數為 $Y = K^{\alpha} N^{1-\alpha}$（由 (13.4) 式，令其中之 A 為 1）。由之可得：$y = \frac{Y}{N} = \frac{K^{\alpha} N^{1-\alpha}}{N} = (\frac{K}{N})^{\alpha} = k^{\alpha}$，由之可得：$\frac{\partial y}{\partial k} = \alpha k^{\alpha-1} > 0$，以及 $\frac{\partial(\partial y / \partial k)}{\partial k} = \frac{\partial^2 y}{\partial k^2} = (\alpha - 1)\alpha k^{\alpha-2} < 0$（因 $0 < \alpha < 1$）。由以上兩式可知，k 的增加造成 y 的增加，亦即，圖 13–1 中，$y = f(k)$ 曲線的切線之斜率 $(\frac{\partial y}{\partial k})$ 為正。另外，隨著 k 增加，此斜率將減少。此表示：$y = f(k)$ 為「下凹」之形態。

❷ 若定義 $x = \frac{dx}{dt}$，因此 $\dot{k} = \frac{d(K/N)}{dt}$，由此式可求出：$\frac{d(K/N)}{dt} = \frac{(N)(dK/dt) - K(dN/dt)}{N^2} = \frac{1}{N}(\frac{dK}{dt}) - (\frac{K}{N})(\frac{dN/dt}{N}) = (\frac{1}{N})(\dot{K}) - (k)(\frac{\dot{N}}{N})$，此式之中，令勞動增加率為 $n = (\frac{\dot{N}}{N})$，再以此式代入 $\dot{k} = \frac{d(K/N)}{dt}$，可得：$\dot{k} = \frac{\dot{K}}{N} - kn$。

依定義，$I - \delta K = \dfrac{dK}{dt} = \dot{K}$，亦即，資本的變動等於總投資扣除折舊（$\delta$ 為折舊率），且由 (3.3) 式與 (13.5) 式，可得：

$$S = \beta Y = \dot{K} + \delta K$$

此表示，$\dot{K} = \beta Y - \delta K$，以之代入 (13.8) 式，可得：

$$\dot{k} = \frac{\beta Y - \delta K}{N} - kn$$

即：

$$\dot{k} = \beta y - (\delta + n)k \qquad \text{(13.9)}$$

於經濟達到長期均衡，亦即，所謂靜止狀態 (steady state)，此時，每人資本 (k) 不再變動，即 $\dot{k} = 0$，(13.9) 式成為：

$$\beta y = \beta f(k) = (\delta + n)k \qquad \text{(13.10)}$$

(13.10) 式之中，βy 為每人儲蓄，其為儲蓄率 (β) 與每人所得 (y) 的乘積；δk 表示每人資本的折舊；另外，nk 則反映，於人口（勞動）成長率為 n 時，每人資本的降低率❸。

因此，(13.10) 式表示：

> 於經濟為長期均衡（靜止狀態）時，經由每人儲蓄所產生的總投資，一方面可抵補每人資本的折舊，另一方面亦可抵消人口（勞動）成長對每人資本的稀釋作用。

所以 (13.10) 式若成立，則可維持每人資本不變。

2. 新古典成長模型的長期均衡與動態調整

另外，由 (13.9) 式可知：

$$\dot{k} \gtreqqless 0, \qquad \text{於 } \beta y \gtreqqless (\delta + n)k \qquad \text{(13.11)}$$

圖 13–2 可用以說明 (13.10) 式與 (13.11) 式。

---

❸　由本章❷：$\dfrac{d(K/N)}{dt} = \dfrac{1}{N}(\dot{K}) - (k)(\dfrac{\dot{N}}{N}) = \dfrac{1}{N}(\dot{K}) - nk$，因此，於 $\dot{K} = 0, \dfrac{d(K/N)}{dt} = -nk < 0$

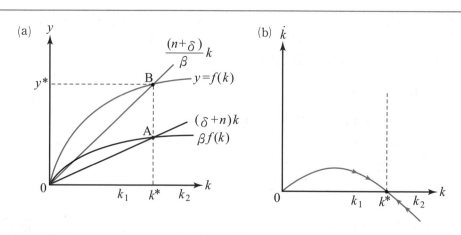

在未考慮勞動效率下，長期均衡時，每人資本維持不變，每人產出亦維持不變，因人口成長率為 n，總產出與總資本的成長率亦為 n。

圖 13-2　新古典成長模型的長期均衡與動態調整——未考慮勞動效率

圖 13-2 (a) 中，對應於 (13.10) 式，$\beta f(k)$ 線與 $(\delta + n)k$ 線的交點 A，其所決定的 k^* 為長期均衡（靜止狀態）之每人資本。因於 A 點，$\beta f(k)$ 與 $(\delta + n)k$ 相等，前者為每人儲蓄（每人總投資），而後者表示：於折舊率為 δ，人口（勞務）成長率為 n 時，為維持每人資本不變，所須之每人總投資。k^* 亦可由圖 13-2 (a)，$y = f(k)$ 線與 $\frac{(\delta + n)}{\beta} k$ 線 的 交 點 決 定 之。 因 由 數 學 的 觀 點，$f(k) = [\frac{(\delta + n)}{\beta}]k$ 與 $\beta f(k) = (\delta + n)k$ 是相等的。

圖 13-2 (a) 中，對應於 $k = k^*$，可由 $y = f(k)$ 線求出長期均衡之每人產出（所得），其值為 y^*。另外，圖 13-2 (a) 中，$y = f(k)$ 線與 $\beta f(k)$ 線之差距等於每人消費❹。此外，

---

❹ 如前述，$y = f(k)$ 表示每人產出（所得），$\beta f(k)$ 為每人儲蓄（其等於每人總投資）。而由 (3.3) 式：$S = I$。於簡單凱因斯模型，不考慮政府與國外部門時，可得：$Y = C + S$（即本書第 3 章 (1.5)′ 式），由此二式可得：$\frac{C}{N} = \frac{Y}{N} - \frac{S}{N}$，或者：$\frac{C}{N} = \frac{Y}{N} - \frac{I}{N}$，以上兩式之中，$(\frac{C}{N}) =$ 每人消費，$(\frac{Y}{N}) = y = f(k)$，$(\frac{S}{N}) = \beta f(k) = (\frac{I}{N})$。

βf(k) 等於每人儲蓄，其又等於每人實際的總投資，相對的，如前述，$(\delta + n)k$ 則為：維持每人資本不變時，所須之每人總投資，因此 $(\delta + n)k$ 又可稱為靜止狀態之每人總投資 (steady state investment per worker)。

圖 13–2 (b)則表示 (13.11) 式，其反映每人資本 (k) 的動態調整。由圖，若 $k = k_1 < k^*$，因於 k_1，$\beta f(k) > (\delta + n)k$，由 (13.11) 式可知，$k$ 會增加。同理，若 $k = k_2 > k^*$，於 k_2，因 $\beta f(k) < (\delta + n)k$，所以 k 會減少。只有於 $k = k^*$，因 $\beta f(k) = (\delta + n)k$，$k$ 乃維持不變。

以上「新古典成長模型——未考慮勞動效率」可以表 13–4 作一簡單結論。由表 13–4 可知，因於長期均衡（靜止狀態），每人資本 $k\,(= \dfrac{K}{N})$ 維持不變（即其成長率為 0），每人產出（所得）$y = f(k)$ 亦因而維持不變，而因人口（勞動）成長率為 n，此表示總產出 (Y) 與總資本 (K) 的成長率亦為 n❶❺。

表 13–4　「新古典成長理論——未考慮勞動效率」長期均衡之成長率

變　數	長期均衡之成長率
每人資本 $k = \dfrac{K}{N}$	0
每人產出（所得）$y = \dfrac{Y}{N}$	0
總產出（所得）Y	n
總資本 K	n
人口（勞動）N	n

(二)儲蓄率提高對長期均衡的影響

在說明了新古典成長理論之長期均衡與短期動態後，我們接著探討，那些因素的變動會造成長期均衡的改變。以下，首先說明儲蓄率變動之影響。

---

❶❺　於 $k\,(= \dfrac{K}{N})$ 與 $y\,(= \dfrac{Y}{N})$ 維持不變，此表示：K 與 Y 的成長率均與人口（勞動）的成長率 (n) 相同。

1. 儲蓄率提高對每人產出與資本的影響

儲蓄率的變動可由圖 13–3 表示之。由圖 13–3 (a)，假設原先儲蓄率為 β_1，每人儲蓄為 $\beta_1 f(k)$ 線所表示，其與 $(n+\delta)k$ 線的交點為 A，A 點對應的長期均衡每人資本為 k_1^*，其所對應的長期每人產出（所得）為 y_1^*。如果儲蓄率由 β_1 提高為 β_2，則每人儲蓄由 $\beta_1 f(k)$ 線上移為 $\beta_2 f(k)$ 線，其與 $(n+\delta)k$ 線的交點為 B，所決定的 k_2^* 大於原先的 k_1^*，對應於 k_2^* 的 y_2^* 亦大於原先的 y_1^*。

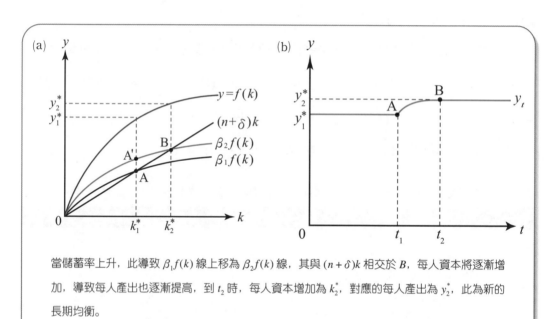

當儲蓄率上升，此導致 $\beta_1 f(k)$ 線上移為 $\beta_2 f(k)$ 線，其與 $(n+\delta)k$ 相交於 B，每人資本將逐漸增加，導致每人產出也逐漸提高，到 t_2 時，每人資本增加為 k_2^*，對應的每人產出為 y_2^*，此為新的長期均衡。

圖 13–3 儲蓄率 (β) 提高，對「新古典成長模型——未考慮勞動效率」的影響

圖 13–3 (b)的橫軸為時間，以 t 表示之。由之可知：至時間 t_1 之前，儲蓄率均維持為 β_1，所對應之長期均衡每人資本為 k_1^*，於 k_1^*，$\beta_1 f(k) = (n+\delta)k$，每人產出（所得）維持於 y_1^*；於時間 t_1，儲蓄率由 β_1 提高為 β_2，於 k_1^*，β_2 對應的 $\beta_2 f(k) > (n+\delta)k$，由前面的說明可知，此將造成：「每人儲蓄（每人總投資）」大於「為維持每人資本固定，所須之總投資」。因此，長期均衡的每人資本將由 k_1^* 逐漸增加，此導致長期均衡每人產出（所得）亦由 y_1^* 漸提高，至時間 t_2 時，每人資本為 k_2^*，對應的每人產出（所得）為 y_2^*，此即新的長期均衡。

　　圖 13–3 中，不論是原先的長期均衡（靜止狀態）A，或儲蓄率提高後，新的長期均衡 B，均符合表 13–4 所提到的結論，即：

> 於長期均衡（A 或 B），每人資本 (k) 或每人產出 (y) 的成長率均為 0；而總產出 (Y) 與總資本 (K) 的成長率均等於勞動成長率 n。

　　因如同前述，$y = \dfrac{Y}{N}$，且於 y 的成長率為 0，N 的成長率為 n 可知，Y 的成長率亦為 n；K 的成長率亦可同理推之為 n。

> 儲蓄率的改變造成長期均衡（靜止狀態）的每人資本 (k^*) 之變動。如果政府能藉由讓儲蓄率變動，而達到某一長期均衡 k^*，對應於此 k^*，每人消費 ($\dfrac{C}{N}$) 達到最大，則此 k^* 可稱為黃金法則的資本水準 (the Golden Rule Level of Capital) [16]。

以下說明其求解過程。

2. 黃金法則的資本水準

　　本章前面曾提到，表示「每人產出（所得）」的 $y = f(k)$ 線與表示「每人儲蓄」的 $\beta f(k)$ 線之差距，其值等於「每人消費」($\dfrac{C}{N}$)，即：

$$\frac{C}{N} = f(k) - \beta f(k) \tag{13.12}$$

　　另外，「黃金法則的資本水準」為一長期均衡的 k^*，因此，其亦須符合 (13.10) 式，即：

$$\beta f(k) = (\delta + n)k \tag{13.13}$$

　　由 (13.12) 式與 (13.13) 式，所欲求解的 ($\dfrac{C}{N}$) 可表示為：

$$\frac{C}{N} = f(k) - (\delta + n)k \tag{13.14}$$

---

[16]　參見 Phelps (1961)。

由 (13.14) 式，假設所求解的 $k^* = k_g^*$ 能讓 $(\frac{C}{N})$ 達到最大，k_g^* 即「黃金法則的資本水準」，則 k_g^* 須符合以下之條件，即：

$$f'(k_g^*) = (\delta + n)$$
$\qquad$ (13.15) [17]

將所求出的 k_g^* 代入 (13.13) 式，可求出對應於 k_g^* 的儲蓄率 β_g^* 為：

$$\beta_g^* = \frac{(\delta + n)k_g^*}{f(k_g^*)}$$
$\qquad$ (13.16)

以上對於 k_g^* 的求解，亦可由圖 13–4 對照說明之。

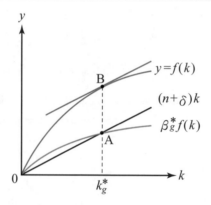

當資本的邊際生產力等於折舊率與人口成長率之和，則可求得「黃金法則的資本水準」，即，$y = f(k)$ 線的切線斜率等於 $(n+\delta)k$ 線的切線斜率。

圖 13–4　黃金法則的資本水準 k_g^* 之決定

因於「黃金法則的資本水準」k_g^*，每人消費達到最大，即對應於 k_g^*，$f(k)$ 線與 $(n+\delta)k$ 線的差距達到最大（由 (13.14) 式）。由數學可知，此 k_g^* 須符合 (13.15) 式之條件，即於 k_g^*，資本的邊際生產力 $f'(k_g^*)$ 須等於折舊率 (δ) 與人口（勞動）成長率 (n) 之和。亦即，於圖 13–4 中，於 $k = k_g^*$，$y = f(k)$ 線的切線之斜率 $f'(k_g^*)$ 等於 $(n+\delta)k$ 線之切線的斜率 $(n+\delta)$。圖 13–4 中，對應於 k_g^*，所可達到的每人消費

---

[17]　由 (13.14) 式，能讓 $(\frac{C}{N})$ 達到極大之一階條件為令：$\frac{\partial(C/N)}{\partial k} = 0$，由之可得：$f'(k_g^*) = (\delta + n)$。

$(\dfrac{C}{N})$ 之最大值等於 $\overline{AB}$。

㈢人口（勞動）成長率提高對長期均衡的影響

圖 13–5 說明人口（勞動）成長率的提高對長期均衡的影響。圖 13–5 ⒜中，假設原來人口（勞動）成長率為 n_1，其對應的 $(n_1+\delta)k$ 線與 $\beta f(k)$ 線之交點為 A，所對應的長期均衡每人資本為 k_1^*，長期均衡每人產出（所得）為 y_1^*。如果人口（勞動）成長率為 n_2，所對應的 $(n_2+\delta)k$ 線與 $\beta f(k)$ 線之交點為 B，其對應 $k_2^*<k_1^*$，$y_2^*<y_1^*$。

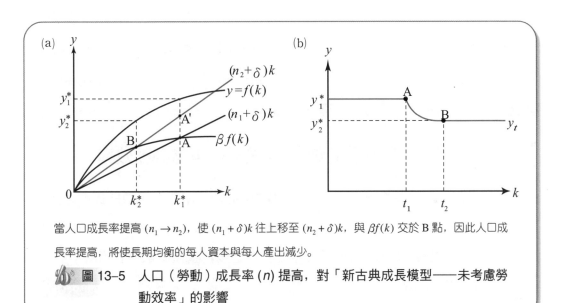

當人口成長率提高 $(n_1 \to n_2)$，使 $(n_1+\delta)k$ 往上移至 $(n_2+\delta)k$，與 $\beta f(k)$ 交於 B 點，因此人口成長率提高，將使長期均衡的每人資本與每人產出減少。

圖 13–5　人口（勞動）成長率 (n) 提高，對「新古典成長模型——未考慮勞動效率」的影響

由此可知，人口（勞動）的成長率提高，將造成長期均衡的每人資本與每人產出（所得）減少。而由圖 13–5 ⒜，於 n_1 提高至 n_2 之初，k 仍維持於 k_1^*（A → A′ 之調整），於 k_1^*，「每人儲蓄」$\beta f(k)$（其又等於「實際的每人總投資」）低於「維持每人資本不變所須的總投資」$(n_2+\delta)k$，因此，每人資本將減少（A′ → B 之調整），其亦造成每人產出（所得）的減少。

圖 13–5 ⒝乃對應圖 13–5 ⒜，於時間 $t<t_1$，勞動成長率為 n_1，原長期均衡每

人資本為 k_1^*，每人產出（所得）為 y_1^*，於 t_1 時，勞動成長率提高為 n_2，於 $t_1 \leq t < t_2$，每人資本漸減少，每人產出（所得）亦隨之減少。於 $t = t_2$，k 與 y 各達到 k_2^* 與 y_2^*，為新的長期均衡。

圖 13–5 中，於原先的長期均衡 A，或人口（勞動）的成長率由 n_1 提高為 n_2 後之長期均衡 B，亦均符合表 13–4 的結論，即：

於 A 或 B，k 與 y 的成長率均為 0；於 A，總產出 (Y) 與總資本 (K) 的成長率均等於原先的人口（勞動）成長率 n_1，而於 B，Y 與 K 的成長率均等於後來的人口（勞動）成長率 n_2。

由 A 與 B 之比較可知，在人口（勞動）成長率提高後，於長期均衡之情況，固然每人資本與每人產出（所得）的水準值降低，即 $k_2^* < k_1^*$, $y_2^* < y_1^*$；但是總產出 (Y) 與總資本 (K) 的成長率卻較高，即 $n_2 > n_1$。

二、新古典學派的成長理論——考慮勞動效率

本章前述並未考慮勞動效率，以下乃探討，勞動效率具有正的成長率之情況，亦即，勞動效率增加的技術進步 (labor-augmenting technical progress) 存在之情況的新古典學派成長理論[18]。於此種形態之技術進步，生產函數可表示為：

$$Y = F(K, AN) \tag{13.17} \text{[19]}$$

如同前述，假設生產函數為「固定規模報酬」，亦即，若 K 與 AN 均增加 θ 倍，則 Y 亦增加 θ 倍。如果令 $\theta = \dfrac{1}{AN}$，則 (13.16) 式可表示為：

$$\frac{Y}{AN} = F(\frac{K}{AN}, 1) \tag{13.18}$$

若令 (13.18) 式中，$y = (\dfrac{Y}{AN})$, $k = (\dfrac{K}{AN})$，且 $f(k) = F(k, 1)$。其中 y 與 k 各表示每個「有效勞動 (effective labor)」的產出（所得）與資本。則 (13.18) 式可表示為：

---

[18]　各種形態的技術進步可見本章附錄㈡。

[19]　(13.17) 式即本章附錄㈡的第 (13A.6) 式。

$$y = f(k) \tag{13.19}$$

須指出：於本章前面，未考慮勞動效率 (A) 時，所得到的 (13.7) 式，其外觀與 (13.19) 式相同。於此，考慮勞動效率，亦可依相同的方法，導出每個有效勞動的資本之調整式，即：

$$\dot{k} = \beta y - (\delta + n + g)k \tag{13.20} ⑳$$

其中，g 表示勞動效率的成長率，其餘符號之意義同 (13.9) 式。如同前述，於經濟達到長期均衡（靜止狀態），每個有效勞動的資本 (k) 不變，即 (13.20) 式中，$\dot{k} = 0$，由之可得：

$$\beta y = \beta f(k) = (\delta + n + g)k \tag{13.21}$$

(13.21) 式可表示如圖 13–6。圖中，$\beta f(k)$ 線與 $(\delta + n + g)k$ 線之交點為 A，其對應的 k^*，為長期均衡（靜止狀態）的每個有效勞動的資本。由於 $y = f(k)$ 為每

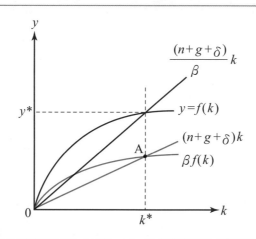

相較於未考慮勞動效率（勞動效率的成長率 = 0），考慮勞動效率（勞動效率的成長率 = g）時，每人產出、總產出與總資本的成長率均高出 g。

🔊 圖 13–6　新古典成長模型的長期均衡──考慮勞動效率

個有效勞動的產出（所得），$\beta f(k)$ 表示每個有效勞動的儲蓄，其亦等於每個有效勞動的實際總投資；$(\delta + n + g)k$ 則為，維持每個有效勞動之資本不變所須之總投

---

⑳　(13.20) 式的導出可見本章附錄㈢。

資。於 k^*，$\beta f(k)$ 等於 $(\delta + n + g)k$，亦即，每個有效勞動的實際總投資等於維持其資本不變所須之總投資，所以 k^* 維持不變，為長期均衡。

圖 13–6 中，對應於 k^*，可求出於長期均衡，每個有效勞動的產出（所得）為 y^*。另外，(13.21) 式亦可表示為：

$$y = f(k) = \frac{(\delta + n + g)}{\beta}k \tag{13.22}$$

由 (13.22) 式可知，圖 13–6 中，k^* 與 y^* 亦可由 $y = f(k)$ 線與 $\frac{(\delta + n + g)}{\beta}k$ 線的交點所決定。

由前述，未考慮勞動效率之情況，長期均衡之成長率表示如表 13–4。於此，考慮勞動效率，長期均衡之成長率可以表 13–5 說明之[21]。

表 13–5　「新古典成長理論——考慮勞動效率」長期均衡之成長率

變　數	長期均衡之成長率
每個有效勞動之資本 $k = \dfrac{K}{AN}$	0
每個有效勞動之產出（所得）$y = \dfrac{Y}{AN}$	0
每人（勞動）之產出（所得）$\dfrac{Y}{N} = Ay$	g [22]
總產出（所得）Y	$n + g$ [23]
總資本 K	$n + g$ [24]

---

[21]　表 13–5 的大部分內容為引自 Mankiw (2000) 的表 5–1。

[22]　因 $y = \dfrac{Y}{AN}$，由之可得：$\dfrac{Y}{N} = yA$，對此式求對數，即：$\ln(\dfrac{Y}{N}) = \ln y + \ln A$，對此式全微分，可得：$\dfrac{d(Y/N)}{(Y/N)} = \dfrac{dy}{y} + \dfrac{dA}{A}$，由此式，因技術進步率 $\dfrac{dA}{A} = g$，且於長期均衡，每個有效勞動之產出（所得）$y = \dfrac{Y}{AN}$ 之成長率 $\dfrac{dy}{y} = 0$，將以上代入 $\dfrac{d(Y/N)}{(Y/N)} = \dfrac{dy}{y} + \dfrac{dA}{A}$，可得每人（勞動）產出（所得）之成長率為：$\dfrac{d(Y/N)}{(Y/N)} = g$。

[23]　似同[22]，由 $y = \dfrac{Y}{AN}$，可得：$Y = yAN$，對 $Y = yAN$ 求對數，再微分，即：$\dfrac{dY}{Y} = \dfrac{dy}{y} + \dfrac{dA}{A}$ $+ \dfrac{dN}{N}$。因勞動成長率 $\dfrac{dN}{N} = n$，且如同[22]，$\dfrac{dA}{A} = g$，於長期均衡，$\dfrac{dy}{y} = 0$，將以上代入上

表 13–5 顯示：於長期均衡，每個有效勞動之資本 (k) 與每個有效勞動之產出（所得）(y) 的成長率均為 0。比較表 13–4（未考慮勞動效率）與表 13–5（考慮勞動效率），可得表 13–4 中，每人（勞動）之產出（所得）$\frac{Y}{N}$，總產出（所得）Y 與總資本 K 的成長率各為 $0, n$ 與 n；而表 13–5 中，三者的成長率則各為 $g, n + g$ 與 $n + g$ ㉒㉓㉔。由此可知：相較於未考慮勞動效率（勞動效率的成長率為 0）之情況，於考慮勞動效率（勞動效率的成長率為 g）時，以上三者的成長率均高出 g。由以上亦可知：

> 有技術進步（如以上，勞動效率的成長率為正數）時，於長期均衡，每人（勞動）之產出（所得）的成長率才為正數，如本章前述，一般以之反映「生活水準」的提高。

第 **3** 節

內生成長理論

一、內生成長理論的產生

於本章第 2 節，我們探討了新古典學派的成長理論，由之可得：於長期均衡之情況，欲提高生活水準，即「每人（勞動）之產出（所得）」有正的成長率，則須有技術進步。但是，新古典學派的成長模型將技術進步視為外生決定的，因此，又可稱之為外生成長理論 (the Exogenous Growth Theory)。

新古典學派的成長理論，除了未能說明技術進步的來源，亦未能解釋，實際

式，可得：$\frac{dY}{Y} = n + g$。

㉔ 因 $k = \frac{K}{AN}$，即：$K = kAN$，對 $K = kAN$ 求對數，再微分，可得：$\frac{dK}{K} = \frac{dk}{k} + \frac{dA}{A} + \frac{dN}{N}$，此式之中，$\frac{dA}{A} = g, \frac{dN}{N} = n$，且於長期均衡，$\frac{dk}{k} = 0$，將以上代入此式，即：$\frac{dK}{K} = n + g$。

上許多國家的經濟有持續成長之現象。因此，經濟學者乃嘗試，將技術進步內生化，亦即，由模型內的變數，解釋技術進步的產生，以說明經濟的持續成長，此即一般所謂的內生成長理論 (the Endogenous Growth Theory)❷。以下，由二個方向，以說明技術進步的內生化。首先，假設技術進步表現於勞動效率的提高，而勞動效率則與每人（勞動）的資本量有同方向的關係；其次，除了以勞動與資本作為生產要素，內生成長理論亦可將人力資本 (human capital) 視為影響產出的因素❷。而人力資本則可假設與實物資本 (physical capital) 成比例的關係，以下依次說明之❷。

二、內生成長模型

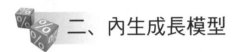

(一)勞動效率與每人（勞動）資本量成正向關係的內生成長

似同新古典成長理論之情況，若考慮勞動效率的提高，可假設生產函數為 (13.17) 式之形態，且進一步假設其為固定規模報酬，則 (13.17) 式可表示為：

$$Y = K^{\alpha}(AN)^{1-\alpha} \tag{13.23}$$

(13.23) 式中，勞動效率 (A) 可設定為每人（勞動）資本量 ($\frac{K}{N}$) 的函數，即：

$$A = \eta(\frac{K}{N}) \tag{13.24}$$

(13.24) 式中，η 為一常數，且 $\eta > 0$，因此，(13.24) 式表示，於 ($\frac{K}{N}$) 增加，

---

❷ 有關內生成長理論，可參閱的文獻極多，例如 Romer (1986)、Lucas (1988)、Jones (1988) 或 Barro and Sala-I-Martin (1995) 等。

❷ 於本書第 10 章討論弗利德曼的貨幣需求理論時，曾提到「人力財富」，簡略而言，其表示：所累積的知識與技能，其為個人（或社會）的無形資產。而「人力財富」亦可稱為「人力資本」。

❷ 除了本章所提到的二個方向，以說明技術進步的內生化所導致的內生成長。另外，政府的政策（如政府支出或稅收），或勞動於國際間的移動等，亦均影響經濟成長，而為內生成長理論所討論的議題。以上可參見，如 Barro and Sala-I-Martin (1995)，以及其他相關文獻。

A 亦隨之提高。其可說明如下，於工業化 (industrialization) 的過程中，投資造成資本 (K) 的增加，每人（勞動）資本亦隨之增加，而投資（資本的增加）亦帶動知識的進步，進而提高勞動效率 (A)❷。

將 (13.24) 式代入 (13.23) 式，可得：

$$Y = K^\alpha (\eta \frac{K}{N} N)^{1-\alpha} = aK \quad (13.25)$$

(13.25) 式中，$a = \eta^{1-\alpha}$，由於 η 為常數，因此，a 亦為常數。(13.25) 式表示：Y 為 K 的直線函數。一般乃稱，由 (13.25) 式形態的生產函數所導出的內生成長理論為 AK 模型。(13.25) 式形態的生產函數顯示，於資本 (K) 增加，其邊際生產力 ($\frac{\partial Y}{\partial K}$) 維持不變；而於新古典成長理論之生產函數，資本邊際生產力則為遞減的❷。

若以每人（勞動）表示，則 (13.25) 式可表示為：

$$\frac{Y}{N} = a(\frac{K}{N})$$

即：

$$y = ak \quad (13.26)$$

似同本章前述，古典學派成長理論之情況，每人（勞動）儲蓄為 βy，於此，$\beta y = a\beta k$，其亦等於實際的每人（勞動）總投資；而維持每人（勞動）資本不變，所須的每人（勞動）總投資為 $(\delta + n)k$。假設於任何 k 值，均維持 $\beta y = a\beta k > (\delta + n)k$，此表示 $a\beta > (\delta + n)$，則每人（勞動）資本 (k) 將持續增加，因 k 將持續增加，由 (13.26) 式可知，每人（勞動）產出 (y) 亦將持續提高。

以上，由 (13.24) 式的內生成長設定，且假設 $a\beta > (\delta + n)$ 時，所造成的 k 與 y 之持續提高，可表示如圖 13–7。

---

❷　Farmer (2002) 稱 (13.23) 式之形態的函數為知識函數 (the knowledge function)。

❷　由 (13.25) 式可得：$\frac{\partial Y}{\partial K} = a, \frac{\partial(\partial Y/\partial K)}{\partial K} = \frac{\partial^2 Y}{\partial K^2} = 0$；相反的，於新古典學派之成長理論之生產函數，資本的邊際生產力為遞減的，以 (13.4) 式之生產函數為例，由本章❺之 $\frac{\partial Y}{\partial K} = \alpha AK^{\alpha-1}N^{1-\alpha}$ 可得：$\frac{\partial(\partial Y/\partial K)}{\partial K} = \alpha(\alpha-1)AK^{\alpha-2}N^{1-\alpha} < 0$（因 $0 < \alpha < 1$）。

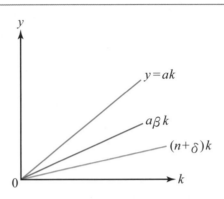

於任何 k，均維持 $a\beta k > (\delta + n)k$，則 k 將無止境的增加，此將造成 y 亦無止境的提高。

圖 13-7 $y = ak$ 且 $a\beta > (\delta + n)$ 所導致的內生成長

圖 13-7 中，因假設於任何 k，均維持 $a\beta k > (\delta + n)k$，亦即，$a\beta > (\delta + n)$，則 k 將無止境的增加，此亦造成 y 無止境的提高。由以上可知：

> 於新古典成長理論，若無技術進步，則經濟將達到靜止狀態（長期均衡），即每人（勞動）產出 (y) 與每人（勞動）資本 (k) 維持固定；相反的，於內生成長，y 與 k 則持續提高，而無靜止狀態。

以上所得到的結論，亦可以數學式表示之。由 (13.26) 式可得，每人（勞動）產出（所得）的成長率 ($\frac{\dot{y}}{y}$) 等於每人（勞動）資本的成長率 ($\frac{\dot{k}}{k}$)，即：

$$\frac{\dot{y}}{y} = \frac{\dot{k}}{k} \tag{13.27} ㉚$$

由 (13.9) 式，$\dot{k} = \beta y - (\delta + n)k$，且由 (13.26) 式，$y = ak$，以之代入 (13.27) 式，可得：

$$\frac{\dot{y}}{y} = \frac{\dot{k}}{k} = \frac{a\beta k - (\delta + n)k}{k} = a\beta - (\delta + n) \tag{13.28}$$

㉚ 對 (13.26) 式求對數，可得：$\ln y = \ln a + \ln k$，由此式，對 t 微分，即：$\frac{dy/dt}{y} = \frac{da/dt}{a} + \frac{dk/dt}{k}$，此式之中，因 a 為常數，所以 $\frac{da}{dt} = 0$，因此，此式可表示為：$\frac{\dot{y}}{y} = \frac{\dot{k}}{k}$。

由 (13.28) 式，可得到以上所提到的結論，即：若 $a\beta > (\delta + n)$，則 k 與 y 均將依 $[a\beta - (\delta + n)]$ 之增加率持續成長。

前面已說明，於新古典成長理論之生產函數，資本 (K) 的邊際生產力 ($\frac{\partial Y}{\partial K}$) 為遞減的，而 AK 內生成長模型之生產函數，資本的邊際生產力則維持不變。若以每人（勞動）產出與每人（勞動）資本的關係表示生產函數，以比較新古典與 AK 模型之生產函數，其結論仍相同。亦即，於前者之情況，其形狀為下凹的，即於 k 增加，$\frac{\partial y}{\partial k}$ 為遞減的 ❸；而於後者之情況，生產函數的形態則為直線的，因此，於 k 增加，$\frac{\partial y}{\partial k}$ 維持不變 ❸。

(二)生產函數包含人力資本的內生成長理論

前述㈠乃探討：投資（資本的增加）會帶動知識進步，進而提高勞動效率，而造成內生的經濟成長。以下，我們擬說明：資本增加所帶動的知識與技能的累積，亦即，人力資本的增加，亦可視為廣義的資本，而影響產出，且造成內生的經濟成長。因此，生產函數可設為：

$$Y = a^* K^\alpha H^{1-\alpha} \tag{13.29}$$

(13.29) 式中，a^* 為常數，且 $a^* > 0$，如同前述，Y 與 K 各表示整個經濟的產出（所得）與實物資本 (physical capital)，而 H 則表示整個經濟的人力資本，而 $H = hN$，h 為每人（勞動）的人力資本，N 為人口（勞動）數量 ❸。如同以上之假設，實物資本增加時，會提高每人（勞動）的人力資本，即：

$$h = \phi K \tag{13.30}$$

將 (13.30) 式代入 $H = hN$，再以之代入 (13.29) 式，可得：

---

❸　由本章 ⓫，於新古典學派的成長理論，$\dfrac{\partial(\partial y/\partial k)}{\partial k} < 0$，即於 k 增加，$(\frac{\partial y}{\partial k})$ 減少。

❸　由 (13.26) 式可得：$\dfrac{dy}{dk} = a$，$\dfrac{d(dy/dk)}{dk} = 0$。亦即，於 k 增加，$(\frac{dy}{dk})$ 維持不變。

❸　如 Barro and Sala-I-Martin (1995) 對人力資本 (H) 之設定。

$$Y = a^* K^\alpha (\phi KN)^{1-\alpha}$$

由之可得:

$$Y = a^* K \phi^{1-\alpha} N^{1-\alpha} \qquad (13.31)$$

為求簡化,將討論重點集中於人力資本對經濟成長的影響,可假設 N 維持不變,因此,(13.31) 式中,可假設 $a = a^* \phi^{1-\alpha} N^{1-\alpha}$,而 a 亦為常數。(13.31) 式因而可表示為:

$$Y = aK \qquad (13.32)$$

(13.32) 式亦同前述 (13.25) 式,為 AK 形態之生產函數,由之可導出似同前述㈠之情況的內生成長理論。

如同前述,(13.32) 式亦可以每人(勞動)表示之,即:

$$\frac{Y}{N} = a \frac{K}{N}$$

亦即:

$$y = ak \qquad (13.33)$$

(13.33) 式與 (13.26) 式相同,因此由 (13.33) 式亦可求出 (13.27) 式,即:

$$\frac{\dot{y}}{y} = \frac{\dot{k}}{k} \qquad (13.27) \ \text{㉞}$$

另外,由本章前述❷可得,每人(勞動)資本的變動 (k) 為:

$$\dot{k} = \frac{\dot{K}}{N} - kn$$

由此式,因假設人口(勞動)N 維持不變,所以人口(勞動)成長率 $n \left(= \frac{\dot{N}}{N}\right) = 0$,此外,由本章前述,$\dot{K} = \beta Y - \delta K$,因而可得:

$$\dot{k} = \frac{\beta Y - \delta K}{N}$$

即:

$$\dot{k} = \beta y - \delta k \qquad (13.34)$$

將 (13.33) 式代入 (13.34) 式,可得:

㉞　參見本章註㉚。

$$\dot{k} = a\beta k - \delta k$$

即：

$$\frac{\dot{k}}{k} = a\beta - \delta \tag{13.35}$$

由 (13.27) 式與 (13.35) 式，可得：

$$\frac{\dot{y}}{y} = \frac{\dot{k}}{k} = a\beta - \delta \tag{13.36}$$

由 (13.36) 式可知：若將資本作較寬的解釋，亦即，將人力資本亦視為一種資本，而影響產出（所得），則於 $a\beta > \delta$ 成立，且假設人口（勞動）不變，則每人（勞動）產出（所得）與每人（勞動）資本均將依 $(a\beta - \delta)$ 之速率持續成長。產生此種內生成長的原因為：於實物資本 (K) 增加時，除了直接造成產出的增加，此即 (13.29) 式的 K^α 項；其亦導致人力資本 (H) 的提高（因 $H = hN = \phi KN$），而間接造成產出的增加，此即 (13.29) 式的 $H^{1-\alpha}$ 項，而 $H^{1-\alpha} = (\phi KN)^{1-\alpha} = K^{1-\alpha}\phi^{1-\alpha}N^{1-\alpha}$。實物資本的增加對產出的直接與間接效果，導致生產函數為 AK 形態之內生經濟成長。

經濟話題　經濟成長 *V.S.* 經濟發展及金磚四國之探討

 **一、經濟成長與經濟發展是否相同？**

1. 經濟成長 (economic growth)

於本書前述，我們曾提到，實質 *GDP* 或「每人實質 *GDP*」可用以衡量經濟福利。雖然 *GDP* 的計算有其缺點（如本書第 1 章第 4 節之說明），一般仍以實質 *GDP* 或每人實質 *GDP* 的成長率衡量經濟成長。

2. 經濟發展 (economic development)

相對於經濟成長，經濟發展所涵蓋的內容較為廣泛。除了實質 *GDP* 與每人實質

GDP 成長外，教育、環境、環保、法律或其他制度的改進，均屬經濟發展的議題。經由以上各項的改善，各「開放中國家」(developing countries) 可逐漸邁向「已開發國家」(developed countries) 之行列。

二、金磚四國

　　於 2003 年 10 月 1 日，美國高盛（Goldman Sachs，簡稱 GS）投資銀行發布《全球經濟研究報告書》(GS Global Economics Paper)，其標題為「四國金磚夢：邁向 2005 之途 (Dreaming with Brics : The Path to 2005)」。

　　此報告書乃高盛對巴西 (Brazil)、俄羅斯 (Russia)、印度 (India) 與中國 (China) 四國之經濟所作之預測，以四國首寫字母之組合，即 Brics（磚），為其諧音，因此譯為「金磚四國」。

　　由此報告書，其總結中提到：若預測無誤，則於未來 40 年不到的期間，以上四個新興國家的經濟力（以美元表示）總和將大於 G6 ❸❺ 先進工業國。而於 2025 年就可達到 G6 一半以上的經濟力。至 2050 年，這四個國家將擠入全球前六大經濟體中，原 G6 將只剩美國與日本在列。

　　報告中預測：Bric 四國的貨幣將以平均每年 2.5% 的速度升值，而中國的經濟力將在 2016 年超越美國以外的其他國家，且在 2041 年成為全球最大的經濟體。另外，以每人平均 GDP 的水準值而言，俄羅斯將超過其他三個金磚國。印度的每人平均 GDP 成長率將在未來 30～50 年內以四個金磚國中最高的速度成長。以上預測的基礎為，金磚四國能維持其發展政策，且具有良好的發展制度。

---

❸❺　附註：G6 (group of six) 由 1975 年開始，指：美國、日本、法國、德國（當時為西德）、義大利與英國。於 1976 年加拿大加入後，改稱為 G7。1997 年，俄羅斯再加入，成為 G8。

 **本章重要名詞與概念**

產出的資本（勞動）彈性

固定規模報酬 (*CRTS*) 之生產函數

黃金法則的資本水準

哈羅德中性技術進步

總要素生產力 (*TFP*) 的成長率

新古典成長模型之「靜止狀態」（長期均衡）

希克斯中性技術進步

梭羅中性技術進步

附錄㈠：(13.2) 式的導出

對 (13.1) 式求變動量可得：

$$\Delta Y = \Delta AF + A\frac{\Delta F}{\Delta K}\Delta K + A\frac{\Delta F}{\Delta N}\Delta N \tag{13A.1}$$

對 (13A.1) 式左邊除以 Y，右邊各項除以 AF（由 (13.1) 式，$Y = AF$），可得：

$$\frac{\Delta Y}{Y} = \frac{\Delta A}{A}\frac{F}{F} + \frac{A}{AF}\frac{\Delta F}{\Delta K}\Delta K + \frac{A}{AF}\frac{\Delta F}{\Delta N}\Delta N$$

此式可簡化為：

$$\frac{\Delta Y}{Y} = \frac{\Delta A}{A} + \frac{1}{F}\frac{\Delta F}{\Delta K}\Delta K + \frac{1}{F}\frac{\Delta F}{\Delta N}\Delta N$$

其可表示為：

$$\frac{\Delta Y}{Y} = \frac{\Delta A}{A} + \frac{K}{F}\frac{\Delta F}{\Delta K}\frac{\Delta K}{K} + \frac{N}{F}\frac{\Delta F}{\Delta N}\frac{\Delta N}{N} \tag{13A.2}$$

(13A.2) 式之中，可定義：

$$\frac{K}{F}\frac{\Delta F}{\Delta K} = \frac{\Delta F/F}{\Delta K/K} = a_K$$

$$\frac{N}{F}\frac{\Delta F}{\Delta N} = \frac{\Delta F/F}{\Delta N/N} = a_N$$

由此定義可知：a_K 表示：資本增加 1% 時，產出增加的百分比；同理，a_N 表示：勞動增加 1% 時，產出增加的百分比。以 a_K 與 a_N 代入 (13A.2) 式，即可得 (13.2) 式。

附錄㈡: 技術進步的類型

技術進步可分為:

 ㈠希克斯中性技術進步 (Hicks neutral technical progress)

此形態的技術進步表示, 於技術進步後, 勞動與資本的邊際生產力均提高。
為說明此種技術進步, 生產函數可表示如本章前述 (13.1) 式, 即:

$$Y = AF(K, N)$$

(13A.3)

亦如同本章前面所提, (13.1) 式若進一步假設為「固定規模報酬」之形態,
則可表示如 (13.4) 式, 即:

$$Y = AK^{\alpha}N^{1-\alpha}$$

(13A.4)

(13A.4) 式之中, A 可進一步表示為:

$$A = A_0 e^{\mu t}$$

(13A.5)

(13A.5) 式之中, μ 即表示技術的成長率。

 ㈡哈羅德中性技術進步 (Harrod neutral technical progress)

此種技術進步表示, 勞動效率提高。亦即, 於技術進步後, 與原先 (技術進
步前) 使用的資本, 配合較少的勞動, 就可生產技術進步前之產出。因此, 其又
可稱為「勞動效率增加的技術進步」。於此情況, 生產函數可表示為:

$$Y = F(K, AN)$$

(13A.6)

其中, A 表示「勞動效率」, N 為勞動, 而 AN 可稱為有效勞動 (effective labor)。
於生產函數為「固定規模報酬」, 則可表示為:

$$Y = K^{\alpha}(AN)^{1-\alpha}$$

(13A.7)

 ㈢梭羅中性技術進步 (Solow neutral technical progress)

於此技術進步, 資本的效率會提高。因此, 其又可稱為「資本效率增加的技

術進步」(capital-augmenting technical progress)。此種形態的技術進步，其生產函數可表示為：

$$Y = F(AK, N) \tag{13A.8}$$

於生產函數為「固定規模報酬」，(13A.8) 式可表示為：

$$Y = (AK)^{\alpha} N^{1-\alpha} \tag{13A.9}$$

※附錄㈢：(13.20) 式的導出

於考慮勞動效率，由定義：

$$\dot{k} = \frac{d(K/AN)}{dt} \tag{13A.10}$$

由 (13A.10) 式，可求出：

$$\frac{d(K/AN)}{dt} = \frac{(AN)(dK/dt) - K(dAN/dt)}{(AN)^2}$$

$$= \frac{1}{AN}(\frac{dK}{dt}) - \frac{K}{AN}\frac{dAN/dt}{AN} \tag{13A.11}$$

由 (13A.11) 式，其中：

$$\frac{dK}{dt} = \dot{K} \tag{13A.12}$$

$$\frac{dAN/dt}{AN} = \frac{N(dA/dt) + A(dN/dt)}{AN}$$

$$= \frac{(dA/dt)}{A} + \frac{(dN/dt)}{N}$$

$$= \dot{A} + \dot{N} \tag{13A.13}$$

將 (13A.12) 式與 (13A.13) 式代入 (13A.11) 式，可得：

$$\frac{d(K/AN)}{dt} = \frac{1}{AN}(\dot{K}) - \frac{K}{AN}(\dot{A} + \dot{N}) \tag{13A.14}$$

(13A.14) 式之中，$\dot{A}$ 與 $\dot{N}$ 各表示勞動效率的增加率與人口（勞動）增加率，令 $\dot{A}$ = g, $\dot{N}$ = n，且由定義：$(\frac{K}{AN})$ = k 以之代入 (13A.14) 式，再代入 (13A.10) 式，可得：

$$\dot{k} = \frac{1}{AN}(\dot{K}) - k(n + g) \tag{13A.15}$$

由本章前述，$\dot{K} = \beta Y - \delta K$，以之代入 (13A.15) 式，即：

$$\dot{k} = \frac{\beta Y - \delta K}{AN} - k(n+g)$$

$$= \beta(\frac{Y}{AN}) - \delta(\frac{K}{AN}) - k(n+g) \qquad \text{(13A.16)}$$

由 (13A.16) 式，且由定義：$y = (\frac{Y}{AN}), k = (\frac{K}{AN})$，可得：

$$\dot{k} = \beta y - (\delta + n + g)k$$

　習　題　　　　　　　●●●第 13 章●●●

1. 說明以下各項：

   (1)成長的會計方程式。

   (2)如果總產出 (Y)、資本 (K) 與勞動 (N) 的成長率各為：$(\frac{\Delta Y}{Y}) = 12\%$，$(\frac{\Delta K}{K}) = 6\%$，與 $(\frac{\Delta N}{N}) = 3\%$，且產出的資本與勞動彈性各為：$a_K = 0.4$ 與 $a_N = 0.6$，試求解「總要素生產力」(TFP) 的成長率 $(\frac{\Delta A}{A})$ 之值。

2. 歐美先進國家與日本，與 1960～1973 年期間相比，1973～1990 年期間之產出與生產力之成長率均較低，如何以經濟的原因說明此種現象？

3. 於新古典學派的成長理論——未考慮勞動效率之情況，以數學式與圖形說明以下各項：

   (1)此成長模型之長期均衡。

   (2)此成長模型之短期動態。

4. 於新古典成長理論——未考慮勞動效率之情況，試以圖形說明以下各項改變對長期均衡的每人資本 (k^*) 與每人產出（所得）(y^*) 之影響：

   (1)儲蓄率提高。

   (2)人口（勞動）成長率提高。

※ 5. 試以數學式與圖形說明：

(1)黃金法則的資本水準 (k_g^*) 之意義與導出。

(2)對應於 k_g^* 儲蓄率 (β_g^*) 之決定。

6. 於新古典學派的成長模型——考慮勞動效率之情況，說明以下各項：

(1)說明此模型於長期均衡，每人（勞動）產出 $(\frac{Y}{N})$，總產出 (Y) 與總資本 (K) 之成長率。

(2)將本題(1)之結果，與「新古典學派成長模型——未考慮勞動效率」之情況作比較。

7. 由內生成長理論，說明以下各項：

(1)說明其意義，且比較其與新古典成長理論的差異。

(2)若「勞動效率與每人（勞動）資本量成正向關係」，試以之說明其所導致之內生成長模型。

(3)若「生產函數包含人力資本」，試以之說明此所導致之內生成長模型。

 參考文獻

林鐘雄 (1979)，《西洋經濟思想史》，三民書局。

程玉秀 (1996) 摘譯，《新版（第五版）國際收支手冊簡介》，中央銀行經濟研究處。

李榮謙 (2004)，《國際貨幣與金融》，智勝。

Abel, A. B. and B. S. Bernanke (1995), *Macroeconomics*, *2nd ed*. (Reading, Mass: Addison-Wesley).

Baily, M. N. and P. Friedman (1995), *Macroeconomics, Financial Markets, and the International Sector*, *2nd ed*. (Irving).

Barro, R. J. and V. Grilli (1994), *European Macroeconomics* (Hong Kong: Macmillan).

Barro, R. J. and Xavier Sala-i-Martin (1995), *Economic Growth* (Singapore: McGraw-Hill).

Baumol, W. J. (1952), "The Transaction Demand for Cash: An Inventoy Theoretic Approach," *Quarterly Journal of Economics*, November, pp. 545–556.

Blanchard, O. (2003), *Macroeconomics*, *3rd ed.* (NJ: Prentice-Hall).

Burda, M. and C. Wypolosz (1997), *Macroeconomics: A European Text*, *2nd ed*. (Oxford: Oxford University Press).

Chiang, A. C. (1984), *Fundamental Methods of Mathematical Economics, 3rd ed.* (Taipei: The Tan Chiang Book Co.).

Farmer, R. E. A. (2002), *Macroeconomics, 2nd ed.* (Ohio: South-Western).

Friedman, M. (1956), "The Quantity Theory of Money—A Restatement," *in Studies in the Quantity Theory of Money,* edited by M. Friedman (Chicago: University of Chicago Press).

Froyen, R. T. (2002), *Macroeconomics: Theories and Policies*, *7th ed.* (New Jersey: Pearson Education, Inc.).

Gandolfo, G. (1974), *Mathematical Methods and Models in Economic Dynamics*

(North-Holland Publishing Co.).

Gordon, R. J. (1998), *Macroeconomics, 7th ed.* (Reading, Mass: Addison-Wesley).

Green, S. V. (1993), *Macroeconomics: Analysis and Applications* (TX: The Dryden Press).

Hadjmichalakis, M. G. (1982), *Modern Macroeconomics*: *An Intermediate Text* (New Jersey: Prentice-Hall, Inc.).

Hall, R. E. and J. B. Taylor (1988), *Macroeconomics: Theory, Performance and Policy*, *2nd ed.* (New York: W. W. Norton & Company).

Hicks, J. R. (1937), "Mr. Keynes and the Classics: A Suggested Interpretation," *Econometrica*, April, pp. 147–159.

Jones, C. I. (1988), *Introduction to Economic Growth* (New York: Norton).

Keynes, J. M. (1936), *The General Theory of Employment, Interest and Money* (London: Macmillan & Co. Ltd.).

Kuznets, S. (1941), *National Income and Its Composition* (New York: National Bureau of Economic Research).

Lucas, R. E. (1988), "On the Mechanic of Economic Development," *Journal of Monetary Economics*, July, pp. 3–42.

Mankiw, N. G. (2000), *Macroeconomics*, *4th ed.* (New York: Worth Publisher).

Marshall, A. (1920), *Principles of Economics, 8th ed.* (London: Macmillan).

Meyer, L. H. (1980), *Macroeconomics*: *A Model Building Approach* (Ohio: South-Western Publishing Co.).

Miles, D. and A. Scott (2002), *Macroeconomics Understanding the Wealth of Nations* (NY: John Wiley & Sons, Inc.).

Miller, R. L. and D. D. Vanhoose (2004), *Macroeconomics: Theories, Policies, and International Applications, 3rd ed.* (Ohio: South-Western).

Mundell, R. A. (1963), "Capital Mobility and Stabilization Policy under Fixed and Flexible Exchange Rates," *Canadian Journal of Economics and Political Science* 29, pp. 475–485.

Otto, D. J., A. F. Otto and J. H. Yoo (1975), *Macroeconomics Theory* (New York: McGraw-Hill).

Pentecost, E. (2000), *Macroeconomics: An Open Economy Approach* (New York, N. Y.: St. Martin's Press, Inc.).

Phelps, E. S. (1961), "The Golden Rule for Accumulation: A Fable for Growthmen," *American Economic Review*, September, pp. 638–643.

Phelps, E. S. et al. (1970), *Macroeconomic Foundations of Employment and Inflation Theory* (New York: W. W. Norton & Company, Inc.).

Pilbeam, K. (1998), *International Finance*, *2nd ed.* (Houndmills: Macmillan).

Poindexter, J. C. (1982), *Macroeconomics*, *2nd ed.* (Chicago: The Dryden Press).

Rivera-Batiz, F. L. and L. A. Rivera-Batiz (1994), *International Finance and Open Economy Macroeconomics, 2nd ed.* (New York: Macmillan).

Romer, D. (2001), *Advanced Macroeconomics, 2nd ed.* (Singapore: McGraw-Hill).

Romer, P. M. (1986), "Increasing Returns and Long-Run Growth," *Journal of Political Economy*, October, pp. 1002–1037.

Sachs, J. D. and F. Larrain, B. (1993), *Macroeconomics in the Global Economy* (New Jersey: Prentice-Hall, Inc.).

Sheffrin, S. M., D. A. Wilton, and D. M. Prescott (1988), *Macroeconomics: Theory and Policy* (Ohio: South-Western Publishing Co.).

Sijben, J. J. (1980), *Rational Expectations and Monetary Policy* (The Netherlands: Sijthoff & Noordhoff.).

Solow, R. M. (1956), "A Contribution to the Theory of Economic Growth," *Quarterly Journal of Economics*, February, pp. 65–94.

Temin, P. (1976), *Did Monetary Forces cause the Great Depression* (New York: W. W. Norton & Co., Inc.).

Tobin, J. (1958), "Liquidity Preference as Behavior toward Risk," *Review of Economic Studies*, February, pp. 65–86.

中文索引

🌐 七劃

🌐 十二劃

🌐 十三劃

總體經濟學　　楊雅惠／編著

　　總體經濟學是用來分析總體經濟的知識與工具，而如何利用其基本架構，來剖析經濟脈動、研判經濟本質，乃是一大課題。一般總體經濟學書籍，皆會將各理論清楚介紹，但是缺乏實務分析或是案例，本書即著眼於此，除了使用完整的邏輯架構鋪陳之外，特別在每章內文中巧妙導入臺灣之經濟實務資訊，使讀者在閱讀理論部分後，可以馬上利用實際數據與實務接軌，這部分將成為讀者在日後進行經濟分析之學習基石。

經濟學　　王銘正／著

　　作者利用大量實務印證與鮮活例子，使讀者可以清楚瞭解本書所要介紹的內容。在全球金融整合程度日益升高之際，國際金融知識也愈顯重要，因此也用了較多的篇幅介紹「國際金融」知識，並利用相關理論說明臺灣與日本的「泡沫經濟」以及「亞洲金融風暴」。本書也在各章的開頭列舉該章的學習重點，有助於讀者一開始便對每一章的內容建立起基本概念，並提供讀者在複習時自我檢視學習成果。

經濟學　　賴錦璋／著

　　本書用輕鬆幽默的筆調、平易近人的語言講解經濟學，並利用大量生活狀況實例，帶出經濟學的觀念，將經濟融入生活，讓讀者從生活體悟經濟。內容涵蓋個體及總體經濟學的重要議題，並將較困難章節標示，讀者可視自身需求選擇閱讀。此外，本書介紹臺灣各階段經濟發展的狀況，更透過歷年實際的統計數據輔助說明，提升讀者運用數據資料分析經濟情勢與判斷趨勢的能力。

經濟學——原理與應用　　黃金樹／編著

　　本書以深入淺出的方式，配合圖形及數學式，來介紹經濟學的重要基本觀念，以及由這些觀念所延伸得到的原理原則；同時，也提供應用這些觀念及原理的實例，使讀者能夠更清楚的掌握這些觀念及原理的涵義。本書雖以大專院校相關科系學生教材作為撰寫對象，但就一般社會大眾對於經濟學有興趣的初學者，仍可作為其進修用書。

國際金融——全球金融市場觀點　何瓊芳／著

　　本書以全球金融市場之觀點，經由金融歷史及文化之起源，穿越金融地理之國際疆界，進入國際化之金融世界作一全面分析。特色著重國際金融理論之史地背景和應用之分析工具的紮根，並全面涵蓋金融市場層面。2008年金融海嘯橫掃全球，本書將金融海嘯興起之始末以及紓困方案之理論依據納入當代國際金融議題之內，俾能提供大專學生最新的國際金融視野，並對金融現況作全盤瞭解。

國際金融——理論與實際　康信鴻／著

　　本書主要介紹國際金融的理論、制度與實際情形。在寫作上除了強調理論與實際並重，文字敘述力求深入淺出、明瞭易懂外，並在資料取材及舉例方面，力求本土化。每章最後均附有內容摘要及習題，以利讀者複習與自我測試。此外，書末的附錄，則提供臺灣外匯管理制度、國際金融與匯兌之相關法規。

　　本書敘述詳實，適合修習過經濟學原理而初學國際金融之課程者，也適合欲瞭解國際金融之企業界人士，深入研讀或隨時查閱之用。

統計學　張光昭、莊瑞珠、黃必祥、廖本煌、齊學平／著

　　本書適合初學者閱讀。全書共十一章，每章皆附習題。第一章介紹統計學的預備知識。第二章介紹基本概念與重要名詞術語。第三至五章，介紹隨機變數之概念及統計學常用的機率分布。第六章介紹抽樣分布之概念及中央極限定理。第七、八章為統計學的主軸，分別介紹估計理論與假設檢定。第九、十章分別討論迴歸分析、實驗設計與變異數分析。第十一章介紹統計軟體 EXCEL 的應用，以期讀者能將統計理論與方法付諸實際的計算。